AF866995

Das Gerichtsvollzieherwesen in Bayern

Vorschriftensammlung
mit einer Einleitung,
mit Anmerkungen und Verweisungen, Inhaltsverzeichnis,
Sachregister und
einer Einführung in die einfachsten Begriffe
des Wechsel- und Scheckrechts

3. Auflage

herausgegeben von

Josef Altstötter und **Dr. W. v. Ammon**
Landgerichtsdirektor — Amtsgerichtsrat im bayer. Staatsministerium der Justiz

1933
München, Berlin und Leipzig
J. Schweitzer Verlag (Arthur Sellier)

Dr. F. P. Datterer & Cie., Freising-München.

Aus dem Vorwort zur 2. Auflage.

Die Sammlung soll die in 1. Auflage von einem praktischen Juristen als Abdruck der amtlichen Ausgabe herausgegebene Zusammenstellung der Vorschriften über das Gerichtsvollzieherwesen in Bayern fortführen . . . .

Der Umfang der Sammlung wurde erweitert; insbesondere wurde eine Reihe von inzwischen ergangenen Vollzugsbestimmungen mit abgedruckt.

Vorwort zur 3. Auflage.

Die neue Auflage ist wegen der Neufassung der Gerichtsvollziehervorschriften erforderlich geworden. Sie will der Praxis die Anwendung der neuen Vorschriften durch Anmerkungen, Verweisungen und ein ausführliches Sachregister, sowie durch Abdruck der daneben weitergeltenden ergänzenden Bestimmungen und durch eine Gegenüberstellung der Paragraphen der bisher in Geltung gewesenen Gerichtsvollziehervorschriften mit jenen der neuen Vorschriften erleichtern.

Um Raum zu sparen, mußten Anmerkungen und Abdruck ergänzender Bestimmungen auf das notwendigste Maß beschränkt werden. Insbesondere ist deswegen der Abdruck der Bek. über die Ausführung der Zustellungen von Amts wegen und der Hinterlegungsvorschriften unterblieben. Auch von dem Abdruck der in der Dienstanweisung vielfach angezogenen Bestimmungen der Zivilprozeßordnung und anderer Reichs- und Landesgesetze wurde aus dem gleichen Grund abgesehen.

Die Einführung in die einfachsten Begriffe der Wechselordnung wurde beibehalten und durch eine Einführung in die Grundbegriffe des Scheckrechts erweitert, um insbesondere den Gerichtsvollzieheranwärtern das Eindringen in diese Gebiete und damit das Verständnis und die Handhabung der einschlägigen Vorschriften der Dienstanweisung zu erleichtern.

Soweit die Texte der abgedruckten Vorschriften Verweisungen auf die neue Folge des Justizministerialblatts enthalten, ist die Fundstelle nicht wie im Orginaltext nach der laufenden Nummer der neuen Folge, sondern zur Erleichterung des Aufsuchens nach Band und Seitenzahl angegeben.

Während der Drucklegung hat der Vollstreckungsschutz zugunsten der Landwirtschaft eine beträchtliche Erweiterung erfahren. Aus technischen Gründen war es jedoch nur mehr möglich, die in Betracht kommenden — übrigens in ihrer Geltung zeitlich begrenzten — Vorschriften in einem Nachtrag übersichtlich zusammenzustellen.

München, im März 1933.

Josef Altstötter
Dr. Wilhelm v. Ammon

Inhaltsverzeichnis.

A.

Einleitung.

Der Gerichtsvollzieher und die Organisation des Gerichtsvollzieherinstituts haben in den letzten Jahren mehr denn je wieder im Mittelpunkt des öffentlichen Interesses gestanden. Der wirtschaftliche Niedergang mußte sich naturgemäß am deutlichsten in seiner letzten Auswirkung zeigen und hat denn auch eine Hochflut von Vollstreckungsaufträgen mit sich gebracht, die an die Gerichtsvollzieher, die Aufsichtsstellen und die Justizverwaltung die höchsten Anforderungen stellte. Daß in solchen Zeiten gewaltiger Anhäufung von Geschäften auch die Kritik an der Einrichtung als solcher nicht ausbleibt, daß mancher Vorschlag nach einer grundsätzlichen Änderung laut wird, kann ebensowenig wundernehmen, wie die Tatsache, daß die Kritik und die Heilungsvorschläge, je nachdem, ob sie aus Schuldner- oder Gläubigerkreisen kommen, miteinander nicht selten in Widerspruch stehen.

Die neuen bayerischen Vorschriften, die Gerichtsvollzieherordnung vom 30. Dezember 1931 und die Dienstanweisung vom 31. Dezember 1931, die am 1. April 1932 an die Stelle der bisher geltenden Vorschriften getreten sind, haben eine grundsätzliche Änderung in der Organisation des Gerichtsvollzieherwesens nicht gebracht, sondern das in Bayern seit der Abkehr von dem frei wählbaren Gerichtsvollzieher, also seit über 30 Jahren, bestehende System des beamteten Gerichtsvollziehers aufrechterhalten. Ob mit Recht, ist hier nicht zu untersuchen. Sicher ist, daß die Klagen von Gläubigerseite über eine gewisse Laxheit in der Durchführung des Vollstreckungsbetriebs den Ruf nach Rückkehr zum frei wählbaren Gerichtsvollzieher, der nur im Interesse des Gläubigers tätig wird und seine Gebühren wieder selbst bezieht, nicht rechtfertigen können. Abgesehen davon, daß die früheren, überwiegend nicht günstigen Erfahrungen zur Vorsicht mahnen, liegt die Wurzel des beklagten Übels in Bayern nicht in einem Fehler der Organisation, die wegen der engen Verbindung der Gerichtsvollzieher mit den Amtsgerichten ein dienstaufsichtliches Eingreifen erleichtert, sondern meistens wohl in der überaus mißlichen Vermögenslage der Schuldner, die übrigens den Gläubigern bei einiger Sorgfalt nicht selten von vornherein, ja schon bei Abschluß des Geschäfts, hätte bekannt sein können, und in dem von der Gläubigerseite als Übel empfundenen gesetzlich gewährleisteten Schuldnerschutz, gegen dessen allzu nachsichtige Zubilligung sich der Gläubiger aber jederzeit auf dem gesetzlich vorgesehenen Wege wehren kann. Die Einrichtung von Vollstreckungsämtern nach dem Vorbilde des Zivilprozeßentwurfs hätte andererseits nach dem derzeitigen Stande der Gesetzgebung in erfolgversprechender Weise kaum verwirklicht werden können.

An den neuen Vorschriften fällt rein äußerlich in die Augen, daß an die Stelle der Dreiteilung in Gerichtsvollzieherordnung, Dienstvorschriften und Geschäftsanweisung eine Zweiteilung in Gerichtsvollzieherordnung und Dienstanweisung getreten ist. Diese Anordnung des Stoffes ist zweckmäßig und entspringt dem in den neuen Bestimmungen im kleinen wie im großen zutage tretenden Bestreben nach Vereinfachung und Erleichterung der Handhabung und Anwendung. Gleichzeitig ist ein weiterer wichtiger Fortschritt erzielt: Eine weitere Angleichung an die in Preußen und in anderen Ländern geltenden Bestimmungen, also ein weiterer Schritt zur Vervollständigung der deutschen Rechtseinheit. Ganz besonders zu begrüßen ist aber die Neuaufstellung der Vorschriften auch deswegen, weil sie dem Gerichtsvollzieher in der Zeit, in der rationellstes Arbeiten für ihn dringendstes Gebot ist, die Mittel hierzu an die Hand gibt. Die bisherigen Vorschriften waren teils veraltet, teils durch die Gesetzgebung überholt, teils wirklich geändert und so allmählich recht unübersichtlich und auch unzuverlässig geworden. Der Praxis ist daher durch die neuen Vorschriften ein ausgezeichneter Dienst getan.

Die Gerichtsvollzieherordnung zerfällt in sieben Abschnitte und enthält als Wichtigstes die Regelung der Organisation des Gerichtsvollzieherwesens, der Zuständigkeit, der Rechte und Pflichten der Gerichtsvollzieher, des Kostenwesens und der Dienstaufsicht. Sie weicht von den bisherigen Vorschriften nicht wesentlich ab. Die Gerichtsvollzieher werden nach wie vor bei den Amtsgerichten aufgestellt, ihre Zuständigkeit bleibt auf den Amtsgerichtsbezirk beschränkt. In Gerichtsvollziehereien können die Geschäfte auch nach sachlichen Gesichtspunkten verteilt werden. Hinsichtlich ihrer Rechte und Pflichten werden die Gerichtsvollzieher völlig dem Beamtenrechte unterstellt (§ 7 GVO.). Dies gilt also auch hinsichtlich der Übernahme von Nebenämtern und Nebenbeschäftigung, soweit nicht besondere Bestimmungen getroffen sind. Der Gerichtsvollzieher ist in den Aufbau der Gerichtsorganisation eingegliedert. Demgemäß werden seine Unkosten aus der Staatskasse bestritten, ihr fließen aber auch die Gebühren und Auslagen zu. Die Gerichtsvollzieher erhalten je nach der Höhe des Gebühreneingangs gestaffelte Gebührenanteile und die anfallenden Reiseentschädigungen aus der Staatskasse gezahlt. Die Besorgung des Kostenwesens obliegt nach wie vor grundsätzlich dem rechnungsführenden Urkundsbeamten der Geschäftsstelle des Amtsgerichts. Dagegen kann einer Gerichtsvollzieherei — ebenso wie für die Unterstützung des Amtsgerichtsvorstands bei der Dienstaufsicht — auch für die Besorgung des Kostenwesens ein Gerichtsvollzieher beigegeben werden. Neu geregelt sind die Vertretung und Amtsverwesung sowie die Aufstellung von Hilfsgerichtsvollziehern. Bei vorübergehender Behinderung eines Einzelgerichtsvollziehers tritt grundsätzlich sein Vertreter ein; dauert die Behinderung länger, wird ein Amtsverweser aufgestellt. Hilfsgerichtsvollzieher werden dem Einzelgerichtsvollzieher, der vorübergehend seine Amtsgeschäfte nicht vollständig besorgen kann, und einer Gerichtsvollzieherei im Falle der Behinderung eines Gerichtsvollziehers beigegeben, wenn die Erledigung der Geschäfte durch die übrigen Gerichtsvollzieher nicht möglich ist. Die Zuständigkeit zur Aufstellung des Amtsverwesers oder Hilfsgerichtsvollziehers ist zweckmäßig dem Amtsgerichtsvorstand und nur für Fälle, in denen die Verwesung länger als 35 Tage dauert, dem Landgerichtspräsidenten übertragen; der Genehmigung des Staatsministeriums der Justiz bedarf es erst, wenn die Verwesung länger als drei Monate zu dauern haben wird. Den Vertreter bestellt der Amtsgerichtsvorstand zu Beginn des Geschäftsjahrs.

Die Dienstanweisung faßt die bisherigen Dienstvorschriften und die bisherige Geschäftsanweisung zusammen. Der erste, zweite und zwölfte bis fünfzehnte Abschnitt enthalten im wesentlichen die bisherigen Dienstvorschriften, also die zur Ausführung der Gerichtsvollzieherordnung erlassenen Bestimmungen, aber auch allgemeine Anordnungen über die formelle Geschäftsbehandlung, die Handhabung der Dienstaufsicht, das Kosten- und Registerwesen. Die sachliche Geschäftsbehandlung, die bisher in der Geschäftsanweisung geregelt war, regeln die Vorschriften im dritten bis elften Abschnitt über das Zustellungswesen, über die Zwangsvollstreckung in bürgerlichen Rechtsstreitigkeiten, in Angelegenheiten der freiwilligen Gerichtsbarkeit, in Verwaltungs- und Strafsachen, über die sonstige Tätigkeit des Gerichtsvollziehers und über Wechsel- und Scheckproteste; hier sind also die Normen niedergelegt, die dem Gerichtsvollzieher die Durchführung der ihm in den Gesetzen übertragenen Aufgaben erleichtern und deren gleichmäßige Handhabung sichern sollen. Als besonders zweckmäßig wird man es empfinden, daß grundsätzliche Bestimmungen, die einen allgemeineren Geltungs- oder Anwendungsbereich haben, jeweils ausgeschieden und voraus aufgeführt sind, und daß auch im übrigen der Stoff sehr übersichtlich geordnet, insbesondere Zusammengehöriges zusammengefaßt wurde. Viele Verweisungen im Texte werden das Eindringen in die Vorschriften erleichtern. Das Registerwesen ist ganz besonders vereinfacht und übersichtlicher gestaltet worden. Häufigen Änderungen unterworfene Gebiete, wie vor allem Gebühren und Auslagen, Steuerwesen usw. sind der Regelung außerhalb der Dienstanweisung vorbehalten geblieben.

Die neuen Vorschriften gliedern sich würdig in den Rahmen der von der bayerischen Justizverwaltung verdienstvoll durchgeführten Vorschriftensammlung und -bereinigung auf dem Gebiete der Justiz ein. Die Praxis wird das dankbar anerkennen.

B.

Gerichtsvollziehervorschriften.

1. Gerichtsvollzieherordnung*)**).

Vom 30. Dezember 1931.

(GVBl. 1932 S. 6, JMBl. n. F. Bd. III S. 569.)

*) Die den Paragraphennummern in Klammern beigesetzten Angaben verweisen auf die Paragraphenfolge der bisherigen Gerichtsvollzieherordnung.

**) Die VO. stützt sich auf § 154 GVG. (abgedr. unter Nr. 20) und Art. 65 bayer. AG.GVG. (abgedr. unter Nr. 21).

I. Allgemeine Vorschriften.

§ 1 (§ 1 Abs. 1, § 2 Abs. 1). **Organisation.**

I Die Gerichtsvollzieher werden bei den Amtsgerichten aufgestellt[1]). Sind bei einem Amtsgerichte mehrere Gerichtsvollzieher aufgestellt, so werden sie in eine Gerichtsvollzieherei vereinigt[2]).

II Das Staatsministerium der Justiz kann einem Gerichtsvollzieher oder einer Gerichtsvollzieherei auch die Besorgung der Gerichtsvollziehergeschäfte in mehreren Amtsgerichtsbezirken übertragen[3]).

§ 2 (§ 6). **Voraussetzungen der Aufstellung als Gerichtsvollzieher.**

I Die Aufstellung als Gerichtsvollzieher setzt voraus, daß der Bewerber[4])

[1]) Die bisherige Vorschrift, daß das GV.-Amt als Nebenamt einem Amtsgerichtswachtmeister übertragen werden kann, ist beseitigt.

[2]) Im Gegensatz zu dem preußischen System des Bezirksgerichtsvollziehers. Vgl. die Anm. zu § 6.

[3]) Entgegen der bisherigen Vorschrift, wonach bei einem Amtsgericht eine Gerichtsvollzieherei nur für mehrere Amtsgerichte eingerichtet werden konnte, die ihren Sitz am nämlichen Orte hatten.

[4]) Nach Art. I Abs. 2 des Gesetzes über die Zulassung der Frauen zu den Ämtern und Berufen der Rechtspflege vom 11. Juli 1922 (RGBl. I 73) können auch Frauen zu Gerichtsvollziehern ernannt werden.

1. seit mindestens fünf Jahren die deutsche Reichsangehörigkeit besitzt[1]),
2. das 25. Lebensjahr vollendet hat,
3. gut beleumundet ist,
4. die für den Gerichtsvollzieherdienst erforderliche körperliche Rüstigkeit durch ein amtsärztliches Zeugnis nachweist,
5. sich in geordneten Vermögensverhältnissen befindet und
6. die Prüfung für den mittleren Justizstaatsdienst[2]) oder die Prüfung für das Gerichtsvollzieheramt[3]) bestanden hat[4]).

II Von dem Erfordernis des fünfjährigen Besitzes der deutschen

---

[1]) Vgl. § 68 Abs. 1 der Verfassungsurkunde des Freistaates Bayern vom 14. August 1919 (GVBl. S. 531).

[2]) S. die Prüfungsordnung für den mittleren Justizstaatsdienst vom 15. Febr. 1923 (JMBl. n. F. Bd. II S. 186).

[3]) S. die Prüfungsordnung für das Gerichtsvollzieheramt vom 28. Juli 1925 (JMBl. n. F. Bd. II S. 269), abgedr. unter Nr. 5.

[4]) Nach § 2 Abs. 2 der Prüfungsordnung für den mittleren Justizstaatsdienst bestimmt das StM. der Justiz jeweils, wer zur Prüfung zugelassen werden darf. Nach § 1 Abs. 2 der Prüfungsordnung für das GV. amt (vgl. Anm. 3) ist vor der Ablegung der Prüfung für das GV. amt ein einjähriger Vorbereitungsdienst bei einem Amtsgericht abzuleisten; wer zu diesem Vorbereitungsdienst zugelassen werden darf, bestimmt ebenfalls jeweils das StM. der Justiz. Durch diese Bestimmungen ist der Justizverwaltung die Möglichkeit eingeräumt, über die Vorschriften des § 2 GVO. hinaus die Bewerber um das GV.amt auf einen engeren Personenkreis zu beschränken.

So wurden zu dem vor der Ablegung der im Mai 1932 abgehaltenen Prüfung für das GV.amt abzuleistenden Vorbereitungsdienst in erster Linie zugelassen die aus dem Stande der Versorgungsanwärter hervorgegangenen Kanzleigehilfen, Kanzlei- und Justizassistenten der Gerichte und Staatsanwaltschaften (vgl. § 24 der Bek. über die Einrichtung der Geschäftsstellen der Gerichte und Staatsanwaltschaften v. 15. Dez. 1931, JMBl. n. F. Bd. III S. 523, § 1 der Grundsätze für die Anstellung der Inhaber eines Versorgungsscheins in der Fassung vom 16. Juli 1930, RGBl. I S. 234, und die Bek. über das Verzeichnis der den Versorgungsanwärtern im bayerischen Staatsdienst vorbehaltenen Stellen v. 2. Juli 1932, GVBl. S. 283) unter der Voraussetzung körperlicher Rüstigkeit und der weiteren Voraussetzung, daß sie am 1. Mai 1932 das 28. Lebensjahr noch nicht überschritten hatten und daß an diesem Tage seit ihrer etatmäßigen Anstellung im Kanzleidienste mindestens 2 Jahre verstrichen waren. Daneben behielt sich das StM. der Justiz vor, in besonderen Ausnahmefällen innerhalb der vorgesehenen Altersgrenzen auch andere Justizbeamte, insbesondere aus der Reihe der Zivilanwärter hervorgegangene Beamte der Geschäftsstellen (vgl. die Bek. über die Einrichtung der Geschäftsstellen der Gerichte und Staatsanwaltschaften v. 15. Dez. 1931, insbes. §§ 10ff.), dann Beamte des Botendienstes, zum Vorbereitungsdienst zuzulassen, wenn nach dem

Reichsangehörigkeit sind Ausnahmen nur auf Grund eines Beschlusses des Gesamtministeriums zulässig[1]).

II. Zuständigkeit.

§ 3 (§ 3). Örtliche Zuständigkeit.

I Die örtliche Zuständigkeit des Gerichtsvollziehers ist auf den Bezirk des Amtsgerichts oder der Amtsgerichte beschränkt, für den er bestellt ist[2]).

II Eine amtliche Handlung eines Gerichtsvollziehers ist nicht aus dem Grund unwirksam, weil sie von dem Gerichtsvollzieher außerhalb seines Amtsbezirks vorgenommen wurde.

§ 4 (§ 10 Nr. 1, 2, § 11). Sachliche Zuständigkeit. 1. Kraft allgemeiner Vorschrift.

Außer zu den ihm durch Gesetz oder Verordnung zugewiesenen Geschäften[3]) ist der Gerichtsvollzieher zuständig,

1. das tatsächliche Angebot einer Leistung zu beurkunden oder die geschuldete Leistung tatsächlich anzubieten[4]),
2. im Auftrage einer Justizbehörde Geldbeträge zu erheben und beizutreiben[5]),
3. Anordnungen einer Justizbehörde, welche die Anheftung von Schriftstücken[6]) oder die Verhaftung, Vorführung, Festhal-

---

Gutachten der vorgesetzten Behörde feststand, daß diese Bewerber nach ihrer Persönlichkeit, ihrem Auftreten, ihrer körperlichen Beschaffenheit, ihren Fähigkeiten und Kenntnissen sich für den Dienst eines GV. in besonderem Maße eigneten. Beamte des Botendienstes hatten noch den weiteren Nachweis zu erbringen, daß sie seit längerer Zeit im Dienste der Geschäftsstelle mitverwendet wurden und die Befähigung für den Übertritt in den Kanzleidienst besaßen (vgl. Bek. über die Abhaltung einer Prüfung für das Gerichtsvollzieheramt vom 15. Jan. 1931, StAnz. Nr. 13).

[1]) Vgl. § 68 Abs. 1 der bayer. Verfassungsurkunde.

[2]) In Gerichtsvollziehereien können durch die nach § 6 GVO. von dem Amtsgerichtsvorstande zu bestimmende Geschäftsverteilung die Amtsgeschäfte unter die einzelnen GV. nach örtlichen Gesichtspunkten aufgeteilt werden. Für die Gültigkeit einer Amtshandlung ist es aber ohne Bedeutung, ob sie von dem nach der Geschäftsverteilung zuständigen GV. vorgenommen worden ist (vgl. § 3 Abs. 2).

[3]) Insbesondere den Zustellungen und Zwangsvollstreckungen auf Grund der Zivilprozeßordnung.

[4]) Vgl. §§ 297—299 DA.

[5]) Vgl. §§ 254—258 DA.

[6]) Vgl. § 232 Abs. 5 DA.

tung oder vorläufige Festnahme einer Person sowie die Vornahme von Durchsuchungen und Beschlagnahmen[1]) betreffen, zu vollziehen oder bei der Vollziehung Hilfe zu leisten.

§ 5 (§ 12). 2. Kraft besonderer Zuständigkeitserklärung.

Der Gerichtsvollzieher kann, sofern es die örtlichen Verhältnisse als im Interesse der Bevölkerung gelegen erscheinen lassen, von dem Landgerichtspräsidenten[2]) in jederzeit widerruflicher Weise für zuständig erklärt werden:[3]) [4])[5])

---

[1]) Vgl. § 10 DA.

[2]) Bisher: StM. der Justiz.

[3]) Bei der Vornahme der im § 5 aufgeführten Geschäfte wird der GV. als solcher, nicht etwa als Privatmann tätig. Wegen der Gebühr s. § 20 GVO.

[4]) Die nachstehend im Auszug abgedruckte Autographierte Entschl. des StM. der Justiz vom 13. Mai 1900 Nr. 17623, den Vollzug des § 12 der GVO. betr., gilt nach wie vor:

„Durch die Besorgung der Nebengeschäfte darf der ordentliche Dienst des GV. in keiner Weise beeinträchtigt werden. In der Regel hat daher der GV. die durch die Aufträge zu solchen Nebengeschäften bedingten schriftlichen Arbeiten außerhalb der Geschäftsstunden anzufertigen. Die Beihilfe der Geschäftsstelle darf hiezu nicht in Anspruch genommen werden und zwar auch dann nicht, wenn dem GV. ein eigener Bediensteter der Geschäftsstelle zur Unterstützung bei seinen schriftlichen Arbeiten zugeteilt sein sollte.

Der Auftrag zum Schreiben eines Mahnbriefes ist vom GV. abzulehnen, wenn die Anerkennung oder die Zahlung der Schuld vorher ernstlich verweigert wurde und der Gläubiger sich hienach von der Mahnung keinen Erfolg versprechen darf.

Die Erwirkung der Zahlungs- und Vollstreckungsbefehle hat durch Einreichung des von dem GV. verfaßten Entwurfs des zu erlassenden Befehls samt der zur Zustellung an den Schuldner bestimmten Befehlsabschrift zu erfolgen; einer Bitte um die Erlassung des Befehls bedarf es dabei nicht. In den Zahlungs- und Vollstreckungsbefehlen ist der mit deren Erwirkung beauftragte GV. ..... als Bevollmächtigter nicht zu nennen. Die im § 11 der VO. vom 16. Dez. 1899, betr. die Vorschriften über die Gebühren der GV. (JMBl. a. F. S. 533), (jetzt: § 12 LGebO.) bestimmte Gebühr für die Erwirkung eines Zahlungsbefehls kann nur dann gefordert werden, wenn die Erlassung des Zahlungsbefehls nicht aus einem der im § 691 Abs. 1 u. 2 der ZPO. aufgeführten Gründe abgelehnt wird. Infolgedessen sind die Spalten 20 des Dienstregisters und 22 des Gebührenregisters (jetzt: Spalten 13a u. 20a des Dienstregisters) erst nach der Erlassung des Zahlungsbefehls auszufüllen. Wird die Erlassung des Zahlungsbefehls aus einem der Gründe des § 691 a. a. O. abgelehnt, so ist dies in der Spalte ‚Bemerkungen' in beiden Registern (jetzt: Spalte 30 des Dienstregisters) anzugeben.

1. auf Verlangen Mahnbriefe an die Schuldner zu schreiben,
2. bei Gelegenheit auswärtiger Dienstgeschäfte sich den Auftrag zur Erwirkung von Zahlungs- und Vollstreckungsbefehlen sowie zur Erwirkung der Terminsfestsetzung für den Fall, daß der Schuldner gegen einen Zahlungsbefehl Widerspruch erhoben hat, erteilen zu lassen[1]),
3. freiwillige Versteigerungen beweglicher Sachen vorzunehmen.

Hinsichtlich der freiwilligen Versteigerungen beweglicher Sachen sind die Vorschriften in den §§ 241 bis 246 der Geschäftsanweisung für die GV. (jetzt: §§ 286 bis 291 DA.) genauestens zu beobachten.

Die für die Nebengeschäfte eingehenden Gebühren dürfen mit Rücksicht auf die Bestimmungen in den §§ 26, 37, 51 Abs. 2 (jetzt: §§ 20, 26) der GVO. erst nach dem Schlusse des Geschäftsjahres und nachdem der Amtsgerichtsvorstand über deren Höhe und die Dienstführung des GV. berichtet und das StM. der Justiz die Genehmigung erteilt hat, hinaus vergütet werden.

Die Schreibgebühren für die Herstellung der Abschriften der Zahlungs- und Vollstreckungsbefehle, sowie die Schreibgebühren, die aus Anlaß der Vornahme freiwilliger Versteigerungen zu erheben sind, fallen in die Staatskasse; sie sind daher in der Spalte 10 des Dienstregisters und in den Spalten 7, 15, 19 des Gebührenregisters (jetzt: Spalten 12, 18, 19 des Dienstregisters) einzutragen."

[5]) Anzuwenden ist ferner auch jetzt noch die Autogr. Entschl. des StM. der Justiz vom 5. Juni 1900 Nr. 22078, den Vollzug des § 12 der GVO. betr.:

„1. Zur Vornahme der in § 12 (jetzt: § 5) Nr. 1 u. 2 bezeichneten Geschäfte ist der GV. nur dann zuständig, wenn der Auftrag von einer Partei erteilt wird, die im Bezirke wohnt, auf den sich die örtliche Zuständigkeit des GV. (§ 3 GVO.) erstreckt.

Die Vornahme von freiwilligen Versteigerungen beweglicher Sachen ist an diese Voraussetzung nicht gebunden.

2. Der für die Geschäfte nach § 12 (jetzt: § 5) Nr. 1 u. 2 für zuständig erklärte GV. darf Mahnbriefe auch an diejenigen Schuldner schreiben, die außerhalb des Bezirks seiner örtlichen Zuständigkeit wohnen, u. Zahlungs- und Vollstreckungsbefehle sowie Terminsfestsetzungen auch bei anderen bayerischen Gerichten erwirken als bei demjenigen Gerichte, bei dem er angestellt ist.

3. Freiwillige Versteigerungen beweglicher Sachen darf der nach § 12 (jetzt: § 5) Nr. 3 für zuständig erklärte GV. nur innerhalb des Bezirkes vornehmen, für den er auch örtlich zuständig ist."

[1]) Briefliche Auftragserteilung ist im Interesse der Kostenersparnis für die Beteiligten nicht mehr zugelassen. Erhält der GV. einen brieflichen Auftrag, so wird er ihn an die Geschäftsstelle weitergeben. Von der Autogr. Entschl. des StM. der Justiz vom 4. Dez. 1907 Nr. 47219, den Vollzug des § 12 der GVO. betr., ist dementsprechend nur mehr die Nr. 1 in folgender Fassung von Bedeutung:

„Das StM. der Justiz hat in Erfahrung gebracht, daß einzelne GV.,

§ 6 (§ 14). Geschäftsverteilung u. gegenseitige Vertretg. in Gerichtsvollziehereien.

I Die Verteilung der Geschäfte unter die Gerichtsvollzieher einer Gerichtsvollzieherei[1]) und deren gegenseitige Vertretung wird von dem Amtsgerichtsvorstande durch allgemeine Anordnung bestimmt. Die Geschäftsverteilung hat auf die Zuständigkeit der Gerichtsvollzieher keinen Einfluß.

II Die Geschäftsverteilung ist dem Landgerichtspräsidenten vorzulegen.

III. Rechte und Pflichten der Gerichtsvollzieher.

§ 7 (§ 4). Allgemeines.

Der Gerichtsvollzieher ist Beamter im Sinne des Beamtengesetzes.[2]) [3])

---

denen die Ermächtigung zur Vornahme der in dem § 12 (jetzt: § 5) Nr. 2 der GVO. aufgeführten Nebengeschäfte erteilt wurde, den Auftrag hierzu auch dann entgegennehmen, wenn die Parteien persönlich am Gerichtssitze erschienen sind und den Auftrag mündlich erteilen. Dieses Verfahren ist durchaus unzulässig. Nach dem klaren Wortlaute des § 12 (jetzt: § 5) Nr. 2 der GVO. darf der GV. den Auftrag nur entgegennehmen, wenn er ihm bei Gelegenheit eines auswärtigen Dienstgeschäftes ...... erteilt wird. Nur in diesen Fällen darf die in dem § 11 (jetzt: § 12) der Landesgebührenordnung festgesetzte Gebühr berechnet werden. Wenn dagegen eine Partei persönlich am Gerichtssitze erschienen ist, hat der GV. sie mit ihrem Antrage an den Urkundsbeamten der Geschäftsstelle zu verweisen."

[1]) Nach welchen Gesichtspunkten die Geschäftsverteilung in GV.eien erfolgt, ist Sache des Amtsgerichtsvorstandes. Die Verteilung kann nach örtlichen Gesichtspunkten erfolgen in der Weise, daß jedem GV. ein bestimmter Bezirk zugewiesen wird, innerhalb dessen er alle anfallenden Geschäfte zu erledigen hat. Die Verteilung kann auch nach sachlichen Gesichtspunkten nach dem Grundsatze der Arbeitsteilung erfolgen, etwa in der Weise, daß ein Teil der GV. lediglich Zustellungen, ein anderer Proteste, wieder ein anderer Zwangsvollstreckungen vorzunehmen hat, wobei hier wieder zwischen „Außen-" und „Innen-"Dienst unterschieden sein kann. Beide Systeme können natürlich auch miteinander verbunden werden.

[2]) Damit gelten für den GV. insbesondere auch die Vorschriften des II. Abschnitts (Art. 11—25) des Bayer. Beamtengesetzes vom 16. Aug. 1908 (= BG.) (GVBl. S. 581) über die Pflichten der Beamten. Hier ist folgendes hervorzuheben:

Nach Art. 21 BG. hat der Beamte seinen Wohnsitz derart zu nehmen, daß hierdurch die Erfüllung seiner dienstlichen Obliegenheiten nicht beeinträchtigt ist; ob der Wohnsitz dieser Anforderung entspricht, wird, wenn ein Zweifel darüber besteht, von der vorgesetzten Dienstbehörde entschieden. Vorgesetzte Dienstbehörde des GV. ist der Amtsgerichtsvorstand (§ 27 GVO.).

§ 8 (§ 9 Abs. 1). **Geschäftsräume.**

Die Kosten für die dem Gerichtsvollzieher zugewiesenen Geschäftsräume einschließlich der Beheizung und Beleuchtung werden aus der Staatskasse bestritten.

§ 9 (§ 5 Abs. 1). **Dienstsiegel.**

Der Gerichtsvollzieher führt ein Dienstsiegel[1]) [2]) mit dem kleinen bayerischen Staatswappen und der Umschrift:

Gerichtsvollzieher bei dem B. Amtsgerichte N.

Das Siegel der zu einer Gerichtsvollzieherei vereinigten Gerichtsvollzieher zeigt die Umschrift:

Gerichtsvollzieherei bei dem B. Amtsgerichte N.

§ 10[3]) (§ 10 Nr. 3, § 13). **Nebenbeschäftigung.**

I Der Gerichtsvollzieher ist verpflichtet, Aufträge jeder Art, die seiner dienstlichen Stellung entsprechen und ihm von einer Justizbehörde erteilt werden, auszuführen. Insbesondere hat er, soweit es seine Belastung mit den Gerichtsvollziehergeschäften gestattet, nach Anordnung des Amtsgerichtsvorstandes bei der Erledigung der Ar-

---

Nach Art. 22 Abs. 3 BG. ist ein Beamter, der sich ohne den erforderlichen Urlaub von seinem Amte fernhält oder den erteilten Urlaub überschreitet, ohne daß ihm ausreichende Entschuldigungsgründe zur Seite stehen, unbeschadet dienststrafrechtlichen Einschreitens, für die Zeit des unerlaubten Fernbleibens vom Amte seines Diensteinkommens verlustig. Wegen der Dauer des Urlaubs des GV. s. die Bek. über den Urlaub der Staatsbeamten vom 3. April 1922 (GVBl. S. 219) samt Änderungen.

Nach Art. 23 BG. ist der Beamte vor dem Dienstantritt auf die getreue Erfüllung seiner Obliegenheiten eidlich zu verpflichten. Der geleistete Eid verpflichtet auch für alle Ämter, die später übertragen werden. Vgl. auch das Gesetz über die Vereidigung der öffentlichen Beamten vom 6. Nov. 1919 (GVBl. S. 783) und die VO. über die Vereidigung der öffentlichen Beamten vom 3. Mai 1920 (GVBl. S. 191) in der Fassung der Bek. vom 12. Nov. 1931 (GVBl. S. 321). Der besondere GV.-Eid (§ 8 der bisherigen GVO.) ist beseitigt.

[3]) Im Sinne des Beamtenbesoldungsgesetzes ist der GV. entweder Vollstreckungssekretär, Vollstreckungsobersekretär (beide in Besoldungsgruppe 5b), Inspektor (Besoldungsgruppe 4b) oder Oberinspektor (Besoldungsgruppe 4a). Das Dienstverhältnis der Vollstreckungssekretäre und Vollstreckungsobersekretäre wird nach einer etatmäßigen Dienstzeit von 10 Jahren unwiderruflich.

[1]) Aufbewahrung und Verwendung des Dienstsiegels s. § 21 DA.

[2]) Dienstrock und Dienstmütze sind nun abgeschafft.

[3]) Die Vorschrift des § 10 ist mit Rücksicht auf die heute bestehende starke Geschäftsbelastung der meisten GV. nur von geringer praktischer Bedeutung.

beiten der Geschäftsstelle des Amtsgerichts mitzuwirken und die Zustellungen vorzunehmen, für die er nicht schon an sich zuständig ist[1]).

[II]Auf Anordnung des Amtsgerichtsvorstandes hat er ferner den inneren Dienst in den Sitzungen des Amtsgerichts zu übernehmen, bei der Besorgung des Ein- und Auslaufs von und zu der Post mitzuwirken und nötigenfalls den Amtsgerichtswachtmeister im Gefängnisdienste zu vertreten[2]).

§ 11[3]) [4]) (§ 1 Abs. 3 GVO., § 47 DV. f. d. GV.). Nebenämter.

[I]Das Staatsministerium der Justiz kann dem Gerichtsvollzieher die Besorgung des Gefängnisdienstes übertragen.

---

[1]) Insbesondere die Zustellungen von Amts wegen; vgl. § 82 DA.

[2]) § 10 Abs. 2 trifft wegen der Heranziehung des GV. zu den dort aufgeführten Gerichtswachtmeistergeschäften eine Sonderregelung. Im übrigen können dem GV. gemäß § 10 Abs. 1 nur Aufträge erteilt werden, die seiner dienstlichen Stellung entsprechen.

[3]) Für die Übernahme von Nebenämtern und Nebengeschäften durch den GV. gilt gemäß § 7 GVO. grundsätzlich die Vorschrift des Art. 18 BG. in Verbindung mit der Bek. über die Ausübung von Nebenämtern oder Nebengeschäften durch Beamte vom 4. April 1912 (GVBl. S. 343). Danach darf der GV. wie jeder andere Beamte ein Nebenamt oder Nebengeschäft nur übernehmen, soweit dies mit der gewissenhaften Erfüllung seiner Pflichten und mit der Achtung, die sein Beruf erfordert, vereinbar ist. Um der vorgesetzten Dienstbehörde die erforderliche Kontrolle zu ermöglichen, ist den Beamten für gewisse Nebenämter oder Nebengeschäfte teils eine Anzeigepflicht, teils — insbesondere für die Übernahme eines Nebenamts oder Nebengeschäfts, womit eine Entlohnung verbunden ist —, die Einholung der Erlaubnis auferlegt. Die vorgesetzte Dienstbehörde, an welche die Anzeige zu erstatten und die zur Erteilung der Erlaubnis zuständig ist, ist für den GV. regelmäßig der Präsident des Oberlandesgerichts.

Zu diesen allgemeinen Vorschriften bringt § 11 GVO. in zwei Punkten Änderungen und Ergänzungen:

1. Die Übertragung des Gefängnisdienstes auf den GV. kann gemäß Abs. 1 auch gegen seinen Willen erfolgen (anders § 1 Abs. 3 der bisherigen GVO.); sie geschieht durch das StM. der Justiz.

2. Nach Abs. 2 genügt zur Übernahme des Amtes eines Konkursverwalters durch einen GV. die Erlaubnis des Amtsgerichtsvorstandes; nicht erforderlich ist in Abweichung von den allgemeinen Bestimmungen des Beamtengesetzes und seiner Ausführungsvorschriften die Erlaubnis des Oberlandesgerichtspräsidenten. Der Amtsgerichtsvorstand darf die Erlaubnis nur erteilen, wenn die Übernahme des Amtes durch den GV. mit der Erfüllung seiner Berufspflichten vereinbar ist. Die Erlaubnis ist daher insbesondere auch dann zu versagen, wenn die Gefahr besteht, daß die Übernahme des Amtes den GV. mit seiner dienstlichen Tätigkeit in Kollision bringen könnte. Nach der preuß. GVO. soll mit Rücksicht auf diese Gefahr der GV. grundsätzlich als Konkursverwalter nicht bestellt werden.

[4]) Nicht zu den Nebengeschäften in diesem Sinn rechnen die Geschäfte nach § 5 GVO.

II Zur Übernahme des Amtes eines Konkursverwalters durch einen Gerichtsvollzieher ist die Erlaubnis des Amtsgerichtsvorstands erforderlich und genügend. Die Erlaubnis ist zu verweigern, wenn zu befürchten ist, daß die Übernahme des Amtes den Dienst des Gerichtsvollziehers beeinträchtigen könnte.

§ 12 (§ 19). Geheimhaltungspflicht.

Der Gerichtsvollzieher hat dafür zu sorgen, daß nicht Unberufene bei seinen Diensthandlungen anwesend sind oder Einsicht von den in seiner Verwahrung befindlichen Schriftstücken erlangen[1]).

§ 13 (§ 16). Verpflichtung zur Amtausübung.

Der Gerichtsvollzieher darf die Ausübung seines Amtes nicht ohne rechtfertigenden Grund[2]) verweigern.

§ 14 (§ 17). Persönliche Amtsausübung.

I Der Gerichtsvollzieher hat sein Amt persönlich auszuüben; er darf die Ausführung eines Dienstgeschäfts nicht einer anderen Person übertragen.

II Die Hilfskräfte[3]), die der Amtsgerichtsvorstand dem Gerichtsvollzieher zur Unterstützung beigibt, haben den Anordnungen des Gerichtsvollziehers Folge zu leisten. Schriftliche Arbeiten, die der Gerichtsvollzieher und die ihm beigegebenen Hilfskräfte nicht selbst bewältigen können, werden nach Anordnung des Amtsgerichtsvorstands durch die Geschäftsstelle geleistet.

III Einem anderen Gerichtsvollzieher darf ein Auftrag nur dann übertragen werden, wenn er nicht innerhalb des Bezirkes, für den die örtliche Zuständigkeit begründet ist, wohl aber in einem anderen Bezirke ausgeführt werden kann. Von der Übertragung ist der Auftraggeber zu verständigen.

IV Ist der Gerichtsvollzieher an der Ausführung eines Auftrags rechtlich oder tatsächlich verhindert, so hat er, falls nicht der nach

---

[1]) Die Verpflichtung des GV. zur Amtsverschwiegenheit ergibt sich aus Art. 14 BG. Danach hat der Beamte über die ihm vermöge seines Amtes bekannt gewordenen Angelegenheiten, deren Geheimhaltung ihrer Natur nach erforderlich oder von seinen Vorgesetzten vorgeschrieben ist, Verschwiegenheit zu beobachten, auch nachdem das Dienstverhältnis gelöst ist. § 12 erweitert diese Pflicht. Ausführungsvorschrift zu § 12 ist § 376 DA. Er gibt an, wem Einsicht in die Akten des GV. zu gewähren ist.

[2]) Vgl. § 9 DA. und wegen der Ablehnung von Aufträgen zu freiwilligen Versteigerungen § 286 DA.

[3]) Die Beschäftigung von Privatgehilfen ist in Bayern den GV.n nicht gestattet (anders in Preußen).

allgemeiner Anordnung zuständige Vertreter[1]) den Auftrag erledigen kann, dem Amtsgerichtsvorstand zu berichten, damit dieser für Aushilfe sorgen kann.

IV. Kostenwesen[2]).

§ 15 (§ 20). Erhebung für die Staatskasse.

Die Gebühren und Auslagen[3]), die der Gerichtsvollzieher auf Grund der Gesetze und Verordnungen zu beanspruchen hat, werden für die Staatskasse erhoben[4]).

§ 16[5]) (§ 21). Gebührenanteile der Gerichtsvollzieher. 1. Gebühren, an denen Anteile gewährt werden.

Die Gerichtsvollzieher und, falls bei einem Amtsgerichte mehrere Gerichtsvollzieher aufgestellt sind, die Gerichtsvollzieherei, erhalten von den im Geschäftsjahr eingehenden Gebühren für Zwangsvollstreckungen[6]), für Ermittelungen zur Feststellung der Mieter und Pächter eines Grundstücks im Zwangsversteigerungsverfahren[7]), für die Aufnahme von Wechsel- und Scheckprotesten[8]), für die Empfangnahme der Wechsel- und Schecksumme[9]) und für die Ausführung des Auftrags, das tatsächliche Angebot einer Leistung zu beurkunden oder die geschuldete Leistung tatsächlich anzubieten[10]), einen Anteil*).

*) Nach der Bek. vom 12. Juli 1926 (StAnz. Nr. 158) sind die Gebührenanteile der Gerichtsvollzieher im Sinne des § 36 Abs. 2 Nr. 1 Satz 2 des Einkommensteuergesetzes zur Bestreitung des Dienstaufwandes bestimmt[11]).

[1]) Vgl. für GV.eien § 6 Abs. 1 Satz 1, für EinzelGV. § 29 Abs. 1 Satz 1, § 32 Abs. 3.

[2]) Die Unterschiede zwischen der bayer. und der preuß. Regelung des Kostenwesens beruhen auf der Verschiedenheit des Systems.

[3]) Wegen der Sonderregelung hinsichtlich der Reisekosten s. § 21.

[4]) Diese Regelung beruht auf § 27 Abs. 1 Nr. 2 RGebO.

[5]) Es sind zu unterscheiden
1. Gebühren, die ganz der Staatskasse verbleiben, z. B. die Gebühr für Zustellungen,
2. Gebühren, an denen dem GV. Anteile gewährt werden — § 16 — und
3. Gebühren, die dem GV. grundsätzlich ganz überwiesen werden — § 20 —.

[6]) §§ 3—13 RGebO. [7]) § 6 Abs. 2 LGebO. [8]) § 9 LGebO. [9]) § 10 LGebO. [10]) § 8 LGebO.

[11]) Sie unterliegen also nicht der Einkommensteuer und sind gemäß § 850 Abs. 2 ZPO. auch der Pfändung nicht unterworfen.

§ 17 (§ 22). 2. Größe des Gebührenanteils bei Einzelgerichtsvollziehern.

I Der Anteil beträgt, falls bei dem Amtsgerichte nur ein Gerichtsvollzieher aufgestellt ist, bei einem Gebühreneingange

1. bis zu 200 *RM* 50 v. H.,
2. bis zu 400 *RM* 45 v. H., mindestens aber 100 *RM*,
3. bis zu 600 *RM* 40 v. H., mindestens aber 180 *RM*,
4. bis zu 800 *RM* 35 v. H., mindestens aber 240 *RM*,
5. bis zu 1000 *RM* 30 v. H., mindestens aber 280 *RM*,
6. bis zu 1500 *RM* 25 v. H., mindestens aber 300 *RM*,
7. bis zu 2000 *RM* 20 v. H., mindestens aber 375 *RM*,
8. bis zu 3000 *RM* 15 v. H., mindestens aber 400 *RM*.

Soweit mehr als 3000 *RM* Gebühren eingehen, wird ein Anteil nicht mehr gewährt[1]).

II Bei besonders gelagerten Verhältnissen kann der Anteil durch das Staatsministerium der Justiz im Benehmen mit dem Staatsministerium der Finanzen erhöht werden.

III Die im Abs. 1 festgesetzten Anteile können durch das Staatsministerium der Justiz im Benehmen mit dem Staatsministerium der Finanzen gekürzt werden; die Kürzung tritt mit dem 31. Januar 1934 außer Kraft.

§ 18 (§ 23). 3. Größe des Gebührenanteils bei Gerichtsvollziehereien.

I Der Anteil einer Gerichtsvollzieherei wird vom Staatsministerium der Justiz im Benehmen mit dem Staatsministerium der Finanzen bestimmt. Die Verteilung des Anteils bestimmt das Staatsministerium der Justiz. Der einzelne Gerichtsvollzieher soll nicht weniger erhalten, als er zu erhalten hätte, wenn sein Anteil unter entsprechender Anwendung der im § 17 aufgestellten Grundsätze berechnet würde[2]).

II Die Vorschrift des § 17 Abs. 3 findet entsprechende Anwendung.

§ 19 (§ 24). 4. Wechsel in der Besetzung einer Gerichtsvollzieherstelle.

Falls während des Geschäftsjahres ein Gerichtsvollzieher versetzt wird oder aus dem Dienste ausscheidet[3]), haben er und sein

---

[1]) Der Höchstbetrag des Gebührenanteils bei EinzelGV.n ist sohin vorbehaltlich der Erhöhung nach Abs. 2 450 *RM*.

[2]) Ein Höchstbetrag ist hier nicht festgesetzt.

[3]) Dadurch, daß ein GV. durch Krankheit an der Ausübung des Dienstes verhindert ist, verliert er den Anspruch auf den Gebührenanteil nicht.

Nachfolger sich in den Anteil (§ 16) nach dem Verhältnisse der Zeitdauer zu teilen, während deren sie die Stelle bekleidet haben.

§ 20 (§ 26).

Gebühren für die Geschäfte nach § 5 GVO.

I Den Gerichtsvollziehern werden, soweit das Staatsministerium der Justiz nicht ein anderes bestimmt, die Gebühren überwiesen, die für die Vornahme der im § 5 bezeichneten Geschäfte bei der Staatskasse eingehen[1]). In die aus diesen Geschäften bei einer Gerichtsvollzieherei eingehenden Gebühren haben sich die einzelnen Gerichtsvollzieher, wenn das Staatsministerium der Justiz nicht ein anderes bestimmt, gleichheitlich zu teilen.

II Ist der Anfall in dem Geschäftsjahre besonders hoch, so kann das Staatsministerium der Justiz im Benehmen mit dem Staatsministerium der Finanzen verfügen, daß der dem Gerichtsvollzieher nach den §§ 16 bis 18 zu gewährende Anteil ganz oder teilweise für die Staatskasse einbehalten wird.

§ 21 (§ 25).

Reiseentschädigungen.

Als Ersatz für den von dem Gerichtsvollzieher auf seinen Dienstreisen zu bestreitenden Aufwand werden ihm die nach den Gesetzen und Verordnungen anfallenden Reiseentschädigungen von der Staatskasse bezahlt[2]) [3]) [4]).

---

[1]) S. §§ 5, 11, 12 LGebO.

[2]) Die dem GV. zustehenden Reisekosten sind in § 20 RGebO. (in der Fassung des Art. I des Gesetzes zur Änderung der Gebührenordnung für GV. vom 14. Juli 1928, RGBl. I S. 179) geregelt. Zu § 20 Abs. 3 RGebO. ist die Bek. über Reisekosten der GV. vom 11. Juni 1930 (JMBl. n. F. Bd. III S. 422), abgedr. unter Nr. 7, ergangen. Siehe auch §§ 47 bis 52 der Bek. über die Gebühren und Auslagen der GV. vom 31. Dez. 1931 (JMBl. n. F. Bd. III S. 861), abgedr. unter Nr. 6, ferner § 22 Satz 3 GVO.

[3]) Vgl. die noch geltende Autogr. Entschl. des StM. der Justiz vom 3. Jan. 1900 Nr. 399, die Auszahlung der Reiseentschädigungen der GV. betr.:

„Nach § 25 (jetzt: § 21) GVO. werden die dem GV. anfallenden Reiseentschädigungen von der Staatskasse bezahlt und zwar ohne Rücksicht darauf, ob sie von dem Zahlungspflichtigen eingehen oder nicht. Die mit der Besorgung des Gebührenwesens der GV. betrauten rechnungsführenden Urkundsbeamten der Geschäftsstelle (jetzt: und GV.) werden deshalb hiemit angewiesen, bis auf weiteres den GV.n bei der Vorlage der Urkunden über das Geschäft, auf dessen Ausführung eine Reiseentschädigung erwachsen ist, diese Reiseentschädigung unverzüglich auszuzahlen. In welcher Weise die GV. den Empfang zu bestätigen haben, ist im § 122 der Dienstvorschriften (jetzt: § 353 Abs. 5 DA.) bestimmt."

[4]) Die Reisekosten unterliegen als Aufwandsentschädigung nicht der Einkommensteuer.

§ 22 (§ 27). Benützung von Fahrzeugen.

Der Amtsgerichtsvorstand kann dem Gerichtsvollzieher in einzelnen Fällen die Benützung eines Fahrzeugs zu dienstlichen Verrichtungen auf Kosten der Staatskasse gestatten. Die leitenden Grundsätze, von denen hierbei auszugehen ist, bestimmt das Staatsministerium der Justiz[1]). Wird dem Gerichtsvollzieher die Benützung eines

---

[1]) Vgl. Autogr. Entschl. des StM. der Justiz vom 19. Febr. 1900 Nr. 7471, den Vollzug des § 27 der GVO. betr.:

„Nach § 27 (jetzt: § 22) GVO. kann der Amtsgerichtsvorstand dem GV. in einzelnen Fällen die Benützung eines Fuhrwerks zu dienstlichen Verrichtungen auf Kosten der Staatskasse gestatten. Zum Vollzuge dieser Anordnung bestimmt das StM. hiemit folgendes:

1. Die Erlaubnis zur Benützung eines Fuhrwerks darf stets nur dann gewährt werden, wenn Aufträge dringlichster Natur vorliegen und der GV. ohne Benützung von Fuhrwerk außerstande sein würde, diese Aufträge noch rechtzeitig auszuführen.

2. Lassen sich die Aufträge unter Benützung der Eisenbahn, der Straßenbahn oder einer Post- oder Stellwagenverbindung ausführen, so darf zur Vermeidung höherer Kosten nicht die Benützung eines eigenen Fuhrwerks gestattet werden. Unter den verschiedenen Beförderungsmitteln ist das billigste zu wählen.

Einer besonderen Erlaubnis zur Benützung der Straßenbahn oder eines sonstigen öffentlichen Fuhrwerks bedarf es selbstverständlich nicht, wenn dem GV. eine Dauerkarte zur Benützung einer solchen Verbindung zur Verfügung gestellt ist.

3. Wenn sich ein GV. im Dienste eines Fahrrades bedient und ihm eine Entschädigung hiefür in Aussicht gestellt ist (vgl. Anm. 2 zu S. 18), so ist im einzelnen Falle zu würdigen, ob nicht auch schon mittels des Fahrrads die rechtzeitige Auftragserledigung zu bewerkstelligen ist.

4. Dem GV. sind die Kosten, die er für ein mit Erlaubnis des Amtsgerichtsvorstands verwendetes Fuhrwerk verauslagt hat, gleich den übrigen Reisekosten (s. S. 16 Anm. 3) alsbald nach der Ausführung der Geschäfte vom rechnungsführenden Sekretär (jetzt: Beamten) auszuzahlen (vgl. jetzt aber § 22 Satz 3).

5. Die rechnerische Behandlung dieser Kosten hat nach Maßgabe des § 116 Abs. 4 und des § 122 der Dienstvorschriften für die GV. (jetzt: § 351 Abs. 5 und § 353 Abs. 5 DA.) zu erfolgen."

Die Entschl. wurde durch die folgende, zum Vollzug des früheren § 27 GVO. ergangene autogr. Entschl. des StM. der Justiz vom 5. Dez. 1900 Nr. 44001 ergänzt:

„Dem StM. der Justiz wurde die Frage vorgelegt, ob der GV. auf Veranlassung einer Partei auch ohne ausdrückliche Ermächtigung des Amtsgerichtsvorstandes ein Fuhrwerk zu einer Dienstreise benützen darf und ob die Kosten für die Benützung eines Fuhrwerks, gleichviel, ob sie mit oder ohne Genehmigung des Amtsgerichtsvorstandes erfolgt, der kostenpflichtigen Partei neben den Reisekosten des § 17 (jetzt: § 20) RGebO. in Aufrechnung gebracht werden können.

Fahrzeugs auf Kosten der Staatskasse gestattet, so werden die dem Gerichtsvollzieher für die in Frage kommende Amtshandlung nach § 20 der Reichsgebührenordnung für Gerichtsvollzieher in Verbindung mit § 21 dieser Verordnung zustehenden Reisekosten für die Staatskasse erhoben; der Gerichtsvollzieher erhält an ihrer Stelle eine Aufwandsentschädigung, deren Höhe das Staatsministerium der Justiz im Benehmen mit dem Staatsministerium der Finanzen bestimmt[1] [2]).

In Ergänzung der generalisierten Entschl. vom 9. Febr. d. J. Nr. 7471 wird mit Rücksicht auf diese Anfrage folgendes verfügt:

1. Der GV. ist zur Benützung eines Fuhrwerks auf Verlangen eines Auftraggebers ohne besondere Erlaubnis des Gerichtsvorstandes dann befugt, wenn der Auftraggeber selbst die Kosten für das Fuhrwerk auf sich nimmt.

2. In den Fällen, in denen der GV. mit Genehmigung des Gerichtsvorstandes sich eines Fuhrwerks bedient, werden die Kosten für das Fuhrwerk von der Staatskasse getragen und können sie der kostenpflichtigen Partei nicht aufgerechnet werden.

3. Der GV. kann, wenn er ein Fuhrwerk auf Kosten des Auftraggebers oder der Staatskasse benützt, stets für sich die zur Deckung seines sonstigen Reiseaufwands bestimmten Reisegebühren nach § 17 (jetzt: § 20) RGebO. beanspruchen. Diese Gebühren fallen der kostenpflichtigen Partei zur Last."

Von der letzteren Entschließung haben die Nrn. 1 u. 2 auch unter der Herrschaft der neuen GVO. unveränderte Geltung. Dagegen ist die Nr. 3 mit der neuen Vorschrift des § 22 Satz 3 GVO. nicht mehr voll vereinbar. Benützt der GV. ein Fahrzeug auf Kosten des Auftraggebers, so kann er allerdings nach wie vor die Reisekosten im Sinne des § 20 RGebO. von der Staatskasse für sich in Anspruch nehmen. Benützt er das Fahrzeug aber auf Kosten der Staatskasse, so verbleiben die vorbezeichneten Reisekosten der Staatskasse; der GV. erhält lediglich aus der Staatskasse eine Aufwandsentschädigung (vgl. S. 18 Anm. 1). Dem Auftraggeber sind die Reisekosten in beiden Fällen in Rechnung zu stellen.

[1]) § 22 Satz 3 enthält gegenüber der bisherigen Regelung eine Neuerung. Bisher erhielt der GV. auch in den Fällen, in denen ihm die Benützung eines Fahrzeugs auf Staatskosten gestattet war, die Reisekosten nach § 20 RGebO. in voller Höhe ausbezahlt. Auf diese Weise wurde er gewissermaßen doppelt entschädigt. Denn durch die Reisekosten sollen ja auch die Auslagen des GV. für Fahrtkosten abgegolten werden. Nach der neuen Regelung muß der GV. entweder auf die Reisekosten oder auf die Zahlung der Fahrtkosten durch die Staatskasse verzichten. Tut er das erstere, so erhält er wenigstens eine Aufwandsentschädigung. Deren Höhe berechnet sich gemäß der Bek. über den Vollzug des § 22 der Gerichtsvollzieherordnung vom 29. März 1932 (JMBl. S. 27, StAnz. Nr. 73) nach dem Betrage der Tagegelder, die den Beamten nach der VO. über die Entschädigung der Beamten bei auswärtigen Dienstgeschäften vom 20. Mai 1922 (GVBl. S. 297) und den zur Änderung und Ausführung

§ 23 (§ 28). Zuständigkeit zur Besorgung des Kostenwesens.

I Die Besorgung des Kostenwesens der Gerichtsvollzieher obliegt dem rechnungsführenden Urkundsbeamten der Geschäftsstelle des Amtsgerichts[1]). Zur Besorgung des Kostenwesens einer Gerichtsvollzieherei von größerem Geschäftsumfange kann dieser ein eigener rechnungsführender Beamter — Urkundsbeamter der Geschäftsstelle oder Gerichtsvollzieher[2]) — beigegeben werden.

II Dem rechnungsführenden Beamten steht in Ansehung der Kosten der Gerichtsvollzieher das Vollstreckungsrecht zu[3]).

§ 24 (§ 30). Auszahlung der Gebührenanteile usw.

Über die Auszahlung des im § 16 bezeichneten Anteils, der Gebühren für die Vornahme der im § 5 bezeichneten Geschäfte und der Reiseentschädigungen werden die erforderlichen Bestimmungen von den Staatsministerien der Justiz und der Finanzen getroffen[4])[5]).

---

dieser Verordnung ergangenen Vorschriften bei Dienstreisen zustehen. Selbstverständlich gilt die Regelung des § 22 Satz 3 nur im Verhältnis zwischen dem GV. und der Staatskasse. Die Zahlungspflicht der Parteien bemißt sich nach der RGebO.

[2]) Seit Jahren besteht die Übung, daß den GV.n, die eigene Fahrzeuge, insbesondere Fahrräder, in erheblichem Maße zu dienstlichen Zwecken benützen, hiefür aus der Staatskasse besondere Vergütungen gewährt werden. In der GVO. ist diese Übung nicht festgelegt.

[1]) Vgl. §§ 16ff., 32, 332ff., 337 DA.

[2]) Die Möglichkeit, die Besorgung des Kostenwesens einer größeren GV.ei einem GV. zu übertragen, war bisher nicht vorgesehen.

[3]) Beitreibung der Kosten s. § 332 DA.

[4]) Nach den Autogr. Entschließungen des StM. der Justiz vom 24. Mai 1901 Nr. 21811 und vom 23. Okt. 1925 Nr. 40063 dürfen den GV.n auf ihre Gebührenanteile und auf die Gebühren für die im § 12 (jetzt: § 5) GVO. bezeichneten Geschäfte Vorschüsse bewilligt werden. Als Vorschuß dürfen ¾ des Betrags gewährt werden, der im vorhergegangenen Jahr für die in Frage kommende GV.stelle als Gebührenanteil festgesetzt wurde bzw. für die Geschäfte des § 12 (§ 5) GVO. einging. Die Zahlung kann in monatlichen oder vierteljährlichen Teilbeträgen erfolgen. Den GV.n bei den Amtsgerichten München und Nürnberg dürfen z. Zt. Vorschüsse in Höhe von je 50 RM für den Monat bewilligt werden.

[5]) Vgl. ferner die noch geltende Autogr. Entschl. des StM. der Justiz vom 29. Mai 1901 Nr. 22481, die von den GV.n zu bestreitenden Auslagen auf den Dienst betr.:

„Um jeden Zweifel auszuschließen, wird hiermit bemerkt, daß die GV. befugt sind, sich von den rechnungsführenden Urkundsbeamten der Geschäftsstelle (jetzt: und GV.n) kleinere Vorschüsse geben zu lassen, mit welchen sie die ihnen auf den Dienst erwachsenden Auslagen einstweilen

§ 25 (§ 31). Gebührenanteile der Gerichtsvollzieher mit Gefängnisdienst.

Die Gebührenanteile der Gerichtsvollzieher, denen die Besorgung des Gefängnisdienstes übertragen ist[1]), werden im einzelnen Falle durch das Staatsministerium der Justiz im Benehmen mit dem Staatsministerium der Finanzen festgesetzt.

§ 26 (§ 37). Kürzung der Gebührenanteile usw.

Die Gewährung des im § 16 bestimmten Anteils sowie die Belassung der Gebühren für die Vornahme der im § 5 bezeichneten Geschäfte hat zur Voraussetzung, daß der Gerichtsvollzieher seinen Dienstpflichten in vollem Umfange nachkommt. Vernachlässigt der Gerichtsvollzieher seine Pflichten, so hat der Amtsgerichtsvorstand sofort an das Staatsministerium der Justiz zu berichten; das Staatsministerium der Justiz kann die Gebührenanteile kürzen oder einziehen.

V. Dienstaufsicht.[2])

§ 27 (§§ 32, 34). Zuständigkeit.

Die Aufsicht über die Gerichtsvollzieher einschließlich der Befugnis zur Auflegung von Zwangsstrafen gemäß dem Art. 71 des Ausführungsgesetzes zum Gerichtsverfassungsgesetze in der Fassung nach Art. 222 des Beamtengesetzes steht dem Amtsgerichtsvorstand[3]) und den diesem vorgesetzten Aufsichtsbehörden[4]) zu.

§ 28 (§ 33). Unterstützung des Amtsgerichtsvorstands bei größeren Gerichtsvollziehereien.

I Zur Unterstützung des Amtsgerichtsvorstands bei der Aufsicht und Leitung der Geschäfte einer Gerichtsvollzieherei mit größerem

---

bestreiten können. Über die Höhe der Vorschüsse und die Art ihrer Verrechnung haben sich die Urkundsbeamten der Geschäftsstelle (jetzt: die rechnungsführenden Beamten) und der GV. zu einigen. Im Falle von Meinungsverschiedenheiten entscheidet der Amtsgerichtsvorstand. Die Amtsgerichtsvorstände sind überdies zur Erlassung einer allgemeinen Anordnung ermächtigt (§ 221 der Dienstvorschr. für die GV., jetzt: § 382 Abs. 2 DA.)."

[1]) Vgl. § 11 Abs. 1.

[2]) Nach § 7 finden auf den GV. die Vorschriften des VII. Abschnitts des Beamtengesetzes über Dienstaufsicht und Dienststrafrecht Anwendung. Von maßgeblicher Bedeutung für die Frage, welche Vorschriften des materiellen und formellen Dienststrafrechts anzuwenden sind, ist, ob das Dienstverhältnis des in Frage kommenden GV.s bereits unwiderruflich geworden oder noch widerruflich ist (vgl. Anm. 3 zu S. 10).

[3]) Siehe auch §§ 29, 30, 33 DA.

[4]) Landgerichtspräsident, Oberlandesgerichtspräsident und StM. der Justiz.

Geschäftsumfange kann dieser ein Urkundsbeamter der Geschäftsstelle oder ein Gerichtsvollzieher[1]) beigegeben werden. Ihren Weisungen haben die Gerichtsvollzieher und die übrigen in der Gerichtsvollzieherei verwendeten Personen Folge zu leisten[2]).

II Der beigegebene Urkundsbeamte der Geschäftsstelle kann zugleich als Gerichtsvollzieher aufgestellt werden. Er hat sich in diesem Falle an der Besorgung der Gerichtsvollziehergeschäfte zu beteiligen.

VI. Amtsverweser, Hilfsgerichtsvollzieher und Vertreter.

§ 29[3]) (§ 38).

Fälle der Aufstellung.

I Bei vorübergehender Behinderung[4]) eines Einzelgerichtsvollziehers sind die Amtsgeschäfte von einem Vertreter zu erledigen. Für die Dauer der Beurlaubung, der vorläufigen Dienstenthebung, der sonstigen Behinderung eines Gerichtsvollziehers oder der vorübergehenden Erledigung einer Gerichtsvollzieherstelle soll, soweit Einzelgerichtsvollzieher in Frage kommen, die Wahrnehmung der Amts-

---

1) Bisher nur Urkundsbeamter der Geschäftsstelle.

2) Vgl. §§ 31, 33 DA.

3) Es sind folgende Fälle zu unterscheiden:

1. EinzelGV.: a) Vorübergehende Behinderung (z. B. voraussichtlich kurzzeitige Erkrankung): Die Amtsgeschäfte sind von einem Vertreter zu erledigen, der von dem Amtsgerichtsvorstand zu Beginn des Geschäftsjahrs aufgestellt wird (§ 32 Abs. 3),

b) Beurlaubung, vorläufige Dienstenthebung, sonstige — nicht nur vorübergehende — Behinderung (z. B. voraussichtlich länger dauernde Erkrankung), vorübergehende Erledigung einer GV.stelle: Übertragung der Wahrnehmung der Amtsgeschäfte auf einen Amtsverweser (Aufstellung s. § 32 Abs. 1),

c) vorübergehende Unfähigkeit zur vollständigen Besorgung der Amtsgeschäfte (z. B. infolge übergroßen Geschäftsanfalls oder wegen beschränkter Dienstfähigkeit des GV.): Aufstellung eines HilfsGV. (s. § 32 Abs. 1, 2).

2. GV.eien: In sämtlichen Fällen a—c grundsätzlich Erledigung der Geschäfte des behinderten usw. GV.s durch die übrigen GV. nach allgemeiner Anordnung des Amtsgerichtsvorstands (§ 6, § 29 Abs. 2); falls dies nicht möglich ist, Aufstellung eines HilfsGV.

4) Nicht nur aus tatsächlichen Gründen (z. B. kurzzeitige Krankheit), sondern auch aus Rechtsgründen (z. B. Ausschluß von der dienstlichen Tätigkeit gemäß § 2 DA.). Die Grenze zwischen der „vorübergehenden" Behinderung — Erledigung der Geschäfte durch einen Vertreter — und der „sonstigen" Behinderung — Aufstellung eines Amtsverwesers — ist fließend. Wenn die voraussichtliche Dauer der Behinderung des GV. nicht nur nach Tagen zählt, wird regelmäßig die Aufstellung eines Amtsverwesers in Frage kommen.

geschäfte einem Amtsverweser übertragen werden. Falls einem Einzelgerichtsvollzieher vorübergehend die vollständige Besorgung seiner Amtsgeschäfte nicht möglich ist, kann neben ihm ein Hilfsgerichtsvollzieher aufgestellt werden[1]).

II Einer Gerichtsvollzieherei kann in den Fällen des Abs. 1, soferne die Erledigung der Geschäfte durch die übrigen Gerichtsvollzieher nicht möglich ist, ein Hilfsgerichtsvollzieher beigegeben werden.

§ 30 (§ 40). **Voraussetzungen der Aufstellung.**

Als Amtsverweser, Hilfsgerichtsvollzieher oder Vertreter soll nur aufgestellt werden, wer den im § 2 Nr. 1, 3—5 aufgeführten Voraussetzungen entspricht, volljährig ist und genügende Vorbildung besitzt. Personen, welche nicht die Prüfung für den mittleren Justizstaatsdienst oder die Prüfung für das Gerichtsvollzieheramt bestanden haben, sollen nur aufgestellt werden, wenn geeignete geprüfte Personen nicht vorhanden sind.

§ 31 (§ 41). **Anwendung der Vorschriften für den Gerichtsvollzieher.**

Auf den Amtsverweser, den Hilfsgerichtsvollzieher und den Vertreter finden die für den Gerichtsvollzieher gegebenen Vorschriften entsprechende Anwendung[2]).

§ 32 (§ 42). **Aufstellung.**

I Wenn die Verwesung nicht länger als 35 Tage dauern soll, stellt der Amtsgerichtsvorstand, wenn sie nicht länger als drei Monate dauern soll, stellt der Landgerichtspräsident den Amtsverweser auf[3]). Wird eine Verwesung in der Dauer von mehr als drei Monaten notwendig, so ist die Genehmigung des Staatsministeriums der

[1]) Sofern nicht die Unterstützung durch den Vertreter (Satz 1) genügt.

[2]) Die für den GV. gegebenen Vorschriften finden nur entsprechende Anwendung. Aus § 33, wonach dem Amtsverweser oder HilfsGV. unter besonderen Umständen eine Vergütung gewährt werden kann, folgt, daß Amtsverweser, HilfsGV. und Vertreter keine Gebührenanteile beziehen und ihnen auch die Gebühren für Geschäfte nach § 5 GVO. nicht überwiesen werden. Dagegen haben auch sie Anspruch auf Reisekosten nach § 20 RGebO.

[3]) Gegenüber früher ist die Befugnis des Amtsgerichtsvorstands und des Landgerichtspräsidenten zur selbständigen Aufstellung von Amtsverweser und HilfsGV. erweitert. Insbesondere braucht der Amtsgerichtsvorstand in den Fällen, in denen die Amtsverwesung zur Vertretung des GV. während seines normalen Jahresurlaubs notwendig wird, zur Aufstellung des Amtsverwesers nun nicht mehr der Genehmigung der vorgesetzten Stelle.

Justiz einzuholen. Auch wenn die Verwesung länger als 35 Tage zu dauern haben wird, kann der Amtsgerichtsvorstand den Amtsverweser einstweilen bestellen, sofern ein dringender Fall vorliegt; er hat jedoch die höhere Genehmigung unverzüglich nachzusuchen.

II Auf die Aufstellung des Hilfsgerichtsvollziehers finden die Vorschriften des Abs. 1 entsprechende Anwendung.

III Den Vertreter für die Fälle vorübergehender Behinderung des Gerichtsvollziehers hat der Amtsgerichtsvorstand vorsorglich zu Beginn des Geschäftsjahres aufzustellen.

§ 33 (§ 44). Vergütung.

Dem Amtsverweser oder Hilfsgerichtsvollzieher kann unter besonderen Umständen, insbesondere bei längerer Dauer der Dienstleistung, eine Vergütung gewährt werden[1] [2]. Die Vergütung wird vom Staatsministerium der Justiz im Benehmen mit dem Staatsministerium der Finanzen bestimmt*).

*) Nach der Bek. vom 5. Aug. 1927 (StAnz. Nr. 179) ist diese Vergütung im Sinne des § 36 Abs. 2 Nr. 1 Satz 2 des Einkommensteuergesetzes zur Bestreitung des Dienstaufwandes bestimmt.[3]

VII. Schlußbestimmungen.

§ 34 (§ 46). Inkrafttreten.

Diese Verordnung tritt an die Stelle der Gerichtsvollzieherordnung vom 16. Dezember 1899 (GVBl. S. 1015, JMBl. a. F. S. 517). Sie tritt am 1. April 1932 in Kraft.

§ 35 (§ 55). Ausführungsvorschriften.

Die zur Ausführung dieser Verordnung erforderlichen Vorschriften werden, soweit nicht ein anderes bestimmt ist, vom Staatsministerium der Justiz erlassen.

[1]) Dagegen haben sie keinen Anspruch auf Gebührenanteile und die Gebühren nach § 5 GVO., vgl. S. 22 Anm. 2.

[2]) Ein Amtsverweser, HilfsGV. oder Vertreter, der von auswärts zur Dienstleistung berufen wird, erhält außerdem eine Aufwandsentschädigung nach Maßgabe der VO. über die Entschädigung der Beamten bei auswärtigen Dienstgeschäften vom 20. Mai 1922 (GVBl. S. 297) und den zu ihrer Änderung und Ausführung ergangenen Vorschriften.

[3]) Sie unterliegt also nicht der Einkommensteuer und ist gemäß § 850 Abs. 2 ZPO. auch der Pfändung nicht unterworfen.

§ 36 (§ 45). **Gerichtsvollzieher in Strafsachen.**

Das Staatsministerium der Justiz kann mit der Einhebung und zwangsweisen Beitreibung der Geldstrafen, Kosten und durchlaufenden Gelder in Strafsachen Gerichtsvollzieher in Strafsachen betrauen[1]).

2. Dienstanweisung für die Gerichtsvollzieher.*)

Vom 31. Dezember 1931.

(JMBl. n. F. Bd. III S. 581.)

*) Die den Paragraphennummern in Klammern beigesetzten Angaben verweisen auf die Paragraphenfolge der bisherigen Dienstvorschriften (DV.) und Geschäftsanweisung (GA.).

Erster Abschnitt.

Allgemeine Vorschriften.

§ 1 (neu). **Bedeutung der Dienstanweisung.**

Die Dienstverrichtungen des Gerichtsvollziehers und das bei ihrer Vornahme zu beobachtende Verfahren sind durch die Reichs- und Landesgesetze sowie die zu ihrem Vollzug erlassenen Verordnungen, insbesondere die Gerichtsvollzieherordnung, bestimmt. Diese Vorschriften werden durch diese Dienstanweisung erläutert und ergänzt. Die Dienstanweisung soll dem Gerichtsvollzieher das Eindringen in das Verständnis der gesetzlichen Bestimmungen erleichtern; sie befreit ihn aber nicht von der Verpflichtung, sich die genaue Kenntnis dieser Bestimmungen aus den Gesetzen selbst[2]) anzueignen. Verletzt ein Gerichtsvollzieher die ihm einem Dritten gegenüber obliegende

[1]) Vgl. Entschl. des StM. der Justiz vom 16. März 1932 Nr. 12642: „Auf Grund des § 36 GVO. bleiben beim Amtsgerichte München Gerichtsvollzieher in Strafsachen mit der Einhebung und zwangsweisen Beitreibung der Geldstrafen, Kosten und durchlaufenden Gelder in Strafsachen betraut. Auf sie finden die bisher für diese GV. geltenden Vorschriften Anwendung."

Die anderen bayerischen Amtsgerichte kennen das Institut der Gerichtsvollzieher in Strafsachen nicht.

[2]) In Frage kommen insbesondere die Vorschriften der Zivilprozeßordnung über Zustellungen und Zwangsvollstreckungen, der Wechselordnung, des Scheckgesetzes sowie ein erheblicher Teil der sachenrechtlichen und familienrechtlichen Vorschriften des Bürgerlichen Gesetzbuches.

Amtspflicht, so ist der Staat zum Ersatz des daraus entstehenden Schadens verpflichtet[1]). Der Gerichtsvollzieher hat aber dem Staate den Schaden zu ersetzen[2]), der diesem aus der Amtspflichtverletzung erwächst[3]).

§ 2 (neu). **Ausschließung von der dienstlichen Tätigkeit.**

Der Gerichtsvollzieher ist nach § 155 GVG.[4]), Art. 67 AGGVG.[5]) von der Ausübung seines Amtes kraft Gesetzes ausgeschlossen:

I. in bürgerlichen Rechtsstreitigkeiten:

1. wenn er selbst Partei oder gesetzlicher Vertreter einer Partei ist oder zu einer Partei in dem Verhältnis eines Mitberechtigten, Mitverpflichteten oder Ersatzpflichtigen steht;
2. wenn sein Ehegatte Partei ist, auch wenn die Ehe nicht mehr besteht;
3. wenn eine Person Partei ist, mit der er in gerader Linie verwandt, verschwägert oder durch Annahme an Kindes Statt verbunden, in der Seitenlinie bis zum dritten Grade verwandt oder bis zum zweiten Grade verschwägert ist, auch wenn die Ehe, durch welche die Schwägerschaft begründet ist, nicht mehr besteht;

II. in Strafsachen:

1. wenn er selbst durch die strafbare Handlung verletzt ist;
2. wenn er der Ehegatte des Beschuldigten oder Verletzten ist oder gewesen ist;
3. wenn er mit dem Beschuldigten oder Verletzten in dem vorstehend unter Nr. I 3 bezeichneten Verwandtschafts- oder Schwägerschaftsverhältnisse steht.

§ 3 (§ 37 DV.). **Amtshandlungen bei Personen, die von der inländischen Gerichtsbarkeit ausgenommen sind.**

In den Wohn- und Diensträumen der nach den §§ 18, 19 GVG.[6]) von der inländischen Gerichtsbarkeit befreiten Personen[7]) darf der

---

[1]) Vgl. § 839 BGB. i. Vbdg. mit Art. 131 der Reichsverfassung, Art. 60, 61 AG.BGB.

[2]) Vgl. Art. 179, 180 des Beamtengesetzes.

[3]) Vgl. auch § 102 ZPO., wonach Gerichtsvollzieher durch das Prozeßgericht zur Tragung der Kosten verurteilt werden können, die sie durch grobes Verschulden veranlaßt haben.

[4]) Abgedr. unter Nr. 20.

[5]) Abgedr. unter Nr. 21.

[6]) § 18 GVG.: Die inländische Gerichtsbarkeit erstreckt sich nicht auf die Chefs und Mitglieder der bei dem Deutschen Reiche beglaubigten

Gerichtsvollzieher ohne deren Zustimmung keinerlei Amtshandlungen vornehmen. Er darf auch die Post nicht um die Bewirkung einer Zustellung in einem solchen Raum ersuchen, wenn nicht die Zustimmung des Inhabers des Raumes vorliegt. Zur Erholung der Zustimmung hat der Amtsgerichtsvorstand an das Staatsministerium der Justiz zu berichten. Das Schriftstück, das zugestellt, oder der Schuldtitel, auf Grund dessen vollstreckt werden soll, ist vorzulegen. Ist die Zustimmung nicht zu erreichen, so gilt für Zustellungen § 203 Abs. 3 ZPO.[1]) (vgl. Bek. über die Vornahme von Zustellungen in den Wohnungen von Personen, die von der inländischen Gerichtsbarkeit befreit sind, vom 5. April 1893, JMBl. n. F. Bd. I S. 153[2])).

§ 4 (§ 38 DV.). **Aufträge.**

I Die Parteien haben sich mit ihren Aufträgen[3]) [4]) unmittelbar an die Gerichtsvollzieher und da, wo eine Gerichtsvollzieherei errichtet ist, an die Gerichtsvollzieherei als solche zu wenden.

Missionen. Sind diese Personen Staatsangehörige eines der deutschen Länder, so sind sie nur insofern von der inländischen Gerichtsbarkeit befreit, als das Land, dem sie angehören, sich der Gerichtsbarkeit über sie begeben hat.

Die Chefs und Mitglieder der bei einem deutschen Lande beglaubigten Missionen sind der Gerichtsbarkeit dieses Landes nicht unterworfen. Dasselbe gilt von den Mitgliedern des Reichsrats, welche nicht von dem Lande abgeordnet sind, in dessen Gebiete der Reichsrat seinen Sitz hat.

§ 19 GVG.: Auf die Familienmitglieder, das Geschäftspersonal der im § 18 erwähnten Personen und auf solche Bedienstete derselben, welche nicht Deutsche sind, finden die vorstehenden Bestimmungen Anwendung.

[7]) Sog. Exterritoriale. Zu diesen zählt z. B. der Französische Gesandte in München. Konsuln sind, soweit nicht in zwischenstaatlichen Vereinbarungen eine abweichende Regelung getroffen ist, von der inländischen Gerichtsbarkeit nicht befreit (§ 21 GVG.).

[1]) Zustellung durch öffentliche Bekanntmachung.

[2]) Abgedr. unter Nr. 10. Danach können an Exterritoriale Zustellungen in gerichtlichen Angelegenheiten nur im sog. diplomatischen Wege, d. h. im Benehmen von Staat zu Staat unter Vermittlung der Zentralbehörden (auswärtigen Ministerien), erfolgen. Dagegen ist die gewöhnliche Zustellung durch den GV. — persönlich oder durch die Post — an Nicht-Exterritoriale in den Wohn- oder Diensträumen Exterritorialer nicht ausgeschlossen; sie darf aber nur mit Zustimmung des exterritorialen Wohnungsinhabers erfolgen, deren Einholung, falls sie nicht schriftlich vorgelegt ist, auf dem Dienstwege zu beantragen ist.

[3]) Der GV. steht zu der Partei nicht in einem privatrechtlichen Dienstverhältnis, vielmehr wird er ausschließlich kraft seines Amtes tätig (vgl. Plenarentscheidung des Reichsgerichts: RGZ. 82, 85). Der „Auftrag"

II Nach § 753 Abs. 2 ZPO. kann bei der Erteilung des Auftrags zu einer Zwangsvollstreckung der Gläubiger und ebenso können unter den Voraussetzungen des § 166 ZPO. bei der Erteilung des Auftrags zu einer Zustellung die Parteien die Mitwirkung der Geschäftsstelle[1]) in Anspruch nehmen (vgl. auch § 168, § 508 Abs. 1, § 699 Abs. 1 ZPO.). Gerichte, Staatsanwaltschaften und Geschäftsstellen der Gerichte können wegen der Erteilung eines Auftrags an einen Gerichtsvollzieher die Mitwirkung der Geschäftsstelle des Amtsgerichts in Anspruch nehmen, in dessen Bezirk der Auftrag ausgeführt werden soll (§ 161 GVG.).

§ 5 (§§ 39, 41 DV.). Erteilung des Auftrags.

I Die Erteilung von Aufträgen ist an keine Form gebunden[2]). Sie kann schriftlich oder mündlich, durch den Auftraggeber in Person oder durch einen Bevollmächtigten[3]) geschehen. Über mündlich erteilte Aufträge mit Ausnahme der Aufträge zu Zustellungen und der Aufträge zur Erhebung von Wechsel- und Scheckprotesten ist eine kurze Vormerkung zu fertigen. In die Vormerkung sind beachtliche Weisungen des Auftraggebers aufzunehmen.

II Auf allen übergebenen oder übersandten Schriftstücken ist der Tag des Eingangs mittels Stempels oder handschriftlich zu vermerken[4]). Alle Aufträge sind alsbald in das Dienstregister (§§ 340 ff.) einzutragen. Die Nummer des Dienstregisters[5]) ist auf den Aufträgen und den Vormerkungen über die Aufträge zu vermerken.

III Die Erteilung des Auftrags ist dem Auftraggeber auf Verlangen zu bescheinigen[6]).

---

der Parteien ist seiner rechtlichen Natur nach lediglich ein Antrag, der allerdings eine notwendige Voraussetzung für das Tätigwerden des GV. bildet.

[4]) Wegen der Form des Auftrags s. § 5 Abs. 1; wegen der Aufträge zu Zustellungen s. §§ 43, 44, zu Zwangsvollstreckungen s. § 88, zur Erhebung von Wechsel- und Scheckprotesten s. § 302.

[1]) und zwar im Falle des § 753 ZPO. des Vollstreckungsgerichts (§ 764 ZPO.), im Falle des § 166 ZPO. des Prozeßgerichts.

[2]) Übergabe von Schriftstücken bei Zustellungsaufträgen s. § 44, bei Zwangsvollstreckungsaufträgen s. § 97, bei Protestaufträgen s. § 302.

[3]) Prüfung der Vollmacht s. § 6.

[4]) Bei Aufträgen zur Erhebung von Wechsel- und Scheckprotesten ist Tag und Stunde der Erteilung des Auftrags zu vermerken (§ 302 Abs. 2).

[5]) Vgl. § 343.

[6]) Bescheinigung des Empfangs von Schriftstücken usw. s. § 15.

§ 6 (§ 40 DV.). **Prüfung der Legitimation des Auftraggebers.**

Bei der Entgegennahme von Aufträgen hat der Gerichtsvollzieher mit der den Umständen des einzelnen Falles entsprechenden Vorsicht zu verfahren, um Täuschungen über die Person des Auftraggebers oder die Bevollmächtigung eines angeblich Bevollmächtigten fernzuhalten. Zu diesem Zwecke kann er nötigenfalls die Beischaffung einer mit öffentlicher Beglaubigung der Unterschrift (§ 129 BGB.) versehenen Vollmachtsurkunde oder die Stellung von Zeugen für die Personengleichheit, die Vorlage von Ausweispapieren usw. verlangen. Besondere Vorsicht ist geboten, wenn es sich um den Auftrag, eine Zwangsvollstreckung einzustellen oder Vollstreckungsmaßregeln aufzuheben, oder um Verfügungen über die in den Gewahrsam des Gerichtsvollziehers gekommenen Gelder u. dgl. handelt. Das gleiche gilt bei fernmündlich oder fernschriftlich erteilten Aufträgen. Wegen der Berechtigung des Prozeßbevollmächtigten zur Empfangnahme der beigetriebenen Leistung wird auf § 88 Abs. 3 verwiesen[1]).

§ 7 (§ 43 DV.). **Erledigung der Aufträge.**

Alle Aufträge müssen ohne Verzug erledigt werden. In welcher Reihenfolge die einzelnen Aufträge zu erledigen sind, bleibt dem pflichtgemäßen Ermessen des Gerichtsvollziehers überlassen. Als Regel hat nur zu gelten, daß die dringlicheren Sachen[2]) vor den weniger dringlichen zu erledigen sind. Freiwillige Versteigerungen haben in der Regel den übrigen Geschäften nachzustehen. Für den Fall, daß von mehreren Gläubigern Pfändungsaufträge gegen denselben Schuldner vorliegen, gilt § 188.

§ 8 (§ 44 DV.). **Gleichmäßige Behandlung der Auftraggeber.**

Die Bevorzugung eines bestimmten Auftraggebers ist verboten. Ebenso ist dem Gerichtsvollzieher untersagt, für seine Amtshandlungen Geschenke oder andere Vorteile anzunehmen, zu fordern oder sich versprechen zu lassen[3]) [4]).

---

[1]) Ebendort s. auch wegen der Berechtigung des Prozeßbevollmächtigten zur Vertretung des Gläubigers bei der Zwangsvollstreckung und wegen des Nachweises der Prozeßvollmacht.

[2]) Z. B. Zustellungen, durch die eine Frist gewahrt werden soll (vgl. z. B. §§ 586, 664, § 845 Abs. 2, § 929 Abs. 3, §§ 958, 976, 1044 ZPO.), Vollziehung von Arresten und einstweiligen Verfügungen, Protesterhebungen. Vgl. auch § 130 S. 3. [3]) Strafbarkeit s. §§ 331, 332 StGB.

[4]) Vergünstigungen, die dem GV. bei der Ausführung von Amtshandlungen von Geschäftsleuten eingeräumt werden (z. B. Preisnachlaß bei Zeitungsanzeigen, bei Transporten), dürfen nicht ihm, sondern nur den Parteien zugute kommen.

§ 9 (§ 45 DV.). **Ablehnung von Aufträgen.**

I Die Übernahme eines Auftrags ist abzulehnen, wenn der Auftrag mit den bestehenden Vorschriften unvereinbar ist. Von der Ablehnung ist der Auftraggeber unter Bekanntgabe der Gründe zu benachrichtigen.

II Wegen der Ablehnung von Aufträgen zu freiwilligen Versteigerungen wird auf § 286 verwiesen.

§ 10 (§ 46 DV.). **Aufträge des Staatsanwalts.**

Ordnet der Staatsanwalt die Vorführung, Festhaltung oder vorläufige Festnahme einer Person oder die Vornahme von Durchsuchungen und Beschlagnahmen an[1] [2], so hat der Gerichtsvollzieher ohne weiteres Folge zu leisten.

§ 11 (§ 49 DV.). **Urkundenaufnahme.**

I Der Gerichtsvollzieher hat bei der Aufnahme von Protokollen und anderen Urkunden außer den für einzelne Geschäfte geltenden besonderen Vorschriften[3] [4] folgendes zu beachten:

a) Jede Urkunde muß Ort und Zeit der Abfassung enthalten.
b) Die Urkunde ist nach der Vornahme des Geschäfts unverzüglich anzufertigen[5].
c) Die Urkunden sollen deutlich und bestimmt abgefaßt sein.
d) Sie sollen mit Tinte, Tintenstift[6] oder unter Verwendung von Stempeln oder in Schreibmaschinenschrift leicht leserlich hergestellt sein. Von der Verwendung des Tintenstiftes ist abzusehen, wenn eine besonders haltbare Schrift erforderlich ist[7]. Zur Unterschriftsleistung dürfen Stempel nicht verwendet werden.
e) Der Gebrauch gedruckter, autographierter oder in ähnlicher Weise hergestellter Formblätter, deren Fassung der Amtsgerichtsvorstand genehmigt hat, ist erlaubt.

---

[1] Vgl. §§ 94 ff., 112 ff. StPO.

[2] In der Regel bedient sich der Staatsanwalt zur Durchführung derartiger Anordnungen der Polizei. Ein Bedürfnis zur Heranziehung des GV. wird nur in ganz seltenen Fällen bestehen.

[3] Vgl. z. B. §§ 60, 61, 120, 152, 153.

[4] Vgl. auch § 322 über die Aufstellung einer Kostenberechnung auf den Urkunden.

[5] Das Protokoll über Vollstreckungshandlungen ist regelmäßig an Ort und Stelle aufzunehmen (§ 120 Abs. 1). Wegen der Herstellung der Protesturkunde s. § 317 Abs. 1.

[6] Nicht mit Bleistift!

[7] Z. B. bei Pfandanzeigen (§ 143 Abs. 3), die Wind und Wetter ausgesetzt sind.

f) Die Urkunden sind ohne Lücken anzufertigen. Radierungen sind untersagt. Etwa nötige Durchstreichungen müssen derart geschehen, daß das Durchstrichene noch leserlich bleibt. Die Zusätze und Berichtigungen sind am Rand oder hinter der Unterschrift niederzuschreiben, mit Datum zu versehen und besonders zu unterschreiben. In den Formblättern sind die zur Ausfüllung bestimmten Zwischenräume, soweit sie durch die erforderlichen Eintragungen nicht ausgefüllt werden, durch Striche zu weiteren Eintragungen ungeeignet zu machen.

g) Namen sind ohne Abkürzung zu schreiben, sofern es sich nicht um eine Firma handelt, die einen Namen in abgekürzter Form führt.

h) Jede Urkunde muß vom Gerichtsvollzieher unter Beifügung seiner dienstlichen Eigenschaft und unter Beidrückung des Dienstsiegels unterschrieben sein. Amtsverweser, Hilfsgerichtsvollzieher und Vertreter haben diese Eigenschaft anzugeben.

i) Besteht eine Urkunde aus mehreren Bogen oder einzelnen Blättern, so sind diese zusammenzuheften oder in sonst geeigneter Weise zu verbinden.

k) Es empfiehlt sich, den Urkunden Überschriften zu geben, die den Gegenstand kurz bezeichnen, wie Zustellungsurkunde, Pfändung, freiwillige Versteigerung.

l) Abschriften sind als solche zu bezeichnen[1]).

m) Auf jeder Urkunde ist die Nummer anzugeben, unter der das beurkundete Geschäft im Dienstregister eingetragen ist[2]).

n) Jede Seite einer Urkunde — Urschriften wie Abschriften —, für die eine Schreibgebühr angesetzt wird, soll mindestens 32 Zeilen und jede Zeile durchschnittlich 15 Silben enthalten[3]).

II Die von dem Gerichtsvollzieher aufgenommenen Urkunden haben öffentlichen Glauben. Sie sind daher mit größter Gewissenhaftigkeit und Sorgfalt abzufassen und müssen in jedem einzelnen Punkte dem tatsächlichen Hergang entsprechen; in den Formblättern ist jedes nicht zutreffende Wort zu durchstreichen. Die Verletzung der Wahrheit selbst in nebensächlichen Punkten hat disziplinarische und unter Umständen strafrechtliche Ahndung zur Folge. Urkunden, die bereits abgeschlossen sind, dürfen nur in der Form von Nachträgen und Berichtigungen (s. Abs. 1 Buchst. f) geändert oder ergänzt werden.

---

[1]) Beglaubigung von Abschriften s. § 12.

[2]) Vgl. § 343.

[3]) Vgl. § 17 RGebO., § 14 LGebO. in Verbindung mit § 71 Abs. 4 des Gerichtskostengesetzes.

Ist die Urkunde von einem Beteiligten zu unterschreiben, so darf die Unterschrift erst nach der vollständigen Niederschrift der Urkunde eingeholt werden.

§ 12 (§ 50 DV.). **Beglaubigung von Abschriften.**

Bei der Beglaubigung von Abschriften[1]) muß der Gerichtsvollzieher sich durch eine genaue Vergleichung der Urschrift mit der Abschrift davon überzeugen, daß beide Urkunden wörtlich übereinstimmen. Veränderungen, Einschaltungen und Lücken, die sich in der Abschrift befinden, sind im Beglaubigungsvermerke zu erwähnen. Die Bestätigung des Gleichlauts erfolgt durch die Beifügung des Vermerkes: „Beglaubigt." Der Vermerk ist zu unterschreiben und mit dem Dienstsiegel zu versehen.

§ 13 (§ 51 DV.). **Dienstliche Mitteilungen.**

Zuschriften an die Parteien[2]), Bekanntmachungen sowie Niederschriften zu den Akten hat der Gerichtsvollzieher ohne Weitschweifigkeit möglichst kurz abzufassen.

§ 14 (§ 170 DV.). **Verkehr mit den Parteien.**

I Der mündliche und schriftliche Verkehr mit den Parteien und den sonst Beteiligten obliegt dem Gerichtsvollzieher.

II Der Amtsgerichtsvorstand hat zu bestimmen, wer bei Abwesenheit des Einzelgerichtsvollziehers und in den Gerichtsvollziehereien den Einlauf zu öffnen, mündliche Anträge und sonstige Erklärungen entgegenzunehmen und Aufschlüsse zu erteilen hat.

§ 15 (§§ 41, 53 DV.). **Empfangsbescheinigung.**

Über den Empfang von Geldern, Schriftstücken und anderen Gegenständen, die dem Gerichtsvollzieher aus Anlaß eines Dienstgeschäfts übergeben werden, hat dieser auf Verlangen eine Bescheinigung zu erteilen. Über den Empfang einer Leistung im Vollstreckungsverfahren (§ 115 Abs. 2) und über die Zahlung eines Wechsels oder Schecks (§ 312 Abs. 3, § 319 Abs. 7) ist die Bescheinigung auch ohne Verlangen zu erteilen.

§ 16 (§ 176 DV.). **Behandlung von Geldern und Wertsachen: 1. Zuständigkeit zur Verwahrung.**

I Der Gerichtsvollzieher hat Gelder und Wertsachen, die er in Ausübung seines Dienstes empfängt oder sonst an sich nimmt, gegen

---

[1]) Beglaubigung der Abschriften zuzustellender Schriftstücke s. § 44.

[2]) Wegen der Postgebühren s. § 329 und Anm. hiezu.

Empfangsbescheinigung an den rechnungsführenden Beamten[1]) abzuliefern, wenn er sie nicht sofort dem Empfangsberechtigten oder der Hinterlegungsstelle aushändigt oder durch die Post übersendet[2]). Werden in Abwesenheit des Gerichtsvollziehers Gelder gezahlt oder Wertsachen abgeliefert, so hat sie der rechnungsführende Beamte entgegenzunehmen und ihren Empfang zu bescheinigen; mit Genehmigung des Landgerichtspräsidenten kann der Amtsgerichtsvorstand auch eine andere Person zum Empfang ermächtigen.

II Der rechnungsführende Beamte trägt die Einnahme im Dienstregister (§§ 340ff.) oder im Verwahrungsbuch (§§ 359ff.) ein[3]) und verwahrt die Gelder und Wertsachen gesondert in der Kasse; von der gesonderten Verwahrung der Gelder kann mit Genehmigung des Amtsgerichtsvorstands abgesehen werden.

III Die Empfangsbestätigungen, die dem Gerichtsvollzieher als Belege zu seinen Akten auszustellen sind, hat dieser vorzubereiten.

§ 17 (vgl. § 178 DV.). 2. Verwahrung bei der Hinterlegungsstelle.

I Gelder, Wertpapiere und Kostbarkeiten, die sich aus Anlaß eines Dienstgeschäftes im Gewahrsam des Gerichtsvollziehers oder des rechnungsführenden Beamten befinden, sind, wenn ihre Hinausgabe voraussichtlich nicht in der nächsten Zeit möglich ist, der Hinterlegungsstelle[4]) mit einer nach dem Formblatt I in doppelter Ausfertigung hergestellten Anzeige zu übergeben oder zu übersenden. Die Übergabe oder Übersendung erfolgt durch den Gerichtsvollzieher oder auf Veranlassung des Gerichtsvollziehers durch den rechnungsführenden Beamten. Die Anzeige ist stets von dem Gerichtsvollzieher zu fertigen.

---

[1]) § 23 GVO.; s. aber auch § 20 DA.

[2]) Bisher durfte der GV. die Versendung durch die Post nicht selbst vornehmen; er mußte vielmehr die Gelder, die er nicht sofort dem Empfangsberechtigten aushändigen konnte, stets dem rechnungsführenden Urkundsbeamten d. Gesch.-St. aushändigen. Durch die Neuerung soll die Hinausgabe der Gelder und Wertsachen beschleunigt und der Kassenbestand des rechnungsführenden Beamten auf das notwendige Maß beschränkt werden.

[3]) Die Einnahme von Geld ist in den Spalten 23 und 24 des Dienstregisters (§ 353), die Einnahme von Wertsachen im Verwahrungsbuch (§ 361) einzutragen. Über die Abgrenzung der Begriffe „Geld" und „Wertsachen" s. § 353 Abs. 1.

[4]) Hinterlegungsstelle ist jede Niederlassung der Bayerischen Staatsbank mit Ausnahme der Depositenkassen (§ 1 der Hinterlegungsordnung vom 1. Dez. 1931, GVBl. S. 341).

II In der Anzeige sind die Nummern des Dienstregisters, zur Bezeichnung der Sache, in der die Verwahrung stattfinden soll, die Familiennamen des Auftraggebers und des Gegners, erforderlichenfalls mit dem Beisatz „u. Gen.", und die zu verwahrenden Gegenstände anzugeben; bei Geld sind der Betrag und, falls nicht kassenmäßiges Geld verwahrt werden soll, die Geldsorten, bei Wertpapieren die Gattung, die Nummern, der Nennbetrag und die sonstigen Unterscheidungsmerkmale der einzelnen Stücke sowie die zugehörigen Erneuerungs-, Zins-, Renten- oder Gewinnanteilscheine und bei Kostbarkeiten die Gattung, der Stoff und die etwaigen besonderen Eigenschaften und Merkmale sowie der Schätzungswert anzugeben. Die Anzeige ist vom Gerichtsvollzieher mit Datum, Unterschrift und Beidruck des Dienstsiegels zu versehen.

III Der Gerichtsvollzieher erhält eine Ausfertigung der Anzeige mit der Empfangsbescheinigung der Hinterlegungsstelle zurück, sobald diese die Gegenstände in Verwahrung genommen hat.

IV Die Gebühren für die Verwahrung der Gegenstände[1]) sind wie sonstige Auslagen des Gerichtsvollziehers zu erheben, nötigenfalls beizutreiben[2]) und gegen Empfangsbescheinigung an die Hinterlegungsstelle abzuliefern.

§ 18 (§ 177 DV.).

3. Hinausgabe der verwahrten Gegenstände.

I Der Gerichtsvollzieher hat dafür zu sorgen, daß die Gelder und Wertsachen, die sich im Gewahrsam des rechnungsführenden Beamten oder der Hinterlegungsstelle befinden, möglichst bald an die Empfangsberechtigten hinausgegeben werden.

II Zur Verausgabung von Gegenständen, die im Gewahrsam des rechnungsführenden Beamten stehen, hat er diesem eine Anweisung zugehen zu lassen. Auf die Anweisung hin hat der rechnungsführende Beamte nach der Vornahme der erforderlichen Einträge im Dienstregister und Verwahrungsbuch[3]) die Gelder und Wertsachen dem Empfangsberechtigten auszuhändigen oder auf dessen Gefahr und Kosten durch die Post zu übersenden.

III Gegenstände, die im Gewahrsam der Hinterlegungsstelle stehen, werden dem Gerichtsvollzieher oder dem rechnungsführenden Be-

---

[1]) Wegen der Höhe der Hinterlegungsgebühren s. § 13 LGebO. in Verbindung mit § 52 der Hinterlegungsordnung, abgedruckt S. 304 f.
[2]) S. §§ 331, 332.
[3]) Vgl. §§ 353, 361.

amten gegen Bestätigung des Rückempfangs von der Hinterlegungsstelle auf Verlangen jederzeit zurückgegeben. Der Gerichtsvollzieher hat zu diesem Zweck an die Hinterlegungsstelle ein schriftliches Ersuchen zu richten, das neben der Unterschrift des Gerichtsvollziehers mit dem Genehmigungsvermerk des rechnungsführenden Beamten versehen sein muß. Die zurückerlangten Gegenstände hat der Gerichtsvollzieher oder auf Veranlassung des Gerichtsvollziehers der rechnungsführende Beamte dem Empfangsberechtigten auszuhändigen oder auf dessen Gefahr und Kosten durch die Post zu übersenden.

§ 19 (§ 179 DV.). 4. Empfangsbestätigungen.

Erhält der Gerichtsvollzieher auf sein Verlangen von dem rechnungsführenden Beamten Gelder oder sonstige in Verwahr genommene Gegenstände zur weiteren Verfügung zurück, so hat er die Empfangsbestätigung, die ihm der rechnungsführende Beamte bei der Ablieferung ausgestellt hatte[1]), zurückzugeben und seinerseits den Rückempfang zu bestätigen. Der rechnungsführende Beamte nimmt diesen Rückschein zu seinen Ausgabebelegen, während der Gerichtsvollzieher nunmehr die Verausgabung durch die Quittung des Empfängers[2]) nachzuweisen hat.

§ 20 (§ 201 DV., § 103 GA.). Pfandkammer.

Ist bei einer Gerichtsvollzieherei eine Pfandkammer errichtet[3]), so kann der Amtsgerichtsvorstand über deren Einrichtung allgemeine Bestimmungen treffen, insbesondere auch darüber, in welchen Fällen die nicht im Gewahrsam des Schuldners zu belassenden Pfandstücke in die Pfandkammer einzuschaffen sind[4]). Ist in der Pfandkammer ein Kassenschrank vorhanden und ist ein Pfandkammerverwalter aufgestellt, so kann der Amtsgerichtsvorstand bestimmen, daß Wertsachen außer Geld und Wertpapieren anstatt an den rechnungsführenden Beamten[5]) an den Pfandkammerverwalter zur Verwahrung abzuliefern sind. Der Amtsgerichtsvorstand hat die Anordnungen, die

---

[1]) Vgl. § 16 Abs. 1.

[2]) Bei Übersendung durch die Post durch den Lastschriftzettel usw.

[3]) Ob bei einer Gerichtsvollzieherei — bei Einzelgerichtsvollziehern kann die Errichtung von Pfandkammern nicht erfolgen — eine Pfandkammer zu errichten ist, hat der Amtsgerichtsvorstand nach Lage der örtlichen Verhältnisse zu bestimmen.

[4]) Vgl. § 148.

[5]) Vgl. § 16.

er über die Einrichtung der Pfandkammer trifft, dem Staatsministerium der Justiz vorzulegen.

§ 21 (§ 52 DV.). Dienstsiegel.

I Das Dienstsiegel[1]) ist so aufzubewahren, daß der Gefahr des Mißbrauches vorgebeugt ist. Es darf nur zu dienstlichen Zwecken[2]), nicht aber bei außerdienstlichen Geschäften und Schreiben verwendet werden.

II Die dienstlichen Sendungen hat der Gerichtsvollzieher, soweit ihr Verschluß erforderlich ist, mit dem Dienstsiegel oder mit Siegelmarken zu verschließen.

§ 22 (§ 33 DV.). Ausweiskarte.

I Der Amtsgerichtsvorstand hat dem Gerichtsvollzieher eine mit dem Lichtbild des Inhabers versehene Ausweiskarte auszustellen[3]). Das von dem Gerichtsvollzieher zu beschaffende Lichtbild ist mit dem Dienstsiegel des Gerichts so abzustempeln, daß sich der Stempelabdruck teils auf dem Lichtbild und teils auf dem das Bild umgebenden Teil der Ausweiskarte befindet.

II Bei der Vornahme von amtlichen Verrichtungen hat der Gerichtsvollzieher diese Ausweiskarte bei sich zu führen und den Beteiligten, wenn es die Umstände erfordern[4]), insbesondere auf Verlangen, vorzuzeigen.

§ 23 (§ 32 DV.). Geschäftsübergabe.

Der Amtsgerichtsvorstand hat dem Gerichtsvollzieher bei dessen Amtsantritt die Register und Akten des ausgeschiedenen Gerichtsvollziehers, das Dienstsiegel und die Ausweiskarte zu übergeben. Über das Übergabegeschäft ist ein Protokoll zu errichten[5]).

---

[1]) § 9 GVO.

[2]) Verwendung bei der Pfändung s. § 143 Abs. 2, 3.

[3]) Die Einführung der mit Lichtbild versehenen Ausweiskarte ist eine Neuerung der Dienstanweisung. Sie bildet in gewissem Sinn einen Ersatz für die nunmehr abgeschaffte Dienstkleidung des GV.

[4]) Der GV. wird die Ausweiskarte zweckmäßig bei Beginn der Zwangsvollstreckung vorzeigen, es sei denn, daß seine GV.eigenschaft den Beteiligten schon ohnedies bekannt ist.

[5]) Die Vorschrift, daß die Amtsübernahme im Dienstregister vorzumerken sei, ist beseitigt.

§ 24 (§ 34 DV.).

Dienststunden.

I Für den Gerichtsvollzieher gelten die gleichen Dienststunden wie für die übrigen Beamten des Gerichts[1]), soweit dies mit den außerhalb der Diensträume vorzunehmenden Amtsgeschäften des Gerichtsvollziehers vereinbar ist.

II Der Gerichtsvollzieher hat auch an Sonn- und Feiertagen sowie zur Nachtzeit dringende dienstliche Verrichtungen vorzunehmen, die ihm nach den Gesetzen und Verordnungen obliegen[2]).

§ 25 (§ 35 DV., §§ 22, 76 GA.).

Amtshandlungen an Sonn- und Feiertagen und zur Nachtzeit.

I Zustellungen und Zwangsvollstreckungen dürfen an Sonn- und allgemeinen Feiertagen[3]) sowie zur Nachtzeit nur mit Erlaubnis des

---

[1]) S. die Bek. über die Geschäftszeit bei den Gerichten und Staatsanwaltschaften vom 20. Sept. 1919 (JMBl. n. F. Bd. II S. 26) und die an gleicher Stelle als Anlage abgedruckten Bek. über die Dienstzeit bei den Staatsbehörden vom 20. Febr. 1920, 17. Dez. 1920 und 10. Dez. 1923.

[2]) Vgl. § 25.

[3]) Welche Tage allgemeine Feiertage im Sinne der §§ 188 u. 761 ZPO. und des Art. 92 WO. sind, wird durch das Landesrecht bestimmt.

In Bayern besteht ein klarer Rechtszustand nur für das Gebiet des vormaligen Freistaats Coburg. Nach dem in Coburg noch fortgeltenden Art. 4 des Ausführungsgesetzes zum Bürgerlichen Gesetzbuch für Sachsen-Coburg und Gotha vom 20. Nov. 1899 sind allgemeine Feiertage im Sinne aller Reichs- und Landesgesetze der Neujahrstag, der Karfreitag, der Ostermontag, der Himmelfahrtstag, der Pfingstmontag, der Bußtag sowie der erste und zweite Weihnachtsfeiertag.

Für die übrigen bayerischen Gebietsteile fehlt eine ausdrückliche Regelung. Als allgemeine Feiertage sind daher die Tage zu erachten, an denen auf Grund Herkommens der Geschäftsverkehr in den öffentlichen und den bürgerlichen Angelegenheiten allgemein, d. h. ohne Beschränkung auf die Angehörigen einer Konfession, ruht. Hierüber, wann dies der Fall ist, besteht mancher Zweifel.

In ganz Bayern, sowohl in überwiegend katholischen wie in überwiegend evangelischen Orten, können als allgemeine Feiertage angesehen werden die beiden Weihnachtsfeiertage, der Ostermontag, der Pfingstmontag, Neujahr und Christi Himmelfahrt.

Außer diesen Tagen sind als staatlich anerkannte katholische Feiertage anzusehen im rechtsrheinischen Bayern: Fronleichnam, Mariä Himmelfahrt, Allerheiligen, der Dreikönigstag, Joseph, Peter und Paul und Mariä Empfängnis, in der Pfalz dagegen nur Fronleichnam, Mariä Himmelfahrt und Allerheiligen.

Als evangelischer Feiertag ist außer den sechs den beiden christlichen Bekenntnissen gemeinsamen Feiertagen im rechtsrheinischen Bayern wie in der Pfalz wohl nur der Karfreitag staatlich anerkannt.

Wann aber ein staatlich anerkannter katholischer oder evangelischer

Richters[1]) oder auf Anweisung des Staatsanwalts erfolgen (§§ 188, 761 ZPO., § 37 StPO.). Diese Vorschrift gilt nicht für Zustellungen, die durch Aufgabe zur Post bewirkt werden, und für das an die Post zu richtende Ersuchen um Bewirkung einer Zustellung. Die richterliche Erlaubnis ist vom Auftraggeber zu erwirken; doch kann der Gerichtsvollzieher, ohne hierzu verpflichtet zu sein, die Erlaubnis selbst einholen, insbesondere bei Gefahr im Verzuge.

II Die Nachtzeit im gesetzlichen Sinn umfaßt in der Zeit vom 1. April bis 30. September die Stunden von 9 Uhr abends bis 4 Uhr morgens und in der Zeit vom 1. Oktober bis 31. März die Stunden von 9 Uhr abends bis 6 Uhr morgens.

III Die Erlaubnis oder Anweisung ist bei der Vornahme der Amtshandlung vorzuzeigen und in der über sie aufzunehmenden Urkunde zu erwähnen, bei Zustellungen auch abschriftlich mitzuteilen.

IV Eine Zustellung, bei der die vorstehenden Bestimmungen nicht beobachtet sind, ist gültig, wenn die Annahme nicht verweigert wird (§ 188 Abs. 4 ZPO., § 37 StPO.).

V **In allen Fällen sollen Amtshandlungen, die an Sonn- und Feiertagen stattfinden, tunlichst nicht während des vormittägigen öffentlichen Gottesdienstes vorgenommen werden.**

VI Wegen der Erhebung von Wechsel- und Scheckprotesten s. § 303.

§ 26 (§ 36 DV.). **Gerichtsferien.**

Die Gerichtsferien[2]) sind ohne Einfluß auf die Verpflichtung des Gerichtsvollziehers zur Vornahme seiner Diensthandlungen.

§ 27 (§ 64 Satz 3 bis 5, § 191 Abs. 3 GA.). **Berechnung von Fristen.**

I Bei der Berechnung einer Frist[3]) wird der Tag, auf den das die Frist in Lauf setzende Ereignis (z. B. die Zustellung eines Schrift-

---

Feiertag als allgemeiner Feiertag anzusehen ist, bestimmt in Orten mit gemischten Bekenntnissen das Herkommen.

[1]) Zuständig zur Erteilung der Erlaubnis ist bei Zustellungen der Vorsitzende des Prozeßgerichts und der Amtsrichter, in dessen Bezirk die Zustellung erfolgen soll, und in Angelegenheiten, die durch einen beauftragten oder ersuchten Richter zu erledigen sind, dieser (§ 188 Abs. 2 ZPO.), bei Zwangsvollstreckungen der Amtsrichter (Vollstreckungsrichter, § 764 ZPO.), in dessen Bezirk die Vollstreckungshandlung vorgenommen werden soll (§ 761 Abs. 1 ZPO.).

[2]) § 199 GVG.

[3]) Gesetzliche Grundlage: §§ 186 ff. BGB., §§ 222, 223 ZPO., §§ 42, 43 StPO., § 17 FGG.

stücks) fällt, nicht mitgerechnet, es sei denn, daß die Frist nach Stunden bestimmt ist.

II Eine nach Tagen bestimmte Frist endigt mit dem Ablaufe des letzten Tages der Frist. Eine Frist, die nach Wochen oder Monaten bestimmt ist, endigt mit dem Ablaufe des Tages der letzten Woche oder des letzten Monats, der durch seine Benennung oder Zahl dem Tage entspricht, in den das die Frist in Lauf setzende Ereignis fällt. Ist z. B. eine nach § 794 Nr. 5 ZPO. aufgenommene Urkunde am Donnerstag, den 18. Juli, dem Schuldner zugestellt worden, so darf die Zwangsvollstreckung frühestens am Freitag, den 26. Juli, beginnen (§ 105). Fehlt bei einer nach Monaten bestimmten Frist in dem letzten Monate der für ihren Ablauf maßgebende Tag, so endigt die Frist mit dem Ablaufe des letzten Tages dieses Monats. Ist also z. B. ein Arrestbefehl am 31. März verkündet, so muß die Vollziehung des Arrestes spätestens am 30. April erfolgen (§ 235).

III Fällt das Ende einer Frist auf einen Sonntag oder allgemeinen Feiertag[1]), so endigt die Frist regelmäßig mit Ablauf des nächstfolgenden Werktags. Bei einer nach Stunden bestimmten Frist werden Sonntage und allgemeine Feiertage[1]) nicht mitgerechnet.

§ 28 (vgl. § 66 DV.). Steuern und Stempel.

Wegen der Verpflichtung der Gerichtsvollzieher zur Mitwirkung bei der Durchführung der Besteuerung nach den einzelnen Steuergesetzen und zum Ansatz und zur Beitreibung der bei den Gerichtsvollziehern anfallenden Stempel wird auf die Bek. über die Pflichten der Gerichtsvollzieher nach den Reichssteuergesetzen und dem bayerischen Stempelgesetze vom 23. Juli 1930 (JMBl. n. F. Bd. III S. 426)[2]) verwiesen.

Zweiter Abschnitt.

Dienstaufsicht.

§ 29 (§ 203 DV.). Allgemeines.

Die Amtsgerichtsvorstände haben in Ausübung der Dienstaufsicht die Dienstführung der Gerichtsvollzieher, ihrer Hilfskräfte und aller in einer Gerichtsvollzieherei verwendeten Personen zu überwachen

---

[1]) Siehe S. 36 Anm. 3.

[2]) Abgedr. unter Nr. 19.

und darauf hinzuwirken, daß die Geschäfte gesetzmäßig, geordnet und rasch erledigt werden[1]).

§ 30[2]) (§§ 205 bis 207 DV.). Geschäftsprüfung.

I In angemessenen Zwischenräumen haben die Amtsgerichtsvorstände die gesamte Dienstführung der Gerichtsvollzieher und der Gerichtsvollziehereien zu untersuchen und sich insbesondere davon zu überzeugen, ob die Vorschriften über die Führung der Bücher und Register, Urkunden und Akten beobachtet, die Geschäfte ordnungsgemäß ausgeführt, die eingenommenen Kostenbeträge, Parteigelder und sonstigen Gegenstände ohne Verzögerung ihrer Bestimmung zugeführt, die Gebühren, Auslagen und Stempel richtig angesetzt und die nicht aufgebrauchten Kostenvorschüsse zurückgegeben werden.

II Überdies haben die Amtsgerichtsvorstände allmonatlich die Hefte des Dienstregisters möglichst eingehend unter Vergleichung mit den Akten zu prüfen.

III Sind bei der Untersuchung der Dienstführung oder bei der Prüfung der Hefte des Dienstregisters Mängel festgestellt worden, so hat der Amtsgerichtsvorstand auf ihre Abstellung hinzuwirken und den Gerichtsvollzieher anzuweisen, wie er sich künftig zu verhalten habe. Die Ergebnisse der Geschäftsprüfung und die Abstellung der Mängel hat der Amtsgerichtsvorstand in geordneter Zeitfolge in seinen Akten zu vermerken.

---

[1]) Vgl. auch die Bek. vom 22. Okt. 1909, die Dienstaufsicht und das Dienststrafrecht für nichtrichterliche Beamte betr. (GVBl. S. 737) und die Bek. über die Behandlung der Personalangelegenheiten vom 17. Mai 1930 (JMBl. n. F. Bd. III S. 373). Hervorzuheben ist die nach § 18 der letzteren Bek. bestehende Pflicht der Dienstaufsichtsbehörden, Vorkommnisse und Wahrnehmungen, die für die Beurteilung eines Beamten besonders wichtig sind, dem StM. der Justiz zu berichten.

[2]) § 30 unterscheidet zwischen der Untersuchung der gesamten Dienstführung der GV. (Abs. 1) und der Prüfung der Hefte des Dienstregisters (Abs. 2). Letztere hat allmonatlich zu erfolgen, zweckmäßig nicht erst nach Abschluß des Heftes, da dieser gemäß § 356 erst beim Ablauf des dem laufenden Vierteljahr folgenden Kalendervierteljahrs stattfindet. Für erstere ist lediglich bestimmt, daß sie in angemessenen Zwischenräumen zu erfolgen hat; dabei werden namentlich auch die Persönlichkeit des GV., das Ergebnis früherer Untersuchungen, eine etwaige Häufung von Aufsichtsbeschwerden usw. zu berücksichtigen sein.

§ 31 (§ 209 DV.). Aufgabe des nach § 28 GVO. aufgestellten Beamten.

Der dem Amtsgerichtsvorstande zur Unterstützung bei der Aufsicht und Leitung der Geschäfte einer Gerichtsvollzieherei beigegebene Beamte[1]) hat die Tätigkeit der Gerichtsvollzieher und der übrigen in der Gerichtsvollzieherei verwendeten Personen zu überwachen und auf eine möglichst einheitliche Geschäftsbehandlung hinzuwirken. Er hat zu diesem Zwecke das Recht, von den Urkunden, Geschäftsbüchern, Registern und Akten der Gerichtsvollzieher jederzeit Einsicht zu nehmen.

§ 32 (§ 210 DV.). Aufgabe des rechnungsführenden Beamten.

Der rechnungsführende Beamte[2]) hat insbesondere der Ansetzung der Kosten durch die Gerichtsvollzieher sein Augenmerk zuzuwenden. Zugleich hat er durch Einsichtnahme der Urkunden, Geschäftsbücher, Register und Akten der Gerichtsvollzieher sich fortgesetzt darüber zu vergewissern, daß, wo veranlaßt, ein Vorschuß eingehoben wird[3]), daß unverzüglich die eingegangenen Vorschüsse und Kostenbeträge an ihn abgeführt und die Parteigelder entweder dem Empfangsberechtigten, der Hinterlegungsstelle oder ihm selbst ausgehändigt werden[4]) und endlich, daß die Kosten in keinem Falle ohne genügenden Grund als uneinbringlich erklärt werden. Über wahrgenommene Mißstände hat er sofort dem Amtsgerichtsvorstand zu berichten.

§ 33 (§ 211 DV.). Aufsicht über den rechnungsführenden Beamten.

Der Amtsgerichtsvorstand und der bei einer Gerichtsvollzieherei ihm zur Unterstützung bei der Aufsicht und Leitung der Geschäfte beigegebene Beamte[5]) sind berechtigt und verpflichtet, von den Aufzeichnungen des mit der Behandlung des Kostenwesens der Gerichtsvollzieher betrauten Beamten[6]) Einsicht zu nehmen und sich davon zu überzeugen, daß die diesem Beamten zugegangenen Parteigelder und sonstigen Gegenstände vorhanden sind und entsprechend aufbewahrt werden[7]) und die Behandlung des Kostenwesens den gegebenen Vorschriften[8]) entspricht.

---

[1]) § 28 GVO.
[2]) § 23 GVO. [3]) Vgl. § 327. [4]) Vgl. §§ 16, 17.
[5]) § 28 GVO. [6]) § 23 GVO. [7]) § 16 Abs. 2.
[8]) Vgl. insbesondere §§ 321 ff.

§ 34 (§ 212 DV.).

Befugnisse der Finanzbehörden.

Die Finanzbehörden sind berechtigt, die Tätigkeit der rechnungsführenden Beamten und der Gerichtsvollzieher hinsichtlich des Kosten- und Stempelwesens, insbesondere die gesamte sich hierauf beziehende Buch- und Kassenführung, jederzeit durch beauftragte Beamte prüfen zu lassen. Die rechnungsführenden Beamten und die Gerichtsvollzieher haben den wegen der Erledigung ihrer Geldgeschäfte ergehenden Entschließungen und Weisungen der Finanzstellen zu entsprechen[1]).

Dritter Abschnitt.

Zustellungen.

1. Allgemeine Vorschriften.

§ 35 (§ 1, § 7 Abs. 1 Satz 3 bis 9 GA.).

Sachliche Zuständigkeit des Gerichtsvollziehers.

[1]Der Gerichtsvollzieher ist zur Ausführung von Zustellungen zuständig

1. in bürgerlichen Rechtsstreitigkeiten, soweit die Zustellung auf Betreiben der Parteien[2]) erfolgt (§ 166 Abs. 1 ZPO., §§ 43 bis 75 DA.);
2. in Strafsachen einschließlich der Forstrügesachen, soweit es sich um die unmittelbare Ladung eines Zeugen oder Sachverständigen auf Betreiben der bei dem Strafverfahren beteiligten Personen handelt (§ 38 StPO., Art. 188 des Forstgesetzes vom 28. März 1852 in der Fassung der Bek. vom 4. Juli 1896, GVBl. S. 325, Art. 91 des Forststrafgesetzes für die Pfalz in der Fassung der Bek. vom 2. Oktober 1879, GVBl. S. 1417, §§ 76, 77 DA.);
3. wenn eine Willenserklärung außerhalb eines Rechtsstreites zugestellt werden soll (§ 132 BGB., §§ 78, 79 DA.);
4. wenn ein Schiedsspruch zugestellt werden soll (§ 1039 ZPO., § 98 ArbGG., § 80 DA.).

---

[1]) S. auch die §§ 61—63 der Bek. zum Vollzuge des Reichsgerichtskostengesetzes vom 25. Dez. 1899 (JMBl. n. F. Bd. I S. 349), abgedr. unter Nr. 8.

[2]) Nicht von Amts wegen (Abs. 2). Eine von Amts wegen vorgesehene Zustellung kann nicht durch eine auf Betreiben einer Partei erfolgende Zustellung ersetzt werden und umgekehrt; vgl. § 103 Abs. 1.

II Die Zustellungen im Verfahren vor den Amtsgerichten[1]), ausgenommen die Zustellung von Urteilen[2]), sowie die Zustellung der Einspruchs- und Rechtsmittelschriften, ferner die Zustellungen im Verfahren vor den Arbeitsgerichten[3]) einschließlich der Zustellung der Urteile sowie die Zustellungen im Beschlußverfahren vor den Arbeitsgerichtsbehörden[4]) erfolgen von Amts wegen (§§ 496, 340a, 519a, 520, 553a ZPO., §§ 46, 50, 80, 84, 85, 89 ArbGG.); der Gerichtsvollzieher ist hiermit nur im Falle des § 82 befaßt.

§ 36 (§ 2 GA.). **Gegenstand der Übergabe.**

I Die Zustellung besteht, wenn eine Ausfertigung zugestellt werden soll[5]), in deren Übergabe, in den übrigen Fällen in der Übergabe einer beglaubigten Abschrift des zuzustellenden Schriftstücks (§ 170 Abs. 1 ZPO.).

II Die Zustellung der gemäß § 317 Abs. 2 ZPO. unter Weglassung des Tatbestandes und der Entscheidungsgründe erfolgten Ausfertigung oder beglaubigten Abschrift eines Urteils steht, soweit die Tätigkeit des Gerichtsvollziehers in Frage kommt, in den Wirkungen der Zustellung des vollständigen Urteils gleich[6]). Kostenfestsetzungsbeschlüsse, die auf das Urteil und die Ausfertigung gesetzt sind, werden nicht besonders ausgefertigt und zugestellt (§ 105 ZPO.).

---

[1]) Im Gegensatz zu dem Verfahren vor höheren Gerichten, in dem die Zustellungen regelmäßig auf Betreiben der Parteien erfolgen.

[2]) Die Formeln der Urteile, die nach § 7 der Bek. zur Entlastung der Gerichte ohne mündliche Verhandlung ergangen sind, werden zwar im Verfahren vor den Amtsgerichten und im Anwaltsprozeß von Amts wegen zugestellt; durch diese lediglich an die Stelle der Verkündung tretende Zustellung der Urteilsformel wird aber die Zustellung des Urteils (vgl. z. B. §§ 317, 516, 552, 750 ZPO.) nicht ersetzt (vgl. § 103 Abs. 1 S. 7).

Die Zustellung des Zahlungsbefehls erfolgt von Amts wegen, die Zustellung des Vollstreckungsbefehls auf Betreiben des Gläubigers.

[3]) Nicht vor den Landesarbeitsgerichten und dem Reichsarbeitsgericht.

[4]) Arbeitsgerichtsbehörden sind die Arbeitsgerichte, die Landesarbeitsgerichte und das Reichsarbeitsgericht (§ 1 ArbGG.).

[5]) Unter Ausfertigung versteht man eine in gesetzlich bestimmter Form gefertigte Abschrift einer Urkunde, die die bei den Akten verbleibende Urschrift nach außen vertritt. Ausfertigungen, nicht beglaubigte Abschriften, sind dann zu übergeben, wenn Urteile oder Beschlüsse des Gerichts oder Verfügungen des Vorsitzenden von Amts wegen zuzustellen sind.

[6]) Dagegen ist eine nach § 7 der Bek. zur Entlastung der Gerichte (vgl. oben Anm. 2) zugestellte Urteilsformel weder eine Ausfertigung noch eine beglaubigte Abschrift des Urteils und kann daher von der Partei zu weiteren Zustellungen nicht benützt werden.

III Bei Zustellungen, die eine Zahlung an den Auftraggeber zur Folge haben können, z. B. bei der Zustellung von Vollstreckungsbefehlen, ist die von dem Auftraggeber etwa übergebene Zahlkarte dem zuzustellenden Schriftstück beizufügen (Bek. über die Beifügung von Zahlkarten bei Zustellungen vom 14. Oktober 1922, JMBl. n. F. Bd. II S. 178)[1]).

§ 37 (§ 23 GA.).

Zustellung an mehrere Personen.

I Eine Zustellung an mehrere Empfänger ist durch die Übergabe je einer besonderen Ausfertigung oder beglaubigten Abschrift an jeden einzelnen zu bewirken. Dies gilt auch dann, wenn die mehreren Zustellungsempfänger, z. B. als Ehegatten oder als Eltern und Kinder, in häuslicher Gemeinschaft miteinander leben.

II Bei Zustellungen an den Vertreter mehrerer Beteiligter (z. B. an deren gesetzlichen Vertreter oder Prozeßbevollmächtigten) oder an einen von mehreren Vertretern genügt die Übergabe nur einer Ausfertigung oder Abschrift (§ 189 Abs. 1 ZPO.). Ist der Empfänger der Zustellung für seine eigene Person und zugleich als Vertreter beteiligt, so muß die Zustellung an ihn in seiner Eigenschaft als Vertreter besonders erfolgen[2]).

III Einem Zustellungsbevollmächtigten (§ 174 ZPO.) mehrerer Beteiligter sind soviele Ausfertigungen oder Abschriften zu übergeben, als Beteiligte vorhanden sind (§ 189 Abs. 2 ZPO.). Das gleiche gilt bei der für mehrere Unteroffiziere oder Mannschaften des Reichsheeres oder der Reichsmarine an denselben Chef der vorgesetzten Kommandobehörde erfolgenden Zustellung[3]).

§ 38 (§ 3 GA.).

Arten der Zustellung.

Die Zustellungen, die dem Gerichtsvollzieher aufgetragen werden, können erfolgen:

1. durch den Gerichtsvollzieher selbst, ohne Mitwirkung der Post (sog. unmittelbare oder gewöhnliche Zustellung, §§ 47 bis 63, 74);

---

[1]) Der Inhalt dieser Bek. ist, soweit er für den GV. von Bedeutung ist, im Abs. 3 wiedergegeben. Der Abdruck der Bek. konnte daher unterbleiben.

[2]) Z. B. A klagt gegen B und dessen minderjährigen Sohn C als Gesamtschuldner. Die Klageschrift ist dem B zweimal, das eine Mal als gesetzlichem Vertreter des C, zuzustellen.

[3]) Vgl. § 48 Abs. 2.

2. durch die Post (§§ 64 bis 72);
3. durch Aufgabe zur Post (§ 73).

§ 39 (§ 4 GA.).

Örtliche Zuständigkeit.

Bei gewöhnlichen Zustellungen hat der Gerichtsvollzieher die ihm durch die Gerichtsvollzieherordnung zugewiesene örtliche Zuständigkeit[1]) zu beachten. Zustellungen durch die Post kann er nach jedem Orte des Deutschen Reichs[2]), Zustellungen durch Aufgabe zur Post auch nach Orten außerhalb des Deutschen Reichs bewirken.

§ 40 (§ 5 GA.).

Gewöhnliche Zustellung oder Zustellung durch die Post?

I Der Auftraggeber hat die Wahl, ob die Zustellung durch den Gerichtsvollzieher selbst oder durch die Post ausgeführt werden soll. Von der Anweisung des Auftraggebers darf abgewichen werden, wenn dies im dienstlichen Interesse, z. B. wegen Überhäufung mit anderen Arbeiten, geboten erscheint und es für den Auftraggeber offenbar gleichgültig ist, in welcher Art die Zustellung ausgeführt wird. Trifft der Auftraggeber keine Bestimmung, ob die Zustellung durch den Gerichtsvollzieher selbst oder durch die Post ausgeführt werden soll, so hat der Gerichtsvollzieher nach pflichtmäßigem Ermessen die Zustellung in der einen oder in der anderen Weise zu besorgen[3]).

II Die Zustellung von Anwalt zu Anwalt (§ 74) hat der Gerichtsvollzieher selbst auszuführen.

III Zustellungen durch die Post können nicht in der Form von
a) Einschreib-, Wert- und Nachnahmesendungen,
b) durch Eilboten zu bestellenden Sendungen,
c) Sendungen mit dem Vermerke „postlagernd"
erfolgen.

---

1) Vgl. § 3 GVO.

2) Das Saargebiet ist ein Teil des Deutschen Reichs; Zustellungen durch die Post nach dem Saargebiet sind in gleicher Weise wie nach sonstigen Teilen des Reichs zu bewirken.

3) Vgl. aber § 49 der Bek. über die Gebühren und Auslagen der Gerichtsvollzieher (abgedr. unter Nr. 6), wonach bei einer persönlichen Zustellung Reisekosten nur dann erhoben werden dürfen, wenn der Auftraggeber die persönliche Zustellung ausdrücklich verlangt hat oder wenn eine Zustellung durch die Post überhaupt nicht oder in dringlichen Fällen nicht mehr rechtzeitig erfolgen kann.

IV Von der Zustellung durch die Post sind ausgeschlossen:

a) Sendungen an Gefangene, sofern nicht der Gefangene am Bestimmungsorte der Sendung eine Wohnung oder ein Geschäftslokal hat und die Zustellung dort bewirkt werden soll[1]);
b) gerichtliche Pfändungsbeschlüsse, wenn der Gläubiger verlangt, daß der Drittschuldner zur Abgabe der im § 840 ZPO. bezeichneten Erklärungen aufgefordert werde (§ 195 DA.);
c) Zustellungen von Willenserklärungen, bei denen eine Urkunde vorzulegen ist (§ 79 DA.).

V Ferner dürfen Zustellungen an im Konkurs befindliche Personen (Gemeinschuldner) nicht durch die Post erfolgen, wenn vom Konkursgerichte die Aushändigung der für den Gemeinschuldner eingehenden Postsendungen an den Konkursverwalter angeordnet ist (§ 121 KO.).

VI Bei Schriftstücken, deren Gewicht 500 g übersteigt, ist die Zustellung durch die Post ausgeschlossen, weil derartige Sendungen von der Post zur Beförderung als Brief nicht angenommen werden.

§ 41 (§ 6 GA.).

Zustellung durch Aufgabe zur Post.

Zustellungen durch Aufgabe zur Post (§ 73) sind nur in den gesetzlich bestimmten Fällen[2]) zulässig und nur auf ausdrückliches Verlangen des Auftraggebers auszuführen.

§ 42 (neu).

Zustellungen in einem ausländischen Verfahren.

Geht einem Gerichtsvollzieher in einem vor einer ausländischen Behörde schwebenden Verfahren ein Zustellungsauftrag unmittelbar von einer Behörde eines ausländischen Staates oder einer Partei oder einem sonst Beteiligten zu, so hat er den Auftrag unverzüglich unerledigt dem Amtsgerichtsvorstande vorzulegen[3]).

---

[1]) Im Wege der Ersatzzustellung.

[2]) Vgl. z. B. §§ 175, 244, 829 ZPO., § 19 Abs. 3 RAO.

[3]) Dieser hat nach Maßgabe der Bek. über den Rechtsverkehr der Justizbehörden mit dem Ausland vom 7. Aug. 1928 (JMBl. n. F. Bd. III S. 72) in der Fassung der Bek. vom 30. Juni 1932 (JMBl. S. 46) zu verfahren; vgl. insbesondere § 23 Abs. 5 dieser Bek.

2. Zustellungen auf Betreiben der Parteien in bürgerlichen Rechtsstreitigkeiten.

a) Allgemeines.

§ 43 (§ 7 GA.). **Auftrag.**

I Der Auftrag zur Vornahme einer Zustellung wird dem Gerichtsvollzieher von der Partei, ihrem gesetzlichen Vertreter oder ihrem Bevollmächtigten entweder unmittelbar oder unter Vermittelung der Geschäftsstelle erteilt. In Anwaltsprozessen (§ 78 ZPO.) wird der Auftrag von der Geschäftsstelle nur für solche Zustellungen vermittelt, durch die eine Notfrist gewahrt werden soll (§ 166 ZPO.).

II Der unter Vermittelung der Geschäftsstelle beauftragte Gerichtsvollzieher gilt in jeder Beziehung als unmittelbar von der Partei beauftragt.

§ 44 (§ 8 GA.). **Empfangnahme und Beglaubigung der Schriftstücke.**

I Bei der Erteilung des Auftrags zur Zustellung ist dem Gerichtsvollzieher neben der Urschrift des zuzustellenden Schriftstücks eine der Zahl der Personen, denen zuzustellen ist, entsprechende Zahl von Abschriften zu übergeben. Im Falle der Zustellung von Ausfertigungen[1]) ist außer der der Zahl der Personen, denen zuzustellen ist, entsprechenden Zahl von Ausfertigungen noch eine weitere Ausfertigung erforderlich, die mit der Zustellungsurkunde dem Auftraggeber zurückgegeben wird.

II Ist die Partei durch einen Rechtsanwalt vertreten und hat dieser die zur Ausführung des Zustellungsauftrags erforderlichen Abschriften nicht mitübergeben, so hat der Gerichtsvollzieher ihre Nachlieferung zu verlangen, sofern nicht dadurch der Erfolg der Zustellung vereitelt wird[2]). Dies gilt auch gegenüber einem Rechtsanwalt, der eine Partei vertritt, der das Armenrecht bewilligt worden ist. In anderen Fällen soll der Gerichtsvollzieher die fehlenden Abschriften unter Erhebung der gesetzlichen Schreibgebühren[3]) selbst anfertigen.

III Die Abschriften des zuzustellenden Schriftstücks sind bei allen von der Partei selbst unmittelbar oder durch Vermittelung der Ge-

---

[1]) Vgl. S. 42 Anm. 5.
[2]) Mit Rücksicht auf die Eilbedürftigkeit der Sache.
[3]) Vgl. § 17 RGebO. in Verbindung mit § 71 des Gerichtskostengesetzes.

schäftsstelle erteilten Aufträgen von dem Gerichtsvollzieher, bei den im Prozeßverfahren auf Betreiben von Rechtsanwälten oder in Anwaltsprozessen zuzustellenden Schriftstücken von dem Rechtsanwalte zu beglaubigen (§ 170 Abs. 2 ZPO.), sofern nicht der Gerichtsvollzieher die Abschrift hergestellt hat. Bei Klage- und Ladungsschriften ist zu prüfen, ob der Terminsvermerk von der Beglaubigung mitbetroffen wird. Ist das zuzustellende Schriftstück und die Abschrift erst nach Beglaubigung der letzteren mit dem Terminsvermerke versehen, so hat der Gerichtsvollzieher in jedem Falle den Terminsvermerk besonders zu beglaubigen.

§ 45 (§ 9 Abs. 1 GA.).

Vorbereitung der Zustellung.

Der Gerichtsvollzieher hat die Zustellung vor der Ausführung gehörig vorzubereiten, damit bei der Ausführung sich keine Anstände oder Verzögerungen ergeben und die Wirksamkeit der Zustellung nicht beeinträchtigt wird. Insbesondere hat er zu prüfen, ob die Schriftstücke unterschrieben, die Abschriften in der erforderlichen Zahl übergeben und gehörig beglaubigt sind, ob in den Klagen und Ladungen die Zeit und der Ort des Termins angegeben ist, ob die Person, an die zuzustellen ist, mit hinreichender Bestimmtheit bezeichnet ist, so daß danach der Empfänger durch das Zustellungsorgan leicht ermittelt werden kann. Anstände, die sich ergeben, sind möglichst rasch, in der Regel sofort bei der Entgegennahme des Auftrags, tunlichst durch den Gerichtsvollzieher selbst zu beseitigen.

§ 46 (§ 10 GA.).

Bezeichnung des Zustellungsempfängers.

Die Bezeichnung der Person, an die zugestellt werden soll, ist Sache des Auftraggebers[1]). Bei Zustellungen an Unteroffiziere oder Mannschaften des Reichsheers oder der Reichsmarine hat der Auf-

[1]) Sache des Auftraggebers ist also bei Zustellungen, welche an nicht prozeßfähige Parteien bewirkt werden sollen, die Bezeichnung des gesetzlichen Vertreters. Ist der GV. beauftragt worden, an Behörden, Gemeinden, Körperschaften usw. zuzustellen, ohne daß ihm der gesetzliche Vertreter oder Vorsteher, an den die Zustellung zu erfolgen hat, bezeichnet wurde, so wird er sich zweckmäßig, wenn er selbst, ohne Mitwirkung der Post, die Zustellung ausführt, nach der Person des gesetzlichen Vertreters oder Vorstehers in geeigneter Weise erkundigen. In gleicher Weise wird es sich dann, wenn als Zustellungsempfänger eine Firma angegeben ist, für den GV. empfehlen, geeignete Erkundigungen nach dem Firmeninhaber anzustellen (vgl. auch § 100 Abs. 2).

traggeber deren Truppenteil (Kompagnie, Eskadron, Batterie usw.) zu bezeichnen.

b) Gewöhnliche Zustellung.

§ 47 (§ 11 GA.).

Ort der Zustellung.

I Der Gerichtsvollzieher kann die gewöhnliche Zustellung an jedem Orte ausführen, an dem der Empfänger angetroffen wird. Hat der Empfänger jedoch an diesem Orte eine Wohnung oder ein Geschäftslokal, so ist er berechtigt, bei einer außerhalb der Wohnung oder des Geschäftslokals versuchten Zustellung die Annahme zu verweigern (§ 180 ZPO.). Im Falle einer solchen Weigerung muß die Zustellung in der Wohnung oder im Geschäftslokal gemacht werden.

II Der Gerichtsvollzieher soll daher regelmäßig zur Vornahme der Zustellung die Wohnung oder das Geschäftslokal des Empfängers aufsuchen, weil nur unter dieser Voraussetzung die Zustellung auch bei Abwesenheit des Empfängers oder bei Verweigerung der Annahme wirksam durchgeführt werden kann. Bei der Vornahme einer Zustellung außerhalb der Wohnung oder des Geschäftslokals ist der Ort und die Gelegenheit so zu wählen, daß die Übergabe und die Annahme der Schriftstücke gesichert erscheint und jede unnötige Belästigung des Empfängers vermieden wird.

III Wohnung ist jeder vom Empfänger zur Zeit der Zustellung, wenn auch nur vorübergehend, zum Wohnen, nicht nur zum Aufenthalt benutzte Raum[1]) (z. B. auch ein Gasthofzimmer[2]), Wohnwagen usw.). Entscheidend ist gegenüber der Arbeitsstätte usw. die Benutzung zum Schlafen. Gleichgültig ist, ob der Empfänger selbst Inhaber der Wohnung ist oder sie als Familienmitglied, Hausgehilfe, Schlafstelleninhaber, Besuchsgast usw. teilt. Geschäftslokal ist jede Räumlichkeit, in der der Gewerbetreibende zur Zeit der Zustellung tatsächlich und regelmäßig, wenn auch nur vorübergehend, seinen Berufsgeschäften obliegt, z. B. auch eine Markt- oder Meßbude, nicht aber ein bloßer Lagerraum.

IV Wird aus Anlaß von Zustellungen ein Verkehr mit Gefangenen oder mit Zöglingen von Fürsorgeerziehungsanstalten oder sonstigen Personen notwendig, die auf behördliche Anordnung in einer An-

---

[1]) Die Wohnungseigenschaft geht nicht dadurch verloren, daß der Wohnungsinhaber einige Zeit abwesend ist.

[2]) Auch eines bloß Durchreisenden.

stalt verwahrt werden, so hat der Gerichtsvollzieher sich nach den Vorschriften der Dienst- und Vollzugsordnung für die bayerischen Strafanstalten und Gerichtsgefängnisse (GVBl. 1924 S. 85), der Hausordnung oder der sonstigen für die Anstalt geltenden Verwaltungsbestimmungen zu richten.

§ 48 (§ 12 GA.). Personen, an welche die Zustellung zu erfolgen hat.

I Die Zustellung erfolgt an den bezeichneten Empfänger in Person, für eine nicht prozeßfähige Person an den gesetzlichen Vertreter (§ 171 Abs. 1 ZPO.).

II Die Zustellung an Unteroffiziere oder Mannschaften des Reichsheers oder der Reichsmarine muß an den Chef der zunächst vorgesetzten Kommandobehörde (Chef der Kompagnie, Eskadron, Batterie usw.) erfolgen (§ 172 ZPO.). Zu den Unteroffizieren gehören auch die Musikmeister, Feldwebel, Wachtmeister, Obermusikmeister, Oberfeldwebel, Oberwachtmeister, Fähnriche und die ihnen gleich- oder nachstehenden Beförderten.

III Bei Behörden, Gemeinden, Körperschaften, Stiftungen sowie bei Gesellschaften (offenen Handelsgesellschaften, Aktiengesellschaften, Gesellschaften mit beschränkter Haftung u. dgl.), eingetragenen Genossenschaften und Vereinen genügt die Zustellung an die Vorsteher, auch wenn diese nicht die gesetzlichen Vertreter sind (§ 171 Abs. 2 ZPO.).

IV Sind mehrere gesetzliche Vertreter oder Vorsteher vorhanden, so genügt die Zustellung an einen von ihnen (§ 171 Abs. 3 ZPO.).

§ 49 (neu). Ersatzzustellung.

Kann eine Zustellung an den Empfänger (§ 48) in Person nicht erfolgen, so ist sie unter Beachtung der §§ 181 bis 185 ZPO. und der nachfolgenden Vorschriften an eine andere Person oder durch Niederlegung zu bewirken.

§ 50 (§ 13 Abs. 1, 2 GA.). Ersatzzustellung in der Wohnung.

I Wird der Empfänger in seiner Wohnung nicht angetroffen[1]), so kann die Zustellung in der Wohnung an einen zu der Familie gehörenden erwachsenen Hausgenossen (z. B. Ehemann oder Ehe-

[1]) Gleichgültig ist, ob der Empfänger in der Wohnung anwesend ist; entscheidend ist, daß dem GV. aus irgendeinem Grund kein Zutritt gewährt wird.

frau, Sohn, Tochter usw.) oder an eine in der Familie dienende[1]) erwachsene Person (z. B. Köchin, Hausmädchen, Kutscher usw.) erfolgen (§ 181 Abs. 1 ZPO.). Die Zustellung an eine der bezeichneten Personen ist nur in der Wohnung des Empfängers zulässig; an einem anderen Orte kann ihnen nicht mit Rechtswirksamkeit zugestellt werden. Daß die in der Familie dienende Person auch in demselben Hause wohne, ist nicht erforderlich. Ob eine Person erwachsen ist, ist im einzelnen Fall mit Rücksicht auf ihr Alter sowie ihre körperliche und geistige Entwicklung zu entscheiden; Volljährigkeit ist nicht erforderlich.

II Wird in der Wohnung ein zu der Familie gehörender erwachsener Hausgenosse oder eine in der Familie dienende erwachsene Person nicht angetroffen, so kann die Zustellung an den Hauswirt oder Vermieter des Empfängers erfolgen, wenn sie in demselben Hause wie der Empfänger wohnen und zur Annahme des Schriftstücks bereit sind (§ 181 Abs. 2 ZPO.). Bei Zustellungen an die im § 47 Abs. 4 bezeichneten Personen ist der Vorsteher der Anstalt oder sein Vertreter als Hauswirt zu betrachten. An Familienangehörige oder Bedienstete des Hauswirtes oder Vermieters darf nicht zugestellt werden.

§ 51 (§ 14 GA.). Ersatzzustellung durch Niederlegung: 1. Niederlegungsstelle.

I Wird der Empfänger in seiner Wohnung nicht angetroffen und kann die Zustellung auch nicht nach den Vorschriften des § 50 erfolgen, so hat sie der Gerichtsvollzieher durch Niederlegung zu bewirken (§ 182 ZPO.). Das zu übergebende Schriftstück ist mit der beglaubigten Abschrift der Zustellungsurkunde entweder auf der Geschäftsstelle des Amtsgerichts, in dessen Bezirke der Ort der Zustellung gelegen ist, oder bei der Postanstalt an diesem Orte oder bei dem Gemeindevorsteher oder dem Polizeivorsteher an diesem Orte niederzulegen.

II Die Niederlegung hat, wenn sie bei dem Gemeindevorsteher oder dem Polizeivorsteher geschehen soll, zu erfolgen bei dem ersten Bürgermeister oder seinem Stellvertreter, in Orten, in denen der erste Bürgermeister nicht seinen Wohnsitz hat, bei dem Ortsführer (Art. 51 Abs. 5 der Gemeindeordnung vom 17. Oktober 1927, GVBl. S. 293) und in den im Verband einer Bürgermeisterei befindlichen

---

[1]) Handlungs- und Gewerbegehilfen fallen nicht hierunter; s. aber auch § 53 Abs. 2.

Gemeinden, in denen der erste Bürgermeister nicht seinen Wohnsitz hat, bei den weiteren Bürgermeistern, denen die Polizeiverwaltung in diesen Gemeinden übertragen ist (Art. 58 Abs. 1 der Gemeindeordnung). (Vgl. Bek. über die Niederlegung von Schriftstücken im Zustellungsverfahren vom 24. September 1931, GVBl. S. 283.)

III Die Niederlegung bei der Postanstalt, bei dem Gemeindevorsteher oder dem Polizeivorsteher ist nur zulässig, wenn die Postanstalt, der Gemeindevorsteher oder der Polizeivorsteher sich am Orte der Zustellung befinden; ist dies nicht der Fall, so kann die Niederlegung nur auf der Geschäftsstelle des Amtsgerichts erfolgen.

IV Unter mehreren Niederlegungsstellen hat der Gerichtsvollzieher tunlichst die zu wählen, die dem Empfänger am bequemsten zugänglich ist[1]).

§ 52 (§ 15 GA.).

2. Bekanntmachung der Niederlegung. Zurückgabe der niedergelegten Schriftstücke.

I Die Niederlegung muß sowohl durch eine an der Türe der Wohnung des Empfängers zu befestigende schriftliche Anzeige als auch, soweit tunlich, durch mündliche Mitteilung an zwei in der Nachbarschaft wohnende Personen bekannt gemacht werden. Diese Bekanntmachung kann vor oder nach der Niederlegung erfolgen. In der schriftlichen Anzeige ist der Ort der Niederlegung anzugeben; die Anzeige hat ferner die Bemerkung zu enthalten, daß die Niederlegung zum Zwecke der Zustellung erfolge oder erfolgt sei und daß die niedergelegten Schriftstücke an dem Orte der Niederlegung abzuholen seien. Die Nachbarn, denen die Niederlegung des Schriftstücks mitgeteilt wird, sind aufzufordern, den Empfänger alsbald von der Niederlegung zu verständigen. Es sind nur solche Personen zu wählen, von denen anzunehmen ist, daß sie dies auch tun werden.

II Die Geschäftsstelle des Amtsgerichts, die Postanstalt, der Gemeindevorsteher und der Polizeivorsteher sind berechtigt, die vom Gerichtsvollzieher niedergelegten Schriftstücke nach sechs Monaten, vom Tage der Niederlegung ab gerechnet, an den Gerichtsvollzieher oder die Gerichtsvollzieherei zurückzuliefern. Die Gerichtsvollzieher haben auf Verlangen der Postanstalten, der Gemeinde- und Polizeivorsteher die bei diesen durch einen Gerichtsvollzieher oder einen

---

[1]) Da die Post für die Niederlegung eine Gebühr erhebt, wird zur Vermeidung der Verteuerung der Zustellung in Zweifelsfällen der Niederlegung bei der Geschäftsstelle oder bei dem Bürgermeister der Vorzug zu geben sein.

Gerichtswachtmeister[1]) niedergelegten Schriftstücke, die nicht mehr aufbewahrt werden sollen, in Empfang zu nehmen und Schriftstücke, die nicht von ihnen selbst niedergelegt sind, an den Gerichtsvollzieher, der niedergelegt hat, oder an die Geschäftsstelle des Amtsgerichts abzuliefern. Die Gerichtsvollzieher haben die an sie zurückgeleiteten Schriftstücke zu öffnen und Teile, die als Urkunden einen selbständigen Wert haben, z. B. Wechsel, Schuldscheine, dem Auftraggeber zurückzugeben. Die nicht zurückgegebenen Teile der Schriftstücke sind, falls in der Sache Akten vorhanden sind, zu diesen zu nehmen, andernfalls zu vernichten.

§ 53 (§ 16 GA.). Zustellung an Gewerbetreibende.

I Die Zustellung an Gewerbetreibende[2]), die ein besonderes Geschäftslokal (Laden, Kontor, Werkstätte usw.) haben, kann, wenn sie dort nicht angetroffen werden[3]), an einen darin anwesenden[4]) Gewerbegehilfen (Handlungsgehilfen, Ladenmädchen, Buchhalter, Gesellen usw.) des Empfängers erfolgen (§ 183 Abs. 1 ZPO.). Fabrikarbeiter, Boten und Agenten gehören nicht zu den Gewerbegehilfen.

II Liegt das Geschäftslokal innerhalb der Wohnung, so kommen die §§ 53 und 50 bis 52 nebeneinander zur Anwendung. Die Ersatzzustellung kann also nicht nur an die Gewerbegehilfen, sondern auch an die in den §§ 50 bis 52 bezeichneten Personen erfolgen.

III Bei Zustellungen an Gewerbetreibende, die einen offenen Laden haben oder die eine Gast- oder Schankwirtschaft betreiben, hat der Gerichtsvollzieher den zur Bezeichnung des Geschäftsinhabers an dem Laden oder an der Wirtschaft angebrachten Namen zu beachten. Bei Handelsfirmen hat er sich zu vergewissern, ob es sich um das Geschäft eines Einzelkaufmanns oder einer Gesellschaft handelt. Ist der Inhaber ein Einzelkaufmann, so hat der Gerichtsvollzieher in der

---

[1]) Vgl. §§ 19, 20 der Bek. über die Ausführung der Zustellungen von Amts wegen vom 2. März 1910 (JMBl. n. F. Bd. I S. 767).

[2]) Gewerbetreibender ist nur der Inhaber des Betriebs; Gewerbegehilfen, auch Prokuristen, gehören nicht dazu. Letzteren kann zwar in ihren eigenen Angelegenheiten im Geschäftslokal persönlich zugestellt werden; Ersatzzustellung aber ist nur in der Wohnung möglich.

[3]) Bloße Verhinderung des angetroffenen Gewerbetreibenden genügt nicht.

[4]) Die Ersatzzustellung muß im Geschäftslokal erfolgen (vgl. § 58 Abs. 6).

Zustellungsurkunde den bürgerlichen Namen (Vor- und Familiennamen) des Firmeninhabers anzugeben; ist die Handelsfirma eine Gesellschaft, so ist nach § 55 zu verfahren.

§ 54 (§ 17 GA.). Zustellungen an Rechtsanwälte, Notare, Gerichtsvollzieher.

Zustellungen an einen Rechtsanwalt (vgl. aber auch § 74 über die davon zu unterscheidende Zustellung von Anwalt zu Anwalt), einen Notar oder einen Gerichtsvollzieher können, wenn sie in ihrem Geschäftslokale nicht angetroffen werden[1]), an einen darin anwesenden[2]) Gehilfen (Bürovorsteher, Buchhalter usw.) oder Schreiber des Empfängers erfolgen (§ 183 Abs. 2 ZPO.). Gehilfe ist auch der im Vorbereitungsdienste tätige Referendar. § 53 Abs. 2 gilt entsprechend. Auf die Bek. über die Ersatzzustellung nach § 183 Abs. 2 ZPO. vom 19. September 1929 (JMBl. n. F. Bd. III S. 328)[3]) wird verwiesen.

§ 55 (§ 13 Abs. 3, § 18 GA.). Zustellung an Behörden, Gemeinden, Körperschaften, Vereine usw.

I Bei Zustellungen an den gesetzlichen Vertreter oder Vorsteher einer Behörde, Gemeinde, Körperschaft, Stiftung, Gesellschaft (offenen Handelsgesellschaft, Aktiengesellschaft, G. m. b. H. u. dgl.), einer eingetragenen Genossenschaft oder eines Vereins (§ 48 Abs. 3) ist, wenn die Behörde usw. ein besonderes Geschäftslokal hat, die Ersatzzustellung nach §§ 50 bis 52 unzulässig (§ 184 Abs. 2 ZPO.)[4]).

II Dagegen kann die Zustellung, wenn der gesetzliche Vertreter oder Vorsteher während der gewöhnlichen Geschäftsstunden der Behörde usw. in ihrem Geschäftslokale nicht angetroffen wird oder an der Annahme verhindert ist[5]), in dem Geschäftslokal an einen anderen darin anwesenden Beamten oder Bediensteten der Behörde usw. erfolgen (§ 184 Abs. 1 ZPO.).

III Wird das Geschäftslokal während der gewöhnlichen Geschäftsstunden wiederholt verschlossen gefunden, so kann angenommen

---

[1]) Auch hier genügt bloße Verhinderung des Angetroffenen nicht.

[2]) Die Zustellung muß auch hier in dem Geschäftslokal erfolgen (vgl. § 58 Abs. 6).

[3]) Abgedr. unter Nr. 11 (der Verbandsvertreter, der im arbeitsgerichtlichen Verfahren eine Partei vertritt, ist dem Rechtsanwalt nicht gleichgestellt).

[4]) Eine Zustellung in der Wohnung kann daher nur an den Vertreter oder Vorsteher persönlich erfolgen.

[5]) Z. B. durch anderweitige Beschäftigung.

werden, daß ein Geschäftslokal nicht vorhanden ist. Die Zustellung ist dann in der Wohnung des Vorstehers oder Vertreters so zu bewirken, wie wenn ein besonderes Geschäftslokal nicht vorhanden ist[1]).

IV Die Zustellung an einen Einzelkaufmann, der eine Gesellschaftsfirma führt, erfolgt nach den Vorschriften über die Zustellung an Gewerbetreibende[2]).

§ 56 (neu). Zustellung an den Chef einer Kommandobehörde.

Wird bei Zustellungen an Unteroffiziere oder Mannschaften des Reichsheeres oder der Reichsmarine (§ 48 Abs. 2) der Chef der dem Empfänger zunächst vorgesetzten Kommandobehörde in deren Geschäftslokale nicht angetroffen oder ist er an der Annahme verhindert, so ist die Zustellung an einen im Geschäftslokale der Kommandobehörde anwesenden dienstlich bei dieser beschäftigten Angehörigen der Kompagnie, Eskadron, Batterie usw. zu bewirken. Der Gerichtsvollzieher hat derartig bewirkte Zustellungen in das zu diesem Zwecke in dem Geschäftslokale der Kommandobehörde aufliegende Buch unter Angabe des Tages der Zustellung einzutragen. Jede andere Art der Ersatzzustellung ist, wenn die Kommandobehörde ein Geschäftslokal hat, unzulässig[3]).

§ 57 (§ 19 GA.). Verfahren des Gerichtsvollziehers: 1. Wahl unter den einzelnen Zustellungsmöglichkeiten.

I Bei Zustellungen an Personen, die ein Geschäftslokal haben, in dem ihnen auch in ihrer Abwesenheit zugestellt werden kann (§§ 53 bis 56), hat der Gerichtsvollzieher in der Regel sich zunächst in das Geschäftslokal zu begeben und die Zustellung dort zu versuchen. Kann die Zustellung im Geschäftslokale nicht bewirkt werden, so hat der Gerichtsvollzieher sich in die Wohnung des Empfängers zu begeben und dort erforderlichenfalls nach § 50 zu verfahren. Die Zustellung durch Niederlegung (§ 51) ist nur zulässig, wenn die Zustellung in der Wohnung (oder an den Hauswirt oder Vermieter) nicht ausführbar ist; in anderen Fällen, z. B. wenn der Gewerbetreibende im Geschäftslokal nicht angetroffen wurde, darf die Niederlegung nicht erfolgen. Bei Zustellungen an die Vertreter oder Vorsteher von Be-

---

[1]) In diesen Fällen ist sohin die Ersatzzustellung nach §§ 50 bis 52 zulässig.

[2]) Vgl. § 53.

[3]) Dagegen darf die Zustellung an den Chef der Kommandobehörde in Person auch außerhalb des Geschäftslokals vorgenommen werden.

hörden, Gemeinden usw. (§ 48 Abs. 3) ist § 55 Abs. 1, bei Zustellungen an den Chef einer Kommandobehörde ist § 56 Satz 3 zu beachten.

II Der Gerichtsvollzieher kann, wenn er den Empfänger an dem Orte, an dem er ihn zuerst aufgesucht hat, nicht angetroffen hat, statt eine Zustellung nach den §§ 50 bis 56 zu machen, auch den Versuch wiederholen, dem Empfänger in Person zuzustellen. Ob er dies tun will, hängt von seinem Ermessen ab; es darf jedoch nicht geschehen, wenn dadurch das Interesse, das der Auftraggeber an rascher Bewirkung der Zustellung hat, gefährdet oder die Besorgung anderer Geschäfte in nachteiliger Weise verzögert würde.

§ 58 (§ 20 GA.).

2. Der Zustellungsvorgang selbst.

I Ehe der Gerichtsvollzieher die Zustellung an eine der in den §§ 50, 53 bis 56 bezeichneten Personen oder durch Niederlegung (§ 51) bewirkt, hat er sich davon zu überzeugen, daß die Wohnung oder das Geschäftslokal, in dem die Zustellung vorgenommen oder vergebens versucht wird, auch wirklich die Wohnung oder das Geschäftslokal des Empfängers ist und daß die Personen, mit denen er verhandelt, auch wirklich die sind, für die sie sich ausgeben, und zu dem Empfänger wirklich in dem angegebenen Verhältnisse stehen.

II Bei jeder Zustellung, die nicht an den Empfänger in Person, sondern entweder durch Übergabe an einen Ersatzempfänger oder durch Niederlegung geschieht, hat der Gerichtsvollzieher das zu übergebende Schriftstück vor der Übergabe oder der Niederlegung zu verschließen. Der Verschluß ist in der Weise zu bewirken, daß die Schriftstücke in Briefform zusammengefaltet oder in einen Briefumschlag gelegt und mit dem Dienstsiegel oder einer Siegelmarke verschlossen werden. Die Außenseite des Schriftstücks oder des Umschlags ist mit der Anschrift des Empfängers sowie mit dem Namen und der Amtsbezeichnung des Gerichtsvollziehers zu versehen. In den Fällen des § 55 Abs. 2 und des § 56 kann der Verschluß unterbleiben; das gleiche gilt in den Fällen des § 54, falls nicht das zuzustellende Schriftstück eine persönliche Angelegenheit des Empfängers betrifft.

III Die Personen, denen an Stelle des Empfängers zugestellt wird (§§ 50, 53 bis 56), sind zu belehren, daß sie verpflichtet sind, die ihnen übergebenen Schriftstücke dem Empfänger alsbald auszuhändigen.

IV An unerwachsene Kinder, an Mieter oder an Fremde darf eine Zustellung niemals geschehen.

V An eine Person, die als Gegner der Person, an die zugestellt werden soll, an dem Rechtsstreite beteiligt ist, z. B. an den anderen Ehegatten in einem Ehescheidungsprozesse, darf die Ersatzzustellung nicht bewirkt werden, wenn die Beteiligung aus dem zuzustellenden Schriftstücke hervorgeht oder dem Gerichtsvollzieher sonst bekannt geworden ist (§ 185 ZPO.).

VI Personen, die bei Zustellungen in der Wohnung als Ersatzempfänger in Betracht kommen würden (z. B. erwachsene Hausgenossen), sind als Ersatzempfänger dann nicht geeignet, wenn sie außerhalb der Wohnung, z. B. in einem von der Wohnung getrennten Geschäftslokal, angetroffen werden. Ebenso sind Personen, denen ersatzweise im Geschäftslokal zugestellt werden kann, als Ersatzempfänger nicht geeignet, wenn sie außerhalb des Geschäftslokals angetroffen werden. An den Vermieter oder Hauswirt des Geschäftslokals darf eine Ersatzzustellung nicht bewirkt werden.

VII Eine Ersatzzustellung ist ausgeschlossen, wenn der Empfänger gestorben ist.

§ 59 (§ 21 GA.).

Verweigerung der Annahme der Zustellung.

I Wird die Annahme der Zustellung von dem Empfänger oder, soweit eine Ersatzzustellung statthaft ist, von dem Ersatzempfänger ohne gesetzlichen Grund[1]) verweigert, so ist das zu übergebende Schriftstück am Orte der Zustellung zurückzulassen (§ 186 ZPO.). Die Wirksamkeit einer derartigen Zustellung hängt davon ab, daß die Zustellung durch Übergabe des Schriftstücks an die Person, von der die Annahme verweigert wurde, mit rechtlicher Wirkung hätte erfolgen können.

II Verweigert bei einer Zustellung in der Wohnung des Empfängers der Hauswirt oder der Vermieter die Annahme der Zustellung, so kann diese nicht durch Zurücklassung, sondern nur durch Niederlegung der Schriftstücke gemäß §§ 51, 52 bewirkt werden (§ 181 Abs. 2 ZPO.).

§ 60 (§ 24 GA.).

Zustellungsurkunde: 1. Inhalt.

I Über jede von ihm bewirkte Zustellung hat der Gerichtsvollzieher eine Urkunde aufzunehmen (§§ 190, 191 ZPO.).

---

[1]) Ein gesetzlicher Grund liegt z. B. vor, wenn die Zustellung durch den GV. im Widerspruch mit der Vorschrift des § 25 DA. (§ 188 ZPO.) ohne richterliche Erlaubnis zur Nachtzeit oder an einem Sonn- oder allgemeinen Feiertage vorgenommen wird.

II Die Urkunde muß enthalten:

1. Ort und Zeit der Zustellung; zur Angabe des Ortes ist die Örtlichkeit, insbesondere die Siedlung (Ortschaft, Weiler, Einöde, Einzelhof), an der die Zustellung erfolgte, in verkehrsüblicher Weise zu bezeichnen, zur Vermeidung von Verwechslungen allenfalls unter Beifügung der Gemeinde, zu deren Bezirk die Örtlichkeit (insbesondere die Siedlung) gehört; der Name des Monats ist in Buchstaben anzugeben; hat der Auftraggeber die genaue Angabe der Zeit der Zustellung verlangt oder erscheint diese Angabe nach den Umständen des Einzelfalls erheblich, so ist die Zeit auch nach Stunde und Minute zu bezeichnen; dies gilt z. B. bei der Zustellung von Pfändungsbeschlüssen (§ 194) sowie, wenn durch die Zustellung eine nach Stunden bemessene Frist in Lauf gesetzt wird;
2. die Bezeichnung der Person, für die zugestellt werden soll; hat eine andere Person als die, für die zugestellt werden soll, den Auftrag erteilt, so ist auch diese zu bezeichnen;
3. die Bezeichnung der Person, an die zugestellt werden soll (des Empfängers); bei Zustellungen an den gesetzlichen Vertreter oder den Vorsteher einer Behörde, Gemeinde usw. (§ 48 Abs. 3) sowohl die Bezeichnung des gesetzlichen Vertreters oder Vorstehers als auch die Bezeichnung der Behörde usw. und die Angabe des Verhältnisses, in dem er zu ihr steht; bei Zustellungen an den Chef der Kompagnie usw. für Unteroffiziere und Mannschaften (§ 48 Abs. 2) sowohl die Bezeichnung des Chefs der Kommandobehörde als auch die Bezeichnung des Soldaten, an den die Zustellung bewirkt werden soll, und die Angabe, daß dieser dem Truppenteil angehört, an dessen Chef zugestellt ist;
4. die Bezeichnung der Person, der zugestellt, d. h. das Schriftstück übergeben worden ist; in den Fällen der §§ 50, 53 bis 56 die Angabe des Grundes, durch den die Zustellung an die dritte Person gerechtfertigt wird; hierzu gehört sowohl die Angabe des Umstandes, wegen dessen die Zustellung nicht an den Empfänger selbst erfolgen konnte (Abwesenheit, im Falle des § 184 ZPO. auch Verhinderung an der Annahme), als auch die Angabe des Verhältnisses, durch das die Befugnis der dritten Person zur Entgegennahme der Zustellung begründet wird; erforderlichenfalls auch die Angabe, daß diese Person erwachsen ist; im Falle der Zustellung durch Niederlegung (§ 51) die Bemerkung, wie die für diese Zustellungsart geltenden Vorschriften befolgt sind;

5. im Falle der Verweigerung der Annahme (§ 59) die Erwähnung, daß die Annahme verweigert und das zu übergebende Schriftstück am Orte der Zustellung zurückgelassen worden ist;
6. die Bemerkung, daß eine Ausfertigung oder eine beglaubigte Abschrift des zuzustellenden Schriftstücks und daß eine beglaubigte Abschrift der Zustellungsurkunde übergeben ist;
7. die Unterschrift des Gerichtsvollziehers (vgl. § 11 Abs. 1 Buchst. d); der Unterschrift ist das Dienstsiegel beizufügen.

§ 61 (§ 25 GA.).

2. Aufnahme.

I Die Zustellungsurkunden müssen unverzüglich bei der Zustellung an dem Orte, an dem diese bewirkt wird, aufgenommen werden. Die Zustellungsurkunde ist auf die Urschrift des zuzustellenden Schriftstücks, im Falle der Zustellung einer Ausfertigung auf die weitere Ausfertigung, die mit der Zustellungsurkunde dem Auftraggeber zurückzugeben ist (§ 44 Abs. 1), oder auf einen mit dem Schriftstück oder der Ausfertigung zu verbindenden Bogen zu setzen.

II Eine durch den Gerichtsvollzieher beglaubigte Abschrift der Zustellungsurkunde ist auf das bei der Zustellung zu übergebende, zurückzulassende oder niederzulegende Schriftstück (Abschrift oder Ausfertigung) oder auf einen mit ihm zu verbindenden Bogen zu setzen. Im Falle der Zustellung an den Zustellungsbevollmächtigten mehrerer Beteiligter (§ 37 Abs. 3) ist auf jede dem Empfänger zu übergebende Abschrift oder Ausfertigung eine beglaubigte Abschrift der Zustellungsurkunde zu setzen.

III Wird die Zustellungsurkunde oder die für den Empfänger bestimmte Abschrift auf einen besonderen Bogen geschrieben, so ist auf die Haltbarkeit der herzustellenden Verbindung besonders zu achten; auf der Zustellungsurkunde ist in diesem Falle die Nummer des Dienstregisters anzugeben und im Texte der Zustellungsurkunde das zuzustellende Schriftstück samt seinen Beilagen kurz zu bezeichnen, z. B. „beglaubigte Abschrift des hiermit verbundenen Schriftstückes: Klageschrift vom 11. März 1932 nebst zwei Wechseln vom 1. Februar 1932 und 1. März 1932 je mit Protesturkunde".

IV Im übrigen sind die für die Aufnahme von Urkunden geltenden allgemeinen Vorschriften der Dienstanweisung[1]) maßgebend.

---

[1]) § 11.

§ 62 (§ 26 GA.). 3. Übermittelung an den Auftraggeber.

I Die Urschrift der Zustellungsurkunde mit dem Schriftstück, das zugestellt wurde, ist dem Auftraggeber unverzüglich zu übermitteln. War der Auftrag von mehreren Personen erteilt, so ist die Zustellungsurkunde einer von ihnen, entsprechend der mit dem Auftrag erteilten Weisung, in deren Ermangelung nach dem Ermessen des Gerichtsvollziehers zu übersenden.

II War der Auftrag unter Vermittelung der Geschäftsstelle erteilt, so wird die Zustellungsurkunde mit dem Schriftstück, das zugestellt wurde, unmittelbar der Partei oder dem Bevollmächtigten übermittelt, welche die Vermittlung der Geschäftsstelle in Anspruch genommen haben. Kommt die Sendung als unbestellbar zurück, so ist dies dem Urkundsbeamten, der den Auftrag übermittelt hatte[1]), mitzuteilen. Der Gerichtsvollzieher hat nach dem Auftraggeber geeignete Ermittelungen anzustellen und ihm im Falle der Ermittelung die Schriftstücke zu übersenden. Sind die Ermittelungen ohne Erfolg geblieben, so sind die Schriftstücke zu den Sammelakten[2]) zu nehmen.

III Die Übermittelung erfolgt durch die Post, sofern nicht der Auftraggeber die Zustellungsurkunde bei dem Gerichtsvollzieher abholt. Der Gerichtsvollzieher ist berechtigt, die Gebühren und Auslagen von dem Auftraggeber durch Postnachnahme zu erheben (§ 23 RGebO.).

§ 63 (§ 27 GA.). 4. Beurkundung mehrerer Zustellungen in einer Urkunde.

Wenn dasselbe Schriftstück im Auftrag desselben Auftraggebers mehreren Personen zuzustellen ist und die Zustellungen an einem Tage und an demselben Orte stattfinden, so kann die Beurkundung in einer Zustellungsurkunde erfolgen. In den den einzelnen Empfängern zu übergebenden Abschriften der Zustellungsurkunde werden die auf die Zustellungen an die übrigen Empfänger bezüglichen Stellen weggelassen. Die Kosten werden auch in diesem Falle für jede Zustellung besonders berechnet[3]) [4]).

---

[1]) Nicht notwendig dem Urkundsbeamten persönlich; die Mitteilung an die Geschäftsstelle genügt.

[2]) Vgl. § 362.

[3]) Vgl. § 15 der Bek. über die Gebühren und Auslagen der GV. (abgedr. unter Nr. 6).

[4]) Die Bestimmung der früheren Geschäftsanweisung, daß jede der Zustellungen im Dienstregister eine besondere Nummer erhält, ist beseitigt.

c) Zustellung durch die Post.

§ 64 (§ 28 GA.). 1. Allgemeines.

I Soll durch die Post zugestellt werden, so hat der Gerichtsvollzieher die bei der Zustellung zu übergebende Ausfertigung oder beglaubigte Abschrift in einem verschlossenen, mit der erforderlichen Aufschrift versehenen Briefumschlag der Post mit dem Ersuchen zu übergeben, die Zustellung einem Postboten des Bestimmungsortes aufzutragen.

II Auf dem bei der Zustellung zu übergebenden Schriftstück ist zu vermerken, in wessen Auftrag und für wen es zur Post gegeben worden ist. Die Nummer, unter der die Zustellung im Dienstregister eingetragen ist[1]), wird beigefügt.

III Auf der Urschrift des zuzustellenden Schriftstücks oder auf einem mit ihr zu verbindenden Bogen ist unter Bezeichnung des Auftraggebers, für den die Zustellung erfolgt, zu bezeugen, daß die Übergabe in der beschriebenen Weise erfolgt ist — Postübergabsurkunde — (§ 194 ZPO.).

§ 65 (§ 29 GA.). 2. Briefaufschrift.

Der Briefumschlag, in dem die Ausfertigung oder Abschrift der Post übergeben wird, muß mit dem Dienstsiegel verschlossen und mit der Anschrift des Empfängers versehen sein. Auf dem linken Drittel des Briefumschlags hat der Gerichtsvollzieher sich und, wenn er zu einer Gerichtsvollzieherei gehört, diese als Absender zu bezeichnen sowie die Nummer, unter der die Zustellung im Dienstregister eingetragen ist[1]), zu vermerken.

§ 66 (§ 30 GA.). 3. Bezeichnung des Empfängers.

I Die auf den Briefumschlag zu setzende Aufschrift muß tunlichst genau sein. Sie muß die Person, an die zugestellt werden soll, nach Namen, Stand oder Gewerbe und Wohnort so genau bezeichnen, daß sie leicht und sicher aufgefunden werden kann und Verwechslungen ausgeschlossen sind. Bei Zustellungen an Haus- oder Gewerbegehilfen soll, wenn tunlich, der Name des Dienstherrn oder Arbeitgebers beigefügt werden. Bei Sendungen nach größeren Städten ist die Straße und die Hausnummer und, wenn möglich, das Stockwerk und das

---

[1]) § 343.

Postamt anzugeben. Bei häufig vorkommenden Familiennamen und bei gleich oder ähnlich lautenden Ortsnamen ist besondere Sorgfalt geboten, insbesondere ist bei solchen Ortsnamen die Gemeinde oder das Amtsgericht, in dessen Bezirke sie liegen, anzugeben. Bei Briefen nach Orten ohne Postanstalt soll außer dem Bestimmungsorte tunlichst noch die Postanstalt angegeben werden, von welcher der Brief bestellt werden soll.

II Sendungen an Behörden, Gemeinden usw. (§ 48 Abs. 3) sind an diese selbst zu richten mit dem Zusatze „zu Händen des Vorstehers" oder „zu Händen des gesetzlichen Vertreters". Ist der letztere näher bezeichnet[1]), so ist in den Zusatz diese Bezeichnung aufzunehmen.

III Bei Zustellungen an Unteroffiziere und Mannschaften des Reichsheeres und der Reichsmarine ist die Aufschrift an den Soldaten selbst zu richten unter genauer Bezeichnung des Truppenteils (Kompagnie, Eskadron oder Batterie des zu bezeichnenden Regiments usw.), zu dem sie gehören, und mit dem Zusatz: „zu Händen des Chefs" der genau zu bezeichnenden zunächst vorgesetzten Kommandobehörde (Chef der Kompagnie, Eskadron, Batterie usw.).

§ 67 (§ 31 GA.).

4. Zustellungen an Sonn- und Feiertagen.

Soll die Zustellung auch an einem Sonntag oder allgemeinen Feiertag erfolgen, so ist dies auf der Aufschrift des Briefes augenfällig zu vermerken[2]).

§ 68 (§ 32 Abs. 1 GA.).

5. Ersuchen der Post.

Das Ersuchen der Post geschieht dadurch, daß dem Briefe der Entwurf zu der von dem Postboten aufzunehmenden Zustellungsurkunde und zu der Abschrift dieser Urkunde, die der Postbote bei der Zustellung zu übergeben hat, haltbar äußerlich beigefügt und dies auf der Aufschriftseite des Briefumschlags durch die Worte „Hierbei ein Formblatt zur Zustellungsurkunde nebst Abschrift" vermerkt wird. Ein besonderes schriftliches oder mündliches Ersuchen ist nicht erforderlich. Zu den Entwürfen für die Urschrift und die Abschrift der Zustellungsurkunde sind auf weißem Papier hergestellte Formblätter zu verwenden, nötigenfalls unter Vornahme der erforderlichen Ab-

---

[1]) Die Bezeichnung ist Sache des Auftraggebers; der GV. ist zu Nachforschungen nicht verpflichtet (vgl. § 46).

[2]) Soweit die Post Zustellungen an Sonn- und Feiertagen nicht vornimmt, ist die Vorschrift gegenstandslos.

änderungen. Der Gerichtsvollzieher hat den Kopf der Formblätter der Urschrift und der Abschrift vollständig und gleichlautend mit der Aufschrift des Briefumschlags auszufüllen. Auf die Außenseite des zusammengefalteten Formblatts zur Urschrift hat er die für die Rücksendung an ihn erforderliche Anschrift zu setzen.

§ 69 (neu). 6. Zustellung mit Zeitangabe.

Soll in der Zustellungsurkunde von dem Postboten auch die Zeit der Zustellung näher bezeichnet werden, so hat der Gerichtsvollzieher auf der Aufschriftseite des Briefes sowie am Kopfe des Formblatts zur Zustellungsurkunde und zu ihrer Abschrift den rot zu unterstreichenden Vermerk zu machen „Mit Zeitangabe zustellen". Damit das Zustellungsgeschäft möglichst erleichtert wird, ist die nähere Zeitangabe nur im Falle eines Bedürfnisses zu verlangen (vgl. § 60 Abs. 2 Nr. 1).

§ 70 (§ 33 GA.). 7. Unzulässige Ersatzzustellung.

Ergibt sich aus dem zuzustellenden Schriftstück oder ist dem Gerichtsvollzieher sonst bekannt, daß eine der Personen, an die eine Ersatzzustellung (§§ 181, 183, § 184 Abs. 1 ZPO.) erfolgen kann, an dem Rechtsstreit als Gegner der Partei, an welche die Zustellung erfolgen soll, beteiligt ist, so hat der Gerichtsvollzieher auf den Briefumschlag und auf die Urschrift der Zustellungsurkunde mit roter Tinte unmittelbar unter dem Namen des Empfängers zu vermerken: „Eine Zustellung an .... (z. B. an die Ehefrau oder an die Hausgehilfin N.) darf nicht stattfinden".

§ 71 (§ 34 GA.). 8. Nachsendung.

Die zur Post eingelieferten Briefe mit Postzustellungsurkunden werden von der Postbehörde, falls der Empfänger den in der Aufschrift des Briefes angegebenen Ort verlassen hat und die Zustellung an diesem Orte nicht erfolgen kann, nur dann nachgesendet, wenn der der Postanstalt bekannte neue Aufenthaltsort des Empfängers in demselben Amtsgerichtsbezirke wie der erste Bestimmungsort der Sendung gelegen ist. Liegt der neue Bestimmungsort nicht in dem gleichen Amtsgerichtsbezirke, so findet die Nachsendung nur auf besonderes Verlangen statt. Ist dies vom Auftraggeber verlangt, so hat der Gerichtsvollzieher in der Aufschrift des der Post zu übergebenden Briefes und in dem Kopfe der Urschrift der Zustellungsurkunde den

Vermerk: „Nachzusenden innerhalb des Landgerichtsbezirks" oder „Nachzusenden innerhalb des Deutschen Reichs" zu machen.

§ 72 (§ 35 GA.).

9. Erledigung der Zustellung durch die Post.

I Bei der Zustellung durch die Post wird von dem Postboten die Zustellung nach Maßgabe der §§ 180 bis 186 ZPO. vorgenommen und über die Zustellung eine den Erfordernissen des § 195 Abs. 2 ZPO. entsprechende, von ihm zu unterzeichnende Urkunde aufgenommen (§ 195 ZPO.).

II Für die Postbehörden ist die Behandlung der Briefe mit Zustellungsurkunde in der Anweisung über das Verfahren, betreffend die postamtliche Bestellung von Briefen mit Zustellungsurkunde (Zentralblatt für das Deutsche Reich 1914 S. 208, JMBl. n. F. Bd. I S. 853) geregelt.

III Die Zustellungsurkunde wird von der Postanstalt dem Gerichtsvollzieher übersendet. Dieser hat die rechtzeitige Erledigung der Zustellung durch das Dienstregister zu überwachen[1]), die von der Postanstalt überwiesene Zustellungsurkunde zu prüfen und etwaige Mängel durch Vermittelung der Postanstalt, nötigenfalls durch eine neue Zustellung[2]), abstellen zu lassen. Alsdann ist die Zustellungsurkunde unverzüglich mit der Urschrift des zugestellten Schriftstücks und mit der nach § 64 Abs. 3 ausgestellten Bescheinigung (Postübergabsurkunde) dem Auftraggeber zu übermitteln. Die Vorschriften des § 62 finden Anwendung.

d) Zustellung durch Aufgabe zur Post.

§ 73 (§ 36 GA.).

I Die Zustellung durch Aufgabe zur Post, die das Gesetz nur in gewissen Fällen gestattet (vgl. z. B. §§ 175, 244, 829 ZPO., § 19 Abs. 3 RAO.), besteht darin, daß der Gerichtsvollzieher das zu übergebende Schriftstück unter der Anschrift des Empfängers nach dessen Wohnorte zur Post gibt und darüber eine Urkunde aufnimmt, die in der gleichen Weise wie bei gewöhnlichen Zustellungen der Urschrift

---

[1]) Vgl. § 346 Abs. 2, wonach in der Spalte 5 des Dienstregisters bei Zustellungen durch die Post sowohl der Tag des an die Post gerichteten Ersuchens als auch der Tag, an dem die Zustellungsurkunde dem GV. von der Post zugeht, einzutragen ist.

[2]) Eine solche ist z. B. erforderlich, wenn die Ersatzzustellung im Widerspruch mit § 70 erfolgt ist.

beigefügt wird. Die Beförderung der Sendung an den Empfänger erfolgt durch die Post in derselben Weise wie bei gewöhnlichen Briefen; die Zustellung ist aber nicht erst bewirkt, wenn die Sendung an den Empfänger gelangt, sondern sie wird mit der Aufgabe zur Post als bewirkt angesehen, selbst wenn die Sendung als unbestellbar zurückkommt. Das zu übergebende Schriftstück wird von dem Gerichtsvollzieher, erforderlichenfalls nach erfolgter Beglaubigung (§ 44 Abs. 3), in gewöhnlicher Briefform zur Post gegeben. Die Postsendung ist mit der Bezeichnung „Einschreiben" zu versehen, wenn der Auftraggeber es verlangt. Eine beglaubigte Abschrift der von dem Gerichtsvollzieher aufzunehmenden Urkunde ist dem zu übergebenden Schriftstück in gleicher Weise wie bei den gewöhnlichen Zustellungen beizufügen und in die Postsendung mit einzuschließen.

II Mit Rücksicht hierauf muß die Urkunde vor der Aufgabe der Sendung zur Post aufgenommen werden. Der Gerichtsvollzieher ist dafür verantwortlich, daß die Aufgabe genau so erfolgt, wie in der Urkunde angegeben ist. Findet die Aufgabe nicht in dieser Weise statt, so muß eine neue Urkunde aufgenommen und Abschrift dieser Urkunde der Sendung beigefügt werden.

III Die Urkunde muß enthalten:

1. die Bezeichnung der Person, für die zugestellt werden soll (§ 60 Abs. 2 Nr. 2);
2. die Bezeichnung der Person, an die zugestellt werden soll;
3. die Angabe, unter welcher Anschrift, zu welcher Zeit und bei welcher Postanstalt die Aufgabe geschehen ist;
4. die Unterschrift des Gerichtsvollziehers (vgl. § 11 Abs. 1 Buchst. d); der Unterschrift ist das Dienstsiegel beizudrücken.

IV Ist die Postsendung eingeschrieben, so wird der Postschein mit der Zustellungsurkunde verbunden.

V Die Urschrift des zugestellten Schriftstücks ist mit der Zustellungsurkunde dem Auftraggeber in der in § 72 Abs. 3 vorgeschriebenen Weise zu übermitteln. Das gleiche geschieht mit der Postsendung, wenn sie als unbestellbar zurückkommt.

e) Zustellung von Anwalt zu Anwalt.

§ 74 (§ 37 GA.).

I Der Gerichtsvollzieher kann beauftragt werden, die Zustellung eines Rechtsanwalts an den Gegenanwalt oder dessen allgemeinen Vertreter oder Zustellungsbevollmächtigten (§§ 19, 25 RAO.) gemäß

§ 198 Abs. 2 ZPO. zu vermitteln. Ein solcher Auftrag liegt in der Bestimmung, daß die Zustellung „von Anwalt zu Anwalt" erfolgen solle.

II Der Gerichtsvollzieher hat in diesem Falle lediglich ein mit Datum und Unterschrift zu versehendes Empfangsbekenntnis des Zustellungsempfängers einzuholen und seinem Auftraggeber zu übermitteln. Der zustellende Anwalt hat dem anderen Anwalt auf Verlangen eine Bescheinigung über die Zustellung zu erteilen. Diese Bescheinigung hat der Gerichtsvollzieher dem anderen Anwalte, wenn er sie verlangt, Zug um Zug gegen Aushändigung des bezeichneten Empfangsbekenntnisses zu übergeben. Der Gerichtsvollzieher soll daher Aufträge zu derartigen Zustellungen in der Regel nur übernehmen, wenn ihm zugleich von dem zustellenden Anwalt eine Bescheinigung über die Zustellung, in der das Datum zur Ausfüllung durch den Gerichtsvollzieher offen gelassen sein kann, ausgehändigt wird. Eine Beurkundung des Vorgangs durch den Gerichtsvollzieher findet nicht statt. Eine Ersatzzustellung oder eine Niederlegung ist ausgeschlossen.

III Das schriftliche Empfangsbekenntnis kann auf die Urschrift des zuzustellenden Schriftstücks, die Bescheinigung auf die zu übergebende Abschrift gesetzt werden. Werden die Bescheinigungen besonders ausgestellt, so müssen sie das zugestellte Schriftstück genau bezeichnen.

IV Wird die Ausstellung des Empfangsbekenntnisses verweigert oder ist es wegen Abwesenheit des Gegenanwalts oder aus einem sonstigen Grunde nicht zu erlangen, so hat der Gerichtsvollzieher die Zustellung unter Aufnahme der gewöhnlichen Zustellungsurkunde nach den allgemeinen Vorschriften vorzunehmen, sofern nicht der Auftraggeber für diesen Fall etwas anderes bestimmt hat.

f) Besondere Vorschriften für gewisse Zustellungen bei der Zwangsvollstreckung.

§ 75 (§ 38 GA.).

Für die Zustellung der Protokolle über Vollstreckungshandlungen, der Beschlüsse über Pfändung und Überweisung von Forderungen und der Benachrichtigung, daß die Pfändung einer Forderung bevorsteht, sind die Vorschriften der §§ 763, 829, 835, 845, 846, 857 ZPO. und der §§ 121, 194, 196, 197, 208, 209 DA. maßgebend.

3. Zustellungen in Strafsachen (einschließlich der Forstrügesachen).

§ 76 (§ 39 GA.). 1. Allgemeines.

I Der Beschuldigte — Angeschuldigte, Angeklagte (§§ 195, 220, 323, 386 StPO.) —, der Privatkläger (§ 386 StPO.), der Nebenkläger (§ 397 StPO.) und gewisse andere an dem Verfahren beteiligte Personen (§§ 280, 282, 286, 298, 431 StPO.) sowie die Verwaltungsbehörde, welche die Anklage wegen einer Zuwiderhandlung gegen die Vorschriften über die Erhebung öffentlicher Abgaben und Gefälle selbst erhoben hat (§ 426 StPO.), können Zeugen und Sachverständige unmittelbar, also ohne Mitwirkung von Gericht oder Staatsanwaltschaft, durch einen Gerichtsvollzieher laden.

II Die Ladung erfolgt auf Betreiben der bezeichneten Personen durch Zustellung einer Ladungsschrift des Auftraggebers unter entsprechender Anwendung der §§ 43 bis 72.

III Die Ladung von Soldaten (Offizieren aller Gattungen, Deckoffizieren, Unteroffizieren und Mannschaften) erfolgt ohne Mitwirkung des Gerichtsvollziehers durch Ersuchen der zuständigen Militärbehörde (§ 48 Abs. 2 StPO., Anlage 1 zur Disziplinarstrafordnung für das Reichsheer vom 18. Mai 1926, RGBl. II S. 265).

IV Vor der Zustellung der Ladung an einen als Zeugen oder Sachverständigen geladenen öffentlichen Beamten hat der Gerichtsvollzieher nach Maßgabe der bestehenden Vorschriften (V. vom 25. September 1879, GVBl. S. 1293, JMBl. n. F. Bd. I S. 30, und Bek. vom 7. Januar 1882, GVBl. S. 37, und vom 31. August 1894, GVBl. S. 547) die dem Beamten vorgesetzte Behörde zu benachrichtigen. Von der Ladung eines Notars oder Notariatsverwesers ist der Präsident des Landgerichts, zu dessen Bezirk das Notariat gehört, von der Ladung einer im Dienste des Notariats amtlich beschäftigten Person ist das Notariat zu benachrichtigen (Bek. vom 27. März 1902, GVBl. S. 161, JMBl. n. F. Bd. I S. 424).

§ 77 (§ 40 GA.). 2. Entschädigung der geladenen Personen.

I Da die unmittelbar geladenen Personen nur dann zum Erscheinen verpflichtet sind, wenn ihnen bei der Ladung die gesetzliche Entschädigung für Reisekosten und Versäumnis bar dargeboten oder deren Hinterlegung bei der Geschäftsstelle nachgewiesen wird (§ 220 Abs. 2 StPO.), so kann der mit der Zustellung der Ladung beauftragte Gerichtsvollzieher zugleich beauftragt werden, die Entschädigung dem zu Ladenden bar anzubieten und, wenn er sie nicht zurückweist, auszuzahlen. Die Auszahlung darf nur gegen Empfangsbescheinigung erfolgen. Das Darbieten, die Annahme und Auszahlung oder die Zurückweisung der Entschädigung ist in der Zustellungsurkunde anzuführen. Die Empfangsbescheinigung und im Falle der Zurückweisung auch die Entschädigung ist mit der Zustellungsurkunde dem Auftraggeber zu übermitteln. Erfolgt die Zustellung nicht an den zu Ladenden in Person, so hat der Gerichtsvollzieher, sofern nicht der Auftraggeber eine andere Anweisung gegeben hat, den Betrag bei der Geschäftsstelle zu hinterlegen und die Hinterlegungsbescheinigung der geladenen Person durch eingeschriebene Sendung zu überschicken. In der Zustellungsurkunde ist anzuführen, daß und wo die Hinterlegung erfolgen werde. Wenn die Zustellung der Ladung durch die Post erfolgt, so hat der Gerichtsvollzieher auf Verlangen des Auftraggebers die Entschädigung der zu ladenden Person mittels Postanweisung zu übersenden. Der Postschein über die bare Einzahlung der Entschädigung ist mit der Zustellungsurkunde dem Auftraggeber zu übermitteln.

II Wird dem Gerichtsvollzieher von dem Auftraggeber die Bescheinigung der Geschäftsstelle über die erfolgte Hinterlegung der Entschädigung übergeben, so ist diese mit der Ladung in gewöhnlicher Weise zuzustellen.

III Der Auftrag, die Ladung zuzustellen, darf nicht aus dem Grunde abgelehnt werden, weil der Auftraggeber nicht die Entschädigung bar darbietet oder hinterlegt hat. Der Sachverhalt ist alsdann in der Zustellungsurkunde, bei einer Zustellung durch die Post neben dem Vermerke, der auf das zu übergebende Schriftstück gesetzt wird (§ 64 Abs. 2), ersichtlich zu machen. Auch ist es Pflicht des Gerichtsvollziehers, in diesem Falle darauf zu achten, daß in der Ladungsschrift der Hinweis auf die gesetzlichen Folgen des Nichterscheinens eines ordnungsmäßig geladenen Zeugen wegbleibt.

4. Zustellungen von Willenserklärungen.

§ 78 (§ 41 Abs. 1 bis 4 GA.). 1. Allgemeines.

I Der Gerichtsvollzieher hat auch außerhalb einer anhängigen Rechtsangelegenheit die ihm von einem Beteiligten aufgetragene Zustellung von schriftlichen Willenserklärungen zu bewirken (§ 132 Abs. 1 BGB.). Als solche Erklärungen kommen z. B. in Betracht: eine Kündigung oder Mahnung, die Erklärung einer Anfechtung oder Aufrechnung, ein Vertragsantrag oder die Annahme eines solchen, die Erklärung des Rücktritts von einem Vertrage, die Bestimmung einer Frist, in welcher der Gegner eine Handlung vornehmen oder eine Erklärung abgeben soll, die Androhungen und Mitteilungen, die beim Pfandverkauf und bei sonstigen kraft gesetzlicher Ermächtigung stattfindenden Verkäufen vorkommen.

II Alle diese Zustellungen erfolgen durch Übergabe einer beglaubigten Abschrift der von dem Auftraggeber dem Gerichtsvollzieher übergebenen, von dem Auftraggeber unterschriebenen Erklärung unter Beurkundung der erfolgten Übergabe (vgl. § 36 Abs. 1). Die Zustellung kann nicht nur durch den Gerichtsvollzieher selbst, sondern auch durch die Post (§ 38 Nr. 2) erfolgen. Eine Zustellung durch Aufgabe zur Post ist jedoch ausgeschlossen. Im übrigen finden auf diese Zustellungen die Vorschriften der §§ 166 bis 207 ZPO. und der §§ 36 bis 72 DA. entsprechende Anwendung.

III Die Erklärung, durch die der Gerichtsvollzieher zur Zustellung ermächtigt wird, wird nicht mit zugestellt. Dies gilt auch dann, wenn die zuzustellende Erklärung ein Zugeständnis, eine Anerbietung, eine Einwilligung oder einen Verzicht zum Gegenstande hat.

IV Die Zustellung von Schriftstücken mit rechtlich offenbar belanglosem, unsittlichem, beleidigendem oder sonst strafbarem Inhalt sowie die Zustellung von verschlossenen Sendungen hat der Gerichtsvollzieher abzulehnen.

V Wegen der Stempelpflicht s. § 12 der Bek. über die Pflichten der Gerichtsvollzieher nach den Reichssteuergesetzen und dem bayerischen Stempelgesetze vom 23. Juli 1930 (JMBl. n. F. Bd. III S. 426)[1]).

§ 79 (§ 41 Abs. 5, 6 GA.).

2. Vorlegung von Urkunden.

I Nach den Vorschriften des Bürgerlichen Gesetzbuchs sind gewisse Willenserklärungen unwirksam, wenn der Erklärende nicht bei der Erklärung bestimmte Urkunden vorlegt und der Gegner die Erklärung aus diesem Grunde unverzüglich zurückweist (vgl. z. B. §§ 111, 174, 410, 1160, 1831 BGB.). Insbesondere ist ein einseitiges Rechtsgeschäft, das ein Bevollmächtigter einem anderen gegenüber vornimmt, z. B. eine Mahnung oder Kündigung, unwirksam, wenn der Bevollmächtigte eine Vollmachtsurkunde nicht vorlegt und der andere das Rechtsgeschäft aus diesem Grunde unverzüglich zurückweist (§ 174 BGB.). Ferner ist die Mahnung oder Kündigung, die dem Eigen-

[1]) Abgedr. unter Nr. 19.

tümer eines mit einer Briefhypothek belasteten Grundstücks gegenüber erfolgt, unwirksam, wenn der Gläubiger den Hypothekenbrief bei der Mahnung oder Kündigung nicht vorlegt und der Eigentümer aus diesem Grunde die Mahnung oder Kündigung unverzüglich zurückweist (§ 1160 BGB.).

II Wird der Gerichtsvollzieher mit der Zustellung einer Willenserklärung der im Abs. 1 bezeichneten Art, bei der dem Empfänger eine Urkunde vorzulegen ist, beauftragt, so hat er auf Verlangen des Auftraggebers auch die Vorlegung zu bewirken. Die Zustellung durch die Post ist in diesen Fällen ausgeschlossen. Die Vorlegung hat, wenn der Empfänger nicht angetroffen wird, an die Person zu erfolgen, an die gemäß §§ 50, 53 bis 57 die Zustellung bewirkt wird. In der Zustellungsurkunde ist anzugeben, an welche Person die Vorlegung bewirkt wurde oder aus welchen Gründen sie unterblieb; in letzterem Falle ist ausdrücklich zu beurkunden, ob der Gerichtsvollzieher zur Vorlegung imstande und bereit gewesen ist. Eine Zustellung der vorzulegenden Urkunde erfolgt nur, wenn der Auftraggeber dies ausdrücklich verlangt.

5. Zustellungen von Schiedssprüchen.

§ 80 (neu).

I Schiedssprüche werden auf Betreiben der Schiedsrichter in den von diesen unterschriebenen Ausfertigungen zugestellt (§ 1039 ZPO.). Die Ausfertigungen brauchen nicht als solche ausdrücklich bezeichnet zu sein; es genügen auch von den Schiedsrichtern unterschriebene weitere Urschriften, dagegen nicht beglaubigte Abschriften. In der Zustellungsurkunde ist ausdrücklich die Zustellung einer von den Schiedsrichtern unterschriebenen Ausfertigung oder weiteren Urschrift festzustellen. Im übrigen finden auf diese Zustellungen die Vorschriften der §§ 166 bis 207 ZPO. und der §§ 36 bis 73 DA. entsprechende Anwendung.

II Die Bestimmungen des Abs. 1 gelten auch für die Zustellung von Schiedssprüchen, die im Schiedsgerichtsverfahren in Arbeitsstreitigkeiten gemäß §§ 91 ff. ArbGG. ergangen sind, mit der Maßgabe, daß der Verhandlungsleiter die Zustellung veranlaßt und daß lediglich eine vom Verhandlungsleiter unterschriebene Ausfertigung des Schiedsspruchs zuzustellen ist. Die Zustellung kann durch eingeschriebenen Brief erfolgen (§ 98 ArbGG.).

6. Formblätter.

§ 81 (§ 42 GA.).

I Wird für die Zustellungs- oder Postübergabsurkunde (§ 64 Abs. 3) ein besonderer Bogen verwendet (§ 61 Abs. 3), so sind die Formblätter II und III oder an ihrer Stelle das vereinigte Formblatt IV sowie die Formblätter V bis VII zu benützen. Für die Anzeige, die im Falle der Zustellung durch Niederlegung an der Türe der Wohnung des Empfängers zu befestigen ist, ist das Formblatt VIII zu verwenden.

II Die Benutzung von Formblättern, die in der Fassung von den hier festgestellten Formblättern abweichen, ist nicht gestattet. Vorhandene Formblätter dürfen aufgebraucht werden.

7. Mitwirkung der Gerichtsvollzieher bei den Zustellungen von Amts wegen.

§ 82 (§ 43 GA.).

I Nach § 10 GVO. können die Gerichtsvollzieher vom Gerichtsvorstande beauftragt werden, die Zustellungen vorzunehmen, für die sie nicht schon an sich zuständig sind. Als Zustellungen solcher Art kommen insbesondere die Zustellungen von Amts wegen[1]) in Betracht.

II Der mit einer Zustellung von Amts wegen beauftragte Gerichtsvollzieher hat sie nach Maßgabe der Vorschriften der Bek. vom 2. März 1910 (JMBl. n. F. Bd. I S. 767) auszuführen.

III Wird von einem Notar bei dem Zwangsversteigerungsverfahren, der Vermittelung der Auseinandersetzung einer Erbengemeinschaft, einer ehelichen oder fortgesetzten Gütergemeinschaft oder dem amtlichen Verfahren über die Eröffnung von Testamenten und Erbverträgen eine Zustellung von Amts wegen veranlaßt, so kann der Notar, dem hierbei die Verrichtungen des Urkundsbeamten der Geschäftsstelle obliegen, mit der Bewirkung der Zustellung den Gerichtswachtmeister und den Gerichtsvollzieher des Amtsgerichts, in dessen Bezirke das Notariat liegt, beauftragen. Der Vorstand des Amtsgerichts kann, wenn neben dem Gerichtsvollzieher ein Amtsgerichtswachtmeister aufgestellt ist, die nötigen Anordnungen über die Verteilung der Geschäfte erlassen (§ 302 der Geschäftsordnung für die

---

[1]) Wegen der Abgrenzung der Zustellungen von Amts wegen von den Zustellungen auf Betreiben der Parteien s. § 35 Abs. 2 DA.

Notariate vom 30. Oktober 1913, JMBl. a. F. S. 231, s. auch Anl. z. EinfBek., mit § 7 Abs. 3 der Bek. vom 2. März 1910, JMBl. n. F. Bd. I S. 767).

Vierter Abschnitt.

Zwangsvollstreckung in bürgerlichen Rechtsstreitigkeiten.

1. Allgemeine Vorschriften.

§ 83 (§ 44 GA.). Zuständigkeit des Gerichtsvollziehers: 1. Grundsatz.

I Die Gerichtsvollzieher[1] [2]) haben die Zwangsvollstreckung in bürgerlichen Rechtsstreitigkeiten, soweit sie nicht den Gerichten zugewiesen ist[3]), zu bewirken (§ 753 ZPO.).

II Unter Rechtsstreitigkeiten werden bei der Zwangsvollstreckung auch die Fälle verstanden, in denen ein Anspruch, ohne daß ein Prozeß vorausgegangen ist, zwangsweise beigetrieben werden kann (vgl. § 92).

§ 84 (§ 45 GA.). 2. Im einzelnen.

Zum Wirkungskreise der Gerichtsvollzieher gehören folgende Vollstreckungen:

1. die Zwangsvollstreckung wegen Geldforderungen[4]) in bewegliche körperliche Sachen mit Einschluß der Wertpapiere und

---

[1]) Der GV. handelt auch als Vollstreckungsorgan kraft seines Amtes, nicht auf Grund eines Vertragsverhältnisses (vgl. S. 26 Anm. 3), regelmäßig nicht als Vertreter des Gläubigers. Bei Amtspflichtverletzungen des GV. (insbesondere auch bei Verstößen gegen die DA.) haftet dem Dritten der Staat, dem Staat aber der GV. (vgl. § 1 und Anm.).

[2]) Örtliche Zuständigkeit s. § 3 GVO.

[3]) Vgl. § 85. S. aber auch § 86.

[4]) Um eine ZwVollstr. wegen Geldforderungen handelt es sich, wenn der Vollstr.-Titel auf Zahlung oder Hinterlegung von Geld oder Haftung für eine Geldleistung (z. B. Duldung der ZwVollstr.) lautet, nicht aber wenn der Schuldner zur Sicherheitsleistung schlechthin oder zur Befreiung des Gl. von einer Schuldverbindlichkeit (in diesen Fällen müßte die Vollstr. nach § 887 ZPO. erfolgen) verurteilt ist. Der Titel kann auch auf Zahlung an einen Dritten (z. B. die Ehefrau des klagenden Ehemanns) lauten.
Geld ist die im Inlande geltende Währung. Lautet der VollstrTitel auf Zahlung einer in ausländischer Währung ausgedrückten Geldschuld (Valutaforderung im Gegensatz zur reinen Geldsortenschuld — diese ist nach § 884 ZPO. beizutreiben —), so handelt es sich um eine Geldforderung, die durch Umrechnung in inländische Währung festzustellen ist (vgl. RGZ. 106, 74); vgl. dazu § 131. Wegen der wertbeständigen Schuldtitel und der ZwVollstr. hieraus s. §§ 9ff. der EntlVO., abgedr. unter Nr. 13.

der vom Boden noch nicht getrennten Früchte (§§ 803 bis 827 ZPO.); vgl. §§ 129 bis 192 DA.;

2. die Pfändung von Forderungen aus Wechseln und anderen Papieren, die durch Indossament übertragen werden können (§ 831 ZPO.); vgl. §§ 201, 202 DA.;
3. die Zwangsvollstreckung zur Erwirkung der Herausgabe von beweglichen Sachen und von Personen, sowie zur Erwirkung der Herausgabe, Überlassung und Räumung von unbeweglichen Sachen und bewohnten Schiffen (§§ 883 bis 885 ZPO.); vgl. §§ 211 bis 219 DA.;
4. die Zwangsvollstreckung zur Beseitigung des vom Schuldner gegen die Vornahme einer von ihm zu duldenden Handlung geleisteten Widerstandes (§ 892 ZPO.); vgl. § 220 DA.;
5. die Zwangsvollstreckung durch Haft (§§ 899 bis 914 ZPO.); vgl. §§ 221 bis 230 DA.;
6. die Vollziehung von Arrestbefehlen und einstweiligen Verfügungen, soweit es sich um die Ausführung von Maßregeln handelt, die bei der Zwangsvollstreckung zum Wirkungskreise des Gerichtsvollziehers gehören (§§ 916 bis 945 ZPO.); vgl. §§ 233 bis 243 DA.

§ 85 (§ 46 GA.). Zuständigkeit der Gerichte.

Die Zwangsvollstreckung wegen Geldforderungen in Forderungen und andere Vermögensrechte[1]), mit Ausnahme der in § 84 Nr. 2 genannten Pfändungen, die Zwangsvollstreckung wegen Geldforderungen in das unbewegliche Vermögen[2]) und die Zwangsvollstreckung zur Erwirkung von Handlungen und Unterlassungen[3]) sind den Gerichten zugewiesen. Bei der Zwangsvollstreckung in Forderungen und in das unbewegliche Vermögen steht jedoch den Gerichtsvollziehern in gewissem Umfang eine Mitwirkung zu (§§ 193 bis 200, 203 bis 210, 232 DA.).

§ 86 (§ 47 GA.). Zuständigkeit der Verwaltungsbehörden.

Die Zwangsvollstreckung wegen Geldforderungen gegen den Fiskus, gegen Gemeinden und die unter Leitung des Staates oder einer Gemeinde stehenden Körperschaften und Stiftungen erfolgt, soweit nicht dingliche Rechte verfolgt werden, ausschließlich durch die

---

[1]) Vgl. §§ 828 bis 863 ZPO. [2]) Vgl. §§ 864 bis 871 ZPO.
[3]) Vgl. §§ 887 bis 891 ZPO.

zuständigen Verwaltungsbehörden (Art. 9, Art. 11 Abs. 3 des Ausführungsgesetzes zur Zivilprozeßordnung und Konkursordnung in der Fassung der Bek. vom 26. Juni 1899, GVBl. S. 401). Diese Vorschrift findet auch auf Zwangsvollstreckungen gegen den Reichsfiskus und gegen die Deutsche Reichsbahngesellschaft[1]) Anwendung. Die Gerichtsvollzieher dürfen daher solche Zwangsvollstreckungen nicht vornehmen.

§ 87 (§ 48 GA.). Gläubiger und Schuldner.

Bei der Zwangsvollstreckung heißt derjenige, für den die Vollstreckung erfolgt, Gläubiger, derjenige, gegen den sie erfolgt, Schuldner, ohne Rücksicht darauf, ob es sich um die Beitreibung einer Geldforderung oder um die Herausgabe einer Sache oder um die Erzwingung einer Handlung oder einer Unterlassung handelt[2]).

§ 88 (§ 49 GA.). Auftrag.

I Der Auftrag[3]) zur Zwangsvollstreckung wird dem Gerichtsvollzieher von dem Gläubiger unmittelbar[4]) oder unter Vermittelung der Geschäftsstelle[5]) erteilt (§ 753 ZPO.)[6]).

II Der unter Vermittelung der Geschäftsstelle beauftragte Gerichtsvollzieher hat sich in jeder Beziehung, insbesondere bei Ablieferung der beigetriebenen Gelder, als unmittelbar von dem Gläubiger beauftragt anzusehen.

III Der Auftrag kann nicht nur von dem Gläubiger selbst oder seinem gesetzlichen Vertreter, sondern auch von einem Bevollmächtigten erteilt werden. Wird der Auftrag von einem gesetzlichen Vertreter oder Bevollmächtigten des Gläubigers erteilt, so hat der Gerichtsvollzieher

---

1) Reichsbahngesetz vom 30. Aug. 1924 in der Fassung der Bek. vom 13. März 1930 (RGBl. II S. 369).

2) Die vom Gesetz mit der Wirkung der Vollstreckbarkeit ausgestattete öffentliche Urkunde heißt „Schuldtitel" (§ 91 Nr. 1).

3) Richtig: Antrag. Siehe S. 26 Anm. 3. Vgl. auch S. 71 Anm. 1. Ohne „Auftrag" darf der GV. nicht tätig werden; wird er ohne „Auftrag" tätig, ist die Amtshandlung unwirksam. Form: § 5.

4) Weisungen des Gl. hat der GV. nur insoweit zu befolgen, als sie mit den Gesetzen und der DA. nicht in Widerspruch stehen (§ 89 S. 2); s. §§ 98, 122, § 124 Abs. 3, § 125 Abs. 1.

5) Des VollstrGerichts (§ 90), nicht des Prozeßgerichts. § 168 ZPO. gilt hier nicht. Vgl. § 4 Abs. 2, insbes. dessen S. 2, § 43.

6) Bedeutung des Auftrags in Verbindung mit der Übergabe der vollstreckbaren Ausfertigung des Schuldtitels: § 113 Abs. 1.

sich zu vergewissern, daß das Vertretungsverhältnis oder die Vollmacht wirklich besteht (vgl. § 6). Der von dem Gläubiger zu seinem Vertreter in dem Rechtsstreite bestellte Rechtsanwalt oder sonstige Prozeßbevollmächtigte ist auf Grund der Prozeßvollmacht auch ermächtigt, die Zwangsvollstreckung für den Gläubiger zu beantragen und ihn bei ihr zu vertreten. Die Prozeßvollmacht erstreckt sich aber nicht auf die Empfangnahme der beigetriebenen Leistung; diese muß vielmehr, sofern nicht der Prozeßbevollmächtigte durch eine besondere Vollmacht auch hierzu ermächtigt ist, an den Gläubiger selbst abgeliefert werden. Eine Ausnahme besteht für die von dem Gegner zu erstattenden Prozeßkosten; zu deren Empfangnahme ist der Prozeßbevollmächtigte schon durch die Prozeßvollmacht ermächtigt (§ 81 ZPO.). Zum Nachweis der Prozeßvollmacht genügt die Bezeichnung des Prozeßbevollmächtigten im Schuldtitel (vgl. § 313 Abs. 1 Nr. 1 ZPO.).

§ 89 (§ 50 GA.). Stellung des Gerichtsvollziehers.

Der Gerichtsvollzieher hat die Zulässigkeit der Zwangsvollstreckung, mit der er beauftragt wird, selbständig zu prüfen und bei der Ausführung der Zwangsvollstreckung selbständig[1]) nach dem Gesetz und der Dienstanweisung zu verfahren. Weisungen des Gläubigers hat er soweit zu befolgen, als sie mit den Gesetzen und der Dienstanweisung nicht in Widerspruch stehen[2]).

§ 90 (§ 51 GA.). Vollstreckungsgericht.

I Gegen die Weigerung des Gerichtsvollziehers, einen Vollstreckungsauftrag zu übernehmen oder eine Vollstreckungshandlung dem Auftrage gemäß auszuführen, kann die Entscheidung des Vollstreckungsgerichts angerufen werden (§ 766 Abs. 2 ZPO.).

II Das Vollstreckungsgericht entscheidet ferner über Anträge, Einwendungen und Erinnerungen des Schuldners, des Gläubigers oder von der Zwangsvollstreckung betroffener Dritter, welche die Art und Weise der Zwangsvollstreckung und das bei ihr vom Gerichtsvollzieher zu beobachtende Verfahren betreffen (§ 766 Abs. 1 ZPO.), sowie über

---

[1]) Den Parteien und — in gewissem Umfang auch — Dritten bleibt nur der Weg der Erinnerung an das Vollstreckungsgericht (vgl. § 90). Daneben besteht aber die Befugnis der vorgesetzten Dienststellen (AG.-Vorstand usw.) zum dienstaufsichtlichen Einschreiten, das von Amts wegen oder auf Anregung von Beteiligten erfolgt.

[2]) Siehe S. 73 Anm. 4.

Erinnerungen, die wegen der vom Gerichtsvollzieher in Ansatz gebrachten Kosten erhoben werden (§ 766 Abs. 2 ZPO., § 25 RGebO.[1])).

III Als Vollstreckungsgericht ist das Amtsgericht zuständig, in dessen Bezirke das Vollstreckungsverfahren stattfinden soll oder stattgefunden hat, soweit nicht ausnahmsweise (z. B. für die arrestweise Pfändung von Forderungen und anderen Rechten) ein anderes Amtsgericht für zuständig erklärt ist (§ 764 ZPO.). Dies gilt auch bei der Vollstreckung von Entscheidungen der Arbeitsgerichtsbehörden (§ 62 Abs. 2 ArbGG.).

IV Gegen die Entscheidung des Vollstreckungsgerichts steht dem Gerichtsvollzieher die sofortige Beschwerde nicht zu, soweit das Gericht über die Art und Weise der Zwangsvollstreckung, über das bei dieser vom Gerichtsvollzieher zu beobachtende Verfahren oder über die Weigerung des Gerichtsvollziehers, einen Vollstreckungsauftrag zu übernehmen oder eine Vollstreckungshandlung dem Auftrage gemäß auszuführen, entschieden hat. Soweit in Ansehung der von dem Gerichtsvollzieher in Ansatz gebrachten Kosten entschieden ist, wird das Beschwerderecht des Gerichtsvollziehers von dem Präsidenten des Landesfinanzamtes ausgeübt; der Amtsgerichtsvorstand kann bei diesem die Einlegung der Beschwerde anregen[2]).

§ 91 (neu). Voraussetzungen der Zwangsvollstreckung im allgemeinen.

Die Zwangsvollstreckung ist nur zulässig[3]), wenn

1. der Gläubiger einen Schuldtitel, d. i. eine vom Gesetz mit der Wirkung der Vollstreckbarkeit ausgestattete öffentliche Urkunde,

---

[1]) Abgedr. unter Nr. 3.

[2]) Entspricht der Regelung nach § 15 GVO., wonach die Gebühren und Auslagen, die der GV. zu beanspruchen hat, für die Staatskasse erhoben werden. Der GV. kann sich lediglich an den AG.vorstand wenden. Lehnt der Präs. des Landesfinanzamts die Einlegung der Beschwerde ab, erübrigt nur die Anrufung der Dienstaufsicht.

[3]) Eine weitere Voraussetzung der Zulässigkeit der Zwangsvollstreckung ist auf Grund des Devisennotrechts in gewissen Fällen die Erteilung der erforderlichen Genehmigung der Stelle für Devisenbewirtschaftung, d. i. des Landesfinanzamts. Die Genehmigung kann erforderlich sein mit Rücksicht auf den Anspruch, der vollstreckt werden soll, oder mit Rücksicht auf die Gegenstände, in die vollstreckt werden soll.

1. Nach § 25 der VO. über die Devisenbewirtschaftung vom 23. Mai 1932 (RGBl. I S. 231) (= DevVO.) ist in den Fällen, in denen nach den Devisenvorschriften zur Leistung des Schuldners eine Genehmigung der Stelle für Devisenbewirtschaftung erforderlich ist, auch die Zwangsvollstreckung nur zulässig, wenn die Genehmigung erteilt ist. In dieser

insbesondere ein Urteil oder einen Vollstreckungsbefehl, erlangt hat (§ 92),

2. die Ausfertigung des Schuldtitels mit der Vollstreckungsklausel versehen ist (§§ 93, 94, vgl. jedoch § 93 Abs. 2 und 3, § 234 Abs. 2),
3. die erforderlichen Zustellungen, insbesondere die des Schuldtitels, erfolgt sind (§§ 103 bis 108, vgl. jedoch § 236).

§ 92 (§ 52 GA.). Schuldtitel.

[1] Die Zivilprozeßordnung kennt folgende[1]) Schuldtitel:

1. Endurteile deutscher Gerichte, die rechtskräftig oder für vorläufig vollstreckbar erklärt sind (§ 704 ZPO.);
2. Vergleiche, die nach Erhebung der Klage oder in einem Güteverfahren zwischen den Parteien oder zwischen einer Partei und einem Dritten zur Beilegung des Rechtsstreits seinem ganzen Umfang nach oder über einen Teil des Streitgegenstandes vor einem deutschen Gericht oder vor einer durch die Landesjustizverwaltung eingerichteten oder anerkannten Gütestelle abgeschlossen, sowie Vergleiche, die gemäß § 118a ZPO. zu richterlichem Protokoll genommen sind (§ 794 Abs. 1 Nr. 1 ZPO.);
3. Kostenfestsetzungsbeschlüsse (§ 794 Abs. 1 Nr. 2 ZPO.);

Hinsicht ist insbesondere § 14 Abs. 1 DevVO. von Bedeutung, wonach ein Inländer inländische Zahlungsmittel oder Gold einem Ausländer oder Saarländer oder zugunsten eines solchen einem Inländer im Inland nur mit Genehmigung aushändigen darf. Sohin ist die Erteilung der Genehmigung der Devisenbewirtschaftungsstelle Voraussetzung für die Zulässigkeit der Zwangsvollstreckung wegen aller Forderungen von Ausländern und Saarländern auf inländische Zahlungsmittel oder Gold. Eine Ausnahme gilt zwar an sich für die Fälle, die in die Freigrenze des § 21 DevVO. fallen, d. h. grundsätzlich für Werte bis zu 200 *RM*; s. jedoch S. 83 Anm. 1.

2. Nach § 26 DevVO. gilt als Erwerb im Sinne der DevVO. auch der Erwerb im Wege der Zwangsvollstreckung und als Verfügung im Sinne der DevVO. auch die Verfügung im Wege der Zwangsvollstreckung. Unter diesem Gesichtspunkt bedarf der Genehmigung der Devisenbewirtschaftungsstelle insbesondere nach § 4 DevVO. die Pfändung von ausländischen Zahlungsmitteln, die anders als nach § 3 DevVO. erworben worden sind, nach § 5 DevVO. die Pfändung ausländischer Wertpapiere, die nicht an einer deutschen Börse zum Handel zugelassen sind, nach § 6 DevVO. die Pfändung inländischer Wertpapiere, die ausschließlich oder wahlweise auf eine ausländische Währung lauten und nicht an einer deutschen Börse zum Handel zugelassen sind, und nach § 10 DevVO. die Pfändung von Gold. Auch hier gilt regelmäßig die Freigrenze des § 21 DevVO. (nicht im Falle des § 10 DevVO.: Pfändung von Gold).

[1]) Wegen der sog. wertbeständigen Schuldtitel s. § 9 der EntlVO. und die VO. vom 27. Juni 1924 (RGBl. I S. 660), abgedr. unter Nr. 13.

4. Entscheidungen deutscher Gerichte, gegen die das Rechtsmittel der Beschwerde stattfindet (§ 794 Abs. 1 Nr. 3 ZPO.);
5. im Mahnverfahren ergangene Vollstreckungsbefehle (§ 794 Abs. 1 Nr. 4 ZPO.);
6. für vollstreckbar erklärte Schiedssprüche oder schiedsrichterliche Vergleiche, sofern die Entscheidung über die Vollstreckbarkeit rechtskräftig oder für vorläufig vollstreckbar erklärt ist (§ 794 Abs. 1 Nr. 4a ZPO.)[1]);
7. Urkunden, die von einem deutschen Gerichte (auch dem Merkantil-Friedens- und Schiedsgerichte der Stadt Nürnberg, Art. 7 Abs. 2 des Ausführungsgesetzes zum Gerichtsverfassungsgesetze vom 23. Februar 1879, GVBl. S. 273) oder von einem deutschen Notar innerhalb der Grenzen seiner Amtsbefugnisse in der vorgeschriebenen Form aufgenommen sind, sofern die Urkunde über einen Anspruch errichtet ist, der die Zahlung einer bestimmten Geldsumme oder die Leistung einer bestimmten Menge anderer vertretbarer Sachen oder Wertpapiere zum Gegenstand hat, und der Schuldner sich in der Urkunde der sofortigen Zwangsvollstreckung unterworfen hat. Als ein Anspruch, der die Zahlung einer Geldsumme zum Gegenstand hat, gilt auch der Anspruch aus einer Hypothek, einer Grundschuld oder einer Rentenschuld (§ 794 Abs. 1 Nr. 5 ZPO.);
8. Arreste und einstweilige Verfügungen (§§ 922, 928, 936 ZPO.).

II Als sonstige reichsrechtliche Schuldtitel kommen hauptsächlich in Betracht:

1. Eintragungen in die Tabelle des Konkursgerichts (§ 164 Abs. 2, § 206 Abs. 2 KO.) und rechtskräftig bestätigte Zwangsvergleiche im Konkursverfahren (§ 194 KO.) sowie bestätigte Vergleiche im Vergleichsverfahren zur Abwendung des Konkurses in Verbindung mit einem Auszug aus dem berichtigten Gläubigerverzeichnisse (§ 75 VerglO.);
2. Vorschuß-, Zusatz- und Nachschußberechnungen (§§ 106 bis 115 des Genossenschaftsgesetzes in der Fassung vom 20. Mai 1898,

---

[1]) Auch ausländische Schiedssprüche und schiedsrichterliche Vergleiche fallen hierunter (vgl. §§ 1044, 1044a ZPO.; dazu noch die beiden Genfer Abkommen: Protokoll vom 24. Sept. 1923, RGBl. 1925 II S. 47, und das VollstrAbk. vom 26. Sept. 1927, RGBl. 1930 II S. 1067; ferner das Abk. mit der Union der Soz. Sowjet-Republiken vom 12. Okt. 1925, RGBl. 1926 II S. 41, 58, 138; endlich Art. 9 des deutsch-schweizerischen VollstrAbk. vom 2. Nov. 1929, RGBl. 1930 II S. 1065).

RGBl. S. 810, § 52 des Reichsgesetzes über die privaten Versicherungsunternehmungen vom 12. Mai 1901, RGBl. S. 139[1])), die von dem Konkursgerichte für vollstreckbar erklärt sind, sowie gerichtliche Beschlüsse über die dem Revisor einer Genossenschaft zukommende Vergütung und die ihm zu erstattenden Auslagen im Sinne des § 62 des Genossenschaftsgesetzes;

3. Entscheidungen der Arbeitsgerichtsbehörden und vor diesen Behörden abgeschlossene Vergleiche (§ 62 ArbGG.);
4. von einem deutschen Konsulargericht erlassene Entscheidungen und aufgenommene Urkunden sowie vor einem solchen Gericht abgeschlossene Vergleiche (§ 41 des Gesetzes über die Konsulargerichtsbarkeit vom 7. April 1900, RGBl. S. 213);
5. Zuschlagsbeschlüsse im Zwangsversteigerungsverfahren (§§ 93, 132 ZVG.);
6. rechtskräftige Entscheidungen der Aufwertungsstellen über die Kosten sowie vor der Aufwertungsstelle abgeschlossene Vergleiche und rechtskräftige Entscheidungen der Aufwertungsstellen, sofern deren Zuständigkeit vereinbart war (§ 75 des Aufwertungsgesetzes vom 16. Juli 1925, RGBl. I S. 117), ferner die im § 25 Abs. 2 und 3 des Gesetzes über die Fälligkeit und Verzinsung der Aufwertungshypotheken vom 18. Juli 1930 (RGBl. I S. 300) aufgeführten Schuldtitel;
7. Räumungsbefehle des Urkundsbeamten der Geschäftsstelle des Amtsgerichts nach § 1 f sowie Vergleiche nach § 45 des Gesetzes über Mieterschutz und Mieteinigungsämter vom 17. Februar 1928 (RGBl. I S. 25)[2]);
8. Vergleiche nach § 3 Abs. 3 der Pachtschutzordnung vom 23. Juli 1925 (RGBl. I S. 152);
9. Entscheidungen des Reichswirtschaftsgerichts sowie vor diesem abgeschlossene Vergleiche (§ 44 der V. vom 21. Mai 1920, RGBl. S. 1167);
10. Entscheidungen des Kartellgerichts (§ 1 der V. vom 2. November 1923, RGBl. I S. 1071).

III Die auf landesrechtlichen Vorschriften anderer deutscher Länder beruhenden Schuldtitel — hierher gehören insbesondere die Urteile der in Württemberg und Baden bestehenden Gemeindegerichte — werden im Wege der Rechtshilfe vollstreckt (§§ 7ff. des Reichsgesetzes,

[1]) In der Fassung vom 6. Juni 1931 (RGBl. I S. 315).
[2]) In der Fassung der Bek. vom 27. März 1932 (RGBl. I S. 166).

betr. die Gewährung der Rechtshilfe, vom 21. Juni 1869, Beilage zum Gesetzblatt 1870/71 S. 73). Sie bedürfen zur Vollstreckung in Bayern einer Vollstreckungsklausel (§§ 93, 94 DA.), die von dem bayerischen Gerichte des Ortes der Vollstreckung erteilt wird (§ 12 des angeführten Reichsgesetzes). Aus Entscheidungen deutscher Rheinschiffahrtsgerichte erfolgt jedoch die Zwangsvollstreckung gemäß § 5, § 7 Abs. 1 der V. vom 18. Juni 1879 (GVBl. S. 661, JMBl. n. F. Bd. I S. 14).

IV Aus den Urteilen nichtdeutscher Gerichte findet die Zwangsvollstreckung nur statt, wenn ihre Zulässigkeit durch ein von einem deutschen Gericht erlassenes Vollstreckungsurteil ausgesprochen ist (§ 722 ZPO.). Das Vollstreckungsurteil steht, insbesondere auch hinsichtlich der Vollstreckbarkeit und der Rechtsmittel, einem gewöhnlichen Urteile gleich. Aus Kostenentscheidungen ausländischer Gerichte findet die Zwangsvollstreckung statt, wenn sie durch Beschluß des zuständigen deutschen Gerichts für vorläufig vollstreckbar erklärt sind (§§ 5, 8 des Ausführungsgesetzes zum Haager Zivilprozeßabkommen vom 5. April 1909, RGBl. S. 430). Aus den Urteilen nichtdeutscher Rheinschiffahrtsgerichte erfolgt die Zwangsvollstreckung auf Grund einer von dem Landgerichte Frankenthal mit der Vollstreckungsklausel versehenen Ausfertigung (§ 7 Abs. 2 der V. vom 18. Juni 1879).

V Aus den in Art. 19 und 32 des Vertrags über Rechtsschutz und Rechtshilfe zwischen dem Deutschen Reiche und der Republik Österreich vom 21. Juni 1923 (RGBl. 1924 II S. 55) bezeichneten österreichischen[1]) und den in Art. 1, 3 und 8 des Abkommens zwischen dem Deutschen Reich und der Schweizerischen Eidgenossenschaft über die gegenseitige Anerkennung und Vollstreckung von gerichtlichen Entscheidungen und Schiedssprüchen vom 2. November 1929 (RGBl. 1930 II S. 1065) bezeichneten schweizerischen[2]) Schuldtiteln findet

---

[1]) Rechtskräftige Entscheidungen der bürgerlichen Gerichte (auch der Sondergerichte und derjenigen Schiedsgerichte, die ohne Rücksicht auf einen Schiedsvertrag vermöge einer besonderen staatlichen Anordnung zur Entscheidung privatrechtlicher Ansprüche zuständig sind) ohne Unterschied ihrer Benennung (Urteile, Beschlüsse, Zahlungsbefehle, Zahlungsaufträge, Vollstreckungsbefehle), jedoch mit Ausnahme der Arreste und einstweiligen Verfügungen; ferner die vor einem bürgerlichen Gericht im streitigen Verfahren abgeschlossenen Vergleiche, die gerichtlich bestätigten Vermögensauseinandersetzungen und Dispachen; endlich die gerichtlichen und notariellen Urkunden, in denen sich der Verpflichtete der ZwVollstr. unterworfen hat.

[2]) Die im Prozeßverfahren über vermögensrechtliche Ansprüche ergangenen rechtskräftigen Entscheidungen der bürgerlichen Gerichte ohne

die Zwangsvollstreckung statt, wenn das inländische Amtsgericht, bei dem der Schuldner seinen allgemeinen Gerichtsstand hat, und in Ermangelung eines solchen das inländische Amtsgericht, in dessen Bezirk sich Vermögen des Schuldners befindet oder die Vollstreckungshandlung vorzunehmen ist, die Zwangsvollstreckung aus dem österreichischen Titel bewilligt, den schweizerischen Titel für vollstreckbar erklärt hat[1]).

VI Die Zwangsvollstreckung aus einem im arbeitsrechtlichen Schiedsgerichtsverfahren ergangenen Schiedsspruch oder aus einem vor dem arbeitsrechtlichen Schiedsgerichte geschlossenen Vergleiche findet nur statt, wenn der Schiedsspruch oder der Vergleich von dem Vorsitzenden des Arbeitsgerichts, das für die Geltendmachung des Anspruchs zuständig wäre, für vollstreckbar erklärt worden ist (§§ 97 bis 99 ArbGG.). Das gleiche gilt für die Zwangsvollstreckung aus einem Vergleich, der vor einer im arbeitsgerichtlichen Verfahren durch Gütevertrag vereinbarten Gütestelle abgeschlossen wurde (§§ 101, 104 ArbGG.).

VII Bei den vor einem Notar eines anderen deutschen Landes ausgefertigten Notariatsurkunden kann der Gerichtsvollzieher, um sich zu vergewissern, daß die Urkunde von dem Notar innerhalb der Grenzen seiner Amtsbefugnisse und in der vorgeschriebenen Form aufgenommen ist und daß sie sich in der Verwahrung des Notars befindet, der die vollstreckbare Ausfertigung erteilt hat, die Vorlage eines von einem Gerichte des Wohnorts des Notars hierüber ausgestellten Zeugnisses verlangen.

Vollstreckungsklausel: 1. Notwendigkeit der Vollstreckungsklausel.

§ 93 (§ 53 GA.).

I Die Zwangsvollstreckung ist nur auf Grund einer mit der Vollstreckungsklausel[2]) versehenen Ausfertigung des Schuldtitels (voll-

---

Unterschied ihrer Benennung (Urteile, Beschlüsse, Vollstreckungsbefehle), jedoch mit Ausnahme der Arreste und einstweiligen Verfügungen; ferner die in nicht vermögensrechtlichen Streitigkeiten zwischen Angehörigen eines der beiden Staaten oder beider Staaten ergangenen rechtskräftigen Entscheidungen der bürgerlichen Gerichte, die in einem gerichtlichen Güteverfahren (Sühneverfahren) oder nach Erhebung der Klage vor einem bürgerlichen Gericht abgeschlossenen oder von einem solchen bestätigten Vergleiche.

[1]) Wegen der Abkommen über die Vollstr. von Schiedssprüchen und Schiedsvergleichen s. S. 77 Anm 1.

[2]) S. § 94 Abs. 5. Durch das Rechtskraftzeugnis wird die Vollstr.-Klausel nicht ersetzt.

streckbare Ausfertigung) zulässig[1]). Andere Ausfertigungen des Schuldtitels berechtigen nicht zur Zwangsvollstreckung. Dies gilt auch für Entscheidungen, welche die Entscheidung eines ausländischen Gerichts[2]), einen Schiedsspruch[3]) oder einen schiedsrichterlichen Vergleich[3]) für vollstreckbar erklären (vgl. § 92 Abs. 4 bis 6).

II Eine Ausnahme besteht für die im Mahnverfahren erlassenen Vollstreckungsbefehle (§ 699, § 794 Nr. 4 ZPO.) und die Arrestbefehle und einstweiligen Verfügungen (§§ 922, 936 ZPO.); diese bedürfen der Vollstreckungsklausel nur, wenn die Vollstreckung für einen anderen als den in dem Befehle bezeichneten Gläubiger oder gegen einen anderen als den im Befehle bezeichneten Schuldner erfolgen soll (§§ 796, 929, 936 ZPO.).

III Die Zwangsvollstreckung aus einem Kostenfestsetzungsbeschlusse, der gemäß § 105 ZPO. auf das Urteil oder einen sonstigen Schuldtitel gesetzt ist, erfolgt auf Grund einer vollstreckbaren Ausfertigung dieses Titels. Einer besonderen Vollstreckungsklausel für den Festsetzungsbeschluß bedarf es nicht (§ 795a ZPO.). Wegen der Vollstreckung des Urteils eines Arbeitsgerichts, in dem der Betrag der Kosten festgestellt ist, vgl. § 99.

§ 94 (§ 54 GA.).

2. Erteilung der Vollstreckungsklausel.

I Die vollstreckbare Ausfertigung wird bei gerichtlichen Entscheidungen und Vergleichen von dem Urkundsbeamten der Geschäftsstelle des Gerichts erster Instanz und, wenn der Rechtsstreit bei einem höheren Gericht anhängig ist, von dem Urkundsbeamten der Geschäftsstelle dieses Gerichts erteilt (§ 724 ZPO.). Dies gilt auch hinsichtlich der Aufwertungsstellen und der Arbeitsgerichtsbehörden. Die vollstreckbare Ausfertigung sonstiger gerichtlicher Urkunden wird von dem Urkundsbeamten der Geschäftsstelle des Gerichts erteilt, das die Urkunde verwahrt (§ 797 Abs. 1 ZPO.).

II Bei Vergleichen, die vor einer durch die Landesjustizverwaltung eingerichteten oder anerkannten Gütestelle geschlossen sind, wird die vollstreckbare Ausfertigung von dem Urkundsbeamten der Geschäfts-

---

[1]) Der GV. hat das Vorhandensein, die förmliche Ordnungsmäßigkeit und den Wortlaut der VollstrKlausel sorgfältig zu prüfen.

[2]) Die VollstrKlausel wird bei Schuldtiteln in ausländischer Währung erteilt, ohne daß es der ziffermäßigen Berechnung der Schuldsumme in gesetzlichen Zahlungsmitteln bedarf (vgl. den entsprechend anzuwendenden § 10 der EntlVO., abgedr. unter Nr. 13).

[3]) Auch einen ausländischen.

stelle des Amtsgerichts erteilt, in dessen Bezirke die Gütestelle ihren Sitz hat. Die Landesjustizverwaltung kann Vorsteher von Gütestellen dazu ermächtigen, selbst die Vollstreckungsklausel zu erteilen; eine solche Ermächtigung erstreckt sich aber nicht auf die Fälle, in denen die Vollstreckungsklausel nur auf Anordnung des Vorsitzenden erteilt werden kann (§ 797a ZPO., vgl. § 730 ZPO.).

III Die vollstreckbare Ausfertigung der von einem deutschen Konsulargericht erlassenen Entscheidungen und aufgenommenen Urkunden (§ 92 Abs. 2 Nr. 4) wird von dem Urkundsbeamten der Geschäftsstelle des Konsulargerichts erteilt.

IV Die vollstreckbare Ausfertigung notarieller Urkunden (§ 92 Abs. 1 Nr. 7, Abs. 2 Nr. 5) wird von dem Notar erteilt, der die Urkunde verwahrt. Befindet sich die Urkunde in der Verwahrung einer Behörde, so hat diese die vollstreckbare Ausfertigung zu erteilen (§ 797 Abs. 2 ZPO.).

V Die Vollstreckungsklausel[1]) lautet[2]):

Vorstehende Ausfertigung wird dem usw. (Bezeichnung des Gläubigers) zum Zwecke der Zwangsvollstreckung erteilt.

VI Die Vollstreckungsklausel wird der Ausfertigung des Schuldtitels oder der Urschrift des Vollstreckungsbefehls am Schlusse beigefügt, von der Urkundsperson, die sie zu erteilen hat, unterschrieben und mit dem Amtssiegel versehen (§ 725 ZPO.)[1]).

§ 95 (§ 55 GA.).

Besondere Voraussetzungen für die Zulässigkeit der Zwangsvollstreckung: 1. Eintritt eines Kalendertags und Sicherheitsleistung.

I Die Vollstreckungsklausel wird erst erteilt, wenn die Voraussetzungen der Zwangsvollstreckung (z. B. die Rechtskraft des Urteils, die Bedingung, von deren Eintritt der Anspruch des Gläubigers abhängt) eingetreten sind[3]). Ihr Eintritt wird bei der Erteilung der

---

[1]) Vgl. S. 80 Anm. 2, S. 81 Anm. 1. Ein Recht zur Prüfung der sachlichen Zulässigkeit der Erteilung der VollstrKlausel steht dem GV. nicht zu.

[2]) In den Fällen, in denen die vollstreckbare Ausfertigung nur auf Anordnung des Vorsitzenden erteilt werden darf (§ 730 Abs. 1 ZPO.), ist die Anordnung in der VollstrKlausel zu erwähnen (§ 730 Abs. 3 ZPO.). Der GV. muß dies nachprüfen, da die auf Grund der mangelhaften Klausel vorgenommene VollstrHandlung unwirksam wäre.

[3]) Durch die Erteilung der VollstrKlausel ist also für den GV. die Zulässigkeit der ZwVollstr. dargetan. Bei wertbeständigen Schuldtiteln (§ 9 der EntlVO.) erfolgt die Erteilung der VollstrKlausel, ohne daß es der ziffermäßigen Berechnung der Schuldsumme in gesetzl. Zahlungs-

Vollstreckungsklausel geprüft; dem Gerichtsvollzieher steht eine Prüfung dieser Frage nicht zu.

II Eine Ausnahme[1]) besteht jedoch in den Fällen, in denen die Geltendmachung des Anspruchs von dem Eintritt eines Kalendertags oder die Zwangsvollstreckung von einer dem Gläubiger obliegenden Sicherheitsleistung abhängt. Hier wird die vollstreckbare Ausfertigung ohne Rücksicht auf den Eintritt dieser Voraussetzungen erteilt, der Gerichtsvollzieher darf aber mit der Zwangsvollstreckung erst beginnen, wenn er auf Grund selbständiger Prüfung sich von ihrem Eintritt überzeugt hat.

III Die Zwangsvollstreckung darf, wenn die Geltendmachung des Anspruchs nach dem Inhalte des Schuldtitels von dem Eintritt eines Kalendertags abhängt, erst beginnen, wenn der Kalendertag abgelaufen ist (§ 751 Abs. 1 ZPO.). Ebenso muß, wenn dem Schuldner eine Frist zur Leistung im Urteile bestimmt ist (z. B. § 721 ZPO.), der Ablauf der Frist abgewartet werden.

IV Hängt die Vollstreckung nach dem Schuldtitel oder der Vollstreckungsklausel von einer dem Gläubiger obliegenden Sicherheits-

---

mitteln bedarf (§ 10 EntlVO., abgedr. unter Nr. 13); bei der ZwVollstr. in bewegliche Sachen berechnet der GV. die beizutreibende Geldsumme (§ 11 das.); die Vorschriften gelten entsprechend für Schuldtitel in ausländischer Währung. Vgl. § 131, insbes. auch Abs. 2 dort.

[1]) Eine weitere Ausnahme gilt nach dem Devisennotrecht. Die Vollstreckungsklausel darf in den Fällen, in denen nach den Vorschriften über die Devisenbewirtschaftung die Erteilung der Genehmigung der Devisenbewirtschaftungsstelle Voraussetzung der Zulässigkeit der Zwangsvollstreckung ist (s. S. 75 Anm. 3), auch ohne Genehmigung erteilt werden. (vgl. II. Abschn. Nr. 71a der Richtlinien für die Devisenbewirtschaftung vom 23. Juni 1932, RGBl. I S. 317, = DevRichtl.). Dagegen hat der GV. vor der Vollstreckung selbständig zu prüfen, ob für die Vollstreckung die Genehmigung erforderlich, und bejahendenfalls, ob sie erteilt und noch wirksam ist. In letzterer Hinsicht ist von besonderer Bedeutung, daß die Genehmigung nach Nr. I 4 DevRichtl. einen Monat nach ihrer Erteilung unwirksam wird, wenn sich nicht aus der Genehmigung selbst etwas anderes ergibt. Nach der Bek. über die Anwendung der Vorschriften über die Devisenbewirtschaftung vom 17. Juni 1932 (StAnz. Nr. 139) ist dem Gläubiger auch bei Vollstreckungsaufträgen, die den Betrag von 200 RM nicht übersteigen, an Stelle des kaum zu führenden Nachweises des Vorliegens der Freigrenzevoraussetzungen (§ 21 DevVO.) die Beibringung einer Genehmigung der Devisenbewirtschaftungsstelle aufzugeben. Der Inhalt der erteilten Genehmigung ist genau zu prüfen. Nach Nr. II 69 DevRichtl. wird jetzt die Genehmigung „zur Leistung des Schuldners" erteilt. Eine früher „zur Zwangsvollstreckung" erteilte Genehmigung ist nicht zu beanstanden, sofern sie noch wirksam ist.

leistung ab, so darf die Zwangsvollstreckung nur erfolgen[1]), wenn der Gläubiger die Leistung der erforderlichen Sicherheit durch eine öffentliche oder öffentlich beglaubigte Urkunde nachgewiesen hat (§ 751 Abs. 2 ZPO.)[2]). In welcher Art und Höhe die Sicherheit zu leisten ist, kann das Gericht nach freiem Ermessen bestimmen[3]). Soweit das Gericht eine Bestimmung nicht getroffen hat und die Parteien ein anderes nicht vereinbart haben, ist die Sicherheit durch Hinterlegung von Geld oder von solchen Inhaber- oder mit Blankoindossament versehenen Orderpapieren zu leisten, die einen Kurswert haben und einer Gattung angehören, in der Mündelgeld angelegt werden darf (§ 108 ZPO., § 234 BGB.)[4]) [5]). Mündelsicher sind nach § 1807 BGB.[6]), Art. 212 EGBGB.

1. die Schuldverschreibungen des Reichs oder eines Landes,
2. die Schuldverschreibungen, deren Verzinsung von dem Reich oder einem Land gewährleistet ist,
3. die Wertpapiere, die von der Reichsregierung mit Zustimmung des Reichsrats und
4. die Wertpapiere, die durch Landesgesetz in dem Land, in dem die Hinterlegung erfolgen soll, zur Anlegung von Mündelgeld für geeignet erklärt sind.

Mit Wertpapieren kann, sofern das Gericht in dem Schuldtitel nicht ein anderes bestimmt hat, Sicherheit nur in Höhe von drei Vierteln des Kurswertes geleistet werden. Der Gerichtsvollzieher hat zu prüfen, ob die geleistete Sicherheit den gesetzlichen Vorschriften entspricht. Ob ein Papier mündelsicher ist, kann er bei der Staatsbank oder einer

---

[1]) Vorbehaltlich der Vorschrift im Abs. 6.

[2]) Weitere Voraussetzung: S. § 103 Abs. 4.

[3]) Ist die Sicherheit in dem Schuldtitel nach Gegenstand oder Hinterlegungsort näher bestimmt, so hat der GV. zu prüfen, ob diesen Erfordernissen genügt ist.

[4]) Mit den Wertpapieren sind die Zins-, Renten-, Gewinnanteil- und Erneuerungsscheine zu hinterlegen (§ 108 Abs. 2 ZPO., § 234 Abs. 2 BGB.). Wer durch Hinterlegung von Geld oder von Wertpapieren Sicherheit geleistet hat, ist berechtigt, das hinterlegte Geld gegen geeignete Wertpapiere, die hinterlegten Wertpapiere gegen andere geeignete Wertpapiere oder gegen Geld umzutauschen (§ 235 BGB. in Verbdg. mit § 108 Abs. 2 ZPO.).

[5]) Sparkassenbücher und ähnliche Papiere, die nur eine Forderung beweisen, aber nicht Träger des Rechts sind (z. B. Depotscheine, Versicherungsscheine, Pfandscheine) sind zur Sicherheitsleistung nicht geeignet.

[6]) In der Fassg. d. Ges. vom 23. Juni 1923 (RGBl. I S. 411) und des Ges. vom 23. März 1931 (RGBl. I S. 69); vgl. auch Ges. vom 29. Okt. 1927 (RGBl. I S. 325).

anderen Bank oder bei dem Vormundschaftsgericht erfragen. Den Kurswert kann er aus dem Kurszettel der Zeitungen entnehmen oder bei einer mit dem Verkehr in Wertpapieren vertrauten Behörde oder Privatperson erfragen.

V Wie die Sicherheitsleistung nachgewiesen wird, wenn das Gericht die Leistung der Sicherheit durch Bürgschaft zugelassen hat, ist im Gesetz nicht geregelt. Die herrschende Lehre unterscheidet danach, ob der Gerichtsvollzieher bei Beginn der Zwangsvollstreckung die Erklärung, durch die der Bürge die Bürgschaft übernimmt, selbst dem Schuldner übergibt oder zustellt oder ob der Schuldner bereits auf andere Weise vor Beginn der Zwangsvollstreckung in den Besitz der Bürgschaftserklärung gelangt ist. Im ersteren Falle soll die Zustellung oder die Übergabe der Bürgschaftserklärung[1]) bei Beginn der Zwangsvollstreckung genügen; im letzteren Falle wird der Nachweis der Sicherheitsleistung erst dann als geführt angesehen, wenn dem Gerichtsvollzieher durch öffentliche oder öffentlich beglaubigte Urkunden die Übergabe oder Zustellung der Bürgschaftserklärung[1]) nachgewiesen ist. Die Vorlegung einer Bescheinigung, daß die Bürgschaftserklärung hinterlegt ist, genügt nicht.

VI Weist der Gläubiger die Rechtskraft des Urteils durch ein Zeugnis der Geschäftsstelle (§ 706 ZPO.) nach, so bedarf es des Nachweises der Leistung der Sicherheit nicht mehr.

§ 96 (§ 56 GA.).

2. Gegenleistung des Gläubigers.

I Die dem Schuldner obliegende Leistung kann im Schuldtitel von einer Zug um Zug zu bewirkenden Gegenleistung des Gläubigers abhängig gemacht sein, z. B. kann das Urteil dahin lauten, daß der Beklagte schuldig ist, gegen Übergabe eines näher bezeichneten Pferdes an den Kläger 500 RM. zu zahlen. Hier wird die vollstreckbare Ausfertigung von dem Urkundsbeamten der Geschäftsstelle ohne Rücksicht auf die Gegenleistung erteilt; der Gerichtsvollzieher darf aber mit der Zwangsvollstreckung erst beginnen, nachdem der Schuldner wegen der ihm gebührenden Gegenleistung befriedigt oder in Annahmeverzug geraten ist (§ 756 ZPO.).

II In Annahmeverzug kommt der Schuldner hinsichtlich der Gegenleistung dadurch, daß er die ihm gehörig angebotene Gegenleistung

---

[1]) Die Bürgschaftserklärung muß den Verzicht auf die Einrede der Vorausklage (§ 771, § 773 Abs. 1 Nr. 1 BGB.) enthalten (§ 239 Abs. 2 BGB.), es sei denn, daß das Gericht versehentlich etwas anderes angeordnet hat.

nicht annimmt. Die Gegenleistung muß tatsächlich angeboten werden; ein nur wörtliches Angebot genügt, wenn zur Bewirkung der Gegenleistung eine Handlung des Schuldners erforderlich ist, insbesondere, wenn er die geschuldete Sache abzuholen hat, oder wenn er bereits erklärt hat, die Gegenleistung nicht annehmen zu wollen. Dem Angebote der Leistung steht die Aufforderung gleich, die erforderliche Handlung vorzunehmen. Das Angebot der Leistung durch den Gläubiger ist nicht erforderlich, wenn für die vom Schuldner vorzunehmende Handlung eine Zeit nach dem Kalender bestimmt ist und der Schuldner die Handlung nicht rechtzeitig vornimmt (§§ 293 bis 296 BGB.).

III Wird dem Gerichtsvollzieher der Nachweis, daß der Schuldner wegen der Gegenleistung befriedigt oder in Annahmeverzug versetzt ist, nicht durch Vorlegung öffentlicher oder öffentlich beglaubigter Urkunden, z. B. eines Gerichtsvollzieherprotokolls (§ 299) oder einer notariell beglaubigten Quittung, erbracht, deren Zustellung bereits bewirkt ist oder sogleich erfolgen kann (§ 103[1])), so muß der Gerichtsvollzieher selbst, bevor er mit der Vollstreckung beginnen darf, dem Schuldner die Gegenleistung in einer den Verzug der Annahme begründenden Weise anbieten. Er müßte also in dem obigen Beispiele das Pferd zu dem Schuldner bringen oder, wenn nach dem Inhalte des Schuldtitels der Schuldner zur Abholung verpflichtet ist, ihn zur Abholung auffordern. Das Angebot und die Erklärung des Schuldners sind in dem Pfändungsprotokoll oder in einem besonderen Protokoll zu beurkunden (§§ 756, 762, 763 ZPO.).

§ 97 (§ 57 GA.).

3. Verpflichtung des Gläubigers zur Aushändigung einer Urkunde.

Hat der Schuldner nur gegen Aushändigung einer Urkunde, z. B. eines Wechsels, zu leisten, so muß sich der Gerichtsvollzieher vor dem Beginne der Vollstreckung außer dem Schuldtitel auch diese Urkunde aushändigen lassen. Im Protokoll (§ 120) ist festzustellen, daß sich der Gerichtsvollzieher im Besitz der Urkunde befunden hat.

§ 98 (§ 58 GA.).

4. Wahlschuld.

Ist der Schuldtitel auf mehrere Leistungen des Schuldners in der Art gerichtet, daß die eine oder die andere zu bewirken ist (Wahlschuld), so kann der Gläubiger die Zwangsvollstreckung nach seinem

[1]) Abs. 5.

Belieben auf die eine oder die andere Leistung richten[1]). Der Schuldner kann sich jedoch, wenn ihm nach dem Schuldtitel das Wahlrecht zusteht, durch eine der übrigen zur Wahl gestellten Leistungen von seiner Verbindlichkeit befreien, solange nicht der Gläubiger die Leistung, wegen deren er die Zwangsvollstreckung betreibt, ganz oder zum Teile empfangen hat (§ 264 Abs. 1 BGB.)[2]).

§ 99 (neu).

Vorliegen mehrerer Schuldtitel.

Bei der Zwangsvollstreckung aus einer Urteilsausfertigung, auf die ein Kostenfestsetzungsbeschluß gesetzt ist (§§ 105, 795a ZPO.), hat der Gläubiger zu bestimmen, ob aus beiden oder nur aus einem der beiden Schuldtitel vollstreckt werden soll. Fehlt eine solche Bestimmung, so hat der Gerichtsvollzieher die Zwangsvollstreckung aus beiden Schuldtiteln vorzunehmen, soweit diese noch nicht erloschen sind. Das Urteil eines Arbeitsgerichts, in dem gemäß § 61 Abs. 1 ArbGG. auch der Betrag der Kosten festgestellt ist, bildet einen einheitlichen Titel.

§ 100 (§ 59 GA.).

Beschränkungen der Zwangsvollstreckung.

I Die Zwangsvollstreckung findet nur nach Maßgabe des Inhalts des Schuldtitels[3]) und des Inhaltes der Vollstreckungsklausel[4]) statt. Sind in dem Schuldtitel[5]) oder in der Vollstreckungsklausel[6]) hinsichtlich des Gegenstandes der Zwangsvollstreckung oder hinsichtlich des beizutreibenden Betrags Beschränkungen ausgesprochen, so darf der Gerichtsvollzieher bei seiner Vollstreckungstätigkeit die ihm hierdurch gezogenen Grenzen nicht überschreiten[7]). Ist z. B. der Eigentümer eines Grundstücks zur Duldung der Zwangsvollstreckung in dieses Grundstück wegen einer Grundschuld verurteilt worden, so darf der

---

[1]) Behauptet der Schuldner, sein Wahlrecht entgegen der Bestimmung des Gl. bereits ausgeübt zu haben, so wird dadurch der GV. nicht gehindert, die Vollstr. nach den Anweisungen des Gl. durchzuführen.

[2]) Wenn der Schuldner durch eine öffentliche Urkunde oder eine von dem Gl. ausgestellte Privaturkunde (beachte § 124 Abs. 5) nachweist, daß der Gl. durch die Leistung eines der wahlweise geschuldeten Gegenstände befriedigt ist, hat der GV. (s. § 124 Abs. 1) von der Vollstr. Abstand zu nehmen. Wegen der Wiederaufnahme der ZwVollstr. s. § 125 Abs. 1 S. 2.

[3]) § 92.

[4]) S. §§ 93, 94 u. Anm.

[5]) Vgl. § 102 Abs. 1.

[6]) Vgl. § 102 Abs. 2.

[7]) Sorgfältigste Prüfung des Schuldtitels und der VollstrKlausel ist daher geboten.

Gerichtsvollzieher die Vollstreckung nur in die gemäß §§ 1192, 1120ff. BGB. mit dem Grundstück haftenden beweglichen Sachen, soweit sie nicht Zubehör sind (vgl. § 865 Abs. 2 Satz 1 ZPO., § 138 DA.), nicht in das sonstige Vermögen des Eigentümers vornehmen.

II Ebenso findet die Zwangsvollstreckung nur für den in der Vollstreckungsklausel namentlich bezeichneten Gläubiger und gegen den in dem Schuldtitel oder in der Vollstreckungsklausel namentlich bezeichneten Schuldner statt. Der Gerichtsvollzieher hat daher genau zu prüfen, ob die Person, für oder gegen welche die Vollstreckung beantragt wird, mit der im Schuldtitel oder in der Vollstreckungsklausel bezeichneten Person übereinstimmt. Der Künstlername ist zur Bezeichnung einer Person genügend. Ebenso genügt die Firma, d. i. der Name, dessen sich der Kaufmann im Handelsverkehr bedient (§ 17 HGB.), zur Bezeichnung parteifähiger Personenvereine, insbesondere der offenen Handelsgesellschaft, und von Einzelkaufleuten. Ein Schuldtitel, in dem als Gläubiger oder Schuldner ein Einzelkaufmann mit seiner Firma bezeichnet ist, ist nicht für oder gegen den jeweiligen Firmeninhaber, sondern nur für oder gegen diejenige Person vollstreckbar, für oder gegen die der Schuldtitel erlassen wurde.

III Soll die Zwangsvollstreckung für eine andere Person, z. B. für den Erben oder einen sonstigen Rechtsnachfolger des Gläubigers, wozu auch der Konkursverwalter gehört, oder gegen eine andere Person (Erben oder sonstigen Rechtsnachfolger, Nacherben, Testamentsvollstrecker, Übernehmer eines Vermögens oder eines Handelsgeschäfts, Nießbraucher, Ehegatten, Abkömmling, s. §§ 727 bis 729, 738, 742, 744, § 745 Abs. 2, § 749 ZPO.) stattfinden, so muß[1]) der Gläubiger, für den die Zwangsvollstreckung stattfinden soll, grundsätzlich (s. aber § 101 Abs. 2 DA.) erst die Erteilung einer Vollstreckungsklausel erwirken, die ihn als Gläubiger oder die in dem Schuldtitel oder in der Vollstreckungsklausel nicht als Schuldner bezeichnete Person als Schuldner namentlich bezeichnet (§ 750 ZPO.).

§ 101 (§ 60 GA.).

Vollstreckung für und gegen Erben.

I Sind Erben oder andere nur beschränkt haftende Personen unter dem Vorbehalte der Beschränkung ihrer Haftung verurteilt (§§ 780ff.,

---

[1]) Der GV. hat, wenn ihm in diesen Fällen eine ZwVollstr. für oder gegen eine andere als die in dem Schuldtitel oder in der VollstrKlausel bezeichnete Person angesonnen wird, den Auftrag abzulehnen und den Beteiligten die Beschaffung einer anderweitigen VollstrKlausel zu überlassen. S. auch § 101 Abs. 3.

786 ZPO.), so kann der Schuldtitel ohne Rücksicht auf diese Beschränkung vollstreckt werden[1]). Der Gerichtsvollzieher darf jedoch die Pfändung solcher Sachen, deren Pfändung der Schuldner unter Berufung auf die ihm vorbehaltene Beschränkung seiner Haftung widerspricht, dann unterlassen, wenn die im Gewahrsame des Schuldners sonst noch vorhandenen, von dem Widerspruche nicht betroffenen beweglichen Sachen zur Deckung des Gläubigers ausreichen. Ist dies nicht der Fall, so hat der Gerichtsvollzieher die Pfändung ohne Rücksicht auf den Widerspruch durchzuführen und den Schuldner mit seinen Einwendungen an das Gericht zu verweisen[2]) [3]).

II Eine noch bei Lebzeiten des Schuldners begonnene[4]) Zwangsvollstreckung wird nach seinem Tode, ohne daß es der Ausstellung einer neuen Vollstreckungsklausel bedürfte, in den Nachlaß fortgesetzt (§ 779 ZPO.)[5]). Ist bei einer Vollstreckungshandlung die Zuziehung des Schuldners notwendig[6]), aber die Person des Erben oder die Annahme der Erbschaft ungewiß, so kann die Zwangsvollstreckung erst

---

[1]) Also auch in das eigene Vermögen des Erben usw.

[2]) Vgl. § 141 Abs. 4. Abs. 6 das. ist für entsprechend anwendbar zu erachten, wenngleich § 815 Abs. 2 ZPO. „ein die Veräußerung hinderndes Recht eines Dritten" voraussetzt, also sich zunächst nur auf den Fall des § 771 ZPO. bezieht. Vgl. ferner S. 166 Anm. 1.

[3]) Der Erbe kann zur Geltendmachung seiner Rechte aus den §§ 781 bis 784 ZPO. nur den Weg der Vollstreckungsgegenklage (§ 767 ZPO.) beschreiten und zur Sicherung seiner Rechte einstweilige Anordnungen nach § 769 ZPO. erwirken (§ 785 ZPO.). Das gleiche gilt für den Nachlaßverwalter im Falle des § 784 Abs. 2 ZPO., ebenso für die nach den §§ 419, 1480, 1504, 2187 BGB. nur beschränkt haftenden Personen nach Maßgabe des § 786 ZPO.

[4]) S. § 116.

[5]) Ohne daß es darauf ankäme, ob der Erbe die Erbschaft angenommen hat oder nicht. Soll dagegen die ZwVollstr. auch in das eigene Vermögen des Erben erfolgen, bedarf es einer VollstrKlausel gegen den Erben, die aber wegen § 1958 BGB. nicht vor Annahme der Erbschaft oder Ablauf der Ausschlagungsfrist (§ 1944 BGB.) erteilt werden kann.

Vollstreckt werden darf in den gesamten Nachlaß, auch in die Gegenstände, die von der ZwVollstr. zu Lebzeiten des Erblassers noch nicht ergriffen waren.

Vor der Annahme der Erbschaft kann sich der Erbe des VollstrEingriffs in sein eigenes Vermögen mittels der Erinnerung nach § 766 ZPO. oder mittels der Widerspruchsklage nach § 771 ZPO. und (zur Sicherung seiner Rechte) mittels der einstweiligen Anordnungen nach § 769 ZPO. erwehren. Widerspricht der Erbe der Vollstr., so hat der GV. nach § 141 Abs. 4 bis 6 zu verfahren. Nach der Annahme der Erbschaft hat der Erbe gegen Übergriffe den Rechtsbehelf des § 766 ZPO.

[6]) S. § 808 Abs. 3, § 826 Abs. 3 ZPO.

fortgesetzt werden, nachdem das Gericht einen Vertreter für den Erben bestellt hat (§ 1961 BGB.). Dagegen bedarf es, wenn der Schuldner vor Beginn[1]) der Zwangsvollstreckung gestorben ist, zur Zwangsvollstreckung einer gegen den Erben gerichteten Vollstreckungsklausel[2]), die der Gläubiger zu beschaffen hat[3]).

III Für den Rechtsnachfolger des Gläubigers darf die Zwangsvollstreckung, auch wenn die Rechtsnachfolge erst nach Beginn der Zwangsvollstreckung eingetreten ist, entsprechend dem in § 100 Abs. 3 ausgesprochenen Grundsatz erst fortgesetzt werden, nachdem die Vollstreckungsklausel auf ihn umgeschrieben worden ist[4]).

§ 102 (vgl. § 61 GA.). **Vollstreckung in bestimmte Vermögensmassen.**

I Die §§ 735 bis 749 ZPO. und die §§ 124, 129, 161 HGB. enthalten Vorschriften darüber, wie der Schuldtitel[5]) beschaffen sein muß, wenn die Zwangsvollstreckung in ein Vermögen erfolgen soll, das mehreren Personen in Rechtsgemeinschaft zusteht oder an dem ein Nutzungs- oder ein Verwaltungsrecht besteht. Danach ist zur Zwangsvollstreckung erforderlich:

1. in das Vermögen eines nicht rechtsfähigen Vereins ein gegen den Verein[6]) gerichteter Schuldtitel (§ 735 ZPO.); die Voll-

---

[1]) S. § 116.

[2]) Diese kann vor der Annahme der Erbschaft oder Ablauf der Ausschlagungsfrist nicht erteilt werden (s. S. 89 Anm. 5). Da andererseits, solange der Erbe die Erbschaft nicht angenommen hat, die ZwVollstr. (oder Arrestvollziehung) wegen eines Anspruchs, der sich gegen den Nachlaß richtet, nur in den Nachlaß, nicht auch in das übrige Vermögen des Erben zulässig ist (§ 112), kann vor der Annahme der Erbschaft oder vor dem Ablaufe der Ausschlagungsfrist die ZwVollstr. in den Nachlaß nur beginnen, wenn der Nachlaß der Verwaltung des Testamentsvollstreckers unterliegt (§ 2213 Abs. 1, 2 BGB.) oder ein Nachlaßpfleger bestellt ist (§ 1961 BGB.) und der Gläubiger sich eine VollstrKlausel gegen den Testamentsvollstrecker oder den Nachlaßpfleger verschafft hat. Auf Grund einer gegen den Testamentsvollstrecker erteilten vollstreckbaren Ausfertigung eines gegen den Erblasser ergangenen Urteils ist die ZwVollstr. nur in die der Verwaltung des Testamentsvollstreckers unterliegenden Nachlaßgegenstände zulässig (§ 749 ZPO.). Im Falle von Übergriffen s. S. 89 Anm. 5.

[3]) Andererseits darf wegen eigener Verbindlichkeiten des Erben eine ZwVollstr. oder ein Arrest in den Nachlaß nicht vor Annahme der Erbschaft durch den Erben erfolgen (§ 778 Abs. 2 ZPO.; § 112 S. 2 DA.). Wegen des Widerspruchsrechts des Erben in diesem Falle vgl. S. 89 Anm. 5.

[4]) Wegen der Zustellung s. §§ 103ff.

[5]) S. Abs. 2, aber auch § 92.

[6]) Vertreten durch seinen Vorstand (§ 26 BGB.) als gesetzlichen Vertreter.

streckung in das Vereinsvermögen findet aber auch aus einem gegen alle Vereinsmitglieder gerichteten Schuldtitel statt[1]);

2. in das Vermögen einer Gesellschaft des bürgerlichen Rechts (§ 705 BGB.) ein gegen alle Gesellschafter, die der Gesellschaft zur Zeit der Zwangsvollstreckung angehören, gerichteter Schuldtitel (§ 736 ZPO.). Die Verurteilung der Gesellschafter braucht nicht in einem einzigen Schuldtitel erfolgt zu sein;
3. in die dem Nießbrauch an einem Vermögen unterliegenden Gegenstände wegen der vor der Bestellung entstandenen Verbindlichkeiten des Bestellers die Verurteilung des Bestellers zu der Leistung und des Nießbrauchers zur Duldung der Zwangsvollstreckung. Das gleiche gilt bei dem Nießbrauch an einer Erbschaft für die Vollstreckung wegen Nachlaßverbindlichkeiten (§ 737 ZPO.)[2]);
4. in das eingebrachte Gut der Ehefrau bei dem Güterstand der Verwaltung und Nutznießung, der Errungenschafts- oder der Fahrnisgemeinschaft die Verurteilung der Ehefrau zu der Leistung und des Ehemannes zur Duldung der Zwangsvollstreckung in das eingebrachte Gut (§ 739 ZPO.); die Verurteilung beider Ehegatten zur Leistung genügt nicht[3]);
5. in das Gesamtgut bei dem Güterstand der allgemeinen Gütergemeinschaft, der Errungenschaftsgemeinschaft oder der Fahrnisgemeinschaft ein gegen den Ehemann gerichteter Schuldtitel (§ 740 ZPO.)[4]);

---

[1]) Zur ZwVollstr. in das Vermögen der Vereinsmitglieder bedarf es eines gegen diese lautenden Schuldtitels.

[2]) Für den Fall, daß die Bestellung des Nießbrauchs an einem Vermögen nach der rechtskräftigen Feststellung einer Schuld des Bestellers erfolgt ist, s. Abs. 2 (§ 738 ZPO.).

[3]) Für den Fall, daß der Güterstand der Verwaltung und Nutznießung, der Errungenschaftsgemeinschaft oder der Fahrnisgemeinschaft erst eingetreten ist, nachdem ein von der Ehefrau oder gegen sie geführter Rechtsstreit rechtshängig geworden ist, s. wegen der Vollstr. in das eingebrachte Gut der Ehefrau Abs. 2 (§ 742 Abs. 1 ZPO.). Für den Fall, daß die Ehefrau selbständig ein Erwerbsgeschäft betreibt, s. Nr. 6.

[4]) Für den Fall, daß die allgemeine Gütergemeinschaft oder die Fahrnisgemeinschaft erst eingetreten ist, nachdem ein von der Ehefrau oder gegen sie geführter Rechtsstreit anhängig geworden ist, gilt wegen der Vollstr. in das Gesamtgut Abs. 2 (§ 742 Abs. 2 ZPO.); bei der Errungenschaftsgemeinschaft haftet das Gesamtgut für die vor ihrem Eintritt entstandenen Verbindlichkeiten der Frau nicht (§§ 1530 ff. BGB.); eine Vollstr. in das Gesamtgut kann daher in diesem Fall nicht in Betracht kommen.

6. in das eingebrachte Gut der Ehefrau und in das Gesamtgut, wenn die Ehefrau selbständig ein Erwerbsgeschäft betreibt[1]), ein gegen die Ehefrau gerichteter Schuldtitel[2]), es sei denn, daß zur Zeit der Rechtshängigkeit der Einspruch des Ehemanns gegen den Betrieb des Erwerbsgeschäfts oder der Widerruf seiner Einwilligung zu dem Betrieb im Güterrechtsregister eingetragen war (§ 741 ZPO.)[3]);
7. in das Gesamtgut nach der Beendigung der allgemeinen Gütergemeinschaft, der Errungenschaftsgemeinschaft oder der Fahrnisgemeinschaft vor der Auseinandersetzung die Verurteilung beider Ehegatten zu der Leistung oder des einen Ehegatten zu der Leistung und des anderen zur Duldung der Zwangsvollstreckung (§ 743 ZPO.)[4]);
8. in das Gesamtgut der fortgesetzten Gütergemeinschaft ein gegen den überlebenden Ehegatten gerichteter Schuldtitel (§ 745 Abs. 1 ZPO.). Nach der Beendigung der fortgesetzten Gütergemeinschaft findet die Vorschrift unter Nr. 7 mit der Maßgabe Anwendung, daß an die Stelle des Ehemanns der überlebende Ehegatte, an die Stelle der Ehefrau die anteilsberechtigten Abkömmlinge treten (§ 745 Abs. 2 ZPO.)[5]);

---

[1]) Als Unternehmerin, wenn auch durch einen Bevollmächtigten, sei dieser auch der Ehemann. Daß die Ehefrau das Geschäft betreibt, muß der GV. feststellen. In der Regel wird es genügen, wenn die Ehefrau als Inhaberin des Geschäfts erscheint. Es ist Sache des Ehemannes, im Wege der Erinnerung nach § 766 ZPO. (§ 90) zu bestreiten, daß die Frau selbständig ein Erwerbsgeschäft betreibt.

[2]) Mag er eine Geschäftsschuld oder eine mit dem Erwerbsgeschäft nicht zusammenhängende Verbindlichkeit der Frau zum Gegenstande haben. Will der Mann geltend machen, daß der gegen die Ehefrau vorliegende Schuldtitel in Ansehung des eingebrachten Gutes oder des Gesamtguts ihm gegenüber unwirksam ist, so muß er nach Maßgabe der §§ 774, 771 ZPO. Widerspruchsklage erheben.

[3]) Der GV. wird diese Ausnahme in der Regel kaum nachprüfen; es ist Sache des Ehemanns, sie im Wege der Erinnerung nach § 766 ZPO. darzutun.

[4]) Für den Fall, daß die Beendigung der in dieser Nummer bezeichneten Güterstände nach der Beendigung des Rechtsstreits gegen den Ehemann oder nach Errichtung eines gegen den Mann gerichteten sonstigen Titels eingetreten ist, gilt in Ansehung der Vollstreckung in das Gesamtgut Abs. 2 (§ 744 ZPO.), d. h. die VollstrKlausel wird auf die Ehefrau in Ansehung des Gesamtgutes erteilt. Ist die Auseinandersetzung bereits erfolgt, so ist kein Gesamtgut mehr vorhanden; es bedarf dann zur Vollstreckung gegen den persönlich haftenden Ehegatten eines gegen ihn gerichteten Schuldtitels.

[5]) Für den Fall, daß die Beendigung der fortgesetzten Gütergemeinschaft erst nach Beendigung des Rechtsstreits gegen den überlebenden

9. in das der elterlichen Nutznießung unterliegende Vermögen des Kindes ein gegen das Kind[1]) gerichteter Schuldtitel (§ 746 ZPO.);
10. in einen Nachlaß bei dem Vorhandensein mehrerer Erben bis zur Teilung ein gegen alle Erben gerichteter Schuldtitel (§ 747 ZPO.)[2]);
11. in einen Nachlaß, der der unbeschränkten Verwaltung eines Testamentsvollstreckers unterliegt, ein gegen den Testamentsvollstrecker gerichteter Schuldtitel. Steht dem Testamentsvollstrecker nur die Verwaltung einzelner Gegenstände zu, so ist die Zwangsvollstreckung in diese Gegenstände nur zulässig, wenn der Erbe zu der Leistung, der Testamentsvollstrecker zur Duldung der Zwangsvollstreckung verurteilt ist. Zur Zwangsvollstreckung wegen eines Pflichtteilsanspruchs ist in beiden Fällen ein sowohl gegen den Erben als auch gegen den Testamentsvollstrecker gerichteter Schuldtitel erforderlich (§ 748 ZPO.). Auf Grund eines gegen den Erblasser gerichteten Schuldtitels, von dem nach den Bestimmungen der §§ 727, 730 bis 732 ZPO. eine vollstreckbare Ausfertigung gegen den Testamentsvollstrecker erteilt ist, ist die Zwangsvollstreckung nur in die der Verwaltung des Testamentsvollstreckers unterliegenden Nachlaßgegenstände zulässig (§ 749 ZPO.);
12. in das Vermögen einer offenen Handelsgesellschaft oder einer Kommanditgesellschaft ein gegen die Gesellschaft gerichteter Schuldtitel (§ 124 Abs. 2, § 161 Abs. 2 HGB.); die Verurteilung sämtlicher Gesellschafter genügt nicht. Andererseits findet auf Grund eines gegen die Gesellschaft gerichteten Schuldtitels die Zwangsvollstreckung nicht auch gegen die Gesellschafter persönlich statt (§ 129 Abs. 4, § 161 Abs. 2 HGB.).

II Die Verurteilung eines Beteiligten zur Duldung der Zwangsvollstreckung kann dadurch ersetzt werden, daß dieser in einer gerichtlichen oder notariellen Urkunde die Zwangsvollstreckung in das seiner Verwaltung oder Nutzung unterworfene Vermögen bewilligt (§ 794

Ehegatten oder nach Errichtung des gegen den überlebenden Ehegatten gerichteten Schuldtitels eingetreten ist, gilt Abs. 2 (§ 745 Abs. 2, § 744 ZPO.); s. S. 92 Anm. 4.

[1]) Es bedarf also keines Schuldtitels gegen den nutznießungsberechtigten Elternteil.

[2]) Liegt ein gegen den Erblasser gerichteter Schuldtitel vor, so gilt § 101 Abs. 2 S. 3. S. auch S. 1 das. für den Fall, daß die ZwVollstr. noch zu Lebzeiten des Erblassers begonnen hatte.

Abs. 2 ZPO.), oder in den Fällen, in denen ein Urteil, das in einem vor dem Eintritt seiner Verwaltung oder Nutzung anhängig gewordenen Rechtsstreit ergangen ist, gegen ihn mit wirksam ist, dadurch, daß die Vollstreckungsklausel aus dem gegen den anderen Beteiligten ergangenen Urteil zugleich gegen ihn erteilt wird (§§ 738, 742, 744, 749 ZPO.)[1]).

Zustellungen vor Beginn der Zwangsvollstreckung: 1. Zuzustellende Urkunden.

§ 103 (§ 62 GA.).

[1] Vor dem Beginn der Zwangsvollstreckung hat der Gerichtsvollzieher zu prüfen, ob dem Schuldner die sämtlichen Urkunden zugestellt sind, welche die rechtliche Grundlage für die Zwangsvollstreckung bilden[2]). Er hat deren Zustellung, soweit diese nicht von Amts wegen zu erfolgen hat, nötigenfalls selbst zu bewirken. Die Zustellung auf Betreiben des Gläubigers ist entbehrlich, soweit Urkunden zulässigerweise[3]), z. B. eine nicht verkündete vollstreckbare Entscheidung des Gerichts (§ 329, § 794 Abs. 1 Nr. 3 ZPO.) oder ein Kostenfestsetzungsbeschluß, der nicht auf das Urteil gesetzt ist (§ 104 Abs. 1, § 794 Abs. 1 Nr. 2 ZPO.)[4]), schon von Amts wegen zugestellt sind. Daß eine besondere Zustellung zum Zwecke der Vollstreckung neben der zur Herbeiführung der Rechtskraft bestimmten Zustellung stattfinde, fordert das Gesetz nicht. Da die Zustellung im Parteibetriebe auch der betreibenden Partei gegenüber wirkt, bedarf es daher auch keiner neuerlichen Zustellung an den Schuldner, falls auf dessen Betreiben bereits dem Gläubiger zugestellt worden ist. Dagegen kann eine von Amts wegen vorgesehene Zustellung nicht durch eine auf Betreiben der Parteien erfolgte Zustellung ersetzt werden. Auch ersetzt die gemäß § 7 der Bek. zur Entlastung der Gerichte vom 9. September 1915 in der Fassung der Bek. vom 13. Mai 1924 (RGBl. I S. 552)[5]) zum Zwecke der Mitteilung von Amts wegen vorzunehmende Zustellung der Urteilsformel nicht die vor dem Beginn der Zwangsvollstreckung erforderliche Zustellung des Urteils.

---

[1]) Vgl. S. 91 Anm. 2, 3, 4, S. 92 Anm. 4, 5.

[2]) S. Abs. 2 bis 5. Eine Zustellung der Genehmigung der Devisenbewirtschaftungsstelle in den Fällen, in denen die Erteilung einer solchen Genehmigung Voraussetzung der Zulässigkeit der Zwangsvollstreckung ist (vgl. S. 75 Anm. 3), ist nach überwiegender Ansicht nicht erforderlich.

[3]) Vgl. S. 42 Anm. 2.

[4]) Ist der Kostenfestsetzungsbeschluß nach § 105 ZPO. auf die Urteilsausfertigung gesetzt, so findet eine besondere Zustellung dieses Beschlusses nicht statt. Vgl. § 93 Abs. 3.

[5]) Abgedr. unter Nr. 13.

II In der Regel genügt die Zustellung des Schuldtitels ohne die Vollstreckungsklausel. Bei der Zustellung von Urteilen genügt die Zustellung einer Ausfertigung ohne Tatbestand und Entscheidungsgründe (§ 317 Abs. 2 Satz 3 ZPO.). Außer dem Schuldtitel muß auch die Vollstreckungsklausel zugestellt werden, wenn die Vollstreckung des Schuldtitels seinem Inhalt nach von dem durch den Gläubiger zu beweisenden Eintritt einer anderen Tatsache als einer dem Gläubiger obliegenden Sicherheitsleistung[1]), z. B. von einer Kündigung oder von der Sicherung eines Ersatzraums bei Räumungsurteilen, abhängt, sowie wenn die Vollstreckungsklausel für oder gegen eine von den ursprünglichen Parteien verschiedene Person (Erbe, Nacherbe, Konkursverwalter, Testamentsvollstrecker, Übernehmer eines Vermögens oder eines Handelsgeschäfts, Nießbraucher, Ehegatte, Abkömmling) erteilt worden ist[2]).

III Ist die Vollstreckungsklausel auf Grund öffentlicher oder öffentlich beglaubigter Urkunden[3]) über den Eintritt der Voraussetzung für die Erteilung der Vollstreckungsklausel erteilt oder umgeschrieben, so ist auch die Zustellung dieser Urkunden erforderlich (§ 750 ZPO.). Der Gerichtsvollzieher hat anzunehmen, daß die Vollstreckungsklausel auf Grund öffentlicher oder öffentlich beglaubigter Urkunden erteilt oder umgeschrieben ist, wenn in ihr nicht angeführt ist, daß sie auf Grund eines Urteils (§ 731 ZPO.) oder aus dem Grunde erteilt sei, weil das Sachverhältnis bei dem Gericht offenkundig sei (§ 727 ZPO.).

IV Hängt die Vollstreckung von einer Sicherheitsleistung des Gläubigers ab, die durch Hinterlegung zu erfolgen hat, so muß die öffentliche oder öffentlich beglaubigte Urkunde, aus der sich die Leistung der Sicherheit ergibt (vgl. § 95 Abs. 4), vor oder bei dem Beginne der Zwangsvollstreckung in Abschrift zugestellt werden (§ 751 Abs. 2 ZPO.)[4]). Das gleiche gilt nach der herrschenden Lehre bei der Sicherheitsleistung durch Bürgschaft (§ 95 Abs. 5), wenn die Bürgschaftserklärung dem Schuldner vor Beginn der Zwangsvollstreckung in Urschrift übergeben worden ist; erfolgt dagegen die Übergabe oder die Zustellung der Bürgschaftserklärung an den Schuldner erst bei Beginn der Zwangsvollstreckung oder ist die Bürgschaftserklärung dem Schuldner vor Beginn der Zwangsvollstreckung nach § 132 BGB.

---

[1]) Für diesen Fall vgl. § 95 Abs. 2 bis 6 und unten Abs. 4.

[2]) S. § 100 Abs. 3, §§ 101, 102 u. Anm.

[3]) Z. B. über die Kündigung.

[4]) Das gilt nicht, wenn bereits die Rechtskraft des Urteils durch ein Zeugnis der Geschäftsstelle (§ 706 ZPO.) nachgewiesen ist (vgl. § 95 Abs. 6).

zugestellt worden, so soll es einer weiteren Zustellung nicht mehr bedürfen.

V Hat der Schuldner Zug um Zug gegen eine von dem Gläubiger zu bewirkende Gegenleistung zu erfüllen, so müssen, wenn der Gerichtsvollzieher nicht selbst das Angebot der Gegenleistung bewirkt, die öffentlichen oder öffentlich beglaubigten Urkunden gleichfalls zugestellt werden, aus denen sich die Befriedigung des Schuldners wegen der Gegenleistung oder ein Annahmeverzug ergibt (§ 96 DA., § 756 ZPO.)[1]).

§ 104 (§ 63 GA.).

2. Zustellungsempfänger.

Die Zustellungen müssen, wenn der Schuldner einen Prozeßbevollmächtigten bestellt hat, an den Prozeßbevollmächtigten, nicht an den Schuldner selbst, bewirkt werden, sofern nicht wegen unbekannten Aufenthalts des Prozeßbevollmächtigten die Zustellung an den Schuldner selbst bewilligt worden ist (§ 177 ZPO.). Die Prozeßvollmacht erlischt durch den Tod des Bevollmächtigten und durch Kündigung der Partei oder des Bevollmächtigten. Dagegen erlischt die Prozeßvollmacht nicht durch den Tod oder eine Veränderung in der Prozeßfähigkeit oder in der gesetzlichen Vertretung des Vollmachtgebers (§ 86 ZPO.).

§ 105 (§ 64 GA.).

3. Zeitpunkt der Zustellung.

Regelmäßig genügt es, wenn der Schuldtitel und die übrigen im § 103 bezeichneten Urkunden spätestens bis zum Beginne[2]) der Zwangsvollstreckung zugestellt werden. Die Zwangsvollstreckung aus einem Kostenfestsetzungsbeschlusse, der nicht auf das Urteil gesetzt ist, und aus den nach § 794 Nr. 5 ZPO. aufgenommenen Urkunden darf jedoch nur dann beginnen, wenn der Schuldtitel dem Schuldner mindestens eine Woche vorher zugestellt ist (§ 798 ZPO.); das gleiche gilt für die nach §§ 5, 8 des Ausführungsgesetzes zum Haager Zivilprozeßabkommen vom 5. April 1909 (RGBl. S. 430) für vollstreckbar erklärten Kostenentscheidungen ausländischer Gerichte. Ist die Zwangsvollstreckung durch Ausspruch in der Urteilsformel von der Sicherung eines für die Wohn- oder Geschäftsbedürfnisse des Schuldners (Mieters) ausreichenden Ersatzraums abhängig gemacht, so darf die Zwangsvollstreckung erst beginnen, wenn die vollstreckbare Ausfertigung mindestens sieben Tage vorher zugestellt ist. Auf Antrag des

---

[1]) Wegen sonstiger besonderer Fälle s. noch §§ 106, 107.

[2]) Vgl. § 116.

Mieters kann der Vorsitzende eine längere Frist bewilligen (§§ 6, 16 des Gesetzes über Mieterschutz und Mieteinigungsämter in der Fassung der Bek. vom 17. Februar 1928, RGBl. I S. 25)[1]).

§ 106 (§ 65 GA.).

4. Ausnahmen von dem Erfordernis der Zustellung von Urkunden.

Einer Zustellung der das Rechtsnachfolgeverhältnis beweisenden Urkunden bedarf es ausnahmsweise nicht, wenn der Eigentümer eines Grundstücks sich in einer nach § 794 Nr. 5 ZPO. aufgenommenen Urkunde wegen einer auf dem Grundstück lastenden Hypothek, Grundschuld oder Rentenschuld der sofortigen Zwangsvollstreckung unterworfen hat und der Rechtsnachfolger des Gläubigers, dem eine vollstreckbare Ausfertigung der Urkunde auf Grund der Rechtsnachfolge erteilt ist, im Grundbuch als Gläubiger eingetragen steht. Das gleiche gilt, wenn der Eigentümer sich in Ansehung der Hypothek, Grundschuld oder Rentenschuld der sofortigen Zwangsvollstreckung in der Weise unterworfen hat, daß die Zwangsvollstreckung gegen den jeweiligen Eigentümer des Grundstücks zulässig sein soll, sofern die Unterwerfung im Grundbuche vermerkt ist und der Rechtsnachfolger, gegen den die Vollstreckungsklausel erteilt ist, im Grundbuch als Eigentümer eingetragen steht (§§ 799, 800 ZPO.)[2]).

§ 107 (vgl. § 66 GA.).

5. Zustellung im arbeitsgerichtlichen Verfahren.

Bei Urteilen der Arbeitsgerichte werden die für den Beginn der Zwangsvollstreckung erforderlichen Zustellungen nicht durch den Gerichtsvollzieher, sondern durch die Geschäftsstelle des Arbeitsgerichts bewirkt (§ 50 ArbGG.). Dagegen ist die Zustellung der Urteile der Landesarbeitsgerichte und der — gleichgültig in welcher Instanz — geschlossenen gerichtlichen Vergleiche im Parteibetrieb durch den Gerichtsvollzieher zu bewirken.

§ 108 (§ 67 Abs. 2 GA.).

6. Zustellungsurkunde.

Erfolgt die Zustellung durch den Gerichtsvollzieher gleichzeitig mit dem Beginn der Zwangsvollstreckung, so ist die nach § 190 ZPO. (§ 60 DA.) aufzunehmende Urkunde nicht mit dem Protokoll über die Vollstreckungshandlung zu verbinden, sondern gesondert zu errichten.

---

[1]) Jetzige Fassung auf Grund der seitherigen Änderungen: S. Bek. über Mieterschutz vom 27. März 1932 (RGBl. I S. 166).

[2]) Gilt nicht bei der ZwVollstr. gegen den persönlichen Schuldner.

§ 109 (§§ 68, 74 GA.). Zwangsvollstreckung gegen Militärpersonen.

I Gegen Soldaten (Offiziere aller Gattungen, Deckoffiziere, Unteroffiziere und Mannschaften) darf der Gerichtsvollzieher in Kasernen und anderen militärischen Dienstgebäuden Vollstreckungshandlungen[1]) nicht vornehmen. Die Vollstreckung erfolgt vielmehr durch die zuständige Militärbehörde (vgl. Anlage 1 zur Disziplinarstrafordnung für das Reichsheer vom 18. Mai 1926, RGBl. II S. 265), die auf Antrag des Gläubigers durch das Vollstreckungsgericht um ihre Vornahme ersucht wird. Gepfändete Gegenstände werden dem von dem Gläubiger beauftragten Gerichtsvollzieher übergeben. Dieser hat mit ihnen in der gleichen Weise wie mit den von ihm selbst gepfändeten Gegenständen zu verfahren (§ 790 ZPO., vgl. § 190 DA.).

II Soll sonst gegen einen Angehörigen der Wehrmacht (Soldaten oder Militärbeamten) eine Zwangsvollstreckung vorgenommen werden, so ist hierzu der Gerichtsvollzieher zuständig. Die Vollstreckung darf jedoch erst beginnen, nachdem von ihr die vorgesetzte Militärbehörde (vgl. Anlage 1 zur Disziplinarstrafordnung für das Reichsheer vom 18. Mai 1926, RGBl. II S. 265) Anzeige erhalten hat (§ 752 Abs. 1 ZPO.). Der Gerichtsvollzieher hat sich davon zu überzeugen, daß die Anzeige erstattet ist, und sich zu diesem Zwecke die dem Gläubiger von der Militärbehörde erteilte Empfangsbescheinigung vorlegen zu lassen; kann der Gläubiger die Bescheinigung nicht vorlegen, so hat der Gerichtsvollzieher die Anzeige selbst zu bewirken und sich die Empfangsbescheinigung aushändigen zu lassen.

III Die Angehörigen der uniformierten Staatspolizei (Schutzpolizei und Gendarmerie) sowie die Zivilbeamten der Heeresverwaltung zählen nicht zu den Angehörigen der Wehrmacht[2]).

§ 110 (§ 69 GA.). Zwangsvollstreckung während des Konkurses.

I Während der Dauer eines Konkursverfahrens finden Zwangsvollstreckungen und Arreste zugunsten einzelner Konkursgläubiger (§ 3 KO.) weder in das zur Konkursmasse gehörige noch in das sonstige Vermögen des Gemeinschuldners statt (§ 14 KO.). Für Ansprüche gegen den Gemeinschuldner, die erst nach der Konkurseröffnung entstanden sind, ist die Zwangsvollstreckung auch während des Konkurs-

---

[1]) Wegen der Bewirkung von Zustellungen an Militärpersonen s. § 46 S. 2, § 48 Abs. 2, § 56, § 66 Abs. 3.

[2]) Vgl. VO. über die uniformierte Staatspolizei vom 12. April 1928 (GVBl. S. 197).

verfahrens zulässig; sie darf jedoch nicht in das zur Konkursmasse gehörige Vermögen des Gemeinschuldners erfolgen.

II Die Eröffnung des Konkursverfahrens hindert nicht die Zwangsvollstreckung wegen Forderungen, für die ein Recht auf abgesonderte Befriedigung besteht, in die zur abgesonderten Befriedigung dienenden Gegenstände (§§ 48, 49, 51 KO.); insbesondere kann die Zwangsvollstreckung für Forderungen, für die vor Eröffnung des Konkursverfahrens durch Pfändung ein Pfandrecht erlangt worden ist (§ 804 ZPO.), in die gepfändeten Sachen auch während des Konkursverfahrens fortgesetzt werden. Ebenso ist die Zwangsvollstreckung auf Herausgabe von Gegenständen, die dem Gemeinschuldner nicht gehören (§ 43 KO.), auch während des Konkursverfahrens zulässig. Hat der Konkursverwalter die Gegenstände, gegen die sich die Zwangsvollstreckung richtet, in Gewahrsam, so ist, wenn nicht die Vollstreckungsklausel gegen ihn erteilt ist, § 150 zu beachten.

III Während eines im Auslande über das Vermögen des Schuldners eröffneten Konkursverfahrens ist die Zwangsvollstreckung in das inländische Vermögen des Schuldners zulässig, sofern nicht durch Anordnung des Reichsministers der Justiz[1]) Ausnahmen getroffen werden (§ 237 KO.).

IV Der Zwangsvollstreckung durch den Gerichtsvollzieher steht nicht im Wege, daß die Eröffnung des Konkurses über das Vermögen des Schuldners beantragt, aber noch nicht ausgesprochen ist oder daß der Schuldner seine Zahlungen eingestellt hat. Ist dem Gerichtsvollzieher die Eröffnung des Konkursverfahrens nicht nachgewiesen und auch nicht auf andere Weise bekannt geworden, so hat er, soweit dies ohne Verzögerung der Zwangsvollstreckung möglich ist, durch Nachfrage beim Konkursgerichte festzustellen, ob der Konkurs eröffnet worden ist.

§ 111[2]) (neu). Zwangsvollstreckung während des Vergleichsverfahrens.

I Nach Eröffnung des Vergleichsverfahrens zur Abwendung des Konkurses können für die an diesem Verfahren beteiligten Gläubiger

[1]) Oder durch Staatsverträge. Für Bayern sind insbesondere die Verträge mit den Schweizer Kantonen Zürich, Bern, Luzern, Unterwalden, Freiburg, Solothurn, Basel, Schaffhausen, St. Gallen, Graubünden, Aargau, Thurgau, Tessin, Waadt, Wallis, Neuenburg, Genf, Appenzell, Ausser-Rhoden, Ury, Zug und Glarus (RegBl. 1834 S. 929, 1005; 1859 S. 1329) nach wie vor in Geltung.

[2]) Auch die VO. des Reichspräs. über landwirtschaftliches Vermittlungsverfahren usw. v. 27. Sept. 1932 (RGBl. I S. 473) enthält Vorschriften

(§§ 2 bis 4 VerglO.) Zwangsvollstreckungen einschließlich der Vollziehung eines Arrestes oder einer einstweiligen Verfügung (§ 34 VerglO.) gegen den Schuldner nicht mehr vorgenommen werden (§ 32 Satz 1 VerglO.). Zwangsvollstreckungen, die zur Zeit der Eröffnung des Vergleichsverfahrens zugunsten eines an ihm beteiligten

über die Zulässigkeit der ZwVollstr.: Nach § 1 kann der Inhaber eines landwirtschaftlichen (forstwirtschaftlichen, gärtnerischen) Betriebes, der infolge seiner Zahlungsverpflichtungen außerstande ist, seinen Betrieb bis zur Beendigung der Ernte 1933 ordnungsmäßig aufrechtzuerhalten, bei dem Amtsgerichte, in dessen Bezirk der Sitz des Betriebes liegt, die Eröffnung eines Vermittlungsverfahrens (= VermVerf.) zur Herbeiführung der Schuldenregelung beantragen. Die Eröffnung des Verfahrens wird durch die Geschäftsstelle öffentlich bekanntgemacht und der Beschluß hierüber dem Schuldner und den dem Gericht bekannten Gl.n zugestellt (§ 5). Nach der Eröffnung des VermVerf. sind bis zu seiner rechtskräftigen Beendigung ZwVollstr.en wegen Geldforderungen einschließlich der Vollstr. eines Arrestes oder einer einstweiligen Verfügung in Gegenstände des beweglichen Vermögens des Schuldners unzulässig; der § 775 Nr. 1 und der § 776 ZPO. gelten sinngemäß (§ 11 Abs. 1), d. h., sobald der Beschluß über die Eröffnung des VermVerf. vorgelegt wird, ist die ZwVollstr. in den angegebenen Grenzen einzustellen oder zu beschränken; zugleich sind die bereits erfolgten VollstrMaßregeln aufzuheben. Vor der Eröffnung des VermVerf. kann das Gericht die ZwVollstr. mit oder ohne Sicherheitsleistung bis zur Entscheidung über den Eröffnungsantrag einstweilen einstellen (§ 11 Abs. 2). Nach § 12 finden aber die eben angeführten Vorschriften des § 11 keine Anwendung auf Ansprüche wegen gesetzlicher Unterhaltsansprüche, die nach Eröffnung des Verfahrens fällig werden, wegen der Ansprüche der zur Bewirtschaftung des Betriebes oder eines mit dem Betriebe verbundenen Nebengewerbes angenommenen, in einem Dienst- oder Arbeitsverhältnis stehenden Personen auf Lohn, Kostgeld oder andere Dienstbezüge, wegen Steuern und anderer öffentlicher Abgaben einschließlich der Beiträge und sonstigen Leistungen zur Sozialversicherung einschließlich der Arbeitslosenversicherung, soweit diese Beträge nach dem 31. März 1932 fällig geworden sind, wegen der nach dem 20. Mai 1932 fällig gewordenen Zinsen einschließlich der Verwaltungskostenbeiträge und der als Zuschläge zu den Zinsen zu entrichtenden Tilgungsbeträge von Hypothekenforderungen, Grundschulden und sonstigen dinglichen Rechten, wenn diese Rechte an erster Rangstelle stehen oder Landschaften, Hypothekenbanken oder anderen Instituten zustehen, die sich nach gesetzlicher Vorschrift mit der Gewährung langfristiger Kredite befassen, wegen Forderungen aus gegenseitigen Verträgen und aus Krediten, soweit die Leistungen des Gl. der laufenden Fortführung des Betriebes vom 1. April 1932 ab gedient haben oder dienen, endlich wegen Forderungen, für die ein Früchtepfandrecht gemäß VO. des Reichspräs. zur Sicherung der Frühjahrsdüngung und Saatgutversorgung v. 23. Jan. 1932 (RGBl. I S. 32) besteht. Das VermVerfahren endet mit seiner Aufhebung durch das Gericht (§§ 15, 26) oder seiner rechtskräftigen Einstellung (§ 27). Die Aufhebung und die rechtskräftige Einstellung werden öffentlich bekanntgemacht (§ 28).

Gläubigers gegen den Schuldner anhängig sind, sind für die Dauer des Verfahrens einstweilen einzustellen (§ 33 Abs. 1 Satz 1 VerglO.).

II An dem Vergleichsverfahren beteiligt sind vorbehaltlich der Bestimmungen der §§ 3 und 4 VerglO. die Gläubiger, die nicht bevorrechtigte Konkursgläubiger wären, wenn statt des Vergleichsverfahrens das Konkursverfahren eröffnet worden wäre (§ 2 VerglO.)[1]. Das gleiche wie nach Abs. 1 für die an dem Vergleichsverfahren beteiligten Gläubiger gilt für solche Gläubiger, die nur deshalb an dem Vergleichsverfahren nicht beteiligt sind, weil ihre Ansprüche nach § 63 KO.[2]) im Konkursverfahren nicht geltend gemacht werden können (§ 32 Satz 2, § 33 Abs. 1 Satz 2 VerglO.), und im Vergleichsverfahren zur Abwendung des Nachlaßkonkurses für die im § 226 Abs. 2 und 4 KO.[3]) genannten Gläubiger (§ 92 Nr. 6 VerglO.).

III Demgemäß ist auch während des Vergleichsverfahrens die Zwangsvollstreckung zulässig insbesondere für Ansprüche, die erst nach der Eröffnung des Verfahrens entstanden sind, und für solche Ansprüche, die im Falle des Konkurses als bevorrechtigte zu behandeln wären (vgl. § 61 Nr. 1 bis 5 KO.). Ferner ist statthaft die Zwangsvollstreckung auf Herausgabe von Gegenständen, die dem Schuldner nicht gehören, und die Zwangsvollstreckung wegen Forderungen, für die ein Recht auf abgesonderte Befriedigung besteht, in die zur abgesonderten Befriedigung dienenden Gegenstände (§§ 43, 48, 49, 51 KO.). Zu beachten ist jedoch, daß nach § 3 VerglO. Pfandrechte, die später als am dreißigsten Tage vor der Stellung des Antrags

---

[1]) Also die persönlichen Gläubiger des Schuldners, die einen zur Zeit der KonkEröffnung begründeten Vermögensanspruch gegen den Schuldner haben (§ 3 Abs. 1 KO.). Nicht beteiligt sind neben den Gläubigern, deren Ansprüche erst nach der Eröffnung des VerglVerfahrens entstanden sind, die Gläubiger z. B. nach § 3 Abs. 2, §§ 43 bis 46, 47 bis 49, 51, 52, 57 bis 60, § 61 Nr. 1 bis 5, § 63 KO., § 7a DepotGes., §§ 35, 41, 42 HypBGes., § 157 VersVertrG., § 28 RVersO., § 143 RKnappschG., § 212 AngVersG. u. a. m. Vgl. Abs. 3.

[2]) Vollstreckt werden kann also nicht und einzustellen sind bereits anhängige Vollstreckungen wegen der seit der Eröffnung des VerglVerfahrens laufenden Zinsen persönlicher Forderungen, wegen der Kosten, die den einzelnen Gläubigern durch ihre Teilnahme an dem Verfahren erwachsen, wegen Geldstrafen, wegen Forderungen aus einer Freigebigkeit des Schuldners.

[3]) Das sind die dort einzeln aufgeführten sog. minderberechtigten Nachlaßverbindlichkeiten, ferner die im Aufgebotsverfahren ausgeschlossenen und die diesen nach § 1974 BGB. gleichstehenden Gl.

auf Eröffnung des Vergleichsverfahrens durch Pfändung erlangt sind, grundsätzlich kein Recht auf abgesonderte Befriedigung gewähren[1]).

IV Nach der Eröffnung des Vergleichsverfahrens sind daher neue Vollstreckungsaufträge abzulehnen und schwebende Vollstreckungen für die Dauer des Verfahrens einstweilen einzustellen, wenn nicht der Gläubiger dartut, daß er an dem Verfahren nicht beteiligt ist. Ist dem Gerichtsvollzieher die Eröffnung des Vergleichsverfahrens nicht nachgewiesen und auch nicht auf andere Weise bekannt geworden, so hat er, soweit dies ohne Verzögerung der Zwangsvollstreckung möglich ist, durch Nachfrage bei dem Vergleichsgericht festzustellen, ob sie erfolgt ist[2]).

V Die einstweilige Einstellung bereits schwebender Zwangsvollstreckungen dauert bis zur Beendigung des Vergleichsverfahrens. Das Vergleichsverfahren wird durch einen gerichtlichen Beschluß beendigt, der die Aufhebung des Verfahrens nach Bestätigung des Vergleichs[3]), die Verwerfung des Vergleichs[4]) oder die Einstellung des Verfahrens[5]) ausspricht. Verwirft das Gericht den Vergleich[4]) oder stellt es das Verfahren ein[5]), so hat es zugleich über die Eröffnung des Konkursverfahrens zu entscheiden. Wird dem Gerichtsvollzieher nachgewiesen oder auf andere Weise bekannt, daß das Vergleichsverfahren nach Bestätigung des Vergleichs aufgehoben worden ist, so hat er die einstweilen eingestellten Vollstreckungen endgültig einzustellen und die bereits erfolgten Vollstreckungsmaßregeln aufzuheben (§ 70 VerglO.); der Gerichtsvollzieher muß dies jedoch zuvor dem Gläubiger ankündigen und ihm Gelegenheit geben, eine anderweitige Entscheidung des Vollstreckungsgerichts zu erwirken. Das gleiche gilt, wenn dem Gerichtsvollzieher nachgewiesen oder auf andere Weise bekannt wird, daß durch rechtskräftigen Beschluß des Vergleichsgerichts der Vergleich verworfen oder das Vergleichsverfahren eingestellt und dabei das

---

[1]) Demgemäß sind bei der Eröffnung des VerglVerf. schwebende ZwVollstreckungen, in denen die Pfändung später als am 30. Tage vor der Antragstellung vorgenommen worden ist, im allgemeinen einzustellen; fortzusetzen sind sie nur dann, wenn der Gl. auch ohne Rücksicht auf die Pfändung aus einem anderen Grunde nicht zu den von der VollstrBeschränkung (§§ 32, 33 VerglO.) betroffenen Gl.n gehört, z. B. wenn es sich um einen Gl. handelt, der im Konkursfalle bevorrechtigter Gl. wäre.

[2]) Bestehen Zweifel darüber, ob der Gl. zu den beteiligten Gl. gehört, wird er den Auftrag ablehnen oder die ZwVollstr. einstweilen einstellen und den Gl. auf den Weg der Erinnerung an das VollstrGericht (§ 766 Abs. 2 ZPO.) verweisen.

[3]) §§ 67, 69 VerglO. [4]) §§ 68, 71, 72 VerglO.

[5]) §§ 79 bis 81 VerglO.

Konkursverfahren eröffnet worden ist (§ 84 VerglO.). Wird dagegen dem Gerichtsvollzieher nachgewiesen oder auf andere Weise bekannt, daß durch rechtskräftigen Beschluß der Vergleich verworfen oder das Vergleichsverfahren eingestellt und dabei die Konkurseröffnung abgelehnt worden ist, so können die für die Dauer des Vergleichsverfahrens einstweilen eingestellten Zwangsvollstreckungen nunmehr fortgesetzt werden; der Gerichtsvollzieher hat darüber eine Weisung des Gläubigers einzuholen.

§ 112 (neu).

Zwangsvollstreckung gegen den Erben vor Annahme der Erbschaft.

Solange der Erbe die Erbschaft nicht angenommen hat, ist die Zwangsvollstreckung oder Arrestvollziehung wegen eines Anspruchs, der sich gegen den Nachlaß richtet, nur in den Nachlaß, nicht auch in das übrige Vermögen des Erben zulässig. Andererseits darf wegen eigener Verbindlichkeiten des Erben eine Zwangsvollstreckung oder ein Arrest in den Nachlaß nicht vor Annahme der Erbschaft durch den Erben erfolgen (§ 778 ZPO.)[1].

§ 113 (§ 70 GA.).

Bedeutung der vollstreckbaren Ausfertigung des Schuldtitels.

I Die vollstreckbare Ausfertigung des Schuldtitels muß dem Gerichtsvollzieher übergeben werden. Dieser wird durch den Auftrag[2]) zur Zwangsvollstreckung in Verbindung mit der Übergabe der vollstreckbaren Ausfertigung ermächtigt und verpflichtet, die Zahlungen[3]) oder sonstigen Leistungen[3]) in Empfang zu nehmen[4]), über das Empfangene wirksam zu quittieren und dem Schuldner[5]), wenn er seiner Verbindlichkeit genügt hat, die vollstreckbare Ausfertigung auszuliefern (§ 754 ZPO.)[3]) [6]).

---

[1]) Vgl. S. 89 Anm. 5, S. 90 Anm. 2, 3. [2]) Vgl. §§ 4 bis 6, § 88.

[3]) Vgl. § 115 Abs. 2. Bei Wahlschulden s. § 98. Vgl. auch § 238.

[4]) S. aber § 188 Abs. 3. Im übrigen ist der GV. zur Entgegennahme der geschuldeten Leistung während des ganzen Verlaufs der ZwVollstr. befugt, also noch vor der Versteigerung und auch wenn er den Schuldner zu verhaften beauftragt ist (§ 226).

[5]) Niemals Dritten.

[6]) Weitere Befugnisse hat der GV. nicht. Insbesondere ist es nicht seine Sache, dem Schuldner — auch nicht im Falle von Teilleistungen — ohne Anweisung des Gl. (§ 122) von sich aus Stundung zu gewähren (vgl. auch § 159 Abs. 5 S. 4) oder Teilzahlungen zu bewilligen. Auch Geld zum Zwecke der Hinterlegung zur Abwendung der Vollstr. darf der GV. nicht annehmen; der Schuldner muß vielmehr vor Beginn der Vollstr. dem GV. den im § 123 Abs. 2 Nr. 3 vorgesehenen Nachweis erbringen; Ausnahme beim Arrest: s. § 238.

II Da der Besitz der vollstreckbaren Ausfertigung des Schuldtitels für den Gerichtsvollzieher dem Schuldner und Dritten gegenüber der unerläßliche Ausweis zur Zwangsvollstreckung und zu allen zu deren Ausführung erforderlichen Handlungen ist, hat der Gerichtsvollzieher bei der Vornahme[1]) von Vollstreckungshandlungen die vollstreckbare Ausfertigung stets bei sich zu führen und auf Verlangen der Beteiligten vorzuzeigen (§ 755 ZPO.)[2]).

§ 114 (§ 71 Abs. 1, 4 GA.).

Verhalten bei der Zwangsvollstreckung im allgemeinen.

Der Gerichtsvollzieher hat die Zwangsvollstreckung möglichst rasch und nachdrücklich durchzuführen[3]). Neben dem Interesse des Gläubigers hat er auch das des Schuldners insoweit zu wahren, als es ohne Gefährdung des Erfolges der Zwangsvollstreckung geschehen kann[4]). Jede unnötige Schädigung oder Ehrenkränkung des Schuldners sowie die Erregung überflüssigen Aufsehens sind zu vermeiden. Auf Wünsche des Gläubigers und des Schuldners hinsichtlich der Ausführung der Zwangsvollstreckung hat der Gerichtsvollzieher Rücksicht zu nehmen, soweit dies ohne überflüssige Kosten und Weitläufigkeiten und ohne Beeinträchtigung des Zwecks der Vollstreckung angängig ist. Auf die Vermeidung aller nicht unbedingt gebotenen Kosten und Aufwendungen ist Bedacht zu nehmen.

§ 115 (§ 71 Abs. 2, § 78 GA.).

Leistung des Schuldners.

I Vor dem Beginn der Zwangsvollstreckung hat der Gerichtsvollzieher den Schuldner, wenn er ihn am Orte der Vollstreckung antrifft, zur freiwilligen Leistung aufzufordern. Wird nicht der Schuldner, wohl aber eine zur Familie des Schuldners gehörige oder in dieser Familie dienende erwachsene Person oder im Geschäftslokal ein Gewerbegehilfe angetroffen, so ist die Aufforderung an diese Person zu richten.

II Der Gerichtsvollzieher ist verpflichtet, die ihm angebotene Lei-

---

[1]) Der Gl. oder dessen Bevollmächtigter ist zur Anwesenheit berechtigt (§ 118).

[2]) Für den Fall, daß der Schuldner nur gegen Aushändigung einer Urkunde, z. B. eines Wechsels, zu leisten hat, s. § 97.

[3]) Vgl. § 7 und Anm. Wenn Verzögerungen eintreten, wird der GV. die Gründe in den Akten vormerken.

[4]) Eine Benachrichtigung des Schuldners von der bevorstehenden ZwVollstr. hat, abgesehen von den Fällen des § 214, zu unterbleiben.

stung anzunehmen[1]) und den Empfang zu bescheinigen[2]); das gilt auch für Teilleistungen. Leistungen, die unter einer Bedingung oder unter einem Vorbehalt angeboten werden, sind zurückzuweisen. Die Hingabe eines Schecks steht der Zahlung nicht gleich. Ohne ausdrückliches Einverständnis des Gläubigers ist der Gerichtsvollzieher weder berechtigt, noch verpflichtet, einen Scheck anzunehmen. Wird der Anspruch aus dem Schuldtitel einschließlich aller Nebenforderungen und Kosten durch die freiwillige oder zwangsweise Leistung vollständig gedeckt, so hat der Gerichtsvollzieher gegen den Empfang der Leistung dem Schuldner[3]) den Schuldtitel nebst einer Quittung, die unmittelbar auf den Schuldtitel gesetzt werden kann, auszuhändigen (§ 757 ZPO.). Hat der Schuldner unmittelbar an den Gläubiger oder dessen Vertreter[4]) oder Prozeßbevollmächtigten[4]) geleistet[5]) und damit den Anspruch vollständig gedeckt, so darf der Gerichtsvollzieher die vollstreckbare Ausfertigung dem Schuldner nur unter Zustimmung des Auftraggebers ausliefern. Hat von mehreren Gesamtschuldnern jeder einen Teil getilgt, so ist mangels einer Einigung der Gesamtschuldner der Schuldtitel bei den Akten zu behalten. Die Aushändigung des Schuldtitels ist unter Angabe des Empfängers aktenkundig zu machen. Im Falle einer nur teilweisen Leistung hat der Gerichtsvollzieher dem Schuldner Quittung zu erteilen und die Teilleistung auf dem Schuldtitel zu vermerken. Letzterer bleibt in der Hand des Gerichtsvollziehers und behält in der Höhe des Restes seine Wirksamkeit.

§ 116 (§ 71 Abs. 3, § 72 GA.). Zwangsbefugnisse des Gerichtsvollziehers.

I Soweit die Leistung nicht bewirkt wird, hat der Gerichtsvollzieher zur Zwangsvollstreckung zu schreiten. Er ist befugt, die Wohnung und die Behältnisse des Schuldners zu durchsuchen, soweit die Durchführung der Vollstreckung dies erfordert, auch die verschlossenen Haustüren, Zimmertüren und Behältnisse gewaltsam öffnen zu lassen und zu diesem Zwecke, wenn tunlich, einen geeigneten Handwerker zuzuziehen (§ 758 Abs. 1, 2 ZPO.). Die Durchsuchung hat sich erforderlichenfalls auch auf die Kleidung am Leibe des Schuldners

---

[1]) Aber nur Leistungen, die nach Maßgabe des VollstrTitels eine Erfüllung darstellen, nicht Leistungen, die an Erfüllungs Statt oder erfüllungshalber angeboten werden; ferner nur Leistungen des Schuldners, nicht eines Dritten. Bei Wahlschulden s. § 98. Bei Pfändung für mehrere Gl. s. § 188 Abs. 3.

[2]) Vgl. § 15. [3]) Nicht einem Dritten. [4]) S. § 88 Abs. 3.

[5]) S. § 123 Abs. 2 Nrn. 4 u. 5, § 124 Abs. 5, 6.

zu erstrecken. Dabei sind die Gebote des Anstandes zu beobachten. Ist die körperliche Durchsuchung einer weiblichen Person nötig, so hat sie der Gerichtsvollzieher durch eine zuverlässige weibliche Hilfsperson vornehmen zu lassen.

II Findet der Gerichtsvollzieher bei der Zwangsvollstreckung Widerstand[1]), so ist er zur Anwendung von Gewalt befugt und[2]) kann zu diesem Zwecke die Unterstützung der polizeilichen Vollzugsorgane nachsuchen (§ 758 Abs. 3 ZPO.). Um die Unterstützung kann der Gerichtsvollzieher auch dann nachsuchen, wenn er glaubt, daß er Widerstand finden und ihn nur mit polizeilicher Hilfe überwinden werde. Bei dem Ersuchen um Unterstützung hat sich der Gerichtsvollzieher an die Gendarmerie oder an die Ortspolizei zu wenden (Bek. über den Vollzug der §§ 758 und 759 der Zivilprozeßordnung vom 19. November 1931, GVBl. S. 328). Die Unterstützung der Gendarmerie ist in der Regel bei der vorgesetzten Bezirksverwaltungsbehörde und nur dann unmittelbar nachzusuchen, wenn Gefahr im Verzuge ist. Auf eine Entschädigung haben die zugezogenen Polizeiorgane keinen Anspruch. Ist militärische Hilfe notwendig, so hat sich der Gerichtsvollzieher an das Vollstreckungsgericht zu wenden (§ 758 Abs. 3 ZPO.).

§ 117 (§ 73 GA.). Zuziehung von Zeugen.

I Wird bei einer Vollstreckungshandlung Widerstand geleistet[3]) oder ist bei einer in der Wohnung des Schuldners erfolgenden Vollstreckungshandlung weder der Schuldner noch eine zu seiner Familie gehörige oder in ihr dienende erwachsene Person anwesend, so hat der Gerichtsvollzieher zwei erwachsene Personen oder einen Gemeinde- oder Polizeibeamten als Zeugen zuzuziehen (§ 759 ZPO.). Als Zeugen sollen tunlichst nur einwandfreie und unbeteiligte Personen ausgewählt werden, die am Orte der Vollstreckung oder in dessen Nähe wohnen. Auf Verlangen ist ihnen für die Zeitversäumnis eine angemessene Entschädigung zu zahlen (§ 18 RGebO.)[4]). Die Höhe

---

[1]) Des Schuldners oder Dritter beim Schuldner.

[2]) D. h. der GV. kann entweder selbst Gewalt anwenden (s. dann § 117) oder zu diesem Zwecke die Unterstützung der polizeilichen Vollzugsorgane anrufen.

[3]) Vgl. § 116 Abs. 2.

[4]) Siehe Bek. d. StMin. d. Justiz über die Entschädigung der nach § 759 ZPO. als Zeugen zugezogenen Gendarmeriebeamten v. 12. Nov. 1932 (JMBl. S. 72): Die Vorschrift des § 18 RGebO., wonach den zu einer VollstrHandlung gemäß § 759 ZPO. zugezogenen Zeugen auf

der Entschädigung hat der Gerichtsvollzieher unter Berücksichtigung der Umstände des Falles zu bemessen. Ist der Zeuge mit der Entschädigung nicht zufrieden, so hat ihn der Gerichtsvollzieher nach § 766 Abs. 2 ZPO. an das Vollstreckungsgericht zu verweisen.

II Als Gemeinde- oder Polizeibeamte können die Beamten der Gendarmerie und der Ortspolzei zugezogen werden. Außer ihnen sind in Gemeinden mit weniger als 3000 Einwohnern die Bürgermeister, die ehrenamtlichen Gemeinderatsmitglieder und die Ortsführer verpflichtet, der Aufforderung des Gerichtsvollziehers, der Vollstreckungshandlung als Zeugen beizuwohnen, Folge zu leisten (Bek. über den Vollzug der §§ 758 und 759 der Zivilprozeßordnung vom 19. November 1931, GVBl. S. 328). Wird die Zuziehung von Zeugen aus dem Grunde notwendig, weil zur Beseitigung eines Widerstandes Gewalt angewendet werden soll, so sollen als Zeugen in der Regel nicht Beamte der Gendarmerie oder der Ortspolizei zugezogen werden.

§ 118 (§ 75 GA.). Anwesenheit des Gläubigers bei der Vollstreckung.

Der Gläubiger ist berechtigt, den Vollstreckungshandlungen beizuwohnen oder sich bei ihnen durch einen Bevollmächtigten vertreten zu lassen. Verlangt der Gläubiger oder sein Bevollmächtigter die Zuziehung, so sind sie von der Zeit der Vollstreckung rechtzeitig zu benachrichtigen[1] [2] [3].

Verlangen eine angemessene Entschädigung für Zeitversäumnis zu zahlen ist, gilt an sich auch für die als Zeugen zugezogenen Gendarmeriebeamten. Fraglich ist allerdings, inwieweit im Einzelfalle bei Zuziehung dieser Beamten von einem „Zeitversäumnis" gesprochen werden kann. Die Entscheidung dieser Frage obliegt den Gerichten, die gegen die Entscheidung des GV. gemäß § 766 Abs. 2 ZPO. angerufen werden können. Da jedoch auf jeden Fall die Entschädigung für die Zeitversäumnis nur dann zu gewähren ist, wenn sie der Zeuge verlangt, hat das StMin. d. Innern zur Erzielung einer gleichmäßigen Handhabung und zur Verminderung der VollstrKosten angeordnet, daß Gendarmeriebeamte nur dann eine Entschädigung nach § 18 RGebO. verlangen dürfen, wenn sie nach den für Dienstreisen geltenden besonderen Vorschriften (Bek. über die Entschädigung der Gendarmeriebeamten bei auswärtigen Dienstgeschäften v. 27. April 1925, StAnz. Nr. 97, MABl. S. 62) Anspruch auf Tagegelder und Reisekostenersatz hätten.

[1]) Erscheinen sie nicht, so wird der GV. nur dann zur ZwVollstr. schreiten, wenn das Ausbleiben unentschuldigt ist oder wenn gleichzeitig für einen anderen Gl. zu vollstrecken ist (§ 188).

[2]) Leistet der Schuldner gegen die Anwesenheit Widerstand, so ist nach § 116 Abs. 2, § 117 zu verfahren.

[3]) Wegen der Kosten s. S. 108 Anm. 2.

§ 119 (§ 77 GA.).

Kosten der Zwangsvollstreckung.

Die Kosten der Zwangsvollstreckung fallen, soweit sie notwendig waren (§ 91 ZPO.), kraft Gesetzes dem Schuldner zur Last. Der Gerichtsvollzieher hat daher diese Kosten mit dem zur Vollstreckung stehenden Anspruch beizutreiben (§ 788 ZPO.). Eines besonderen Schuldtitels für diese Kosten oder einer Festsetzung der Höhe der Kosten durch das Gericht bedarf es nicht; der Gerichtsvollzieher hat vielmehr selbst die einzelnen Ansätze und deren Notwendigkeit zu prüfen[1]). Er ist berechtigt, zu diesem Zwecke die Vorlegung von Belegen zu verlangen. Zu den Kosten der Zwangsvollstreckung gehören insbesondere die Gebühren und Auslagen des Gerichtsvollziehers einschließlich der Reisekosten sowie der Auslagen für die Aufbewahrung und Erhaltung der Pfänder und für die Übersendung der beigetriebenen Leistung an den Gläubiger, die Kosten für die Erteilung der vollstreckbaren Ausfertigung und für ihre Zustellung und die sonstigen Kosten[2]), die dem Gläubiger durch den Betrieb der Zwangsvollstreckung erwachsen, einschließlich der gesetzlichen Gebühren und der notwendigen Auslagen des vom Gläubiger bevollmächtigten Rechtsanwaltes; die Gelderhebungsgebühr und die Schreibgebühren des Anwalts zählen nicht zu den notwendigen Kosten. Ebenso gehören Aufwendungen des Gläubigers zur Befreiung des Pfandgegenstandes von einem auf ihm lastenden Rechte nicht zu den Kosten der Zwangsvollstreckung. Die Beitreibung der Kosten erfolgt nötigenfalls durch Pfändung und Versteigerung beweglicher Sachen[3]). Ist der Anspruch aus dem Schuldtitel schon getilgt, so können die noch rückständig gebliebenen Kosten der Zwangsvollstreckung auf Grund des Schuldtitels allein eingezogen werden. Gleichgültig ist es, ob die Zwangsvollstreckung wegen einer Geldforderung oder wegen eines anderen Anspruchs stattfindet.

§ 120 (§ 79 GA.).

Protokoll: 1. Allgemeines.

[1] Der Gerichtsvollzieher hat über jede Vollstreckungshandlung ein Protokoll aufzunehmen (§ 762 ZPO.). Vollstreckungshandlungen[4])

---

[1]) Wegen der Kostenberechnung auf den Urkunden und im einzelnen s. §§ 322, 323. Gegen den Kostenansatz steht dem Gl. und dem Schuldner die Erinnerung aus § 766 ZPO. zu.

[2]) Immer nur, soweit sie notwendig waren; dabei ist ein strenger Maßstab anzulegen. Auch die Kosten der Anwesenheit (§ 118) gehören hierher, aber nur soweit sie nach Lage des Falles notwendig war.

[3]) S. §§ 129ff.

[4]) Im Sinne dieser Vorschrift.

sind alle Handlungen, die der Gerichtsvollzieher zum Zwecke der Zwangsvollstreckung vornimmt, auch das Betreten der Wohnung des Schuldners und ihre Durchsuchung, die Aufforderung zur Zahlung und deren Annahme, die nachträgliche Wegschaffung gepfändeter Sachen und ihre Verwertung. Das Protokoll ist im unmittelbaren Anschluß an die Vollstreckungshandlung und, wenn nicht besondere Umstände eine Abweichung notwendig machen, an Ort und Stelle aufzunehmen. Bei der Aufnahme des Protokolls sind die für die Beurkundungen des Gerichtsvollziehers im allgemeinen geltenden Vorschriften (§ 11) zu beachten.

II Das Protokoll muß vorbehaltlich der für einzelne Vollstreckungshandlungen getroffenen besonderen Bestimmungen (z. B. § 152) enthalten:

1. Ort und Zeit[1]) der Aufnahme;
2. die Bezeichnung des Gläubigers und des Schuldners und des Gegenstandes der Vollstreckungshandlung unter Anführung der vollstreckbaren Urkunde[2]), auf Grund deren sie vorgenommen ist, und unter kurzer Erwähnung der wesentlichen Vorgänge;
3. die Namen der Personen, mit denen verhandelt ist, wozu im Falle der Zuziehung von Zeugen (§ 117) auch diese gehören;
4. die Unterschrift dieser Personen und die Bemerkung, daß die Unterzeichnung nach vorgängiger Vorlesung oder Vorlegung zur Durchsicht und nach vorgängiger Genehmigung erfolgt sei;
5. die Unterschrift des Gerichtsvollziehers.

III Die Erwähnung der wesentlichen Vorgänge bei der Vollstreckungshandlung (Abs. 2 Nr. 2) hat in der Weise zu geschehen, daß in dem Protokoll alles angegeben wird, was zur Durchführung der Vollstreckung geschehen ist. Wenn die Vollstreckung nicht zur vollständigen Befriedigung des Gläubigers führt, so soll das Protokoll erkennen lassen, daß alle zulässigen Mittel versucht worden sind, ein anderes Ergebnis aber nicht zu erreichen war. Wird die Vollstreckungshandlung zur Nachtzeit oder an einem Sonntag oder allgemeinen Feiertag vorgenommen, so ist in dem Protokoll zu erwähnen, daß die richterliche Erlaubnis (§ 25) vorgezeigt worden ist.

IV Hat einem der in Abs. 2 Nr. 4 bezeichneten Erfordernisse nicht genügt werden können, so ist der Grund anzugeben.

---

[1]) Nimmt das Geschäft mehrere Tage in Anspruch, so wird das Protokoll für jeden Tag abgeschlossen.

[2]) D. h. des Schuldtitels.

V Bei den Geschäften, die nach Verhältnis der verwendeten Zeit vergütet werden, ist im Protokolle die Dauer der Zeit anzugeben. Ist die Zeitangabe unterblieben, so darf nur die für die geringste Zeitdauer bestimmte Gebühr berechnet werden (§ 26 RGebO., § 14 LGebO.)[1]).

§ 121 (§ 80 GA.).

2. Aufforderungen und sonstige Mitteilungen im besonderen.

Die Aufforderungen und sonstigen Mitteilungen, die zu den Vollstreckungshandlungen gehören (vgl. z. B. § 115 Abs. 1), sind von dem Gerichtsvollzieher mündlich zu erlassen und vollständig in das Protokoll aufzunehmen. Können die Aufforderungen und Mitteilungen nicht mündlich erlassen werden, so hat sie der Gerichtsvollzieher in das Protokoll aufzunehmen und eine Abschrift des Protokolls unter entsprechender Anwendung der §§ 172, 181 bis 186 ZPO. (vgl. § 48 Abs. 2, §§ 49 bis 59 DA.) demjenigen, an den die Aufforderung oder Mitteilung zu richten ist, zuzustellen oder, wenn die Zustellung am Orte der Zwangsvollstreckung nicht erfolgen kann, formlos mittels gewöhnlichen Briefes durch die Post zu übersenden. Eine öffentliche Zustellung findet nicht statt; die Aufforderung oder Mitteilung unterbleibt daher, wenn der Aufenthalt desjenigen, an den sie zu richten wäre, unbekannt ist. Die Befolgung der Vorschriften über die Zustellung oder Übersendung der Abschrift des Protokolls muß zum Protokolle vermerkt werden (§ 763 ZPO.). Die Übergabe einer Abschrift dieser Bemerkung bei der Zustellung ist nicht erforderlich.

§ 122 (§ 81 GA.).

Einstellung, Beschränkung und Aufhebung der Vollstreckung auf Anweisung des Gläubigers.

I Auf Anweisung[2]) des Gläubigers hat der Gerichtsvollzieher die getroffenen Zwangsvollstreckungsmaßregeln aufzuheben oder die Zwangsvollstreckung einzustellen oder zu beschränken. Mündlich erteilte Anweisungen dieses Inhalts sind zu den Vollstreckungsakten zu vermerken.

---

[1]) Abgedr. unter Nrn. 3, 4.

[2]) Z. B. wenn der Gl. den VollstrAuftrag zurücknimmt oder einschränkt, gepfändete Gegenstände freigibt usw. Wegen der Form der Anweisung gilt § 5. Die Anweisung kann auch fernmündlich erfolgen; der GV. wird in einem solchen Falle aber mit besonderer Sorgfalt prüfen, ob die Anweisung von dem Gläubiger oder der sonst legitimierten Person ausgeht und auch hierwegen eine kurze Vormerkung zu den Akten fertigen. Im Zweifelsfalle ist vor der Aufhebung der VollstrMaßregeln eine schriftliche Bestätigung zu fordern.

II Gewährt der Gläubiger dem Schuldner eine Frist von unbestimmter Dauer[1]), so hat der Gerichtsvollzieher dem Gläubiger den Schuldtitel und die ihm sonst ausgehändigten Urkunden zurückzugeben. Die getroffenen Vollstreckungsmaßregeln bleiben bestehen; die Zwangsvollstreckung ist aber erst dann fortzusetzen, wenn es der Gläubiger unter Wiedereinreichung des Schuldtitels beantragt.

Einstellung, Beschränkung und Aufhebung der Vollstreckung in anderen Fällen: 1. Allgemeines.

§ 123 (§ 82 GA.).

I Durch Einwendungen des Schuldners oder dritter Personen darf sich der Gerichtsvollzieher von der Durchführung der Zwangsvollstreckung regelmäßig nicht abhalten lassen[2]).

II Nach § 775 ZPO. ist jedoch die Zwangsvollstreckung einzustellen oder zu beschränken[3]):

1. wenn die Ausfertigung einer vollstreckbaren Entscheidung vorgelegt wird, aus der sich ergibt[4]), daß das zu vollstreckende Urteil oder dessen vorläufige Vollstreckbarkeit aufgehoben oder daß die Zwangsvollstreckung für unzulässig erklärt oder deren Einstellung angeordnet ist (vgl. z. B. § 717 Abs. 1, § 732 Abs. 1, §§ 767, 768, 771 ZPO., § 33 Abs. 2 VerglO.)[4a]);
2. wenn die Ausfertigung einer gerichtlichen Entscheidung vorgelegt wird, aus der sich ergibt[5]), daß die einstweilige Einstellung der Vollstreckung oder einer Vollstreckungsmaßregel angeordnet ist (vgl. z. B. § 732 Abs. 2, §§ 766, 769, § 771 Abs. 3 ZPO., § 33 Abs. 1 VerglO.)[4a]);
3. wenn eine öffentliche Urkunde vorgelegt wird, aus der sich ergibt, daß die im Urteile zur Abwendung der Vollstreckung nachgelassene Sicherheitsleistung oder Hinterlegung erfolgt ist[6]);
4. wenn eine öffentliche Urkunde oder eine von dem Gläubiger ausgestellte Privaturkunde[7]) vorgelegt wird, aus der sich ergibt, daß der Gläubiger nach Erlaß des zu vollstreckenden Urteils befriedigt ist oder Stundung[8]) bewilligt hat;

---

[1]) Wird vom Gl. eine Frist von bestimmter Dauer bewilligt, so gilt der Auftrag als fortbestehend. Nach Ablauf der Frist hat der GV. die Zw.-Vollstr. ohne weiteres fortzusetzen. Der Schuldtitel bleibt in diesem Falle beim GV.

[2]) S. § 127. [3]) S. § 125. [4]) Vgl. § 124 Abs. 2.

[4a]) Vgl. noch § 11 VermittlVO. v. 27. Sept. 1932 (RGBl. I S. 473).

[5]) Vgl. § 124 Abs. 3. [6]) Vgl. § 124 Abs. 4 und S. 114 Anm. 1.

[7]) Vgl. § 124 Abs. 5. [8]) Vgl. § 122 Abs. 2.

5. wenn ein Postschein[1]) vorgelegt wird, aus dem sich ergibt, daß nach Erlaß des zu vollstreckenden Urteils die zur Befriedigung des Gläubigers erforderliche Summe zur Auszahlung an den letzteren bei der Post eingezahlt ist.

III Die für die Urteile getroffenen Bestimmungen finden auf die übrigen Schuldtitel entsprechende Anwendung (§ 795 ZPO.).

§ 124 (§ 83 Abs. 1 bis 3 GA.).

2. Die Voraussetzungen im einzelnen.

I Der Gerichtsvollzieher hat selbständig darüber zu entscheiden, ob die Voraussetzungen vorliegen, unter denen er zur Einstellung oder Beschränkung der Zwangsvollstreckung verpflichtet ist.

II Zu diesem Zwecke hat er, wenn die Einstellung oder Beschränkung auf Grund einer Entscheidung gemäß § 775 Nr. 1 ZPO. (§ 123 Abs. 2 Nr. 1 DA.) verlangt wird und die vorgelegte Ausfertigung nicht eine vollstreckbare Ausfertigung ist, die Vollstreckbarkeit dieser Entscheidung zu prüfen. Vollstreckbar ist eine Entscheidung, wenn sie rechtskräftig oder für vorläufig vollstreckbar erklärt oder ausnahmsweise kraft Gesetzes ohne weiteres vollstreckbar ist; daß die Entscheidung mit der Vollstreckungsklausel versehen oder gemäß § 750 ZPO. zugestellt sei, ist nicht erforderlich. Die von den Landgerichten in der Berufungsinstanz und die in der Revisionsinstanz erlassenen Urteile, die nicht Versäumnisurteile sind, sowie die Schiedsurteile nach §§ 18, 20 der Bekanntmachung zur Entlastung der Gerichte[2]) sind sofort rechtskräftig. Bei den übrigen Urteilen mit Einschluß der eben genannten Versäumnisurteile ist der Eintritt der Rechtskraft dem Gerichtsvollzieher durch ein nach § 706 ZPO. von dem Urkundsbeamten der Geschäftsstelle hierüber ausgestelltes Zeugnis nachzuweisen. Hinsichtlich der kraft Gesetzes ohne weiteres vollstreckbaren Entscheidungen wird auf § 717, § 794 Nr. 3 ZPO., §§ 62, 64 ArbGG. und § 33 Abs. 2 VerglO. verwiesen.

III Im Falle des § 775 Nr. 2 ZPO. (§ 123 Abs. 2 Nr. 2 DA.) ist es nicht erforderlich, daß die gerichtliche Entscheidung vollstreckbar ist. War in der Entscheidung die Einstellung nur für eine bestimmte Zeit oder unter einer bestimmten Bedingung, z. B. daß innerhalb einer bestimmten Frist die Entscheidung des Prozeßgerichts über die weitere Einstellung beizubringen oder daß innerhalb einer bestimmten Frist die Zustellung der Klage oder die Hinterlegung einer Sicherheit

---

[1]) Vgl. § 124 Abs. 6.

[2]) Abgedr. unter Nr. 13.

nachzuweisen sei, angeordnet, so ist die Zwangsvollstreckung nach Ablauf der bestimmten Zeit oder, wenn die Nichterfüllung der Bedingung nachgewiesen wird, fortzusetzen. Bei Einstellung auf unbestimmte Zeit ist der Schuldtitel zurückzugeben und der Antrag des Gläubigers auf Fortsetzung der Vollstreckung abzuwarten.

IV Ist im Falle des § 775 Nr. 3 ZPO. (§ 123 Abs. 2 Nr. 3 DA.) dem Schuldner vom Gerichte gestattet worden, die Sicherheit durch Bürgschaft zu leisten, so bedarf es der Vorlegung einer Ausfertigung der gerichtlichen Entscheidung, durch welche die Sicherheit durch Bürgschaft zugelassen ist, und der Vorlegung einer öffentlichen Urkunde, aus der sich ergibt, daß die Bürgschaftserklärung dem Sicherheitsberechtigten übergeben oder zugestellt worden ist. Wird dem Gerichtsvollzieher die Bürgschaftsurkunde übergeben, so hat er diese dem Sicherheitsberechtigten zuzustellen. In diesem Falle bildet die Zustellungsurkunde des Gerichtsvollziehers den Nachweis, daß dem Sicherheitsberechtigten die Bürgschaftserklärung zugegangen ist.

V Eine Privaturkunde, aus der sich ergibt, daß der Gläubiger befriedigt ist oder Stundung bewilligt hat (§ 775 Nr. 4 ZPO., § 123 Abs. 2 Nr. 4 DA.), ist nur zu berücksichtigen, wenn gegen ihre Echtheit kein Verdacht besteht.

VI Aus dem Postschein (§ 775 Nr. 5 ZPO., § 123 Abs. 2 Nr. 5 DA.) muß sich die bare Einzahlung des Schuldbetrags bei der Post ergeben. Dem Postschein stehen gleich die Quittung im Posteinlieferungsbuch oder auf dem Abschnitte der Postanweisung oder der Zahlkarte im Postscheckverkehr und der Lastschriftzettel im Postscheckverkehr. Dagegen genügt der Nachweis über die Absendung eines Geldbriefs, Verrechnungs- oder Barschecks nicht.

VII Ist die Zwangsvollstreckung aus einem Urteil oder sonstigen Schuldtitel gemäß § 775 Nr. 1 bis 3 ZPO. (§ 123 Abs. 2 Nr. 1 bis 3 DA.) eingestellt, so erstreckt sich die Einstellung auch auf die Vollstreckung aus einem Kostenfestsetzungsbeschlusse, der auf Grund des Titels ergangen ist.

3. Umfang der Vollstreckungsbeschränkung.

§ 125 (§ 83 Abs. 4, § 85 Satz 2 GA.).

I In den Fällen des § 775 Nr. 1 und 3 ZPO. (§ 123 Abs. 2 Nr. 1 und 3 DA.) sind zugleich die bereits erfolgten Vollstreckungsmaßregeln aufzuheben, im Falle des § 775 Nr. 2 ZPO. (§ 123 Abs. 2 Nr. 2 DA.) nur dann, wenn die Aufhebung durch die vorgelegte Entscheidung ausdrücklich angeordnet ist[1]). In den Fällen des § 775 Nr. 4 und 5 ZPO. (§ 123 Abs. 2 Nr. 4 und 5 DA.) ist die Zwangsvollstreckung ohne Rücksicht auf den Widerspruch des Schuldners wieder aufzunehmen, wenn der von der Einstellung benachrichtigte Gläubiger dies verlangt.

II Bezieht sich die Entscheidung in den Fällen des § 775 Nr. 1 und 2 ZPO. (§ 123 Abs. 2 Nr. 1 und 2 DA.) nur auf eine einzelne Vollstreckungshandlung oder nur auf einen Teil der gepfändeten Sachen, so wird das Vollstreckungsverfahren im übrigen nicht berührt. Ebenso nimmt bei einer Vollstreckung für mehrere Gläubiger die Vollstreckung für diejenigen ihren Fortgang, bei denen die Voraussetzungen einer Einstellung nicht vorliegen.

§ 126 (§ 84, § 85 Satz 1 GA.).

4. Beurkundung. Benachrichtigung der Beteiligten.

Der Gerichtsvollzieher hat die von ihm vorgenommene Einstellung, Beschränkung oder Aufhebung der Zwangsvollstreckung, sofern sie nicht bei Gelegenheit einer Vollstreckungshandlung erfolgt und daher in dem über diese aufzunehmenden Protokoll erwähnt wird (§ 120), unter genauer Bezeichnung der zugrundeliegenden Schriftstücke zu den Vollstreckungsakten zu vermerken und den Gläubiger und Schuldner ohne Verzug zu benachrichtigen. Besteht bei der Einstellung die Gefahr einer beträchtlichen Wertverringerung

---

[1]) Zur Fortsetzung der ZwVollstr. bedarf es in den Fällen, in denen die Einstellung auf Grund einer gerichtlichen Anordnung erfolgt ist (§ 775 Nrn. 1 bis 3 ZPO.), grundsätzlich einer die Fortsetzung anordnenden oder die Einstellung aufhebenden gerichtlichen Entscheidung. In den Fällen der §§ 707, 719 ZPO. (einstweilige Einstellung der ZwVollstr. bei Anträgen auf Wiedereinsetzung in den vorigen Stand oder Wiederaufnahme des Verfahrens, ferner bei Einlegung von Rechtsmitteln — vgl. auch §§ 62, 64 ArbGG. —) erledigt sich die Anordnung der einstweiligen Einstellung von selbst, wenn das angefochtene Urteil aufrechterhalten oder das Rechtsmittel zurückgenommen wird, ebenso in den Fällen des § 732 Abs. 2, § 766 Abs. 1 ZPO., wenn die erhobenen Einwendungen zurückgewiesen werden. Die einstweilige Einstellung der ZwVollstr. durch das Prozeßgericht in den Fällen des § 769 ZPO. (vgl. §§ 767f., 771ff., 785f., 805 ZPO.) erledigt sich mit der Erlassung des Urteils der Instanz, soferne sie nicht in dem Urteil nach § 770 ZPO. ausdrücklich aufrechterhalten oder neuerdings angeordnet wird. Lautet die Einstellungsverfügung dahin, daß die ZwVollstr. nur gegen Sicherheitsleistung fortzusetzen sei, so sind § 95 Abs. 4, § 103 Abs. 4 zu beachten. In den Fällen des § 775 Nr. 3 ZPO. ist die Fortsetzung der ZwVollstr. zulässig, wenn das Urteil rechtskräftig geworden ist oder der Gläubiger die ihm nach § 713 Abs. 2 ZPO. vorbehaltene Sicherheit geleistet hat; im letzteren Falle gelten aber wieder § 95 Abs. 4, § 103 Abs. 4.

oder unverhältnismäßiger Kosten der Aufbewahrung der gepfändeten Sachen, so soll der Gerichtsvollzieher die Beteiligten darauf aufmerksam machen und dies in den Akten vermerken.

§ 127 (§§ 86, 87 GA.). Einwendungen.

I Werden Einwendungen erhoben, welche die Einstellung der Zwangsvollstreckung nicht begründen, so hat der Gerichtsvollzieher denjenigen, der die Einwendungen erhebt, an den Gläubiger oder an das Gericht zu verweisen. Dies gilt insbesondere dann, wenn ein Dritter, ohne eine der im § 775 Nr. 1 und 2 ZPO. (§ 123 Abs. 2 Nr. 1 und 2 DA.) bezeichneten Entscheidungen vorzulegen, behauptet, daß ihm an dem Gegenstande der Zwangsvollstreckung ein die Veräußerung hinderndes Recht zustehe[1]).

II Einwendungen, die lediglich das Verfahren des Gerichtsvollziehers bei der Zwangsvollstreckung betreffen, z. B. die Einwendung, daß die gepfändete Sache nach § 811 ZPO. der Pfändung nicht unterworfen sei, hat der Gerichtsvollzieher, wenn er sie für begründet erachtet, selbst zu berücksichtigen (s. aber § 137 Abs. 2); anderenfalls hat er die Beteiligten an das Vollstreckungsgericht zu verweisen.

§ 128 (§ 88 GA.). Benachrichtigung.

I Der Gerichtsvollzieher hat über den Verlauf der Zwangsvollstreckung dem Gläubiger und dem Schuldner die zur Wahrnehmung ihrer Interessen erforderlichen Mitteilungen zu machen und die Benachrichtigung in seinen Akten zu vermerken, sofern nicht für den Nachweis der Benachrichtigung eine besondere Form vorgeschrieben ist. Die Benachrichtigung unterbleibt, wenn sie untunlich erscheint, insbesondere wenn der Aufenthalt der zu benachrichtigenden Person dem Gerichtsvollzieher unbekannt ist.

II Wegen der Verpflichtung des Gerichtsvollziehers zur Benachrichtigung von Behörden wird auf die ergangenen besonderen Bestimmungen verwiesen (vgl. insbesondere die Bek. über die Durchführung des Steuerabzugs bei Arbeitslohnforderungen vom 16. September 1927, JMBl. n. F. Bd. II S. 867[2]), über das Verfahren der Gerichtsvollzieher bei der Pfändung von Einrichtungen für den Telegraphen- und Fernsprechverkehr vom 23. Januar 1930, JMBl. n. F. Bd. III S. 351[3]), und über die Pflichten der Gerichtsvollzieher

---

[1]) Vgl. § 141 Abs. 4.
[2]) Abgedr. unter Nr. 15.
[3]) Abgedr. unter Nr. 18.

nach den Reichssteuergesetzen und dem bayerischen Stempelgesetze vom 23. Juli 1930, JMBl. n. F. Bd. III S. 426[1])).

2. Zwangsvollstreckung in bewegliche körperliche Sachen.

§ 129 (§ 89 GA.). Allgemeines.

Die Zwangsvollstreckung wegen Geldforderungen[2]) in bewegliche körperliche Sachen wird von dem Gerichtsvollzieher durch Pfändung und Verwertung bewirkt. Zu den beweglichen körperlichen Sachen gehören bei der Zwangsvollstreckung auch die Wertpapiere[3]) (Staats- und Gemeindeschuldverschreibungen, Pfandbriefe, Aktien usw.) und die von dem Boden noch nicht getrennten Früchte[4]).

§ 130 (§ 90 GA.). Pfändungspfandrecht.

Durch die gehörig vollzogene Pfändung erwirbt der Gläubiger an den gepfändeten Sachen ein Pfandrecht, das ihm im Verhältnis zu anderen Gläubigern dieselben Rechte gewährt wie ein durch Vertrag erworbenes Pfandrecht (§§ 1204 bis 1257 BGB.). Das durch eine frühere Pfändung begründete Pfandrecht geht dem durch eine spätere Pfändung begründeten vor (§ 804 ZPO.). Da sohin der Zeitpunkt und die gehörige Vollziehung der Pfändung von entscheidender Bedeutung für die Befriedigung des Gläubigers ist, hat der Gerichtsvollzieher die Pfändung möglichst rasch auszuführen[5]) und bei ihrer Vollziehung mit besonderer Sorgfalt zu verfahren, um nicht durch ein Versehen die Interessen des Gläubigers zu gefährden und den Staat und sich selbst der Haftung auszusetzen[6]).

§ 131 (§ 92 GA.). Vorbereitung der Pfändung.

[I]Ehe der Gerichtsvollzieher zur Pfändung schreitet, hat er den Betrag der beizutreibenden Geldsumme zu berechnen oder die von dem Gläubiger aufgestellte Berechnung zu prüfen[7]). Bei der Feststellung des Betrags kommen insbesondere in Betracht:

1. die in dem Schuldtitel bezeichnete Hauptforderung;
2. die dem Gläubiger in dem Schuldtitel zuerkannten Nebenforderungen, wobei Zinsen, die bis zur Zahlung laufen, vorläufig bis zu dem Tage anzusetzen sind, an dem die Zwangsvollstreckung vorgenommen wird, vorbehaltlich der Erweiterung des

---

[1]) Abgedr. unter Nr. 19. [2]) Vgl. S. 71 Anm. 4.
[3]) S. §§ 171 ff. [4]) S. §§ 175 ff. [5]) Vgl. § 7.
[6]) Vgl. § 1 sowie S. 71 Anm. 1. [7]) Vgl. S. 82 Anm. 3.

Ansatzes — falls an diesem Tage Zahlung nicht geleistet wird — um den Zinsenbetrag bis zu dem Tage, an dem voraussichtlich der Erlös der gepfändeten Gegenstände in die Hand des Gerichtsvollziehers gelangt (§ 819 ZPO.);

3. Prozeßkosten, die indessen nur insoweit zu berücksichtigen sind, als sich ihr Betrag aus dem Urteil (§ 61 ArbGG.) oder aus dem auf die vollstreckbare Ausfertigung des Urteils oder des Vergleichs gesetzten oder aus dem vom Gläubiger in besonderer Ausfertigung zu überreichenden Festsetzungsbeschluß ergibt;
4. die Kosten der Zwangsvollstreckung, die nach Maßgabe des § 119 mit der Forderung beizutreiben sind.

Etwa geleistete Teilzahlungen[1]) sind abzuziehen.

II Ist die Geldforderung in einer ausländischen Währung ausgedrückt, so erfolgt die Umrechnung nach dem Kurswerte, der zur Zeit der Zahlung für den Zahlungsort maßgebend ist (§ 244 Abs. 2 BGB.). Bei der Berechnung des Betrages ist daher die Erweiterung oder Ermäßigung des Ansatzes entsprechend dem am Zahlungstage maßgebenden Kurse vorzubehalten[2]) [3]).

§ 132 (neu).

Gegenstand der Pfändung. Gewahrsam.

I Der Pfändung unterliegen die beweglichen Sachen des Schuldners[4]), die sich in der tatsächlichen Gewalt (dem Gewahrsam) des Schuldners[5]) oder des Gläubigers oder eines zur Herausgabe bereiten Dritten[6]) befinden (§§ 808, 809 ZPO.). Befindet sich eine Sache im gemeinsamen Gewahrsam des Schuldners und eines Dritten, so ist ihre Pfändung nur mit Zustimmung des Dritten zulässig[7]).

---

[1]) Vgl. § 115 Abs. 2.

[2]) Vgl. §§ 11, 17 EntlVO. (abgedr. unter Nr. 13), die entsprechend anzuwenden sind.

[3]) Der Erwähnung bedürfen hier auch die wertbeständigen Schuldtitel (§ 9 EntlVO. und VO. vom 27. Juni 1924 — RGBl. I S. 660 —, abgedr. unter Nr. 13), bei denen gleichfalls der GV. die beizutreibende Geldsumme berechnet. S. §§ 11, 17 EntlVO.

[4]) Nicht eines Dritten, wenngleich dies der GV. regelmäßig nicht zu prüfen hat (§ 141 Abs. 1). Für den Fall, daß an den zu pfändenden Gegenständen das Eigentum eines Dritten oder ein Pfand- oder Vorzugsrecht oder ein sonstiges die Veräußerung hinderndes Recht eines Dritten geltend gemacht wird, s. § 141 Abs. 4. Vgl. auch § 127 Abs. 1 S. 2.

[5]) Vgl. §§ 140 ff.

[6]) Vgl. § 150, insbes. Abs. 2 das. für den Fall, daß der Dritte zur Herausgabe nicht bereit ist oder bestreitet, Sachen des Schuldners im Gewahrsam zu haben.

[7]) S. aber § 133.

II Im Gewahrsam einer Person stehen alle Gegenstände, die sich innerhalb ihrer Wohn- und sonstigen Räume befinden[1]) oder die sie bei sich führt, soweit sie nicht in äußerlich erkennbarer Weise der tatsächlichen Herrschaft eines Dritten unterliegen, z. B. sich in einem Schranke befinden, der von einem Dritten benützt oder mitbenützt wird. Der Haushaltungsvorstand gilt im Zweifel gegenüber der Ehefrau, den Kindern und sonstigen Familienangehörigen als alleiniger Inhaber des Gewahrsams an den Sachen, die sich in den für den Haushalt bestimmten Räumen befinden[2]). Nur die ausschließlich zum persönlichen Gebrauche der Frau bestimmten Sachen (z. B. Kleider, Schmucksachen, Arbeitsgeräte) sind im Zweifel als im Gewahrsame der Frau befindlich zu betrachten[3]). Betreibt die Frau ein selbständiges Erwerbsgeschäft, so steht ihr auch der alleinige Gewahrsam an den Gegenständen zu, die sich in den zum Gewerbebetrieb bestimmten Räumlichkeiten befinden[4]). Der Mieter hat den Gewahrsam an den von ihm in die Wohnung eingebrachten Sachen wie an den ihm mitvermieteten Sachen des Vermieters. Übt jemand die tatsächliche Gewalt über eine Sache für einen anderen in dessen Haushalt oder Erwerbsgeschäft oder in einem ähnlichen Verhältnis aus, vermöge dessen er den sich auf die Sache beziehenden Weisungen des anderen Folge zu leisten hat, so ist nicht er, sondern der andere der Inhaber des Gewahrsams. So behält z. B. der Haus- oder Gewerbegehilfe den Gewahrsam an den von ihm eingebrachten Sachen; er hat jedoch keinen Gewahrsam an den Sachen, die ihm von der Dienstherrschaft zur Arbeit oder Bearbeitung überlassen worden sind[5]).

§ 133 (neu)[6]).

Zulässigkeit der Zwangsvollstreckung bei Gewahrsam dritter Personen.

I In bestimmten Fällen darf die Zwangsvollstreckung auch in Vermögensmassen erfolgen, die sich im Gewahrsam von Personen

---

[1]) Auch wenn es sich um gemietete Räume handelt. Der Vermieter hat an den eingebrachten Sachen des Mieters keinen Gewahrsam. S. Satz 5. Sein gesetzliches Pfandrecht macht der Vermieter nach § 805 ZPO. geltend.

[2]) § 1362 Abs. 1 BGB. [3]) § 1362 Abs. 2 BGB.

[4]) Vgl. § 133 Abs. 1 Nr. 3.

[5]) Ob sich die zu pfändenden Gegenstände rechtlich im Vermögen des Schuldners befinden, hat der GV. regelmäßig nicht zu prüfen (§ 141 Abs. 1). Wegen der Ausnahmen s. aber § 141 Abs. 2, 3.

[6]) Diese Vorschrift beruht auf einer nicht unbestrittenen Rechtsauffassung (vgl. Stein-Jonas, ZPO., 14. Aufl., Vorbem. II vor § 735), entspricht aber der überwiegenden Praxis.

befinden, die weder im Schuldtitel noch in der Vollstreckungsklausel als Schuldner bezeichnet sind[1]). Die Zwangsvollstreckung ist nämlich zulässig

1. aus einem Titel[2]) gegen einen nicht rechtsfähigen Verein in das im Gewahrsam der Vereinsorgane und der Vereinsmitglieder befindliche Vereinsvermögen;
2. aus einem Titel[3]) gegen den Ehemann auch in das im Gewahrsam der Frau befindliche Gesamtgut der allgemeinen Gütergemeinschaft, der Errungenschafts- oder der Fahrnisgemeinschaft (§ 740 ZPO.); das gleiche gilt für die fortgesetzte Gütergemeinschaft[4]) mit der Maßgabe, daß an die Stelle des Mannes der überlebende Ehegatte, an die Stelle der Frau die anteilsberechtigten Abkömmlinge treten (§ 745 Abs. 1 ZPO.);
3. aus einem Titel[5]) gegen eine Ehefrau, die selbständig ein Erwerbsgeschäft betreibt, unter den Voraussetzungen des § 741 ZPO. auch in das im Gewahrsam des Mannes befindliche Gesamtgut oder eingebrachte Gut;
4. aus einem Titel[6]) gegen ein Kind auch in das im Gewahrsam des nutzungsberechtigten Elternteils befindliche Kindesvermögen, das der elterlichen Nutznießung unterliegt (§ 746 ZPO.).

II In den Fällen, in denen es zur Zwangsvollstreckung in bestimmte Vermögensmassen neben einem Leistungstitel auch eines Duldungstitels bedarf (§§ 737, 739, 743, § 745 Abs. 2, § 748 Abs. 2 ZPO., § 102 Abs. 1 Nr. 3, 4, 7, 8, 11 DA.)[7]), ist die Vollstreckung in solche Sachen, die zu dem Vermögen des zur Leistung verurteilten Schuldners gehören, auch dann zulässig, wenn sich diese Sachen in dem Gewahrsam des anderen, z. B. des Ehemanns oder des Testamentsvollstreckers, befinden, der zur Duldung der Zwangsvollstreckung verurteilt ist.

§ 134 (§ 95 Abs. 1 Nr. 1 bis 13 GA.).

Beschränkung der Pfändung nach § 811 ZPO.

I Folgende Sachen sind nach § 811 ZPO. der Pfändung nicht unterworfen:

1. die Kleidungsstücke, die Betten, die Wäsche, das Haus- und Küchengerät, insbesondere die Heiz- und Kochöfen, soweit diese Gegenstände für den Bedarf des Schuldners oder zur Erhaltung eines angemessenen Hausstandes unentbehrlich sind;

---

1) Vgl. § 102 Abs. 1.
2) Vgl. § 102 Abs. 1 Nr. 1.
3) Vgl. § 102 Abs 1 Nr. 5.
4) Vgl. § 102 Abs. 1 Nr. 8 S. 1.
5) Vgl. § 102 Abs. 1 Nr. 6.
6) Vgl. § 102 Abs. 1 Nr. 9.
7) Vgl. auch § 102 Abs. 2.

2. die für den Schuldner, seine Familie und sein Gesinde auf vier Wochen erforderlichen Nahrungs-, Feuerungs- und Beleuchtungsmittel oder, soweit solche Vorräte auf zwei Wochen nicht vorhanden und ihre Beschaffung für diesen Zeitraum auf anderem Wege nicht gesichert ist, der zur Beschaffung erforderliche Geldbetrag;
3. eine Milchkuh oder nach der Wahl des Schuldners statt einer solchen zwei Ziegen oder zwei Schafe nebst den zum Unterhalt und zur Streu für sie auf vier Wochen erforderlichen Futter- und Streuvorräten oder, soweit solche Vorräte auf zwei Wochen nicht vorhanden, dem zur Beschaffung erforderlichen Geldbetrage, wenn die bezeichneten Tiere für die Ernährung des Schuldners, seiner Familie und seines Gesindes unentbehrlich sind;
4. bei Personen, die Landwirtschaft betreiben, das zum Wirtschaftsbetrieb erforderliche Gerät und Vieh nebst dem nötigen Dünger sowie die landwirtschaftlichen Erzeugnisse, soweit sie zur Fortführung der Wirtschaft bis zu der Zeit erforderlich sind, zu der gleiche oder ähnliche Erzeugnisse voraussichtlich gewonnen werden[1]);
5. bei Künstlern, Handwerkern, gewerblichen Arbeitern und anderen Personen, die aus Handarbeit oder sonstigen persönlichen Leistungen ihren Erwerb ziehen, die zur persönlichen Fortsetzung der Erwerbstätigkeit unentbehrlichen Gegenstände;
6. bei den Witwen und den minderjährigen Erben der unter Nr. 5 bezeichneten Personen, wenn sie das Erwerbsgeschäft für ihre Rechnung durch einen Stellvertreter fortführen, die zur persönlichen Fortführung des Geschäfts durch den Stellvertreter unentbehrlichen Gegenstände;
7. bei Offizieren, Deckoffizieren, Beamten, Geistlichen, Lehrern an öffentlichen Unterrichtsanstalten, Rechtsanwälten, Notaren sowie Ärzten und Hebammen die zur Verwaltung des Dienstes oder Ausübung des Berufs erforderlichen Gegenstände sowie anständige Kleidung;
8. bei Offizieren, Militärärzten, Deckoffizieren, Beamten, Geistlichen, bei Ärzten und Lehrern an öffentlichen Anstalten ein Geldbetrag, der dem der Pfändung nicht unterworfenen Teile des Diensteinkommens oder der Pension für die Zeit von der

---

[1]) Vgl. § 179.

Pfändung bis zum nächsten Termin der Gehalts- oder Pensionszahlung gleichkommt;

9. die zum Betriebe einer Apotheke unentbehrlichen Geräte, Gefäße und Waren;
10. die Bücher, die zum Gebrauche des Schuldners und seiner Familie in der Kirche oder Schule oder einer sonstigen Unterrichtsanstalt oder bei der häuslichen Andacht bestimmt sind;
11. die in Gebrauch genommenen Haushaltungs- und Geschäftsbücher, die Familienpapiere sowie die Trauringe, Orden und Ehrenzeichen;
12. künstliche Gliedmaßen, Brillen und andere wegen körperlicher Gebrechen notwendige Hilfsmittel, soweit diese Gegenstände zum Gebrauche des Schuldners und seiner Familie bestimmt sind;
13. die zur unmittelbaren Verwendung für die Bestattung bestimmten Gegenstände.

II Im einzelnen wird hierzu folgendes bemerkt:

Zu Nr. 1: Die Gegenstände müssen unentbehrlich sein zur Erhaltung eines angemessenen Hausstandes, d. h. es darf durch die Wegnahme nicht die Fortsetzung des häuslichen Zusammenlebens in Frage gestellt werden. Gleichgültig ist der Wert der Sachen und die Möglichkeit späterer Neuanschaffung.

Zu Nr. 2: Zur Familie zählen die mit dem Schuldner in häuslicher Gemeinschaft zusammenwohnenden Angehörigen (auch Pflegekinder) des Schuldners ohne Rücksicht darauf, ob sie unterhaltsberechtigt sind. Gesinde sind nur die zu häuslichen oder landwirtschaftlichen Diensten dauernd angestellten in der Hausgemeinschaft lebenden Personen. Die Bedürfnisse eines Gewerbebetriebs bleiben bei der Bemessung der erforderlichen Feuerungs- und Beleuchtungsmittel außer Betracht.

Zu Nr. 3: Trifft der Schuldner die Wahl nicht, so hat der Gerichtsvollzieher zu entscheiden.

Zu Nr. 4: Der landwirtschaftliche Betrieb, der auch die Viehzucht, den Weinbau und die Gärtnerei umfaßt, braucht nicht den Hauptbetrieb zu bilden. Gleichgültig ist, ob der Schuldner Eigentümer, Pächter oder Nießbraucher usw. ist. Wegen der Frage, ob die in Betracht kommenden Gegenstände als Zubehör eines Grundstücks der Pfändung entzogen sind, s. § 138[1]).

Zu Nr. 5: Bei den unter Nr. 5 genannten Personen muß die persönliche Arbeit im Gegensatz zur Arbeit mittels Gehilfen und zur

[1]) Vgl. § 179.

Ausnützung sachlicher Betriebsmittel das wirtschaftlich Wesentliche des Berufs sein. Ohne Bedeutung ist, ob der Beruf selbständig oder im Betrieb eines anderen geübt wird, ob er Haupt- oder Nebenberuf ist. Zu den Künstlern zählen solche Personen, die eine Kunst als Beruf zum Erwerb ausüben oder diese Kunst lehren, z. B. Maler, Musiker, Schauspieler, Architekten und Baumeister, nicht aber diejenigen, die sich erst dem Studium einer Kunst widmen. Geschützt sind auch die Künstler niederer Art, Artisten, Musikanten u. dgl., dagegen nicht der Theaterunternehmer, der nicht durch persönliche Arbeit erwirbt. Unter Nr. 5 fallen auch solche Gewerbetreibende, bei denen die persönliche Leistung das Entscheidende ihres Berufes ist, z. B. kaufmännische Agenten, Handlungsgehilfen und Kleinkaufleute, jedoch immer unter der Voraussetzung, daß die persönliche Tätigkeit gegenüber der Ausnutzung von Betriebsmitteln wirtschaftlich die Hauptrolle spielt.

Zu Nr. 7: Beamte sind nur die in deutschen Diensten stehenden öffentlichen Beamten, Ärzte nur die im Deutschen Reich approbierten Ärzte einschließlich der Zahn- und Tierärzte, dagegen nicht Naturheilkundige.

Zu Nr. 8: Der nach dieser Bestimmung pfändbare Geldbetrag ist nach den Vorschriften des § 850 Abs. 1 Nr. 8, Abs. 2, 4 ZPO. zu berechnen. Danach ist von dem Diensteinkommen und der Pension der genannten Personen nur der dritte Teil des die Summe von monatlich 195 RM[1]) übersteigenden Betrags der Pfändung unterworfen. Die Beihilfen und Zulagen, die mit Rücksicht auf das Vorhandensein unterhaltsberechtigter Angehöriger gewährt werden, sind weder der Pfändung unterworfen noch bei der Ermittlung, ob und zu welchem Betrag ein Bezug der Pfändung unterliegt, zu berechnen. Das gleiche gilt für die Einkünfte, die zur Bestreitung eines Dienstaufwandes bestimmt sind. Die Pfändung ist jedoch ohne Rücksicht auf den Betrag zulässig, wenn sie wegen der den Verwandten, dem Ehegatten oder dem früheren Ehegatten für die Zeit nach Erhebung der Klage und für das diesem Zeitpunkt vorausgehende letzte Vierteljahr kraft Gesetzes zu entrichtenden Unterhaltsbeiträge beantragt wird. Das gleiche gilt nach näherer Maßgabe des § 850

[1]) Nach dem III. Teil der VO. des Reichspr. über Maßnahmen auf dem Gebiete der Rechtspflege und Verwaltung vom 14. Juni 1932 (RGBl. I S. 285) ist mit Wirkung vom 1. Juli 1932 an die Stelle des Betrags von monatlich 195 RM ein Betrag von monatlich 165 RM getreten (vgl. Nr. V der Bek. vom 20. Juni 1932, StAnz. Nr. 141).

Abs. 4 ZPO. hinsichtlich der zugunsten eines unehelichen Kindes von dem Vater für den bezeichneten Zeitraum kraft Gesetzes zu entrichtenden Unterhaltsbeiträge.

Zu Nr. 10: Unentbehrlichkeit wird hier nicht vorausgesetzt.

Zu Nr. 12: Unter diese Bestimmung fallen auch Rollstühle u. dgl.

Zu Nr. 13: Diese Bestimmung setzt einen Todesfall in der Familie des Schuldners voraus; nicht etwa sind Beerdigungsanstalten, Sargfabriken usw. geschützt.

Weitere Pfändungsbeschränkungen.

§ 135 (vgl. § 95 Abs. 1 Nr. 14 bis 16 GA.).

[1]Außerdem sind der Pfändung nicht unterworfen:

1. die einmalige Übergangsbeihilfe, die einmalige Umzugsentschädigung und die Gebührnisse für das Sterbevierteljahr der Unteroffiziere und Mannschaften des Reichsheeres und der Reichsmarine. Das gleiche gilt für einen der einmaligen Übergangsbeihilfe und der einmaligen Umzugsentschädigung gleichwertigen Betrag an Geld, Wertpapieren und Forderungen bis zum Ablauf von drei Monaten nach der Auszahlung der Beträge (§ 28 Abs. 1 des Wehrmachtversorgungsgesetzes in der Fassung vom 19. September 1925, RGBl. I S. 349);
2. innerhalb der nach § 43 des Wehrmachtversorgungsgesetzes vom Reichswehrminister zu bestimmenden Frist ein der an Offiziere ausgezahlten Abfindungssumme gleichwertiger Betrag an Geld, Wertpapieren und Forderungen. Das gleiche gilt für die gemäß § 46 des Wehrmachtversorgungsgesetzes beschafften Kapitalbeträge bis zu ihrer bestimmungsmäßigen Verwendung. Der Pfändung sind ferner nicht unterworfen die an Offiziere gezahlte einmalige Übergangsbeihilfe, die einmalige Umzugsentschädigung und die Gebührnisse für das Sterbevierteljahr. Das gleiche gilt für einen der einmaligen Übergangsbeihilfe und der einmaligen Umzugsentschädigung gleichwertigen Betrag an Geld, Wertpapieren und Forderungen bis zum Ablauf von drei Monaten nach der Auszahlung der Beträge (§ 71 Abs. 1 des Wehrmachtversorgungsgesetzes).

Wegen des Anspruchs des Reichs auf Rückzahlung zu Unrecht erhobener Versorgungsgebührnisse ist die Pfändung von Versorgungsgebührnissen gegen die unter Nr. 1 und 2 bezeichneten Personen ohne Beschränkung zulässig (§ 28 Abs. 2, § 71 Abs. 2 des Wehrmachtversorgungsgesetzes);

3. das Inventar der Posthaltereien (§ 20 des Gesetzes über das Postwesen des Deutschen Reichs vom 28. Oktober 1871, RGBl. S. 347[1]));
4. die Fahrbetriebsmittel einer Eisenbahn (Reichsgesetz vom 3. Mai 1886, RGBl. S. 131, und Art. 55 § 3 des Internationalen Übereinkommens über den Eisenbahnfrachtverkehr vom 23. Oktober 1924, RGBl. 1925 II S. 183).

II Weitere Beschränkungen ergeben sich
1. aus § 861 ZPO. hinsichtlich der beim Güterstande der Verwaltung und Nutznießung vom Ehemann erworbenen Früchte[2])[3]) des eingebrachten Gutes der Ehefrau;
2. aus § 862 ZPO. hinsichtlich der vom Vater oder der Mutter kraft der elterlichen Nutznießung erworbenen Früchte des Vermögens des Kindes[4]);
3. aus § 863 ZPO. hinsichtlich der Nutzungen aus Erbschaften[5]) oder an dem Gesamtgut einer fortgesetzten Gütergemeinschaft[5]);

---

[1]) Nicht pfändbar sind nach § 5 S. 1 dieses Gesetzes auch Briefe auf der Post. Vgl. auch die Bek. über die Pfändung von Postsendungen vom 3. Mai 1923, abgedr. unter Nr. 14.

[2]) D. s. nach § 99 BGB. die Erzeugnisse von Sachen und die sonstige Ausbeute, die aus einer Sache ihrer Bestimmung gemäß gewonnen wird, ferner die natürlichen und juristischen Erträge von Sachen und Rechten.

[3]) Die Früchte des eingebrachten Gutes erwirbt der Mann nach § 1383 BGB. in derselben Weise und in demselben Umfange wie ein Nießbraucher; soweit sie Erzeugnisse oder natürliche Ausbeute sind, erwirbt sie daher der Mann mit der Trennung (§ 954 BGB.). Mit dem Erwerb werden sie Bestandteile seines Vermögens und unterliegen daher auch der Pfändung durch seine Gl., soweit sich nicht schon aus § 811 Nr. 4, § 865 Abs. 2 ZPO. (§ 134 Abs. 1 Nr. 4, § 138 DA.) ein anderes ergibt. Darüber hinaus aber sind sie durch § 861 Abs. 1 S. 2 ZPO. der Pfändung insoweit entzogen, als sie erforderlich sind zur Erfüllung der in den §§ 1384 bis 1387 BGB. bestimmten Verpflichtungen des Ehemanns (Kosten der Gewinnung der Früchte und der Erhaltung des eingebrachten Gutes, die Abgaben, privatrechtlichen Lasten, Versicherungsbeiträge, Schuldzinsen, Unterhaltsleistungen der Frau, Prozeß- und Verteidigungskosten), zur Erfüllung der dem Mann seiner Ehefrau, seiner früheren Ehefrau oder seinen Verwandten gegenüber gesetzlich obliegenden Unterhaltspflicht und zur Bestreitung seines standesmäßigen Unterhalts.

[4]) § 861 Abs. 1 S. 2 ZPO. ist mit der Maßgabe für entsprechend anwendbar erklärt, daß die in §§ 1655, 1656 BGB. bezeichneten Ansprüche (auf den jährlichen Reingewinn aus einem Erwerbsgeschäft des Kindes und auf Herausgabe der Nutzungen bei fehlendem Verwaltungsrecht der Eltern), wenn sie fällig sind, den erworbenen Früchten gleichstehen.

[5]) Beschränkung der Zwangsvollstreckung zugunsten des wegen Verschwendung oder Überschuldung im Pflichtteil (§ 2338 BGB.) oder im

4. aus § 83 des Reichsversorgungsgesetzes und § 6 des Altrentnergesetzes, beide in der Fassung vom 22. Dezember 1927 (RGBl. I S. 515, 531) hinsichtlich der an einen früheren Angehörigen der deutschen Wehrmacht oder dessen Hinterbliebenen wegen einer Dienstbeschädigung gezahlten Abfindungssumme[1]).

III Die Zwangsvollstreckung in ein Werk der Literatur oder der Tonkunst (d. h. die Handschrift, Notenschrift, Partitur, Originalzeichnung usw., nicht aber die auf dem Wege der Vervielfältigung des Werkes hergestellten Stücke) ist gegen den Urheber des Werkes selbst ohne dessen Einwilligung nicht zulässig. Die Einwilligung kann nicht durch den gesetzlichen Vertreter erteilt werden. Gegen den Erben des Urhebers ist ohne seine Einwilligung die Zwangsvollstreckung nur zulässig, wenn das Werk erschienen, d. h. im Verlagshandel herausgegeben ist. Ist das Urheberrecht auf einen anderen Rechtsnachfolger als den Erben übergegangen, so ist die Zwangsvollstreckung uneingeschränkt zulässig. Das gleiche gilt für die auf dem Wege der Vervielfältigung hergestellten Stücke (§ 10 des Gesetzes, betreffend das Urheberrecht an Werken der Literatur und Tonkunst, vom 19. Juni 1901, RGBl. S. 227).

IV In ein Werk der bildenden Künste oder der Photographie ist die Zwangsvollstreckung zulässig. Dagegen darf die Zwangsvollstreckung in solche Formen, Platten, Steine oder sonstige Vorrichtungen, die ausschließlich zur Vervielfältigung eines Werkes der bildenden Künste oder der Photographie bestimmt sind, gegen den Urheber ohne dessen Einwilligung nicht vorgenommen werden. Die Einwilligung kann nicht durch den gesetzlichen Vertreter erteilt werden. Gegen den Erben des Urhebers ist ohne seine Einwilligung die Zwangsvollstreckung nur zulässig, wenn das Werk oder eine Vervielfältigung davon erschienen ist (§ 14 des Gesetzes, betreffend das Urheberrecht an Werken der bildenden Künste und der Photographie vom 9. Januar 1907, RGBl. S. 7).

Anteil an der fortgesetzten Gütergemeinschaft (§ 1513 Abs. 2 BGB.) beschränkten Abkömmlings gegenüber seinen persönlichen Gl.

[1]) Nach Art. 1 Nr. II, 11 des II. Teils der VO. des Reichspr. über Maßnahmen auf dem Gebiete der Rechtspflege und Verwaltung vom 14. Juni 1932 (RGBl. I S. 285) sind seit dem 16. Juni 1932 Gartenhäuser, Wohnlauben und ähnliche Wohnzwecken dienende Einrichtungen, die der ZwVollstr. in das bewegliche Vermögen unterliegen, unpfändbar, wenn sie von dem Schuldner oder seiner Familie zur ständigen Unterkunft benützt werden (vgl. Nr. IV der Bek. vom 20. Juni 1932, StAnz. Nr. 141).

§ 136 (§ 96 Abs. 1 GA.). Beschränkungen der Pfändung nach § 803 Abs. 2 und § 812 ZPO.

Die Pfändung hat zu unterbleiben, wenn sich von der Verwertung der zu pfändenden Gegenstände ein Überschuß über die Kosten der Zwangsvollstreckung nicht erwarten läßt (§ 803 Abs. 2 ZPO.)[1]). Sachen, die zum gewöhnlichen Hausrat gehören und im Haushalt des Schuldners gebraucht werden, sollen nicht gepfändet werden, wenn ohne weiteres ersichtlich ist, daß durch ihre Verwertung nur ein Erlös erzielt werden würde, der zu dem Werte, den die Sachen für den Schuldner haben, außer allem Verhältnis steht (§ 812 ZPO.).

§ 137 (neu). Stellung des Gerichtsvollziehers zu den Pfändungsbeschränkungen.

I Der Gerichtsvollzieher hat selbständig darüber zu entscheiden, welche von den Sachen des Schuldners gemäß den in den §§ 134 bis 136 angeführten gesetzlichen Vorschriften von der Pfändung auszuschließen sind[2]). Soweit die Befriedigung des Gläubigers nicht gefährdet wird, hat er Sachen, deren Pfändbarkeit zweifelhaft ist, zu übergehen. Maßgebend für die Entscheidung sind die Verhältnisse zur Zeit der Pfändung.

II Hat der Gerichtsvollzieher die Pfändung ausgeführt, so ist er zu ihrer eigenmächtigen Aufhebung nicht befugt, selbst wenn er sich nachträglich von der Unrechtmäßigkeit der Pfändung überzeugt; vielmehr bedarf es hierzu einer Anweisung des Gläubigers[3]) oder einer Anordnung des Vollstreckungsgerichts[4]).

§ 138 (§ 134 GA.). Pfändung von Zubehörstücken, Erzeugnissen und sonstigen Bestandteilen eines Grundstücks.

I Gegenstände, die Zubehör eines Grundstücks sind und dem Eigentümer des Grundstücks gehören[5]), können nicht gepfändet wer-

[1]) Ähnliches gilt, wenn diese Sachlage infolge veränderter Verhältnisse (z. B. wegen nachträglicher Freigabe eines Teiles der gepfändeten Gegenstände) eingetreten ist. Der GV. wird von der Versteigerung einstweilen absehen und den Gl. wegen der weiteren Freigabe, den Schuldner wegen Herbeiführung einer Entscheidung des VollstrGerichts entsprechend benachrichtigen.

[2]) Vgl. § 127 Abs. 2 und § 140 Abs. 2.

[3]) Oder seines Bevollmächtigten (§§ 5, 6). Vgl. ferner § 89 S. 2.

[4]) S. § 90.

[5]) D. h. in das Eigentum des Grundstückseigentümers gelangt sind. Das ist z. B. nicht der Fall bei Stücken, an denen ein Eigentumsvorbehalt des Verkäufers besteht (§ 455 BGB.) oder bei dem vom Mieter, Pächter usw. beschafften Zubehör.

den (§ 865 Abs. 2 Satz 1 ZPO.)[1][2]. Zubehörstücke sind bewegliche Sachen, die, ohne Bestandteil des Grundstücks zu sein, dem wirtschaftlichen Zwecke des Grundstücks zu dienen bestimmt sind, zu dem Grundstück in einem dieser Bestimmung entsprechenden räumlichen Verhältnisse stehen und im Verkehr als Zubehör angesehen werden. Die vorübergehende Trennung eines Zubehörstücks von dem Grundstücke hebt die Zubehöreigenschaft nicht auf (§ 97 BGB.).

II Dem wirtschaftlichen Zwecke des Grundstücks zu dienen bestimmt sind insbesondere:

1. bei einem Gebäude, das für einen gewerblichen Betrieb dauernd eingerichtet ist, insbesondere bei einer Mühle, einer Schmiede, einem Brauhaus, einer Fabrik, die zu dem Betriebe bestimmten Maschinen und sonstigen Gerätschaften;
2. bei einem Landgute das zum Wirtschaftsbetriebe bestimmte Gerät und Vieh, die landwirtschaftlichen Erzeugnisse, soweit sie zur Fortführung der Wirtschaft bis zu der Zeit erforderlich sind, zu der gleiche oder ähnliche Erzeugnisse voraussichtlich gewonnen werden, sowie der vorhandene, auf dem Gute gewonnene Dünger (§ 98 BGB.)[3].

III Die von einem Grundstücke getrennten Erzeugnisse und sonstigen Bestandteile, die dem Eigentümer des Grundstücks gehören, können, soweit sie nicht Zubehör des Grundstücks sind, gepfändet werden, solange nicht ihre Beschlagnahme im Wege der Zwangsvollstreckung in das unbewegliche Vermögen erfolgt ist[4]) (§ 865 Abs. 2 Satz 2 ZPO.).

Besondere Vorschriften über den Verkehr mit bestimmten Gegenständen.

§ 139 (§ 95 Abs. 2 GA.).

Bei der Pfändung und Verwertung beweglicher Sachen hat der Gerichtsvollzieher auch die besonderen Vorschriften zu beachten,

---

[1]) Zubehör kann für sich allein auch nicht vom Realgl. (z. B. Hypothekgl.), auch nicht auf Grund des vollstreckbaren dinglichen Anspruchs gepfändet werden. Auch der Realgl. kann das Zubehör nur zusammen mit dem Grundstück zur ZwVollstr. bringen.

[2]) Nach Aufhebung der Zubehöreigenschaft (§ 1121, § 1122 Abs. 2 BGB.) ist die Pfändung zulässig.

[3]) Der Pfändung unterliegen also z. B. die vom Grundstück getrennten Erzeugnisse eines Landguts, die nicht zur Fortführung der Wirtschaft erforderlich, sondern zum Verkaufe bestimmt sind, unter den Voraussetzungen des Abs. 3. — Wegen der Zulässigkeit und der Ausführung der Pfändung von Früchten, die vom Boden noch nicht getrennt sind, s. §§ 175, 176ff. — Wegen der Zuziehung eines Sachverständigen vgl. §§ 179, 180.

[4]) §§ 20 bis 22, 148, 151 ZVG.

durch die der Verkehr mit bestimmten Gegenständen verboten oder nur unter gewissen Voraussetzungen oder unter gewissen Beschränkungen gestattet ist. Als solche Gegenstände kommen in Betracht unzüchtige Abbildungen und Darstellungen, gesundheitsschädliche Eß-, Trink- oder Kochgeschirre oder Spielwaren, verdorbene, nachgemachte oder verfälschte Nahrungs- oder Genußmittel, Gifte, Arzneien, Schußwaffen, Munition, Sprengstoffe u. dgl. Als besondere Vorschriften dieser Art gehören hierher insbesondere auch seuchenpolizeiliche und Steuervorschriften[1]). Auf die Bekanntmachung über die Pfändung von Postsendungen vom 3. Mai 1923 (JMBl. n. F. Bd. II S. 198)[2]), über die Pflichten der Gerichtsvollzieher nach dem Schußwaffengesetz vom 6. Mai 1929 (JMBl. n. F. Bd. III S. 301)[3]) und über die Pflichten der Gerichtsvollzieher nach den Reichssteuergesetzen und dem bayerischen Stempelgesetze vom 23. Juli 1930 (JMBl. n. F. Bd. III S. 426)[4]) wird verwiesen[5]).

§ 140 (§ 94 GA.).

Pfändung von Sachen, die sich im Gewahrsam des Schuldners befinden.

I Sollen Sachen, die sich im Gewahrsam des Schuldners befinden, gepfändet werden, so hat der Gerichtsvollzieher den Schuldner oder, wenn dieser nicht angetroffen wird, eine sonst in der Wohnung angetroffene, zur Familie des Schuldners gehörige oder in ihr dienende erwachsene Person aufzufordern, ihm die bewegliche Habe des Schuldners vorzuzeigen und, soweit der Zweck der Vollstreckung es erfordert, seine Zimmer, Keller, Böden und sonstigen Räume sowie die darin befindlichen Kästen, Schränke und sonstigen Behältnisse zu öffnen[6]).

II Bei der Auswahl der zu pfändenden Gegenstände ist darauf zu sehen, wie der Gläubiger auf kürzestem Wege befriedigt, andererseits der Hausstand des Schuldners nicht unnötig beeinträchtigt wird.

[1]) Ferner die Vorschriften über die Devisenbewirtschaftung, insbes. §§ 3—10 in Verbindung mit § 26 sowie § 12 und § 14 Abs. 1 DevVO., vgl. S. 75 Anm. 3.

[2]) Abgedr. unter Nr. 14. [3]) Abgedr. unter Nr. 17.

[4]) Abgedr. unter Nr. 19.

[5]) Nach der in der Praxis überwiegenden Meinung ist die im Wege der ZwVollstr. erfolgende Versteigerung von Wein nicht als durch § 2 der VO. über Wein vom 31. Aug. 1917 (RGBl. S. 751) verboten anzusehen.

[6]) Voraus geht die Aufforderung an den am Orte der Vollstr. angetroffenen Schuldner zur freiwilligen Leistung (§ 115). Wegen der Zwangsbefugnisse des GV. s. §§ 116f.

Demgemäß hat der Gerichtsvollzieher, soweit tunlich, die Pfändung in erster Linie auf bares Geld, Kostbarkeiten und solche Wertpapiere, die den Vorschriften über die Zwangsvollstreckung in bewegliche körperliche Sachen unterliegen (§§ 171 bis 174) und einen Börsen- oder Marktpreis haben, sowie auf die dem Schuldner sonst entbehrlichsten Sachen zu richten. Dabei sind die Erklärungen des Schuldners oder seiner Angehörigen tunlichst zu berücksichtigen. Sachen, deren Aufbewahrung, Unterhaltung oder Fortschaffung unverhältnismäßige Kosten verursachen oder deren Veräußerung mit Schwierigkeiten verbunden oder nur mit großem Verlust möglich sein würde, sind nur zu pfänden, wenn andere Pfandstücke in ausreichendem Maße nicht vorhanden sind.

III Die Pfändung darf nicht weiter ausgedehnt werden, als zur Befriedigung des Gläubigers und zur Deckung der Kosten der Zwangsvollstreckung erforderlich ist (§ 803 ZPO.). Der Gerichtsvollzieher hat deshalb den Erlös, der aus den einzelnen gepfändeten Sachen zu erzielen sein wird, bei der Pfändung zu veranschlagen. Fehlt ihm die erforderliche Sachkunde, so soll er einen Sachverständigen[1]) beiziehen.

IV Außerdem hat der Gerichtsvollzieher, tunlichst bei der Pfändung, auf jeden Fall vor der Versteigerung, den gewöhnlichen Verkaufswert der gepfändeten Sachen zu schätzen. Unter dem gewöhnlichen Verkaufswert ist der Preis zu verstehen, der nach der Beschaffenheit der gepfändeten Sachen und nach den allgemeinen und örtlichen wirtschaftlichen Verhältnissen im freien Verkehr für die gepfändeten Sachen gezahlt werden würde. Ist gemäß § 813 ZPO. (§ 179 DA.) zur Pfändung ein Sachverständiger zugezogen, so hat dieser die Schätzung vorzunehmen. Mit der Schätzung gepfändeter Wertpapiere, die einen Börsen- oder Marktpreis nicht haben, hat der Gerichtsvollzieher einen kaufmännischen Sachverständigen[1]) zu beauftragen. Auch in anderen Fällen kann der Gerichtsvollzieher einen Sachverständigen[1]) zuziehen. Für die Schätzung von gepfändeten Kostbarkeiten, insbesondere von Gold- und Silbersachen, gilt § 154 Abs. 2 (§ 1 der Bekanntmachung über das Mindestgebot bei

[1]) Die Auswahl des Sachverständigen obliegt dem GV. Wegen der Zuziehung eines landwirtschaftlichen Sachverständigen s. §§ 179 ff., insbesondere § 181, deren Vorschriften auf die Zuziehung von Sachverständigen in sonstigen Fällen entsprechend anzuwenden sein werden. Der GV. wird daher in erster Linie einen amtlich bestellten Sachverständigen zuziehen; ist ein solcher nicht zur Verfügung, empfiehlt es sich, sich wegen Benennung einer geeigneten Persönlichkeit an die am Orte der Vollstr. befindlichen Organisationen oder Vereinigungen der Industrie, des Handels oder Ge-

der Versteigerung gepfändeter Sachen vom 8. Oktober 1914, RGBl. S. 427[1])).

V Wird der gewöhnliche Verkaufswert der Pfandstücke von dem Gerichtsvollzieher oder einem Sachverständigen nachträglich geringer geschätzt, so hat der Gerichtsvollzieher dies zu den Akten zu vermerken und den Parteien hiervon Mitteilung zu machen. Ferner ist § 170 zu beachten.

§ 141 (vgl. § 97 GA.).

Rechte dritter Personen an den im Gewahrsam des Schuldners befindlichen Gegenständen.

I Der Gerichtsvollzieher hat sich grundsätzlich nicht mit der Prüfung zu befassen, ob die zu pfändenden Gegenstände zum Vermögen des Schuldners gehören. Entscheidend für ihn ist lediglich, ob die zu pfändenden Gegenstände sich in der tatsächlichen Gewalt (Gewahrsam) des Schuldners befinden[2]).

II Ausnahmsweise ist die Prüfung, ob der zu pfändende Gegenstand zum Vermögen des Schuldners gehört, dann veranlaßt, wenn der Schuldner nach dem Inhalte des Schuldtitels[3]) nicht mit seinem eigenen Vermögen, sondern nur mit dem seiner Verwaltung unterstehenden fremden Vermögen haftet, z. B. der Ehemann hinsichtlich des eingebrachten Gutes, der Testamentsvollstrecker oder der Konkursverwalter hinsichtlich des seiner Verwaltung unterliegenden Vermögens. In diesen Fällen hat der Gerichtsvollzieher auch zu prüfen, ob die zu pfändende Sache zu dem nach dem Schuldtitel der Vollstreckung unterworfenen Vermögen gehört.

III Die Pfändung von Gegenständen, deren Nichtzugehörigkeit zum Vermögen des Schuldners für den Gerichtsvollzieher außer Zweifel steht, hat zu unterbleiben. Dies ist z. B. der Fall bei den dem Frachtführer zum Transport, dem Handwerker zur Reparatur oder dem Pfandleiher als Pfand übergebenen Gegenständen, bei den dem Kaufmann unter Eigentumsvorbehalt gelieferten Waren. Das gleiche gilt für solche Gegenstände, die nach Handelsgebrauch dem Schuldner nur leihweise überlassen werden, namentlich für Eisen-, Stahl-, Blei-, Korbflaschen, Kupfer- und Aluminiumkannen, für Metall-

---

werbes zu wenden. Jedenfalls ist die Zuziehung von Personen, die mit dem Gl. oder dem Schuldner nahe verwandt oder verschwägert oder an der Sache beteiligt sind, zu vermeiden. Wegen der Vergütung gilt § 182 entsprechend. Vgl. § 16 Nr. 4 RGebO., abgedr. unter Nr. 3.

[1]) Abgedr. unter Nr. 12.

[2]) Vgl. §§ 132, 133.

[3]) Vgl. § 102.

fässer bei Lieferungen von Erzeugnissen der chemischen Industrie wie Kohlensäure, Sauerstoff, Wasserstoff, Azetylen, sonstigen Gasen und Flüssigkeiten, für Fässer, Glas- und Korbflaschen und Flaschenkästen bei Lieferung von Flüssigkeiten oder ähnlichen Waren wie Bier, Wein, Spirituosen, Öl, Essig, Fruchtsaft, Fruchtsyrup, Stärkesyrup, Mineralwasser, Milch, Sauerkraut, für wertvollere Kisten und Säcke bei Lieferungen sonstiger Art, endlich für Einrichtungen für den Telegraphen- und Fernsprechverkehr. Auf die Bekanntmachung über das Verfahren der Gerichtsvollzieher bei der Pfändung von Kohlensäureflaschen und ähnlichen Packgefäßen vom 12. November 1928 (JMBl. n. F. Bd. III S. 243)[1]) und über das Verfahren der Gerichtsvollzieher bei der Pfändung von Einrichtungen für den Telegraphen- und Fernsprechverkehr vom 23. Januar 1930 (JMBl. n. F. Bd. III S. 351)[2]) wird verwiesen. Besteht der Gläubiger auf der Pfändung von Sachen, von denen der Gerichtsvollzieher weiß oder überzeugt ist, daß sie nicht dem Schuldner gehören, so ist die Pfändung ohne Rücksicht auf die Rechte dritter Personen durchzuführen.

IV Behauptet der Schuldner oder ein Dritter, daß die zu pfändenden Gegenstände einem Dritten gehören oder daß an ihnen ein Pfand- oder Vorzugsrecht oder ein sonstiges die Veräußerung hinderndes Recht eines Dritten besteht (s. §§ 771 bis 774, 805, § 810 Abs. 2 ZPO.), so hat ihre Pfändung zu unterbleiben, wenn andere Gegenstände gepfändet werden können, die zur Deckung der beizutreibenden Forderung ausreichen. Ist dies nicht der Fall, so hat der Gerichtsvollzieher die Pfändung ohne Rücksicht auf den Widerspruch des Schuldners oder des Dritten durchzuführen und die Beteiligten mit der Geltendmachung ihrer Rechte an den Gläubiger und an das Gericht zu verweisen[3]). Da in diesem Falle nicht feststeht, welche Gegenstände zur Befriedigung des Gläubigers verwendbar bleiben, kann die Pfändung auch über die im § 803 ZPO. (§ 140 Abs. 3 DA.) bestimmte Wertgrenze hinaus ausgedehnt werden.

---

[1]) Abgedr. unter Nr. 16.

[2]) Abgedr. unter Nr. 18.

[3]) Die Geltendmachung hat durch Erhebung der Widerspruchsklage aus § 771 ZPO. oder der Klage auf vorzugsweise Befriedigung aus dem Erlöse nach § 805 ZPO. zu erfolgen. Im ersteren Falle kann im Wege der einstweiligen Anordnung (§ 769 ZPO.) die Einstellung der ZwVollstr., im letzteren auf dem gleichen Wege die Hinterlegung des Erlöses angeordnet werden (§ 805 Abs. 4 ZPO.); vgl. § 123 Abs. 2 Nr. 2 und S. 166 Anm. 1.

V Werden hiernach Sachen trotz derartiger Erklärungen des Schuldners oder eines Dritten gepfändet, so hat der Gerichtsvollzieher diese Erklärungen im Protokoll zu beurkunden und den Gläubiger unverzüglich zu benachrichtigen.

VI Gepfändetes Geld hat der Gerichtsvollzieher zu hinterlegen, wenn ihm vor der Ablieferung an den Gläubiger durch Zeugen, Urkunden oder eine vor einem Notar abgegebene eidesstattliche Versicherung glaubhaft gemacht wird, daß einem Dritten ein die Veräußerung hinderndes Recht an dem Gelde zusteht. Wird ihm nicht binnen zwei Wochen seit dem Tage der Pfändung eine Entscheidung des Prozeßgerichts über die Einstellung der Zwangsvollstreckung vorgelegt, so hat er die Herausgabe des Geldes bei der Hinterlegungsstelle zum Zwecke der Aushändigung an den Gläubiger zu veranlassen (§ 815 Abs. 2 ZPO.).

§ 142 (§ 98 GA.). Vollziehung der Pfändung.

I Die Pfändung wird dadurch bewirkt, daß der Gerichtsvollzieher die zu pfändenden Sachen in Besitz nimmt (§ 808 Abs. 1 ZPO.).

II Geld, Kostbarkeiten und Wertpapiere hat der Gerichtsvollzieher sogleich an sich zu nehmen[1]); andere Sachen sind dagegen im Gewahrsam des Schuldners zu belassen[2]), sofern nicht hierdurch die Befriedigung des Gläubigers gefährdet[3]) wird (§ 808 Abs. 2 ZPO.). Kostbarkeiten sind Gegenstände, deren Wert im Verhältnis zu ihrem Umfang besonders hoch ist, wie Gegenstände aus Gold, Silber oder Platin, Edelsteine, echte Perlen, Münzen, Kunstwerke, Kunstaltertümer u. dgl. Ob eine Gefährdung der Befriedigung des Gläubigers vorliegt oder nach der Pfändung einzutreten droht, hat der Gerichtsvollzieher nach Prüfung aller Umstände selbständig zu beurteilen.

---

[1]) Der GV. verfährt damit nach § 148 Abs. 2. Wenn die Wegschaffung besonderen Schwierigkeiten begegnet oder eine erhebliche Gefahr für die Sache bedeutet, z. B. bei wertvollen Kunstsammlungen, wird der GV. die Einwilligung des Gl. zur Belassung einholen.

[2]) Vgl. §§ 143ff.

[3]) Ob eine solche Gefährdung vorliegt, hat der GV. selbständig zu beurteilen; an Weisungen des Gl. ist er insoweit nicht gebunden. Kommt der GV. zu dem Ergebnis, daß eine solche Gefährdung vorliegt, z. B. weil Beiseiteschaffung durch den Schuldner oder Dritte zu besorgen ist, weil der Schuldner für die Erhaltung der Gegenstände nicht sorgen kann oder will oder weil sie, z. B. wegen Feuchtigkeit der Unterbringungsräume, der Gefahr des Verderbens ausgesetzt sind, so ist er, wenn nicht der Gl. n die Belassung einwilligt, zur Wegschaffung verpflichtet.

Wird eine Gefährdung später erkennbar, so hat der Gerichtsvollzieher die Pfandstücke nachträglich an sich zu nehmen[1] [2]).

§ 143 (§ 99 GA.).

1. Belassung der Sachen im Gewahrsam des Schuldners: a) Allgemeines.

I Werden die Pfandstücke im Gewahrsam des Schuldners belassen, so hängt die Wirksamkeit der Pfändung davon ab, daß sie in einer für jedermann erkennbaren Weise ersichtlich gemacht wird (§ 808 Abs. 2 Satz 2 ZPO.)[3]). Dies gilt auch dann, wenn die Fortschaffung nur aufgeschoben wird. Dabei genügt es nicht, nur überhaupt ersichtlich zu machen, daß eine Pfändung stattgefunden hat, sondern es muß auch erkennbar sein, welche einzelne Sachen gepfändet sind.

II Bei den Sachen, bei denen nach ihrer Beschaffenheit die Anlegung von Siegeln möglich und geeignet ist, die Pfändung ersichtlich zu machen, ist diese Maßnahme anzuwenden. Der Gerichtsvollzieher hat sich dabei seines Dienstsiegels zu bedienen. Wenn möglich, ist jedes einzelne Pfandstück an einer in die Augen fallenden Stelle[4]) mit einer Siegelmarke, einem Siegelabdruck oder einem

---

[1]) Auch wenn inzwischen die Einstellung der ZwVollstr. angeordnet worden ist. Vgl. auch § 147.

[2]) Wegen der besonderen Anordnungen für die Wegschaffung von Waren, die den Verbrauchsteuern und dem Branntweinmonopol unterliegen, s. § 7 Abs. 2, § 9 Abs. 2 der Bek. über die Pflichten der GV. nach den Reichssteuergesetzen und dem bayerischen Stempelgesetze vom 23. Juli 1930 (JMBl. n. F. Bd. III S. 426), abgedr. unter Nr. 19.

[3]) Die Pfändung muß also jedermann bei gewöhnlicher Aufmerksamkeit gleich erkennbar sein. Ist das nicht der Fall, so ist die Pfändung nichtig; die Nichtigkeit wird auch durch spätere Besitzergreifung und Verwertung nicht geheilt. Es ist kein Pfandrecht entstanden. Der GV. setzt durch einen Verstoß gegen diese Vorschrift den Staat und sich selbst ganz besonders der Gefahr der Haftung aus. Bei der Ersichtlichmachung ist daher peinlichste Sorgfalt geboten.

Die DA. unterscheidet zwischen der Ersichtlichmachung durch Pfandzeichen und jener durch Pfandanzeige. Die erstere, also die Anbringung von Pfandzeichen, ist die Regel; nur wenn sie nicht möglich ist oder zur Ersichtlichmachung nicht ausreicht, ist die Anbringung einer Pfandanzeige zugelassen.

[4]) Dagegen wird aus Entgegenkommen für den Schuldner nicht selten verstoßen. Die Schonung der Interessen des Schuldners muß aber da zurücktreten, wo dadurch die Rechtswirksamkeit der Pfändung gefährdet wird. Die Pfandzeichen dürfen also z. B. nicht auf der der Wand zugekehrten Seite von Möbeln, Bildern, nicht auf der unteren Seite einer Tischplatte, eines Teppichs usw., auch nicht so angebracht werden, daß es für den Dritten erst einer besonderen Nachschau oder der Aufwendung besonderer Aufmerksamkeit bedarf, um die Tatsache der Pfändung zu erkennen.

sonst geeigneten Pfandzeichen zu versehen. Das Pfandzeichen ist so anzubringen, daß die Sache dadurch nicht beschädigt wird. Ist bei der Pfändung einer Mehrzahl von Sachen wegen der Menge der einzelnen Pfandstücke die Anbringung eines Pfandzeichens an jedem Stück untunlich, so genügt ein gemeinschaftliches Pfandzeichen dann[1]), wenn es in der Art angelegt wird, daß darüber, welche Sachen gepfändet sind, kein Zweifel bestehen kann[2]). So genügt z. B. für die Pfändung von Stoffwaren, daß diese mit einer Schnur zusammengebunden werden und an der Stelle, wo die Schnur zusammengeknüpft wird, ein Pfandzeichen angebracht wird, für die Pfändung von Eisenwaren, daß diese in eine Kiste verpackt werden und der Verschluß der Kiste mit einem Pfandzeichen versiegelt wird. Nimmt der Gerichtsvollzieher mit Zustimmung des Schuldners die Versiegelung von Räumen vor, so hat er darauf zu achten, daß die Pfandzeichen an sämtlichen Türen angebracht werden. Die Schlüssel versiegelter Behältnisse oder Räume hat der Gerichtsvollzieher an sich zu nehmen.

III Läßt sich wegen der Beschaffenheit der Pfandstücke ein Pfandzeichen nicht anlegen oder reicht ein solches nicht aus, um die Pfändung ersichtlich zu machen[3]), so ist an dem Orte, an dem sich die Pfandstücke befinden (z. B. in dem Lagerboden, dem Viehstalle, dem Speicher), ein auf die Pfändung hinweisendes Schriftstück (Pfandanzeige) in der Art anzubringen, daß jedermann davon Kenntnis nehmen kann[4]). Die Pfandanzeige hat die Pfandstücke genau zu bezeichnen; sie ist mit der Unterschrift des Gerichtsvollziehers und dem Dienstsiegel zu versehen.

IV Wird ein Teil eines Vorrates gepfändet (vgl. § 811 Nr. 2, 3, 4 ZPO.), so ist er von dem nicht gepfändeten Teil äußerlich zu trennen.

V Erforderlichenfalls ist für die gepfändeten Sachen ein Hüter zu bestellen. Zum Hüter kann auch eine bei dem Gläubiger oder

---

[1]) Aber auch nur dann.

[2]) Wenn solche Zweifel möglich sind, ist jede Sache mit einem besonderen Pfandzeichen zu versehen oder die Pfändung durch Anbringung einer Pfandanzeige vorzunehmen.

[3]) Vgl. S. 133 Anm. 3.

[4]) Die Pfandanzeige muß so angebracht werden, daß sie jedermann sofort sehen kann. Es genügt also z. B. bei der Pfändung von Waren, die in einem Regal aufbewahrt sind, nicht, wenn die Pfandanzeige an der Innenseite des Regals angebracht wird. Besonders zu beachten ist bei der Vornahme der Pfändung durch Anbringung einer Pfandanzeige die Vorschrift in Abs. 4.

dem Schuldner im Dienste stehende Person bestellt werden. Die Vergütung des Hüters ist nach den ortsüblichen Preisen, soweit tunlich, im voraus festzusetzen[1][2]).

§ 144 (§ 100 GA.). b) Gepfändete Tiere.

Werden gepfändete Tiere im Gewahrsam des Schuldners belassen, so kann der Gerichtsvollzieher mit dem Schuldner vereinbaren, daß dieser befugt sein soll, als Entgelt für die Fütterung und Pflege des Tieres dessen gewöhnliche Nutzungen, z. B. die Milch einer gepfändeten Kuh, im Haushalte zu verbrauchen. Der Schuldner ist anzuweisen, eine Erkrankung des Tieres, insbesondere eine etwa erforderlich werdende Notschlachtung, dem Gerichtsvollzieher sofort anzuzeigen (vgl. auch § 170).

§ 145 (§ 101 GA.). c) Belehrung des Schuldners und seiner Angehörigen.

Dem Schuldner oder in seiner Abwesenheit einem etwa anwesenden Angehörigen ist zu eröffnen, daß die gepfändeten Sachen sich nunmehr im Besitze des Gerichtsvollziehers befinden und der Schuldner sie nur für diesen im Gewahrsam hat und daß der Schuldner sowie jeder andere sich jeder Verfügung über die Pfandstücke sowie der Beschädigung oder Ablösung der angelegten Siegel oder der angebrachten Anzeigen bei Meidung der gesetzlichen Strafen (§§ 134, 136, 137 StGB.)[3]) enthalten müsse.

---

[1]) Vgl. § 16 Nr. 7 RGebO., abgedr. unter Nr. 3.

[2]) Bestr. ist, inwieweit der Schuldner die in seinem Gewahrsam belassenen gepfändeten Gegenstände weiter benutzen darf. Die Frage wird nur nach Lage des Einzelfalls entschieden werden können. Ausgeschlossen ist die weitere Benutzung jedenfalls, soweit sie ohne Beseitigung der Pfandzeichen nicht erfolgen kann, sowie bei gepfändeten Gegenständen, die ihrer Beschaffenheit oder ihrer natürlichen Zweckbestimmung nach dem Verbrauch oder bei der Benützung einer starken Abnützung unterliegen. Würde sich eine solche Abnutzung ergeben, so wäre die Befriedigung des Gl. durch die Belassung beim Schuldner gefährdet. Der GV. darf daher solche Gegenstände dem Schuldner nicht belassen oder er muß sie, wenn die Gefährdung nachträglich hervortritt, aus dem Gewahrsam des Schuldners entfernen. Bei Kraftfahrzeugen jeder Art wird eine solche Gefährdung regelmäßig angenommen werden müssen. Es wird aber genügen, wenn der GV. einen für die Benutzung wesentlichen Bestandteil des gepfändeten Gegenstandes in seinen Gewahrsam nimmt, sofern dadurch die Gefährdung der Befriedigung des Gl. beseitigt erscheint.

[3]) Diese Vorschriften lauten:

§ 134. Wer öffentlich angeschlagene Bekanntmachungen, Verordnungen, Befehle oder Anzeigen von Behörden oder Beamten böswillig ab-

d) Nachträgliche Herausgabe gepfändeter Sachen an den Schuldner.

§ 146 (neu).

Nach den Vorschriften der §§ 143 bis 145 ist auch zu verfahren, wenn der Gerichtsvollzieher Pfandstücke, die nicht im Gewahrsame des Schuldners waren oder belassen sind, diesem nachträglich unter Aufrechterhaltung der Pfändung herausgibt. Insbesondere ist darauf zu achten, daß die Pfändung nach § 143 ersichtlich gemacht wird, da sonst das Pfandrecht erlöschen würde.

e) Beseitigung der zur Ersichtlichmachung der Pfändung getroffenen Vorkehrungen.

§ 147 (neu).

Sind die zur Ersichtlichmachung der Pfändung getroffenen Vorkehrungen später beseitigt oder die angebrachten Siegelmarken usw. abgefallen, so hat der Gerichtsvollzieher, sobald er davon Kenntnis erhält, für die Erneuerung der Ersichtlichmachung zu sorgen. Auch hat er zu prüfen, ob durch weitere Belassung der Pfandstücke im Gewahrsam des Schuldners die Befriedigung des Gläubigers gefährdet wird; ist dies der Fall, so hat er die Pfandstücke aus dem Gewahrsam des Schuldners zu entfernen[1]) [2]).

2. Entfernung der Sachen aus dem Gewahrsam des Schuldners:
a) Allgemeines.

§ 148 (§ 102, § 108 Abs. 3 GA.).

[1]Werden die Pfandstücke nicht im Gewahrsam des Schuldners belassen, so ist der Gerichtsvollzieher verpflichtet[3]), für ihre sichere

---

reißt, beschädigt oder verunstaltet, wird mit Geld oder mit Gefängnis bis zu sechs Monaten bestraft.

§ 136. Wer unbefugt ein amtliches Siegel, welches von einer Behörde oder einem Beamten angelegt ist, um Sachen zu verschließen, zu bezeichnen oder in Beschlag zu nehmen, vorsätzlich erbricht, ablöst oder beschädigt oder den durch ein solches Siegel bewirkten amtlichen Verschluß aufhebt, wird mit Gefängnis bis zu sechs Monaten oder mit Geld bestraft.

§ 137. Wer Sachen, welche durch die zuständigen Behörden oder Beamten gepfändet oder in Beschlag genommen worden sind, vorsätzlich beiseite schafft, zerstört oder in anderer Weise der Verstrickung ganz oder teilweise entzieht, wird mit Gefängnis bis zu einem Jahre oder mit Geld bestraft.

[1]) Vgl. § 142, auch S. 133 Anm. 1.

[2]) Besteht der Verdacht einer strafbaren Handlung nach §§ 134, 136, 137 StGB. (s. S. 135 Anm. 3), so wird der GV. den Gl. benachrichtigen, damit dieser Strafanzeige erstatten kann. Der GV. kann nach pflichtgemäßem Ermessen die Anzeige auch selbst erstatten.

[3]) Anders setzt er den Staat und sich selbst der Gefahr der Haftung aus.

Unterbringung und Verwahrung und nötigenfalls für ihre Erhaltung bis zur Verwertung zu sorgen. Er hat darauf Bedacht zu nehmen, daß durch die Fortschaffung und Verwahrung der Pfandstücke sowie durch die Bestellung eines Verwahrers oder Hüters nicht mehr als die angemessenen Kosten entstehen. Wegen der Einforderung eines Kostenvorschusses wird auf § 327 verwiesen.

II Gepfändetes Geld[1] [2]) ist dem Gläubiger abzuliefern[3]) [4]) (§ 815 Abs. 1 ZPO.), außer wenn dem Schuldner nachgelassen ist, durch Sicherheitsleistung oder Hinterlegung die Vollstreckung abzuwenden, oder wenn der Fall des § 815 Abs. 2 ZPO. (s. § 141 Abs. 6 DA.) gegeben ist. In diesen Fällen ist das Geld zu hinterlegen (§§ 244, 245 DA.). Gepfändete Wertpapiere, Gold- und Silbersachen, Juwelen und ähnliche Kostbarkeiten, desgleichen Geld bis zur Auszahlung oder Hinterlegung, hat der Gerichtsvollzieher in seine eigene Verwahrung zu nehmen. Hinsichtlich der Behandlung dieser Gegenstände sind die §§ 16 bis 20 zu beachten. Andere Sachen sind in die Pfandkammer[5]) oder in einen anderen dem Gerichtsvollzieher zur Verfügung stehenden Raum zu verbringen oder, wenn sie sich zur Aufbewahrung in diesen Räumen nicht eignen oder die Verbringung in diese Räume mit unverhältnismäßig hohen Kosten verbunden ist, einer am Orte der Vollstreckung oder in dessen Nähe wohnenden zuverlässigen Person in Verwahrung zu geben.

III Die dem Verwahrer für die Verwahrung und gegebenenfalls für die Erhaltung[6]) der Pfandstücke zu gewährende Vergütung ist nach den ortsüblichen Preisen, soweit tunlich, im voraus festzustellen[7]).

IV Der Gerichtsvollzieher hat sich von dem Verwahrer den Empfang der in Verwahrung gegebenen Sachen bescheinigen zu lassen. Dem Verwahrer ist auf Verlangen ein Verzeichnis der ihm übergebenen Sachen auszuhändigen.

V Über die Bestellung des Verwahrers ist ein Protokoll aufzunehmen. Dieses hat insbesondere das mit dem Verwahrer getroffene Übereinkommen, das Verzeichnis der in Verwahrung ge-

---

[1]) Ebenso Geld, das an den GV. gezahlt worden ist (§ 115).

[2]) Wegen ausländischen Geldes s. § 3 in Verbindung mit § 26 DevVO.

[3]) Wegen der Kostendeckung, falls der eingeforderte Vorschuß nicht ausreicht, vgl. § 191.

[4]) S. aber auch §§ 12, 14 DevVO. und S. 165 Anm. 2.

[5]) S. § 20 und Anm. das.

[6]) Vgl. § 149.

[7]) Vgl. § 16 Nr. 7 RGebO., abgedr. unter Nr. 3.

gebenen Sachen und die Empfangsbescheinigung des Verwahrers zu enthalten. Das Protokoll über die Bestellung des Verwahrers kann auch mit dem Pfändungsprotokolle verbunden werden.

§ 149 (neu). **b) Gepfändete Tiere.**

Werden gepfändete Tiere nicht in dem Gewahrsam des Schuldners belassen, so ist der Gerichtsvollzieher verpflichtet, die für die ordnungsmäßige Pflege und Fütterung der Tiere erforderlichen Maßnahmen zu treffen. Werden ihm die hierzu erforderlichen Geldmittel von dem Auftraggeber nicht rechtzeitig zur Verfügung gestellt, so ist das Tier unverzüglich zu versteigern, selbst wenn dabei die für die Vornahme der Versteigerung bestimmten Fristen (§ 157 DA.) nicht eingehalten werden können (§ 816 ZPO.).

§ 150 (§§ 93, 104 GA.). **Pfändung von Sachen, die sich nicht im Gewahrsam des Schuldners befinden.**

I Sachen des Schuldners, die sich im Gewahrsam eines Dritten befinden, z. B. einem Dritten geliehen oder in Verwahrung gegeben sind, können, abgesehen von den Fällen des § 133, nur dann gepfändet werden, wenn der Inhaber des Gewahrsams zur Herausgabe bereit ist oder wenn der Gläubiger selbst der Gewahrsamsinhaber ist (§ 809 ZPO.). Ob der Gewahrsamsinhaber zur Herausgabe bereit ist, hat der Gerichtsvollzieher durch Befragen festzustellen. Die Herausgabebereitschaft muß sich auf die Herausgabe zum Zwecke der Verwertung erstrecken. Eine an Bedingungen geknüpfte Herausgabe gilt als verweigerte Herausgabe, sofern nicht die gestellten Bedingungen von allen Beteiligten angenommen werden.

II Lehnt die Person, bei der Sachen des Schuldners gepfändet werden sollen, die Herausgabe ab oder bestreitet sie, solche Sachen im Gewahrsam zu haben[1]), so ist diese Erklärung im Protokolle zu beurkunden und von der Pfändung abzusehen[2]). Dem Gläubiger bleibt es dann überlassen, die Pfändung des Anspruchs, der dem Schuldner an den Sachen zusteht, bei dem Gerichte zu beantragen.

III Die Pfändung erfolgt in der gleichen Weise wie die Pfändung der im Gewahrsam des Schuldners befindlichen Sachen[3]). Verlangt

---

[1]) Zur Durchsuchung der Räume usw. des Dritten ist der GV. nicht berechtigt. [2]) S. aber § 133.

[3]) Ersichtlichmachung der Pfändung ist bei Pfandstücken, die im Gewahrsam des Dritten belassen werden, in gleicher Weise erforderlich, wie bei den Pfandstücken, die im Gewahrsam des Schuldners belassen werden. Vgl. § 143 u. Anm.

der Gewahrsamsinhaber die Fortschaffung der Pfandstücke, so ist dem Verlangen stattzugeben[1]).

§ 151 (§ 105 GA.). Benachrichtigung des Schuldners von der Pfändung.

Von der geschehenen Pfändung hat der Gerichtsvollzieher den Schuldner in der im § 121 bezeichneten Weise zu benachrichtigen. Dies muß auch dann geschehen, wenn Sachen gepfändet sind, die sich im Gewahrsam des Gläubigers oder eines Dritten befunden haben; dem Dritten ist auf Verlangen auf seine Kosten eine Abschrift des Protokolls zu erteilen.

§ 152 (§ 106 Abs. 1, 3 GA.). Pfändungsprotokoll: 1. Im allgemeinen.

I Das Pfändungsprotokoll (§ 120) hat insbesondere zu enthalten[2]):

1. ein genaues Verzeichnis der gepfändeten Gegenstände unter fortlaufender Nummer mit Angabe des Erlöses, der voraussichtlich aus jedem einzelnen Gegenstand zu erzielen sein wird (§ 140 Abs. 3), und des gewöhnlichen Verkaufswertes, wenn dieser bei der Pfändung geschätzt wurde (§ 140 Abs. 4), nötigenfalls auch mit Angabe der Zahl, des Maßes, des Gewichtes und der besonderen Merkmale und Kennzeichen (Fabrikmarken und Nummern)[3]);
2. die Erwähnung, daß der Gerichtsvollzieher die gepfändeten Sachen in Besitz genommen hat;
3. die Angabe, wie über die Unterbringung der Sachen verfügt ist oder verfügt werden soll, und, wenn andere Sachen als Geld, Kostbarkeiten oder Wertpapiere gepfändet sind und die Sachen nicht im Gewahrsam des Schuldners belassen werden, die Angabe der Gründe, die dies rechtfertigen, die Angabe, daß an den einzelnen Pfandgegenständen Siegel angelegt oder sonstige Maßnahmen getroffen worden sind, um die Pfändung erkennbar zu machen und zu sichern (§ 143 Abs. 1 bis 3), und die Erwähnung, daß der Schuldner oder seine Angehörigen auf die Bedeutung der Pfändung hingewiesen wurden (§ 145);
4. die Erwähnung, daß der Schuldner von der Pfändung in Kenntnis gesetzt ist oder in Kenntnis gesetzt werden soll, und die Angabe, wie dies geschehen ist oder geschehen soll (§ 151);

---

[1]) Wegen der Benachrichtigung des Schuldners s. § 151.
[2]) Vgl. auch § 121.
[3]) Vgl. § 159 Abs. 1.

5. die Angabe der Zeit und des Ortes der Versteigerung oder der Gründe, aus denen die sofortige Ansetzung des Versteigerungstermins unterblieben ist; ist durch die Geschäftsverteilung in einer Gerichtsvollzieherei die Versteigerung einem anderen Gerichtsvollzieher zugewiesen, so bedarf es der Angabe der Gründe, aus denen die sofortige Ansetzung des Versteigerungstermins unterblieben ist, nicht.

II Sind dieselben Sachen gleichzeitig für denselben Gläubiger gegen denselben Schuldner auf Grund mehrerer Schuldtitel gepfändet worden, so ist nur ein Protokoll aufzunehmen, in dem die einzelnen Schuldtitel genau zu bezeichnen sind[1]).

III Die nach Abschluß des Protokolls erfolgte Zustellung oder Übersendung einer Abschrift des Protokolls ist auf diesem nachträglich zu vermerken[2]).

§ 153 (§ 107 GA.).

2. Bei ganz oder teilweise fruchtloser Pfändung.

I Führt die Pfändung nicht zur vollständigen Deckung des Gläubigers oder muß sie ganz unterbleiben, weil nur Sachen, die der Pfändung überhaupt nicht unterworfen sind (§§ 134 und 135), oder nur wertlose Sachen vorgefunden werden oder weil von der Verwertung der vorgefundenen pfändbaren Sachen sich ein Überschuß über die Kosten der Zwangsvollstreckung oder bei der Pfändung von Haushaltsgegenständen ein angemessener Erlös nicht erwarten läßt (§ 136), so sind in dem Protokolle die vorgefundenen nicht gepfändeten Sachen ihrer Art, ihrer Beschaffenheit und, soweit § 803 Abs. 2 oder § 812 ZPO. in Frage kommt, ihrem Werte nach wenigstens im allgemeinen so zu bezeichnen, daß daraus ein Anhalt für die Beurteilung der Frage geboten wird, ob die Pfändung mit Recht unterlassen ist. Die an sich pfändbaren Sachen sowie alle wertvolleren Stücke sind einzeln aufzuführen; im übrigen genügt die Angabe der Art der Gegenstände mit der pflichtmäßigen Versicherung, daß davon nicht mehr, als nach den gesetzlichen Bestimmungen der Pfändung nicht unterworfen ist, vorgefunden worden ist. Bei Vorräten, von denen das Gesetz dem Schuldner eine bestimmte Menge freiläßt (§ 811 Nr. 2, 3, 4 ZPO., § 134 Abs. 1 Nr. 2, 3, 4 DA.),

[1]) In gleicher Weise ist zu verfahren, wenn dieselben Sachen gleichzeitig für mehrere Gl. gegen denselben Schuldner auf Grund eines oder mehrerer Schuldtitel gepfändet worden sind (§ 188 Abs. 2).

[2]) Vgl. auch § 121.

ist im Protokolle festzustellen, daß ein größerer als der im Gesetze bezeichnete Vorrat nicht vorhanden war.

II In keinem Falle darf der Gerichtsvollzieher sich mit der allgemeinen Bemerkung begnügen, daß der Schuldner keine Sachen oder nur solche besitze, die der Pfändung nicht unterworfen seien oder von deren Verwertung sich ein Überschuß über die Kosten der Zwangsvollstreckung nicht erwarten lasse.

§ 154 (§ 108 Abs. 1, 2 GA.). Veräußerung der Pfandstücke.

I Der Gerichtsvollzieher hat die Verwertung der gepfändeten Sachen zu bewirken, ohne daß es dazu eines weiteren Auftrags des Gläubigers bedarf[1]). Der Verwertung steht weder der Tod des Schuldners noch die Eröffnung des Konkursverfahrens, wohl aber grundsätzlich die Eröffnung des Vergleichsverfahrens über sein Vermögen entgegen (s. §§ 110 und 111)[2]).

II Gold-[3]) und Silbersachen und andere Kostbarkeiten (§ 142) sind vor der Verwertung durch einen Sachverständigen abzuschätzen[4]) (§ 814 ZPO.). Bei der Abschätzung von Gold- und Silbersachen ist außer dem Verkaufswert auch der Metallwert zu ermitteln (§ 820 ZPO.). Die Abschätzung ist schriftlich oder zum Protokolle des Gerichtsvollziehers abzugeben. Dem zur Abschätzung verwendeten Sachverständigen kann eine Vergütung nach dem ortsüblichen Preise einer solchen Leistung gewährt werden (§ 19 RGebO.[5])).

§ 155 (§ 109, § 110 Abs. 2, § 123 GA.). Arten der Verwertung. Verbot der Beteiligung des Gerichtsvollziehers usw.

I Die Verwertung[6]) der gepfändeten Sachen erfolgt durch den Gerichtsvollzieher im Wege der öffentlichen Versteigerung (§ 814 ZPO.), ausnahmsweise (s. § 167 DA.) im Wege des freihändigen Verkaufs.

II Erscheint es zur Erzielung eines besseren Erlöses oder zur Ersparung von Kosten angezeigt, daß die Verwertung der gepfän-

---

[1]) Vgl. S. 126 Anm. 1.

[2]) Ebenso die Eröffnung des VermVerf. Vgl. S. 111 Anm. 4a und S. 99 Anm. 2.

[3]) Wegen der Verwertung von Goldmünzen, Feingold und legiertem Gold (roh oder Halbfabrikat) s. auch § 10 in Verbindung mit § 2 Abs. 4 und § 26 sowie § 12 und § 14 Abs. 1 DevVO.

[4]) Vgl. § 140 Abs. 4. Wegen der Auswahl des Sachverständigen vgl. S. 129 Anm. 1.

[5]) Abgedr. unter Nr. 3.

[6]) § 139 ist zu beachten.

beten Sachen auf eine andere Weise als durch öffentliche Versteigerung, z. B. durch freihändigen Verkauf, oder durch eine andere Person als den Gerichtsvollzieher, z. B. durch einen Versteigerer von Kunst- und kunstgewerblichen Gegenständen, oder an einem anderen Orte als dem in § 156 DA. bezeichneten erfolgt, so soll der Gerichtsvollzieher die Beteiligten darauf hinweisen und sie auf die Vorschriften des § 825 ZPO. aufmerksam machen. Der Hinweis soll so rechtzeitig erfolgen, daß die Beteiligten noch eine Anordnung des Vollstreckungsgerichts gemäß § 825 ZPO.[1]) herbeiführen können.

III Bei der Versteigerung wie beim Verkauf aus freier Hand dürfen der Gerichtsvollzieher und die von ihm zugezogenen Gehilfen (Ausrufer, Schreiber, Protokollführer, Schätzungssachverständige usw.) den zum Verkauf gestellten Gegenstand weder für sich — persönlich oder durch einen anderen — noch als Vertreter eines anderen kaufen (§§ 456 bis 458 BGB.). Der Gerichtsvollzieher darf auch seinen Angehörigen und den bei ihm oder in der Gerichtsvollzieherei beschäftigten Personen das Mitbieten nicht gestatten.

§ 156 (§ 110 Abs. 1 GA.).

1. Öffentliche Versteigerung: a) Ort der Versteigerung.

Die Versteigerung erfolgt in der Gemeinde, in der die Pfändung geschehen ist, sofern nicht der Gläubiger und der Schuldner sich über einen anderen Ort einigen oder das Vollstreckungsgericht auf Antrag des Gläubigers oder des Schuldners anordnet, daß die Versteigerung an einem anderen Orte stattzufinden habe (§ 816 Abs. 2, § 825 ZPO.; vgl. § 155 Abs. 2 DA.).

§ 157 (§ 111 GA.).

b) Zeit der Versteigerung.

Die Versteigerung darf nicht vor Ablauf einer Woche seit dem Tage der Pfändung geschehen, sofern nicht der Gläubiger und der Schuldner über eine frühere Versteigerung sich einigen oder eine frühere Versteigerung erforderlich ist, um die Gefahr einer beträchtlichen Wertverringerung der zu versteigernden Sache abzuwenden oder um unverhältnismäßige Kosten einer längeren Aufbewahrung zu vermeiden (§ 816 Abs. 1 ZPO.)[2]). Die Frist zwischen der Pfändung

---

[1]) Ohne eine solche Anordnung darf der GV. eine andere Art der Verwertung nicht vornehmen, auch wenn die Beteiligten damit einverstanden sind.

[2]) Vgl. § 149.

und dem Versteigerungstermin ist so zu bestimmen, daß die Versteigerung in einer der Beschaffenheit und dem Werte der zu versteigernden Sachen entsprechenden Weise öffentlich bekannt gemacht werden kann. In der Regel ist die Frist auf vierzehn Tage zu bestimmen. Über einen Monat soll der Versteigerungstermin nicht hinausgeschoben werden. Findet die Versteigerung früher als eine Woche oder später als einen Monat nach der Pfändung statt, so sind die Gründe hierfür in den Akten anzugeben.

§ 158 (§ 112 GA.).

c) Benachrichtigung der Beteiligten.

I Der Ort und die Zeit[1]) der Versteigerung sind in der Regel sogleich bei der Pfändung zu bestimmen (§ 152 Abs. 1 Nr. 5). Die Anberaumung des Termins ist nur auszusetzen, wenn der Gläubiger es verlangt oder wenn die sofortige Bestimmung aus besonderen Gründen, z. B. weil voraussichtlich eine andere Art der Verwertung oder die Vornahme der Versteigerung an einem anderen Orte vom Vollstreckungsgericht angeordnet werden wird[2]), untunlich oder unzweckmäßig erscheint.

II Der Gerichtsvollzieher hat tunlichst dafür zu sorgen, daß der Schuldner und der Gläubiger von der Zeit und dem Ort eines jeden Versteigerungstermins Kenntnis erhalten. Die Benachrichtigung kann durch gewöhnlichen Brief erfolgen[3]).

§ 159 (§ 113 GA.).

d) Bekanntmachung der Versteigerung.

I Die Versteigerung muß öffentlich bekannt gemacht werden. Die Bekanntmachung muß die Angabe des Ortes, des Tages und der Stunde der Versteigerung und die allgemeine Bezeichnung der zu versteigernden Gegenstände (Möbel, Betten, Kleidungsstücke u. dgl.) enthalten (§ 816 ZPO.). Besonders wertvolle Sachen sind einzeln aufzuführen. Zur allgemeinen Bezeichnung gehört gegebenenfalls auch die Angabe der Fabrikmarke (z. B. bei Motoren, Kraftwagen, Krafträdern, Fahrrädern, Schreib- und Büromaschinen, Nähmaschinen, Klavieren usw.). Vielfach wird sich, namentlich bei wertvolleren Pfandstücken, auch die Angabe der Herstellungsnummer empfehlen,

---

[1]) S. § 25 und Anm.

[2]) Hierher gehört auch der Fall, daß in einer GV.ei durch die Geschäftsverteilung die Versteigerung nicht dem pfändenden GV. zugewiesen ist (vgl. § 152 Abs. 1 Nr. 5 Halbs. 2).

[3]) Vgl. § 128, insbes. auch Abs. 2 das. wegen der Verpflichtung zur Benachrichtigung von Behörden.

da sie den Interessenten die Feststellung des Herstellungsjahres ermöglicht. Die Bekanntmachung erfolgt in ortsüblicher Weise (durch öffentlichen Anschlag, durch Ausruf, durch Einrückung in öffentliche Blätter usw.) unter Berücksichtigung der Verhältnisse des Einzelfalles, insbesondere des größeren oder geringeren Wertes der Sachen.

II In der Bekanntmachung ist ersichtlich zu machen, daß es sich um eine Zwangsversteigerung handelt; die Namen des Gläubigers und des Schuldners sind wegzulassen. Bei Bekanntmachungen in öffentlichen Blättern ist auf möglichste Kürze Bedacht zu nehmen. Soweit tunlich, sind Sammelbekanntmachungen zu erlassen, wenn z. B. in mehreren Sachen am gleichen Tage eine Versteigerung stattfindet.

III Die Bekanntmachung hat so zeitig zu erfolgen, daß den als Einsteigerer in Betracht kommenden Personen Gelegenheit zur Teilnahme gegeben ist. Im Einzelfalle, insbesondere bei der Versteigerung größerer einheitlicher Massen, kann es sich auch empfehlen, bestimmte Personen oder bestimmte Berufskreise, die voraussichtlich als Bieter in Frage kommen, auf einen Versteigerungstermin rechtzeitig besonders hinzuweisen. Die Handelskammern und Handelsgremien haben sich erboten, für die Weiterleitung derartiger Hinweise an die besonders in Frage kommenden Berufskreise jeweils Sorge zu tragen.

IV Belegstücke über die erfolgte Bekanntmachung sind zu den Vollstreckungsakten zu bringen oder gesondert zu sammeln. Sind Belegstücke nicht vorhanden, so ist unter dem Pfändungsprotokolle zu vermerken, in welcher Weise die Bekanntmachung erfolgt ist.

V Wird der bekanntgemachte Termin aufgehoben, so ist die Aufhebung, soweit es noch tunlich ist, öffentlich bekanntzumachen. Die auf die Versteigerung bezüglichen Anschläge sind sofort abzunehmen. Der Grund der Aufhebung ist aktenkundig zu machen. Zum Zwecke der Stundung darf der Termin nur auf Grund einer Ermächtigung des Gläubigers aufgehoben werden.

§ 160 (§ 114 GA.).

e) Vorbereitung der Versteigerung.

Der Gerichtsvollzieher hat die Versteigerung dadurch vorzubereiten, daß er die zu versteigernden Sachen zur Versteigerung bereitstellt. Findet die Versteigerung in der Pfandkammer oder in einem Pfandraume statt, so sind die Gegenstände, die sich beim Schuldner, beim Gläubiger oder einem zur Herausgabe bereiten

Dritten (§ 150) befinden, unter Zuziehung zuverlässiger Hilfspersonen (Spediteur, Dienstmann) in den Versteigerungsraum einzuschaffen. Über die Einschaffung ist ein Protokoll zu errichten; in dem Protokolle ist auch das Fehlen oder die Beschädigung von Gegenständen festzustellen. Schafft der Verwahrer selbst die Gegenstände ein, so sind sie mit dem im Pfändungsprotokoll enthaltenen Verzeichnisse zu vergleichen; das Fehlen oder die Beschädigung von Gegenständen ist in diesem Fall unter dem Pfändungsprotokoll oder sonst in den Akten zu vermerken. Von dem Fehlen oder der Beschädigung von Pfandstücken ist den Beteiligten Kenntnis zu geben. Dem Verwahrer oder Hüter ist auf Verlangen eine Bescheinigung über die Ablieferung der gepfändeten Sachen zu erteilen.

§ 161 (§ 116 GA.).

f) Bekanntgabe der Versteigerungsbedingungen.

In dem Versteigerungstermine werden zunächst die in § 817 ZPO. bestimmten Versteigerungsbedingungen bekanntgegeben. Eine Abweichung von den gesetzlichen Bedingungen, insbesondere die Bewilligung einer Frist zur Zahlung des Kaufgeldes, ist nur zulässig, wenn sie zwischen dem Gläubiger und dem Schuldner vereinbart oder von dem Vollstreckungsgericht angeordnet ist[1]).

§ 162 (§ 117 GA.).

g) Ausgebot.

I Nach der Bekanntmachung der Bedingungen hat der Gerichtsvollzieher die Erschienenen zum Bieten aufzufordern.

II Die Gegenstände werden einzeln ausgeboten. Gegenstände, die sich dazu eignen, insbesondere eine Anzahl von Gegenständen derselben Art, können auch zusammen ausgeboten werden. Bei der Bestimmung der Reihenfolge, in der die Gegenstände zum Ausgebote kommen, hat der Gerichtsvollzieher die Wünsche des Schuldners tunlichst zu berücksichtigen. Die Gegenstände sind den Kauflustigen zur Besichtigung vorzuzeigen. Bei dem Ausgebote ist der geschätzte gewöhnliche Verkaufswert, bei dem Ausgebote von Gold- und Silbersachen auch der Gold- und Silberwert anzugeben[2]). Dabei ist bekanntzugeben, daß Angebote, welche die Hälfte des gewöhnlichen Verkaufswerts (Mindestgebot) und bei Gold- und Silbersachen

[1]) S. ferner § 7 Abs. 3, § 9 Abs. 3 der Bek. über die Pflichten der GV. nach den Reichssteuergesetzen und nach dem bayer. Stempelgesetze vom 23. Juli 1930 (JMBl. n. F. Bd. III S. 426), abgedr. unter Nr. 19.

[2]) Vgl. § 3 der Bek. über das Mindestgebot bei der Versteigerung gepfändeter Sachen vom 8. Okt. 1914 (RGBl. S. 427), abgedr. unter Nr. 12, und § 820 ZPO.; s. ferner § 163 Abs. 1.

zugleich den Gold- oder Silberwert nicht erreichen, nicht angenommen werden[1]).

III Dem Schuldner und dem Gläubiger ist das Mitbieten zu gestatten[2]); ein Gebot des Schuldners ist zurückzuweisen, wenn er nicht den Betrag sofort bar erlegt (§ 816 Abs. 4 ZPO. mit § 1239 BGB.).

§ 163 (§ 118 GA.). b) Zuschlag.

I Der Zuschlag erfolgt an den Meistbietenden nach dreimaligem Aufrufe (§ 817 ZPO.). Der Zuschlag darf nur auf ein Gebot erteilt werden, das mindestens die Hälfte des gewöhnlichen Verkaufswerts[3]) erreicht (§ 3 der Bek. über das Mindestgebot bei der Versteigerung gepfändeter Sachen vom 8. Oktober 1914, RGBl. S. 427)[4]), es sei denn, daß Gläubiger und Schuldner mit der Erteilung des Zuschlags zu einem das gesetzliche Mindestgebot nicht erreichenden Gebot einverstanden sind oder daß die sofortige Versteigerung erforderlich ist, um die Gefahr einer beträchtlichen Wertverringerung der zu versteigernden Sache abzuwenden oder um unverhältnismäßige Kosten einer längeren Aufbewahrung zu vermeiden [5])[6])[7]). Gold- und Silbersachen dürfen außerdem nicht unter dem Gold- oder Silberwerte — der vom gewöhnlichen Verkaufswerte verschieden sein wird — zugeschlagen werden (§ 820 ZPO.)[8]). Werden Gegenstände, die sich zum Gesamtausgebot eignen, einzeln ausgeboten, so kann der

---

[1]) Siehe S. 145 Anm. 2. [2]) Vgl. § 155 Abs. 3.

[3]) S. § 140 Abs. 4. [4]) Abgedr. unter Nr. 12.

[5]) Für den Fall, daß Pfandstücke nicht zugeschlagen werden, weil ein die Hälfte des gewöhnlichen Verkaufswerts oder den Gold- oder Silberwert erreichendes Gebot nicht gemacht worden ist, s. § 165.

[6]) Vgl. hier auch §§ 8, 10 der Bek. über die Pflichten der GV. nach den Reichssteuergesetzen und nach dem bayer. Stempelgesetze vom 23. Juli 1930 (JMBl. n. F. Bd. III S. 426), abgedr. unter Nr. 19.

[7]) Unter Umständen kann eine neuerliche Schätzung des gewöhnlichen Verkaufswertes (§ 140 Abs. 4) erforderlich werden. Sie kann auch noch im VerstTermin erfolgen; ihr Ergebnis ist alsdann bekanntzugeben. Ist eine der Parteien nicht anwesend und nicht die sofortige Versteigerung aus den angegebenen besonderen Gründen geboten, so wird es sich empfehlen, einen neuen VerstTermin anzuberaumen und den Parteien zunächst das Ergebnis der neuerlichen Schätzung mitzuteilen. § 170 ist dabei zu beachten.

[8]) Vgl. obenstehende Anm. 5. Liegt der Gold- und Silberwert unter der Hälfte des gewöhnlichen Verkaufswertes, muß das Gebot diese erreichen. Andernfalls ist nach § 165 zu verfahren. Übersteigt der Gold- und Silberwert die Hälfte des gewöhnlichen Verkaufswerts, so darf nicht unter dem Gold- und Silberwert zugeschlagen werden. Wird dieser nicht erreicht, so kann auch nach §§ 167ff. verfahren werden.

Zuschlag davon abhängig gemacht werden, daß bei dem darauffolgenden Gesamtausgebot kein höheres Gesamtgebot erreicht wird. Durch den Zuschlag kommt der Vertrag mit dem Meistbietenden zustande; die Verpflichtung jedes einzelnen Bieters erlischt, sobald ein Übergebot abgegeben oder wenn die Versteigerung ohne Erteilung des Zuschlags geschlossen wird (§ 156 BGB.)[1]).

II Die Sache ist dem Ersteher nur gegen bare Zahlung des Kaufpreises auszuliefern[2]) [3]). Hat er nicht bis zu der in den Versteigerungsbedingungen bestimmten Zeit oder mangels einer solchen Bestimmung nicht vor dem Schlusse des Versteigerungstermins die Auslieferung gegen Zahlung des Kaufgelds verlangt, so wird die Sache anderweit versteigert. Der Meistbietende wird zu einem weiteren Gebot nicht zugelassen; er haftet für den Ausfall, auf den Mehrerlös hat er keinen Anspruch (§ 817 Abs. 2 und 3 ZPO.).

III Wird der Zuschlag dem Gläubiger erteilt, so ist dieser von der Verpflichtung zur baren Zahlung insoweit befreit, als der Erlös zu seiner Befriedigung zu verwenden ist. Der Gläubiger hat mithin nur den Betrag zu bezahlen, der zur Deckung der Zwangsvollstreckungskosten erforderlich ist oder sich nach seiner Befriedigung als Überschuß ergibt. Sofern jedoch dem Schuldner nachgelassen ist, durch Sicherheitsleistung oder durch Hinterlegung die Vollstreckung abzuwenden[4]), hat auch der Gläubiger den Preis für die von ihm erstandene Sache bar zu entrichten (§ 817 Abs. 4 ZPO.). Das gleiche gilt, wenn der Erlös auf Grund gerichtlicher Anordnung zu hinterlegen ist.

---

[1]) Ein Recht des Meistbietenden auf den Zuschlag besteht nicht. Doch darf der GV., wenn das gesetzliche Mindestgebot bzw., falls dieser höher ist, der Gold- oder Silberwert erreicht ist, nicht eigenmächtig den Zuschlag wegen ungünstiger Gebote versagen; er bedarf dazu der Einwilligung des Gl. Dieser ist in jedem Falle berechtigt, die Versagung des Zuschlags zu verlangen, wobei allerdings zu prüfen bleibt, ob die Kosten einer ev. mehrfachen Versteigerung notwendige im Sinne des § 788 ZPO. (vgl. § 119 DA.) sind. Der Schuldner kann die Erteilung des Zuschlags durch Zahlung der geschuldeten Leistung abwenden.

[2]) Wegen der weiteren besonderen Erfordernisse bei der Aushändigung von versteigerten und zugeschlagenen Schußwaffen und Munition s. Bek. über die Pflichten der GV. nach dem Schußwaffengesetz vom 6. Mai 1929 (JMBl. n. F. Bd. III S. 301), abgedr. unter Nr. 17.

[3]) Bei der Ausfolgung von unverarbeitetem Rohtabak und Karotten an Kleinhändler zur unmittelbaren Abgabe an Verbraucher ist § 10 Abs. 3 der auf S. 146 in Anm. 6 bez. Bek. zu beachten.

[4]) Vgl. § 244 Abs. 1 Nr. 1.

§ 164 (§ 119 GA.). i) Einstellung der Versteigerung.

Die Versteigerung wird eingestellt, sobald der Erlös zur Befriedigung des Gläubigers und zur Deckung der Kosten der Zwangsvollstreckung hinreicht (§ 818 ZPO.). Um die Versteigerung nicht zu weit auszudehnen, hat der Gerichtsvollzieher von Zeit zu Zeit die erzielten Erlöse zusammenzurechnen.

§ 165 (neu). k) Versagung des Zuschlags.

Sind Pfandstücke nicht zugeschlagen worden, weil ein die Hälfte des gewöhnlichen Verkaufswerts oder den Gold- oder Silberwert[1]) erreichendes Gebot nicht gemacht worden ist, so ist ein neuer Versteigerungstermin anzuberaumen, wenn zu erwarten ist, daß in dem neuen Termin ein entsprechendes Gebot abgegeben wird. Ist ein Erfolg von einem weiteren Termine nicht zu erwarten, so sind die Beteiligten auf die Vorschriften des § 825 ZPO. aufmerksam zu machen (vgl. § 155 Abs. 2).

§ 166 (§ 120 GA.). l) Versteigerungsprotokoll.

I Das Protokoll über die Versteigerung (§ 120) hat insbesondere zu enthalten:

1. den Betrag der durch die Versteigerung zu deckenden Forderung (§ 131) einschließlich der Zwangsvollstreckungskosten (§ 119);
2. die Angabe der Versteigerungsbedingungen, soweit sie abweichend von den Bestimmungen des § 817 ZPO. festgesetzt sind;
3. die Bezeichnung der versteigerten Gegenstände, die abgegebenen Meistgebote, die Namen der Meistbietenden und die Angabe, daß der Kaufpreis gezahlt ist.

II Die Gegenstände werden in dem Versteigerungsprotokolle sogleich bei dem Ausgebote verzeichnet. Neben jedem Gegenstand ist sogleich nach dem Zuschlage das Meistgebot und der Name des Meistbietenden anzugeben. Am Schlusse des Verzeichnisses ist die Summe der erzielten Erlöse anzugeben und zu vermerken, daß die Kaufgelder von den Meistbietenden gezahlt worden sind.

III Die Meistbietenden haben das Protokoll mit zu unterschreiben (§ 762 Nr. 4 ZPO.). Haben sie sich vor dem Schlusse des Termins

---

[1]) Vgl. in diesem Fall aber auch § 167 Nr. 1, ferner S. 146 Anm. 8.

entfernt, so ist dies in dem Protokoll als Grund des Mangels ihrer Unterschrift zu vermerken.

IV Die Anführung der dem Meistgebote vorangegangenen Gebote und der Bieter, die den Zuschlag nicht erhalten haben, ist nicht erforderlich. Diese Bieter haben auch das Protokoll nicht zu unterschreiben. Wird jedoch ein Gebot zurückgewiesen, so ist das im Protokolle zu vermerken.

V Sind Pfandstücke nicht zugeschlagen worden, weil ein die Hälfte des gewöhnlichen Verkaufswertes oder den Gold- oder Silberwert erreichendes Gebot nicht gemacht worden ist[1]), so ist in dem Protokolle zu vermerken, daß die Sachen ohne Erfolg ausgeboten worden sind.

§ 167 (§ 122 GA.).

2. Freihändiger Verkauf: a) Fälle.

Ein freihändiger Verkauf der Pfandstücke findet statt:

1. bei Gold- und Silbersachen, für die bei der Versteigerung ein den Gold- oder Silberwert erreichendes Gebot nicht abgegeben worden ist (§ 820 ZPO.)[2]);
2. bei Wertpapieren, die einen Börsen- oder Marktpreis haben (§ 821 ZPO.);
3. bei anderen Sachen auf Anordnung des Vollstreckungsgerichts (§ 825 ZPO., § 4 der Bekanntmachung über das Mindestgebot bei der Versteigerung gepfändeter Sachen)[3]).

§ 168 (§ 124 GA.).

b) Ausführung.

I Für den Verkauf aus freier Hand gilt die Frist des § 816 ZPO. nicht; der Verkauf ist daher vorbehaltlich einer anderweitigen Einigung der Beteiligten oder einer Anordnung des Vollstreckungsgerichts unverzüglich vorzunehmen. Bei dem Verkauf muß der Gerichtsvollzieher auf die Erzielung eines möglichst hohen Preises bedacht sein. In keinem Falle dürfen Gold- oder Silbersachen unter dem Gold- oder Silberwert[4]) oder Wertpapiere[5]), die einen Börsen- oder Markt-

[1]) S. § 163.

[2]) Liegt der Gold- oder Silberwert unter der Hälfte des gewöhnlichen Verkaufswerts und ist ein die Hälfte des gewöhnlichen Verkaufswerts erreichendes Gebot nicht abgegeben, so bedarf es zum freihändigen Verkauf der Pfandstücke einer Anordnung des VollstrGer. (s. Nr. 3).

[3]) Vgl. § 155 Abs. 2.

[4]) Vgl. § 154 Abs. 2.

[5]) S. § 172.

preis haben, unter dem Tageskurse verkauft werden. Der Tageskurs der Wertpapiere ist durch den in den Zeitungen veröffentlichten Kurszettel oder durch Bescheinigung eines Kaufmanns, der Bankgeschäfte betreibt, festzustellen. Die Vorschriften der Bekanntmachung über das Mindestgebot bei der Versteigerung gepfändeter Sachen (§ 163 Abs. 1) gelten auch für den freihändigen Verkauf. Die Übergabe an den Käufer darf, falls nicht etwas anderes zwischen dem Gläubiger und dem Schuldner vereinbart oder vom Vollstreckungsgericht angeordnet ist, nur gegen bare Zahlung geschehen[1]). Der Verkauf kann auch an den Gläubiger erfolgen. In diesem Falle gelten wegen der Befreiung des Gläubigers von der Verpflichtung zur Barzahlung die Vorschriften des § 163 Abs. 3.

II Bei einem durch das Vollstreckungsgericht angeordneten Verkaufe sind die etwa getroffenen besonderen Anordnungen des Gerichts zu beobachten. Bei dem Verkaufe von Wertpapieren bleibt es dem Ermessen des Gerichtsvollziehers überlassen, ob er sich der Vermittlung einer Bank bedienen oder den Verkauf selbst besorgen will. Auch im ersteren Falle darf er das Wertpapier nur gegen bare Zahlung weggeben[1]).

§ 169 (§ 125 GA.).

c) Protokoll.

I Das Protokoll über den Verkauf aus freier Hand (§ 120) hat insbesondere zu enthalten:

1. den Grund des freihändigen Verkaufs;
2. die genaue Bezeichnung des verkauften Gegenstandes mit Angabe des gewöhnlichen Verkaufswertes, des abgeschätzten Gold- oder Silberwerts, des Tageskurses oder des von dem Vollstreckungsgerichte bestimmten Preises;

---

[1]) In Fällen des freihändigen Verkaufs hat der GV. noch zu beachten

a) die Umsatzsteuerpflicht (§§ 1, 2 der Bek. über die Pflichten der GV. nach den Reichssteuergesetzen und dem bayer. Stempelgesetze vom 23. Juli 1930, JMBl. n. F. Bd. III S. 426, abgedr. unter Nr. 19);
b) bei Wertpapieren die Börsenumsatzsteuerpflicht nach dem KapVerkStG. (§§ 3, 4ff. das.);
c) bei der Veräußerung von den Verbrauchsteuern und dem Branntweinmonopol unterliegenden Gegenständen die §§ 7ff. das.
d) bei der Veräußerung von Schußwaffen und Munition die Bek. über die Pflichten der GV. nach dem Schußwaffengesetz vom 6. Mai 1929, JMBl. n. F. Bd. III S. 301, abgedr. unter Nr. 17;
e) bei der Veräußerung von Gold und Wertpapieren die §§ 5, 6, 8, 10, 12, § 14 Abs. 1, § 26 DevVO.

3. die mit dem Käufer getroffenen Abreden sowie den Nachweis der Preiszahlung und der Erfüllung des Geschäfts.

II Bedient sich der Gerichtsvollzieher zum Verkauf eines Wertpapiers der Vermittlung einer Bank, so wird das Protokoll durch die von der Bank über den Verkauf erteilte Rechnung ersetzt. Die Rechnung ist zu den Vollstreckungsakten zu nehmen.

§ 170 (neu).

Neue Pfändung.

Hat nach dem Ergebnis der Verwertung der Pfandstücke die Vollstreckung nicht zur vollen Befriedigung des Gläubigers geführt, sind Pfandstücke abhanden gekommen, vernichtet oder beschädigt worden oder aus einem sonstigen Grund in ihrem Wert erheblich gesunken oder erscheint auf Grund einer neuen Schätzung des Wertes der Pfandstücke die volle Befriedigung des Gläubigers nicht mehr gesichert, so soll der Gerichtsvollzieher, wenn es tunlich und zur Wahrung der Interessen des Gläubigers geboten erscheint, auch ohne ausdrückliche Weisung des Gläubigers alsbald die weitere Vollstreckung betreiben, sofern nach seinem pflichtgemäßen Ermessen eine erneute Pfändung zur weiteren Befriedigung des Gläubigers führen kann.

§ 171 (§ 126 GA.).

Pfändung von Wertpapieren: 1. Allgemeines.

I Bei der Zwangsvollstreckung wegen Geldforderungen werden Wertpapiere[1]) [2]) wie bewegliche körperliche Sachen behandelt und wie diese von dem Gerichtsvollzieher durch Besitzergreifung gepfändet.

II Die Veräußerung der gepfändeten Wertpapiere erfolgt, wenn sie einen Börsen- oder Marktpreis haben, durch freihändigen Verkauf (§ 167 Nr. 2), andernfalls durch öffentliche Versteigerung (§ 155 Abs. 1). Der Gerichtsvollzieher hat sich daher vor allem darüber zuverlässig zu unterrichten, ob das gepfändete Wertpapier einen Börsen- oder Marktpreis hat. Die erforderlichen Aufschlüsse kann er aus dem in den Zeitungen veröffentlichten Kurszettel entnehmen oder bei einer mit dem Verkehr mit solchen Papieren vertrauten Behörde oder Privatperson erholen.

---

[1]) Wertpapiere sind Urkunden, in denen ein Recht derart verkörpert ist, daß die Urkunde als Trägerin des Rechts erscheint, das Recht also ohne die Urkunde nicht bestehen und nicht ausgeübt werden kann. Im einzelnen s. § 172.

[2]) Bei der Pfändung und Verwertung von Wertpapieren sind auch die §§ 5, 6, 8, 12, 26 DevVO. zu beachten.

§ 172 (§ 128 GA.).

2. Abgrenzung der Wertpapiere.

I Zu den Wertpapieren[1]), die bei der Zwangsvollstreckung wie bewegliche körperliche Sachen behandelt werden, gehören

1. die Inhaberpapiere, d. h. solche Wertpapiere, bei denen das im Papier verkörperte Recht nicht einer namentlich bezeichneten Person, sondern schlechthin dem Inhaber des Papiers zusteht, z. B. Aktien und Schuldverschreibungen auf den Inhaber einschließlich der Zins- und Gewinnanteilscheine, Pfandbriefe, Grundschuldbriefe auf den Inhaber, Schecks, die auf den Inhaber lauten oder neben dem Namen des Zahlungsempfängers die Worte „oder Überbringer" enthalten[2]),
2. die Namenspapiere, d. h. solche Wertpapiere, bei denen das im Papier verkörperte Recht einer namentlich bezeichneten Person zusteht, z. B. Interimsscheine, Namensaktien (§ 222 HGB.), auf den Namen umgeschriebene Schuldverschreibungen.

II Nicht als Wertpapiere, sondern als bares Geld sind bei der Zwangsvollstreckung inländische[3]) Banknoten zu behandeln. Besondere Vorschriften gelten für die Pfändung von Wechseln und anderen auf den Namen lautenden, durch Indossament übertragbaren Forderungspapieren (§§ 201, 202).

III Papiere, die nur eine Forderung beweisen, aber nicht Träger eines Rechts sind, wie Schuldscheine[4]), Sparkassenbücher[4]), Pfandscheine[4]), Lebensversicherungspolicen[4]), Hypothekenbriefe[5]) und solche Grundschuld- und Rentenschuldbriefe, die nicht auf den Inhaber lauten[5]), zählen nicht zu den Wertpapieren[1]) und können deshalb nicht nach den Vorschriften über die Zwangsvollstreckung in körperliche Sachen gepfändet werden. Der Gerichtsvollzieher hat jedoch, wenn er solche Urkunden bei dem Schuldner vorfindet und die Zwangsvollstreckung nicht zur vollen Deckung des Gläubigers führt, deren Vorhandensein unter genauer Bezeichnung im Pfändungsprotokolle zu vermerken.

---

[1]) Im Sinne des § 821 ZPO.
[2]) Auch Lotterielose, Theaterkarten usw.
[3]) Dagegen sind ausländische Banknoten Inhaberpapiere i. S. des Abs. 1 Nr. 1.
[4]) Vgl. dazu §§ 193 ff., insbes. § 198.
[5]) Vgl. §§ 199, 200.

§ 173 (§ 127 GA.).

3. Veräußerung der Wertpapiere.

I Bei der Veräußerung von Inhaberpapieren (§ 172 Abs. 1 Nr. 1) genügt die Übergabe des Papiers an den Erwerber, um das in dem Papier verbriefte Recht auf ihn zu übertragen. Dagegen sind Namenspapiere (§ 172 Abs. 1 Nr. 2), sofern sie durch Indossament übertragen werden können[1]), zum Zwecke der Übertragung mit dem Indossament, sofern sie durch Abtretung übertragen werden können[2]), mit der Abtretungserklärung zu versehen.

II Die Abtretungserklärung oder das Indossament hat der Gerichtsvollzieher nach vorheriger Ermächtigung durch das Vollstreckungsgericht an Stelle des Schuldners auszustellen (§ 822 ZPO.). Ebenso bedarf der Gerichtsvollzieher der Ermächtigung des Vollstreckungsgerichts, wenn er die Rückverwandlung einer auf den Namen umgeschriebenen Schuldverschreibung in eine Inhaberschuldverschreibung an Stelle des Schuldners beantragen will (§ 823 ZPO.). Dem Antrag auf Erteilung der Ermächtigung sind der Schuldtitel und das Pfändungsprotokoll beizufügen.

III Das Indossament und die Abtretungserklärung werden dem Wertpapier am Schlusse beigesetzt oder auf einen mit ihm zu verbindenden Bogen geschrieben.

Für das Indossament kann folgende Formel gewählt werden:

An Herrn .... (Name, Stand und Wohnort des Käufers).

NN., Vollstreckungssekretär bei dem Amtsgericht A., für Herrn .... (Name und Wohnort des Schuldners) auf Grund Ermächtigung des Vollstreckungsgerichts A. vom ....

Für die Abtretungserklärung kann folgende Formel gewählt werden:

Der Anspruch aus diesem Wertpapiere wird Herrn .... (Name, Stand und Wohnort des Käufers) abgetreten.

A., den .... (Datum).

NN., Vollstreckungssekretär bei dem Amtsgericht A., für Herrn .... (Name, Stand und Wohnort des Schuldners) auf Grund Ermächtigung des Vollstreckungsgerichts A. vom.....

IV Will der Gerichtsvollzieher die Rückverwandlung einer auf den

---

[1]) Z. B. Namensaktien (§ 222 HGB.); nicht hierher gehören die in § 172 Abs. 2 S. 2 bezeichneten Forderungspapiere.

[2]) Auch die auf den Namen umgeschriebenen Inhaberpapiere, vorbehaltlich der im Abs. 2 S. 2 und Abs. 4 geregelten Fälle.

Namen umgeschriebenen Schuldverschreibung des bayerischen Staates oder einer dem bayerischen Staat angehörenden Körperschaft, Stiftung oder Anstalt des öffentlichen Rechts herbeiführen, so bedarf er hierzu keiner Ermächtigung des Vollstreckungsgerichts. Er hat vielmehr nur auf Grund einer Vollmacht des Gläubigers, zu dessen Gunsten die Pfändung erfolgt ist, bei der Bayerischen Staatsschuldenverwaltung oder der Körperschaft, Stiftung oder Anstalt, welche die Schuldverschreibung ausgegeben hat, die Löschung der Umschreibung zu beantragen (Art. 50 Abs. 2, Art. 57 AGBGB.). Durch die Löschung der Umschreibung wird das Papier in ein Inhaberpapier zurückverwandelt.

§ 174 (neu).

4. Börsenumsatzsteuer.

Wegen der Verpflichtung des Gerichtsvollziehers zur Mitwirkung bei der Durchführung der Besteuerung nach dem Kapitalverkehrsteuergesetz bei der Versteigerung von Wertpapieren (Börsenumsatzsteuer) wird auf die §§ 3, 4 der Bek. über die Pflichten der Gerichtsvollzieher nach den Reichssteuergesetzen und dem bayerischen Stempelgesetze vom 23. Juli 1930 (JMBl. n. F. Bd. III S. 426)[1]) verwiesen.

§ 175 (§ 129 GA.).

Pfändung von Früchten: 1. Allgemeines.

I Früchte[2]) können, auch bevor sie von dem Boden getrennt sind, gepfändet werden. Die Pfändung ist jedoch unzulässig, wenn die Beschlagnahme der Früchte im Wege der Zwangsvollstreckung in das unbewegliche Vermögen erfolgt ist[3]) (§ 810 Abs. 1 ZPO.) oder wenn sie als landwirtschaftliche Erzeugnisse zur Fortführung der Wirtschaft erforderlich und daher nach § 811 Nr. 4 ZPO. (§ 134 Abs. 1 Nr. 4 DA.) der Pfändung entzogen sind. Die vom Boden noch nicht getrennten Früchte werden von der Beschlagnahme dann nicht erfaßt, wenn das Grundstück verpachtet ist (§ 21 Abs. 3 ZVG.); gegen den Pächter[4]) ist daher die Pfändung dieser Früchte trotz der Beschlagnahme des Grundstücks zulässig, soweit ihr nicht § 811 Nr. 4 ZPO. entgegensteht.

II Die Pfändung von Früchten, die von dem Boden noch nicht getrennt sind, darf nicht früher als einen Monat vor der gewöhnlichen Zeit der Reife erfolgen (§ 810 Abs. 1 Satz 2 ZPO.). Die Pfändung

---

[1]) Abgedr. unter Nr. 19.

[2]) Die Vorschrift bezieht sich nicht auf alle Früchte i. S. des § 99 BGB., sondern nur auf die sog. periodischen Früchte, nicht auf schlagbares stehendes Holz, nicht auf Mineralien. [3]) Siehe S. 127 Anm. 4.

[4]) Nicht aber gegen den Eigentümer, wenn der Pächter widerspricht; s. Abs. 2 S. 3.

und Verwertung der Früchte erfolgt, vorbehaltlich der in den §§ 176 bis 178 angeführten Abweichungen, in der gleichen Weise wie bei beweglichen Sachen. Insbesondere darf die Pfändung nur vorgenommen werden, wenn die Früchte sich im Alleingewahrsame des Schuldners oder eines zur Herausgabe bereiten Dritten befinden; ist daher z. B. ein Grundstück verpachtet oder ein Nießbrauch daran bestellt, so ist die Pfändung gegen den Pächter oder Nießbraucher als Schuldner ohne weiteres, bei einer Zwangsvollstreckung gegen den Grundstückseigentümer, den Verpächter oder Besteller des Nießbrauchs aber nur mit Zustimmung des Pächters oder Nießbrauchers zulässig[1]).

§ 176 (§ 130 GA.). 2. Ausführung der Pfändung.

Die Pfändung ist in geeigneter Weise durch Aufstellen von Pfandtafeln oder Pfandzeichen mit einer von dem Gerichtsvollzieher unterschriebenen und mit dem Dienstsiegel versehenen Pfandanzeige oder durch andere zweckentsprechende Maßnahmen, tunlichst unter Verwendung des Dienstsiegels, für jedermann erkennbar zu machen. Ist die Bestellung eines Aufsehers erforderlich, so ist vorzugsweise der Feldhüter dieser Gemeinde zu wählen.

§ 177 (§ 131 GA.). 3. Pfändungsprotokoll.

Das Pfändungsprotokoll (§ 152) hat insbesondere zu enthalten:

1. die Bezeichnung des Grundstücks unter Angabe der Lage, des beiläufigen Flächeninhalts und der Fruchtart;
2. die Angabe des Erlöses, der aus der Verwertung der gepfändeten Früchte voraussichtlich zu erwarten ist, und des gewöhnlichen Verkaufswertes, falls dieser bei der Pfändung geschätzt wurde (§ 140 Abs. 4)[2]);
3. die Angabe, zu welcher Zeit die Ernte zu erwarten ist;
4. die Angabe, in welcher Weise die Pfändung erkennbar gemacht und wer als Hüter bestellt[3]) oder aus welchen Gründen die Bestellung eines Hüters unterlassen worden ist.

§ 178 (§ 132 GA.). 4. Versteigerung.

I Die Früchte dürfen vor der Reife nicht vom Boden getrennt werden. Ihre Versteigerung ist erst nach der Reife zulässig. Sie kann

---

[1]) Da die Früchte des eingebrachten Gutes dem Manne zufallen, kann ihre Pfändung nur auf Grund eines Leistungstitels gegen diesen, dagegen nicht auf Grund eines Titels gegen die Frau erfolgen, auch wenn der Mann zur Duldung der ZwVollstr. in das eingebrachte Gut verurteilt ist.

[2]) Vgl. § 180, § 181 Abs. 2. [3]) S. § 176 S. 2.

vor oder nach der Trennung der Früchte vom Boden erfolgen. Der Gerichtsvollzieher hat nach Befragung des etwa beigezogenen Sachverständigen (§ 179) zu entscheiden, ob die Versteigerung vor oder nach der Trennung der Früchte vom Boden und ob sie im ganzen oder in einzelnen Teilen erfolgen soll. Hierbei ist darauf Rücksicht zu nehmen, ob auf die eine oder andere Weise voraussichtlich ein höherer Erlös zu erzielen ist.

II Der Gerichtsvollzieher muß dafür Sorge tragen[1]), daß er von dem bevorstehenden Eintritte der Reife rechtzeitig Kenntnis erlangt, damit der Versteigerungstermin gehörig angesetzt und bekanntgemacht werden kann und nicht durch Überreife der Früchte Verlust entsteht.

III Soll die Versteigerung erst nach der Trennung der Früchte erfolgen, so hat der Gerichtsvollzieher die Aberntung bewirken zu lassen (§ 824 ZPO.). Er hat sich hierzu gegen eine tunlichst im voraus zu vereinbarende Vergütung[2]) einer zuverlässigen Person zu bedienen. Nicht ausgeschlossen ist es, hierfür den Schuldner zu wählen. Der Gerichtsvollzieher hat die Aberntung soweit zu beaufsichtigen, als erforderlich ist, um den Ertrag der Ernte mit Sicherheit festzustellen; er hat auch für die sichere Unterbringung und Verwahrung der Ernte bis zur Versteigerung Sorge zu tragen. Zur Deckung der für die Aberntung und Verwahrung entstehenden Kosten hat der Gerichtsvollzieher vom Gläubiger einen entsprechenden Vorschuß einzufordern (§ 327). Wird dieser nicht geleistet, so hat die Versteigerung in der Regel vor der Trennung der Früchte vom Boden zu erfolgen.

IV Sollen die Früchte vor der Aberntung versteigert werden, so ist der Termin in der Regel an Ort und Stelle abzuhalten. In den Versteigerungsbedingungen ist zu erwähnen, daß der Meistbietende die Aberntung alsbald nach dem Zuschlag auf seine Kosten zu bewirken habe.

§ 179 (§ 136 GA.).

Zuziehung eines landwirtschaftlichen Sachverständigen: 1. Fälle der Zuziehung.

I Zur Pfändung von Früchten, die vom Boden noch nicht getrennt sind, sowie zur Pfändung von landwirtschaftlichem Gerät, Vieh, Dünger und landwirtschaftlichen Erzeugnissen bei Personen, die Landwirtschaft betreiben, — soweit diese Gegenstände der Pfändung

[1]) Vgl. § 177 Nr. 3, § 180.
[2]) Vgl. § 16 Nr. 7 RGebO., abgedr. unter Nr. 3.

überhaupt unterliegen (§ 811 Nr. 4 ZPO., § 134 Abs. 1 Nr. 4 DA.) — soll der Gerichtsvollzieher einen landwirtschaftlichen Sachverständigen[1]) beiziehen, sofern anzunehmen ist, daß der Wert der zu pfändenden Gegenstände den Betrag von 1000 *RM* übersteigt (§ 813 Abs. 1 ZPO.).

II Bei einem geringeren Betrage soll die Zuziehung erfolgen,

a) wenn der Gerichtsvollzieher sich die nötige Sachkunde nicht zutraut,

b) wenn der Schuldner sie verlangt und durch die Zuziehung weder eine Verzögerung der Zwangsvollstreckung eintritt noch unverhältnismäßige Kosten entstehen (§ 813 Abs. 2 ZPO.).

§ 180 (§ 137 GA.). 2. Gegenstand des Gutachtens.

Bei der Pfändung von Früchten, die von dem Boden noch nicht getrennt sind, hat der Sachverständige zu begutachten, ob die gewöhnliche Zeit der Reife binnen einem Monate zu erwarten ist (§ 810 Abs. 1 Satz 2 ZPO., § 175 Abs. 2 DA.) und ob die Früchte ganz oder zum Teil zur Fortführung der Wirtschaft bis zu der Zeit erforderlich sind, zu der gleiche oder ähnliche Erzeugnisse voraussichtlich gewonnen werden (§ 811 Nr. 4 ZPO., § 134 Abs. 1 Nr. 4 DA.). Bei den übrigen im § 179 Abs. 1 genannten Gegenständen hat der Sachverständige zu begutachten, inwieweit sie nach § 811 Nr. 4 und § 865 ZPO. (§ 134 Abs. 1 Nr. 4 und § 138 DA.) pfändbar sind. Ferner hat er den gewöhnlichen Verkaufswert der zu pfändenden Gegenstände zu schätzen (§ 140 Abs. 4 DA.).

§ 181 (§ 138 GA.). 3. Stellung und Aufgaben des Gerichtsvollziehers.

I Der Gerichtsvollzieher soll entweder einen amtlich bestellten landwirtschaftlichen Sachverständigen zuziehen oder sich wegen der Auswahl eines Sachverständigen an den ersten Bürgermeister oder dessen Stellvertreter (vgl. § 51 Abs. 2) wenden und, falls dieser nicht selbst die Verrichtung des Sachverständigen übernimmt, die von diesem bezeichnete Person zuziehen. Im Falle der Behinderung oder des Ausbleibens der vom ersten Bürgermeister oder dessen Stellvertreter bezeichneten Person ist eine andere geeignete Person zuzuziehen. Tunlichst sind Personen zuzuziehen, die in der Nähe der zu pfändenden Gegenstände wohnen. Personen, die mit dem Gläubiger oder dem Schuldner nahe verwandt oder verschwägert oder an der

[1]) Wegen der Auswahl s. § 181 Abs. 1.

Sache beteiligt sind, sollen nicht zugezogen werden. Ist die Zuziehung eines Sachverständigen nach diesen Vorschriften vergeblich versucht worden, so kann die Pfändung auch ohne die Beteiligung eines Sachverständigen erfolgen.

II Das Gutachten ist, sofern der Sachverständige es nicht schriftlich übergibt, in das Pfändungsprotokoll aufzunehmen. Das schriftliche Gutachten bildet eine Anlage des Pfändungsprotokolls.

III Das Gutachten ist für den Gerichtsvollzieher nicht bindend. Weicht er von dem Gutachten ab, so soll er die Gründe hierfür in dem Pfändungsprotokoll angeben[1]).

IV Dem Gerichtsvollzieher stehen Zwangsmittel im Falle des Nichterscheinens des Sachverständigen oder der Verweigerung des Gutachtens nicht zu. Er ist nicht befugt, von dem Sachverständigen eine Beeidigung des Gutachtens zu fordern.

§ 182 (§ 139 GA.).

4. Vergütung des Sachverständigen.

Dem Sachverständigen ist eine, soweit tunlich, im voraus festzusetzende Vergütung nach dem ortsüblichen Preise der Leistung zu gewähren[2]). Die Vergütung hat auch die Entschädigung für den etwa gemachten Aufwand[3]) zu umfassen[4]). Ist der Sachverständige mit der Bemessung der Vergütung nicht einverstanden, so hat ihn der Gerichtsvollzieher gemäß § 766 ZPO. an das Vollstreckungsgericht zu verweisen.

§ 183 (§ 140 GA.).

Pfändung bereits gepfändeter Sachen: 1. Voraussetzungen.

Sachen, die bereits gepfändet sind, sollen für einen anderen Gläubiger oder für eine weitere Forderung desselben Gläubigers nur gepfändet werden, wenn andere zur Deckung des Gläubigers hinreichende pfändbare Gegenstände nicht vorgefunden werden oder wenn der Gläubiger die weitere Pfändung ausdrücklich verlangt oder wenn die weitere Pfändung eine sicherere und schnellere Befriedigung des Gläubigers erwarten läßt. Die weitere Pfändung ist ohne Rücksicht darauf zulässig, ob nach Deckung der Forderung des ersten Gläubigers und der Kosten der ersten Vollstreckung ein Überschuß über die Kosten der zweiten Vollstreckung zu erwarten ist.

---

[1]) Bei der Schätzung des gewöhnlichen Verkaufswerts kann der GV. insbesondere auf Grund einer erneuten Schätzung von dem früheren Gutachten abweichen.

[2]) Vgl. § 19 RGebO.

[3]) Z. B. Reisekosten, aber nur die tatsächlichen Auslagen.

[4]) Wegen des vom Auftraggeber zu erhebenden Vorschusses s. § 327.

§ 184 (§ 141 GA.).

2. Form der Anschlußpfändung.

I Die Pfändung bereits gepfändeter Sachen kann in den gleichen Formen wie eine Erstpfändung (§ 808 ZPO.)[1]) erfolgen. Zur Bewirkung der weiteren Pfändung genügt aber auch die Erklärung[2]) des Gerichtsvollziehers, daß er die schon gepfändeten Sachen für seinen Auftraggeber gleichfalls pfände (sog. Anschlußpfändung, § 826 ZPO.). Über die Erklärung ist ein Protokoll aufzunehmen[3]). Ist die erste Pfändung durch den Gerichtsvollzieher eines anderen Gerichts bewirkt, so ist ihm eine Abschrift des Protokolls förmlich zuzustellen (§ 826 ZPO.).

II Die Anschlußpfändung setzt, da sie ohne Besitznahme erfolgt, zu ihrer Wirksamkeit das Bestehen der ersten Pfändung voraus. Der Gerichtsvollzieher muß sich deshalb sorgfältig darüber vergewissern, daß die erste Pfändung rechtsgültig erfolgt ist und noch besteht und welche Gegenstände von ihr betroffen sind. Zu diesem Zwecke hat er, wenn tunlich, das Protokoll über die erste Pfändung[4]) einzusehen. Bei Pfandstücken, die sich im Gewahrsam des Schuldners[5]) oder eines Dritten[6]) befinden, hat er an Ort und Stelle nachzusehen, ob die Pfandstücke noch vorhanden sind und die Pfändung noch ersichtlich ist. Fehlen Pfandstücke, so hat dies der Gerichtsvollzieher im Protokoll zu vermerken und den ersten Gläubiger zu verständigen; sind Pfandzeichen nicht mehr vorhanden, so hat sie der Gerichtsvollzieher zu erneuern[7]). Die Angaben über den zu erwartenden Versteigerungserlös und den gewöhnlichen Verkaufswert der Pfandstücke sind nachzuprüfen und erforderlichenfalls richtig zu stellen. Hat ein Dritter die Pfandstücke in seinem Gewahrsam[6]), so ist zur Anschlußpfändung seine Bereitschaft, die Sachen zur Verwertung herauszugeben, auch dann erforderlich, wenn diese Bereitschaft bei der ersten Pfändung vorhanden war.

III Der Gerichtsvollzieher soll die weitere Pfändung regelmäßig

---

[1]) §§ 129ff.

[2]) Nicht notwendig an dem Orte abzugeben, an dem sich die Pfandstücke befinden; im Hinblick auf Abs. 2 empfiehlt sich dies aber. Einer anderen Person gegenüber ist die Erklärung nicht abzugeben.

[3]) Über den Inhalt des Protokolls s. § 185.

[4]) Vgl. §§ 120, 152, 177.

[5]) Vgl. § 142 Abs. 2, §§ 143ff.

[6]) Vgl. § 150.

[7]) Dabei ist auch § 147 Abs. 2 zu beachten.

im Wege der Anschlußpfändung bewirken, es sei denn, daß die Rechtsgültigkeit oder das Fortbestehen der voraufgegangenen Pfändung zweifelhaft oder die Wirksamkeit einer durch bloße Erklärung bewirkten Pfändung aus sonstigen Gründen fraglich erscheint[1]).

IV Von der Anschlußpfändung ist der Schuldner in gleicher Weise wie von einer ersten Pfändung in Kenntnis zu setzen (§ 826 ZPO.)[2]). Die Benachrichtigung obliegt dem Gerichtsvollzieher, der die Anschlußpfändung bewirkt.

V Die Pfändung darf nicht in der Form der Anschlußpfändung erfolgen[3]), wenn ein bereits gepfändeter Gegenstand in der Richtung gegen einen anderen Schuldner gepfändet werden soll (sog. Doppelpfändung). Eine solche Pfändung ist vielmehr wie eine Erstpfändung zu bewirken; in den Akten über die beiden Pfändungen ist zu vermerken, daß und wann der Gegenstand auch in der Richtung gegen den anderen Schuldner gepfändet worden ist.

§ 185 (§ 142 GA.).

3. Protokoll über die Anschlußpfändung.

I Das Protokoll über die Anschlußpfändung (§ 152)[4]) hat insbesondere zu enthalten:

1. die Bezeichnung der weiter gepfändeten Gegenstände unter Angabe des Versteigerungserlöses und, soweit tunlich, unter Angabe, für welche Gläubiger und für welche Forderungen die Gegenstände bereits gepfändet sind;
2. die Erklärung des Gerichtsvollziehers, daß er die Sachen für seinen Auftraggeber pfände;
3. die Angabe der Zeit, zu der diese Erklärung abgegeben ist;
4. die Angabe, daß der Schuldner von der Pfändung benachrichtigt ist oder benachrichtigt werden soll und wie dies geschehen ist oder geschehen soll.

II Um das Vorrecht des Gläubigers für den Fall, daß auch für andere Gläubiger weitere Pfändungen stattfinden, zu sichern, ist in dem Protokolle bei der Angabe der Zeit der Abgabe der Erklärung (Nr. 3) auch die Stunde zu bezeichnen.

---

[1]) In diesen Fällen ist nach Abs. 1 S. 1 zu verfahren; s. auch Abs. 5 und § 187.

[2]) Vgl. §§ 151, 121, 128.

[3]) Vgl. § 187.

[4]) S. auch § 120.

§ 186 (§ 143 GA.).

4. Fortsetzung des Vollstreckungsverfahrens.

I Die Vorschrift des § 827 ZPO., daß auf den Gerichtsvollzieher, von dem die erste Pfändung bewirkt ist, der Auftrag des nachfolgenden Gläubigers kraft Gesetzes übergeht, findet keine Anwendung, wenn die Pfändungen durch verschiedene Gerichtsvollzieher desselben Amtsgerichts vorgenommen worden sind. Ist die weitere Pfändung von dem Gerichtsvollzieher eines anderen Amtsgerichts bewirkt worden, so ist dieser zur Fortsetzung der Vollstreckung auch für den ersten Gläubiger befugt, wenn dies vom Vollstreckungsgericht[1]) auf Antrag eines Beteiligten angeordnet worden ist[2]) [3]).

II Sind die Pfändungen durch denselben Gerichtsvollzieher oder durch verschiedene Gerichtsvollzieher desselben Gerichts vorgenommen, so ist die weitere Pfändung in den Akten über die erste Pfändung ersichtlich zu machen.

III Die Verwertung erfolgt für alle beteiligten Gläubiger. Der Erlös ist nach der zeitlichen Reihenfolge der Pfändungen zu verteilen[4]). Die Stundung durch einen der Gläubiger oder die Einstellung des Verfahrens einem der Gläubiger gegenüber[5]) hat auf die Fortsetzung der Vollstreckung für die anderen Gläubiger keinen Einfluß. Von der Fortsetzung der Vollstreckung sind der Schuldner und alle beteiligten Gläubiger zu benachrichtigen. Dabei ist ihnen mitzuteilen, auf wessen Betreiben die Vollstreckung fortgesetzt wird. Der auf den Gläubiger, dem gegenüber die Vollstreckung eingestellt ist, bei der Verwertung entfallende Betrag ist zu hinterlegen (§ 244 Abs. 1 Nr. 7 DA.). Dabei ist der Vorbehalt einer anderweitigen

---

[1]) D. i. des z. Zt. der ersten Pfändung zuständigen.

[2]) Wenn ein später pfändender GV. neben bereits gepfändeten auch pfandfreie Gegenstände pfändet, so gilt die Vorschrift des § 827 ZPO. nur für die Pfändung der bereits gepfändeten Gegenstände. Wenn Pfändungen nach der ZPO. mit solchen im Steuerverfahren oder Zwangsverwaltungsverfahren zusammentreffen, s. § 187.

[3]) Die wegen des Übergangs kraft Gesetzes oder auf Grund Anordnung des VollstrGer. zur Fortsetzung der Vollstr. nicht mehr befugten GV. haben die für die Fortsetzung erforderlichen Urkunden an den hierzu befugten GV. herauszugeben.

[4]) Für den Fall, daß der Erlös nicht zur Deckung aller Gl. ausreicht und der Gl., für den die zweite oder eine spätere Pfändung erfolgt ist, ohne Zustimmung der übrigen Gl. eine andere Verteilung verlangt, s. § 191 Abs. 2 S. 3, § 188 Abs. 5. Die Kosten der Verwertung sind vorweg abzuziehen. Die übrigen Kosten der ZwVollstr. durch die einzelnen Gl. teilen den Rang ihrer Forderungen.

[5]) S. §§ 111, 122ff.

Überweisung für den Fall zu machen, daß der Anspruch des Gläubigers ganz oder teilweise wegfallen sollte. Im Falle der Stundung bedarf es, wenn der Schuldner mit der Auszahlung einverstanden ist, der Hinterlegung nicht, sofern sie nicht aus anderen Gründen zu erfolgen hat.

5. Pfändung von Sachen, die bereits von anderen Behörden oder Körperschaften gepfändet sind.

§ 187 (vgl. § 144 GA.).

Die Pfändung[1]) darf nicht in der Form der Anschlußpfändung erfolgen, wenn die erste Pfändung im Auftrage einer mit dem Vollstreckungsrecht ausgestatteten Reichsbehörde, Landesverwaltungsbehörde, Gemeinde oder einer anderen öffentlich-rechtlichen Körperschaft durch ein Vollzugsorgan dieser Behörden und Körperschaften oder durch einen Gerichtsvollzieher stattgefunden hat (vgl. § 359 RAbgO., Art. 7 Abs. 1, Art. 8 AGZPO.). Eine solche Pfändung ist immer in der Form der Erstpfändung zu bewirken. Die Behörde oder Körperschaft, in deren Auftrag die erste Pfändung vorgenommen wurde, ist von der neuen Pfändung durch Zustellung einer Abschrift des Pfändungsprotokolls zu benachrichtigen. Ist die erste Pfändung durch einen Beamten der Reichsfinanzverwaltung ausgeführt, so ist dieser zur Versteigerung zuständig (§ 360 Abs. 1 RAbgO.). Die Akten sind daher der zuständigen Finanzverwaltungsbehörde zu übersenden, falls nicht von dieser beantragt wird, daß die Verwertung durch den Gerichtsvollzieher erfolge. Von der Abgabe der Akten ist der Gläubiger zu verständigen. Hat ein Vollzugsorgan einer sonstigen mit dem Vollstreckungsrecht ausgestatteten Verwaltungsbehörde die erste Pfändung vorgenommen, so obliegt die Fortsetzung des Verfahrens nicht diesem, sondern dem Gerichtsvollzieher, der die neue Pfändung vorgenommen hat. Ebenso obliegt die Fortsetzung des Verfahrens dem Gerichtsvollzieher, wenn dieser die erste Pfändung vorgenommen hat, die neue Pfändung aber von dem Vollzugsorgan einer Reichsbehörde, Landesverwaltungsbehörde, Gemeinde oder einer sonstigen öffentlich-rechtlichen Körperschaft erfolgt ist.

§ 188 (§ 91, § 106 Abs. 2 GA.).

Pfändung für mehrere Gläubiger.

[I]Ein Gerichtsvollzieher, der vor Ausführung einer Pfändung von anderen Gläubigern[2]) mit der Pfändung gegen denselben Schuldner

---

[1]) Bereits gepfändeter Sachen. S. § 184.

[2]) Auch von Behörden oder Körperschaften der im § 187 bezeichneten Art.

beauftragt wird, hat die Pfändung für alle Gläubiger gleichzeitig zu bewirken. Auf die Zeit der Erteilung des Auftrags kommt es dabei nicht an, weil ein Vorzugsrecht für den Gläubiger erst durch die Pfändung begründet wird.

II Über die gleichzeitige Pfändung für die mehreren Gläubiger ist nur ein Pfändungsprotokoll aufzunehmen. Das Protokoll muß die Gläubiger und deren Schuldtitel bezeichnen und die Erklärung enthalten, daß die Pfändung gleichzeitig für alle bewirkt ist.

III Alle zu pfändenden Sachen sind für alle beteiligten Gläubiger zu pfänden, sofern nicht ein Gläubiger bestimmte Sachen ausgeschlossen hat. Will der Schuldner bei der Pfändung einen Geldbetrag freiwillig leisten, der die Forderungen sämtlicher Gläubiger nicht vollständig deckt, so darf der Gerichtsvollzieher diesen Betrag als Zahlung nur annehmen, wenn der Schuldner damit einverstanden ist, daß der Betrag unter alle Gläubiger nach dem Verhältnis der beizutreibenden Forderungen verteilt wird; willigt der Schuldner hierin nicht ein, so ist das Geld für sämtliche Gläubiger zu pfänden. Zahlt jedoch der Schuldner mit Geld, das der Pfändung nicht unterliegt (§ 811 Nr. 2, 3, 8 ZPO., § 134 Abs. 1 Nr. 2, 3, 8 DA.), oder zahlt ein Dritter für den Schuldner oder erfolgt die Zahlung nach der Pfändung, so kann der Schuldner oder der Dritte bestimmen, an welche Gläubiger der Betrag abzuführen ist.

IV Umstände, die hinsichtlich einzelner Gläubiger die Beendigung oder Einstellung der Zwangsvollstreckung zur Folge haben[1]), hindern die Fortsetzung des Verfahrens für die übrigen Gläubiger nicht.

V Die Versteigerung erfolgt für alle beteiligten Gläubiger. Der Erlös[2]) der Versteigerung ist, wenn er zur Deckung aller Gläubiger nicht ausreicht, nach dem Verhältnisse der Forderungen zu verteilen; verlangt ein Gläubiger ohne Zustimmung der anderen Gläubiger eine andere Verteilung, so hat der Gerichtsvollzieher die Sachlage unter Hinterlegung des Erlöses dem Vollstreckungsgericht anzuzeigen[3]) (vgl. § 191 Abs. 2).

---

[1]) Vgl. §§ 111, 122ff.

[2]) Die Kosten der Versteigerung sind vorweg abzuziehen. Die übrigen Kosten der ZwVollstr. für die einzelnen Gl. sind mit den Forderungen zu befriedigen, wobei die Anrechnung bei unzulänglicher Masse nach Maßgabe des § 367 BGB. (erst auf die Kosten, dann auf die Zinsen, zuletzt auf die Hauptleistung) zu erfolgen hat. Vgl. § 191 Abs. 1, 2.

[3]) Schreibgebühr: § 17 Nr. 2 RGebO., abgedr. unter Nr. 3.

§ 189 (§ 96 Abs. 2 GA.). Mitteilung von früheren fruchtlosen Vollstreckungen.

Erhält der Gerichtsvollzieher nach fruchtloser Vollstreckung für einen Gläubiger einen weiteren Pfändungsauftrag eines anderen Gläubigers, so bleibt, sofern ihm nicht bestimmte Sachen als Gegenstand der Pfändung bezeichnet sind oder anzunehmen ist, daß der Schuldner inzwischen pfändbare Gegenstände erworben hat, seinem pflichtgemäßen Ermessen überlassen, den Auftraggeber zunächst von der früheren fruchtlosen Vollstreckung zu benachrichtigen und seine Anweisung, ob dennoch der Auftrag auszuführen sei, einzuholen.[1])

§ 190 (§ 145 GA.). Verwertung der durch die Militärbehörde gepfändeten Sachen.

I Wenn bei der Zwangsvollstreckung gegen einen Soldaten eine Pfändung in einer Kaserne oder in einem anderen militärischen Dienstgebäude durch die von dem Vollstreckungsgericht ersuchte Militärbehörde vorgenommen worden ist (§ 109 Abs. 1), so werden die gepfändeten Gegenstände einem von dem Gläubiger beauftragten Gerichtsvollzieher übergeben (§ 790 ZPO.). Der Gerichtsvollzieher hat den Schuldtitel und die von der Militärbehörde errichtete Pfändungsurkunde bei dem Vollstreckungsgericht in Empfang zu nehmen und der Militärbehörde, wenn sie nicht bereits durch das Vollstreckungsgericht benachrichtigt ist, seinen Auftrag anzuzeigen.

II Bei der Übernahme der gepfändeten Sachen hat der Gerichtsvollzieher diese mit der über die Pfändung aufgenommenen Urkunde zu vergleichen und die etwa fehlenden oder beschädigten Stücke zu verzeichnen. Die weitere Ausführung der Zwangsvollstreckung erfolgt durch den Gerichtsvollzieher in gleicher Weise wie bei den von ihm selbst gepfändeten Sachen. Der Termin zur Versteigerung ist, sofern nicht einer der im § 158 Abs. 1 bezeichneten Ausnahmefälle vorliegt, sogleich bei der Übernahme der Sachen zu bestimmen.

§ 191 (§§ 146, 147 GA.). Auszahlung des Erlöses.

I Der Gerichtsvollzieher hat über die Verteilung der Geldbeträge, die durch die Zwangsvollstreckung in seine Hand gelangt sind, in den Akten eine Berechnung aufzustellen. Die Kosten der Veräußerung sind aus der Masse vorwegzunehmen. Darauf ist der dem Gläubiger gebührende Betrag mit Einschluß der Kosten und Zinsen an-

---

[1]) Wegen der Gebühr s. § 24 S. 2 der Bek. über die Gebühren und Auslagen der GV., abgedr. unter Nr. 6.

zusetzen und der für den Schuldner etwa verbleibende Überschuß festzustellen. Reicht die Masse zur Deckung des Gläubigers nicht aus, so ist sie zunächst auf die Kosten der Zwangsvollstreckung, dann auf die übrigen Kosten des Gläubigers, dann auf die Zinsen der beizutreibenden Forderung, endlich der Rest auf die Hauptleistung zu verrechnen (§ 367 BGB.). Die Forderung eines Gläubigers, dem das Armenrecht bewilligt ist, ist bei unzureichender Masse ohne vorgängige Deckung der Gebühren und Auslagen des Gerichtsvollziehers zu befriedigen.

II Sind mehrere Gläubiger an der Masse beteiligt, so sind zunächst die Kosten der Veräußerung aus der Masse zu entnehmen, dann die Forderungen[1]) der Gläubiger zu decken[2]). Reicht die Masse nicht zur Deckung aller Gläubiger aus, so hat der Gerichtsvollzieher die Masse nach Abzug der Kosten der Veräußerung gemäß § 186 Abs. 3 oder § 188 Abs. 5 zu verteilen. Verlangt ein Gläubiger ohne Zustimmung der übrigen Gläubiger eine andere Verteilung, so hat der Gerichtsvollzieher den Erlös zu hinterlegen (§ 244 Abs. 1 Nr. 3) und die Sachlage unter Übersendung der Vollstreckungsakten dem Vollstreckungsgericht zur Einleitung des gerichtlichen Verteilungsverfahrens anzuzeigen (§ 827 Abs. 2, 3 ZPO.).

III Macht ein Dritter auf Grund eines Pfand- oder Vorzugsrechts den Anspruch auf vorzugsweise Befriedigung aus dem Erlöse geltend (§ 805 ZPO.), so darf die Auszahlung des beanspruchten Betrags an ihn nur erfolgen, wenn sämtliche Beteiligte einwilligen oder ein rechtskräftiges Urteil gegen den nicht zustimmenden Gläubiger oder Schuldner vorgelegt wird. Die Einwilligung ist aktenkundig zu machen. Ist dem Gerichtsvollzieher bekannt, daß der Dritte sein Recht auf vorzugsweise Befriedigung bei Gericht geltend gemacht hat und daß

---

[1]) Einschließlich der übrigen Kosten der ZwVollstr.

[2]) Nach § 12 DevVO. dürfen Zahlungsmittel nur mit Genehmigung (der zuständigen Devisenbewirtschaftungsstelle) ins Ausland oder ins Saargebiet oder aus dem Inland in die badischen Zollausschlußgebiete versandt werden. Ferner darf nach § 14 DevVO. ein Inländer inländische Zahlungsmittel nur mit Genehmigung einem Ausländer oder Saarländer oder zugunsten eines solchen einem Inländer im Inland aushändigen. Nach Nr. II 73 DevRichtl. können jedoch ohne Genehmigung Zahlungen zugunsten von Ausländern, welche Gerichte oder GV. von Amts wegen zu bewirken haben (z. B. die Auszahlung von Anteilen an einem Versteigerungserlös), an eine Devisenbank mit der Maßgabe geleistet werden, daß über das entstandene Guthaben nur mit Genehmigung verfügt werden darf, wenn die Gerichte oder GV. gleichzeitig der Stelle für Devisenbewirtschaftung Berlin von der Zahlung Mitteilung machen.

die gerichtliche Anordnung der Hinterlegung bevorsteht, so hat er mit der Auszahlung des Versteigerungserlöses zuzuwarten[1]).

IV Ist dem Schuldner nachgelassen, durch Sicherheitsleistung oder Hinterlegung die Vollstreckung abzuwenden, so hat der Gerichtsvollzieher, sofern ihm nicht die Rechtskraft des Urteils durch ein Rechtskraftzeugnis nachgewiesen wird, die auf die Gläubiger entfallenden Beträge nach §§ 244, 245 zu hinterlegen. Ist über das Vermögen des Schuldners das Konkursverfahren eröffnet, so ist ein Überschuß aus der Verwertung eines zur Konkursmasse gehörigen Gegenstands an den Konkursverwalter abzuführen.

V Die Verteilung oder Hinterlegung der Masse hat ohne Verzug[2]) zu erfolgen. Über die Verwendung des Erlöses ist dem Schuldner und den Gläubigern, die nicht voll befriedigt worden sind, Mitteilung zu machen. Die Auszahlung ist durch Quittungen oder Lastschriftzettel zu belegen[3]).

§ 192 (§ 148 GA.).

Rückgabe von Pfandstücken.

I Gepfändete Sachen, die von dem Gläubiger oder auf Anordnung des Gerichts freigegeben sind oder deren Verwertung wegen Befriedigung des Gläubigers unterbleibt, hat der Gerichtsvollzieher, falls dem sonst nichts entgegensteht, ohne Verzug dem Schuldner oder den sonstigen Empfangsberechtigten zur Verfügung zu stellen und, wenn sie in den Gewahrsam des Gerichtsvollziehers oder eines Verwahrers gebracht waren, gegen Empfangsbescheinigung[4]) zurückzugeben. Empfangsberechtigt ist grundsätzlich der, aus dessen Gewahrsam die Sachen genommen worden sind. Ist über das Vermögen des Schuldners das Konkursverfahren eröffnet, so sind die dem Schuldner zur Verfügung stehenden Gegenstände, soweit sie zur Konkursmasse gehören, an den Konkursverwalter auszuliefern. Bei Bekanntmachung der Freigabe ist der Schuldner zur Entfernung der Pfandzeichen ausdrücklich zu ermächtigen, falls nicht noch anderweitige

---

[1]) Ebenso wird der GV. nach pflichtgemäßer Prüfung mit der Auszahlung des Erlöses zuwarten dürfen, wenn eine einstweilige Anordnung nach § 769 ZPO. zugunsten eines Widerspruchsberechtigten (vgl. § 141 Abs. 4) oder des Erben und der ihm in § 786 ZPO. gleichgestellten Personen, die sich auf die Beschränkung ihrer Haftung berufen (vgl. § 101 Abs. 1), mit Sicherheit zu erwarten ist.

[2]) D. h. ohne schuldhaftes Zögern; vgl. dazu Abs. 3 S. 3 und vorstehende Anm. 1.

[3]) Vgl. § 353 Abs. 5, § 374.

[4]) Vgl. § 374.

Pfändungspfandrechte an den Sachen bestehen. Ein etwa bestellter Hüter ist von der Beendigung der Vollstreckung zu benachrichtigen. Die Rückschaffung der aus dem Gewahrsam des Schuldners oder eines Dritten geschafften Gegenstände ist nicht Sache des Gerichtsvollziehers, sondern von dem Empfangsberechtigten auf seine Kosten zu veranlassen. Die Mitteilung von der Freigabe, die Aufforderung zur Abholung und die Rückgabe ist in den Akten zu vermerken.

II Befinden sich die Pfandstücke im Gewahrsam des Gerichtsvollziehers oder eines Verwahrers und verweigert oder unterläßt der Empfangsberechtigte innerhalb einer ihm gestellten angemessenen Frist die Abholung der Pfandstücke oder ist der Aufenthalt des Empfangsberechtigten nicht zu ermitteln, so kann der Gerichtsvollzieher die Pfandstücke hinterlegen (§ 372 BGB.), oder, wenn sie zur Hinterlegung nicht geeignet sind, nach § 383 BGB. verfahren, sofern dessen Voraussetzungen vorliegen. Bei der Fristsetzung ist der Empfangsberechtigte hierauf hinzuweisen. In der Pfandkammer befindliche Gegenstände können, wenn der Empfangsberechtigte oder sein Aufenthalt nicht zu ermitteln ist, nach § 983 BGB. als Fundsachen versteigert werden. Die Gründe, aus denen zu einer dieser Maßregeln geschritten wird, sind aktenkundig zu machen; auch ist zu vermerken, welche Versuche zur Ermittlung des Empfangsberechtigten unternommen worden sind. Die Einleitung des Verfahrens nach § 383 oder § 983 BGB. hat auf Anordnung des Amtsgerichtsvorstands zu erfolgen; der Gerichtsvollzieher hat diesem die Akten vor der Einleitung des Verfahrens vorzulegen.

3. Zwangsvollstreckung in Forderungen und andere Vermögensrechte.

§ 193 (§ 149 Abs. 1, Abs. 2 Satz 1, 2, Abs. 3 Satz 1, § 150 Abs. 1 Satz 1, 2 GA.).

Pfändung gewöhnlicher Geldforderungen: 1. Allgemeines.

I Die Zwangsvollstreckung in Geldforderungen[1]), die dem Schuldner gegen einen Dritten (Drittschuldner) zustehen, erfolgt, unbeschadet der Bestimmungen über die Zwangsvollstreckung in Wert-

---

[1]) Wegen der Pfändung einer Briefhypothek s. § 199; wegen der ZwVollstr. in Reallasten, Grundschulden, Rentenschulden s. § 200; wegen der Pfändung von Forderungen aus Wechseln und anderen indossablen Papieren s. §§ 201 f.; wegen der ZwVollstr. in Ansprüche auf Herausgabe oder Leistung von beweglichen körperlichen Sachen s. §§ 203 ff., einer unbeweglichen Sache s. § 206, in andere Vermögensrechte s. § 209.

papiere (§§ 171 bis 173) und über die Pfändung von Forderungen aus Wechseln und anderen durch Indossament übertragbaren Papieren (§ 201), im Wege der Pfändung und Überweisung durch das Vollstreckungsgericht (§§ 828, 829, 835 ZPO.).

II In dem Pfändungsbeschlusse verbietet das Gericht dem Drittschuldner, an den Schuldner zu zahlen, und gebietet dem Schuldner, sich jeder Verfügung über die Forderung, insbesondere der Einziehung, zu enthalten. Durch den Überweisungsbeschluß wird die gepfändete Forderung dem Gläubiger nach seiner Wahl zur Einziehung oder zu ihrem Nennwert an Zahlungs Statt überwiesen.

III Die Pfändung und die Überweisung kann vom Vollstreckungsgericht in einem Beschluß, aber auch in getrennten Beschlüssen ausgesprochen sein. Die Mitwirkung des Gerichtsvollziehers ist im wesentlichen auf die Zustellung dieser Beschlüsse an den Drittschuldner und Schuldner beschränkt. Mit der Zustellung wird er von dem Gläubiger beauftragt.

2. Zustellung des Pfändungsbeschlusses an den Drittschuldner.

§ 194 (§ 149 Abs. 2 Satz 3, § 150 Abs. 1 Satz 3 bis 5 GA.).

Die Pfändung der Forderung ist mit der Zustellung des Pfändungsbeschlusses an den Drittschuldner als bewirkt anzusehen (§ 829 Abs. 2 ZPO.). Der Pfändungsbeschluß[1]) ist daher zunächst dem Drittschuldner[2]) zuzustellen, falls der Gläubiger nicht verlangt, daß die Zustellung an den Schuldner vorhergehe. Die Zustellung ist tunlichst zu beschleunigen. In der Zustellungsurkunde ist der Zeitpunkt der Zustellung nach Stunde und Minute anzugeben. Bei Zustellungen durch die Post hat der Gerichtsvollzieher § 69 zu beachten. Ist der Gerichtsvollzieher mit der Zustellung mehrerer Pfändungsbeschlüsse an denselben Drittschuldner beauftragt, so hat er sie alle in dem gleichen Zeitpunkt zu übergeben und in den anderen Zustellungsurkunden anzugeben, welche anderen Pfändungsbeschlüsse er gleichzeitig zugestellt hat. Läßt ein Gläubiger eine Forderung des Schuldners gegen den Gläubiger selbst pfänden, so ist der Pfändungsbeschluß dem Gläubiger wie einem Drittschuldner zuzustellen.

---

[1]) Wegen der Zustellung des Überweisungsbeschlusses s. § 197.

[2]) Wegen der Zustellung des Pfändungsbeschlusses an den Schuldner s. § 196.

§ 195 (§ 151 GA.).

3. Aufforderung des Drittschuldners zur Auskunftserteilung.

I Auf Verlangen des Gläubigers hat der Gerichtsvollzieher bei der Zustellung des Pfändungsbeschlusses den Drittschuldner aufzufordern, binnen zwei Wochen, von der Zustellung an gerechnet, dem Gläubiger zu erklären:

1. ob und inwieweit er die Forderung als begründet anerkenne und Zahlung zu leisten bereit sei,
2. ob und welche Ansprüche andere Personen an die Forderung machen,
3. ob und wegen welcher Ansprüche die Forderung bereits für andere Gläubiger gepfändet sei.

II Ist diese Aufforderung an den Drittschuldner zu richten, so hat der Gerichtsvollzieher die Zustellung im Wege der gewöhnlichen Zustellung (§ 38 Nr. 1), nicht durch die Post, zu bewirken. Die Aufforderung muß in die Zustellungsurkunde aufgenommen werden.

III Die Erklärungen des Drittschuldners können bei Zustellung des Pfändungsbeschlusses oder innerhalb der zweiwöchigen Frist an den Gerichtsvollzieher erfolgen. Im ersteren Falle sind sie in die Zustellungsurkunde aufzunehmen[1]) und von dem Drittschuldner zu unterschreiben (§ 840 ZPO.). Die Beurkundung der Erklärung ist dem Drittschuldner vor der Unterzeichnung vorzulesen oder zur Durchsicht vorzulegen. In der Urkunde ist ausdrücklich anzuführen, daß dies geschehen und daß die Genehmigung erfolgt sei. Wird die Unterschrift verweigert, so ist dies in der Zustellungsurkunde zu bemerken. Eine nach der Zustellung erfolgte Erklärung des Drittschuldners hat der Gerichtsvollzieher sogleich dem Gläubiger zu übermitteln. Wird die Erklärung mündlich abgegeben, so hat der Gerichtsvollzieher darüber ein besonderes Protokoll aufzunehmen und dieses von dem Drittschuldner nach vorgängiger Genehmigung unterschreiben zu lassen. Daß die Vorlesung oder Vorlegung zur Durchsicht und die Genehmigung erfolgt sei, ist in dem Protokoll ausdrücklich anzuführen.

§ 196 (§ 150 Abs. 2 GA.).

4. Zustellung des Pfändungsbeschlusses an den Schuldner.

Nach der Zustellung des Pfändungsbeschlusses an den Drittschuldner hat der Gerichtsvollzieher ohne besonderen Auftrag dafür

---

[1]) S. auch § 46 Abs. 3 der Bek. über die Gebühren und Auslagen der GV., abgedr. unter Nr. 6, — keine Schreibgebühr! —.

zu sorgen, daß auch der Schuldner von der Pfändung Kenntnis erhält. Zu diesem Zwecke hat er den Pfändungsbeschluß mit einer beglaubigten Abschrift der Urkunde über die Zustellung an den Drittschuldner, im Falle der Zustellung durch die Post mit einer beglaubigten Abschrift der von ihm aufgenommenen Bescheinigung (§ 194 Abs. 2 ZPO.) und einer beglaubigten Abschrift der Postzustellungsurkunde sofort dem Schuldner zuzustellen. Falls die Zustellung im Ausland bewirkt werden muß, erfolgt sie durch Aufgabe zur Post (§ 192 ZPO., § 73 DA.). Ist der Aufenthalt des Schuldners unbekannt, so unterbleibt die Zustellung (§ 829 Abs. 2 ZPO.). Erfolgt auf Verlangen des Gläubigers die Zustellung an den Schuldner, ehe die Zustellung an den Drittschuldner stattgefunden hat oder ehe die Zustellungsurkunde des Postboten in die Hände des Gerichtsvollziehers gelangt ist, so hat der Gerichtsvollzieher die Abschriften der Urkunden über die Zustellung an den Drittschuldner nachträglich zuzustellen.

5. Zustellung des Überweisungsbeschlusses.

§ 197 (vgl. § 149 Abs. 3 Satz 2, § 150 GA.).

Wird neben dem Pfändungsbeschluß ein besonderer Überweisungsbeschluß erlassen, so hat der Gerichtsvollzieher auch diesen zunächst dem Drittschuldner und sodann unter entsprechender Anwendung des § 196 dem Schuldner zuzustellen (§ 835 Abs. 3 ZPO.).

6. Herausgabe von Urkunden über die gepfändete Forderung.

§ 198 (§ 152 GA.).

Ist die gepfändete Forderung[1]) dem Gläubiger überwiesen, so ist der Schuldner verpflichtet, dem Gläubiger die über die Forderung vorhandenen Urkunden, z. B. den Schuldschein, das Sparkassenbuch, den Pfandschein, die Versicherungspolice, herauszugeben. Die Herausgabe kann von dem Gläubiger gegen den Schuldner im Wege der Zwangsvollstreckung erwirkt werden (§ 836 ZPO.). Die Zwangsvollstreckung erfolgt auf Grund des Schuldtitels und einer Ausfertigung des Überweisungsbeschlusses. Die wegzunehmenden Urkunden müssen in dem Überweisungsbeschlusse so genau bezeichnet sein, daß der Gerichtsvollzieher sie nach dieser Bezeichnung bei dem Schuldner aufsuchen kann. Bedarf der Überweisungsbeschluß in dieser Beziehung einer Ergänzung, so hat der Gläubiger sie bei dem Vollstreckungsgerichte zu erwirken. Der Überweisungsbeschluß ist dem Schuldner spätestens bis zum Beginne der auf die Wegnahme

[1]) Es handelt sich hier nur um gepfändete Geldforderungen.

der Urkunde gerichteten Vollstreckungstätigkeit zuzustellen. Die Zwangsvollstreckung ist nach den für die Zwangsvollstreckung zur Erwirkung der Herausgabe beweglicher Sachen geltenden Vorschriften (§ 211) auszuführen. Befinden sich die Urkunden nicht im Gewahrsam des Schuldners, sondern eines Dritten, so ist § 218 zu beachten.

§ 199 (vgl. §§ 153 bis 156 GA.). **Pfändung einer Briefhypothek.**

Zur Pfändung einer Forderung, für die eine Hypothek besteht, ist außer der Zustellung des Pfändungsbeschlusses die Übergabe des Hypothekenbriefs an den Gläubiger erforderlich, sofern nicht die Erteilung des Hypothekenbriefs für die Hypothek ausgeschlossen ist (§ 830 ZPO.). Die Wegnahme des Briefes erfolgt in der gleichen Weise wie die Wegnahme der über eine überwiesene Forderung vorhandenen Urkunden (§ 198), jedoch mit der Maßgabe, daß der Pfändungsbeschluß an die Stelle des Überweisungsbeschlusses tritt. Soweit die Hypothekenforderung auf rückständige Zinsen oder andere Nebenleistungen oder auf Erstattung von Kosten gerichtet ist, die infolge der Kündigung der Hypothek und der die Befriedigung aus dem Grundstücke bezweckenden Rechtsverfolgung entstanden sind (§ 1159 BGB.), erfolgt die Pfändung nach den allgemeinen Vorschriften über Forderungspfändung (§ 830 Abs. 3 ZPO.); eine Wegnahme des Hypothekenbriefes findet in diesem Falle nicht statt.

§ 200 (§ 157 GA.). **Zwangsvollstreckung in Reallasten, Grundschulden, Rentenschulden.**

Die Vorschriften über die Zwangsvollstreckung in eine Forderung, für die eine Hypothek besteht, finden auf die Zwangsvollstreckung in eine Reallast, eine Grundschuld oder eine Rentenschuld entsprechende Anwendung (§ 857 Abs. 6 ZPO.). Lautet der Grundschuldbrief oder der Rentenschuldbrief auf den Inhaber, so wird er wie ein gewöhnliches Inhaberpapier gepfändet und verwertet (§ 172).

§ 201 (§ 161 GA.). **Pfändung von Forderungen aus Wechseln und anderen Papieren, die durch Indossament übertragen werden können: 1. Pfändung.**

I Die Pfändung von Forderungen aus Wechseln, Schecks — mit Ausnahme der im § 172 Abs. 1 Nr. 1 bezeichneten Schecks — und anderen Papieren, die durch Indossament übertragen werden können, z. B. kaufmännischen Anweisungen und Verpflichtungsscheinen, Konnossementen, Ladescheinen und Lagerscheinen, die an Order gestellt sind (vgl. § 363 HGB.), wird dadurch bewirkt, daß der Gerichtsvollzieher diese Papiere in Besitz nimmt (§ 831 ZPO.)[1]). Dabei finden die für die Pfändung beweglicher körperlicher Sachen geltenden Vorschriften[2]) Anwendung. Ein Pfändungsbeschluß ist nicht notwendig. Eine Mitwirkung des Gerichts findet nur bei der Verwertung statt (Abs. 4).

II Da der Wert von Forderungen der bezeichneten Art in der Regel zweifelhaft ist, soll sie der Gerichtsvollzieher, sofern er nicht vom Gläubiger ausdrücklich dazu angewiesen ist, nur pfänden, wenn die Forderung des Gläubigers nicht durch Pfändung anderer Sachen gedeckt werden kann. Von der erfolgten Pfändung ist der Schuldner in gleicher Weise wie bei anderen Pfändungen zu benachrichtigen[3]). Dem Gläubiger ist sofort nach der Pfändung eine beglaubigte Abschrift[4]) des Pfändungsprotokolls zu übersenden und der Schuldtitel zurückzugeben, da er diesen zur Erwirkung des Überweisungsbeschlusses beim Vollstreckungsgericht einzureichen hat.

III Das Pfändungsprotokoll (§ 152) hat insbesondere zu enthalten:

1. eine genaue Bezeichnung der gepfändeten Forderung nach Art, Gegenstand, Betrag, Fälligkeit und Namen des Gläubigers und des Schuldners und die Bezeichnung des Papiers unter Angabe des Datums der Ausstellung,
2. die Erwähnung, daß das Papier von dem Gerichtsvollzieher in Besitz genommen ist.

IV Die weitere Durchführung der Vollstreckung erfolgt wie bei anderen Forderungen durch das Vollstreckungsgericht auf Antrag des Gläubigers.

§ 202 (§ 162 GA.). **2. Verwahrung des Papiers.**

I Der Gerichtsvollzieher hat das weggenommene Papier nach § 16 zu behandeln. Das Papier ist solange zu verwahren, bis ein Beschluß des Vollstreckungsgerichts vorgelegt wird, durch den die Überweisung der Forderung an den Gläubiger ausgesprochen oder eine andere Art der Verwertung der Forderung, z. B. deren Veräußerung oder die Herausgabe der den Gegenstand der Forderung bildenden körperlichen Sachen an den Gerichtsvollzieher, angeordnet wird. Verlangt der

---

[1]) Wechsel, Schecks und Anweisungen sind Zahlungsmittel im Sinne der VO. über die Devisenbewirtschaftung (§ 2 Abs. 1 DevVO.). Bei der Pfändung ausländischer Wechsel — vgl. hiezu Nr. II 1 DevRichtl. — sind daher die §§ 3, 4, 26 DevVO. zu beachten.

[2]) §§ 129 ff. [3]) S. §§ 151, 121. [4]) S. § 12.

Gläubiger auf Grund dieses Beschlusses die Herausgabe des Papiers, so ist es ihm gegen Empfangsbescheinigung auszuhändigen[1]). Wird die gepfändete Forderung wieder freigegeben (§ 192), so ist das Papier dem Schuldner gegen Empfangsbescheinigung herauszugeben.

II Werden gepfändete Wechsel oder Schecks zahlbar, bevor eine gerichtliche Entscheidung über ihre Verwertung ergangen ist, so hat der Gerichtsvollzieher in Vertretung des Gläubigers für die rechtzeitige Vorlegung, erforderlichenfalls auch für die Protesterhebung zu sorgen[2]).

§ 203 (§ 158 Abs. 1 GA.). Zwangsvollstreckung in Ansprüche auf Herausgabe oder Leistung von beweglichen körperlichen Sachen: 1. Allgemeines.

Bei der Zwangsvollstreckung in Ansprüche des Schuldners, welche die Herausgabe oder Leistung beweglicher körperlicher Sachen durch den Drittschuldner zum Gegenstande haben, erfolgt die Pfändung nach den Vorschriften über die Pfändung von Geldforderungen, also regelmäßig durch die Zustellung eines gerichtlichen Pfändungsbeschlusses (§§ 193ff.), ausnahmsweise, wenn der Anspruch in einem durch Indossament übertragbaren Papiere verbrieft ist (z. B. bei kaufmännischen Anweisungen über die Leistung von Wertpapieren oder anderen vertretbaren Sachen, bei Lagerscheinen, Ladescheinen, Konnossementen usw.), durch Wegnahme dieses Papiers durch den Gerichtsvollzieher (§ 201). In dem gerichtlichen Pfändungsbeschluß oder im Falle des § 201 durch einen besonderen Beschluß wird angeordnet, daß die geschuldeten Sachen an einen von dem Gläubiger zu beauftragenden Gerichtsvollzieher herauszugeben sind (§ 847 ZPO.).

§ 204 (§ 158 Abs. 2, § 159 GA.). 2. Aufgaben des Gerichtsvollziehers.

I Der Pfändungsbeschluß als solcher ermächtigt den Gerichtsvollzieher nicht, die Herausgabe der Sachen gegen den Willen des Drittschuldners zu erzwingen. Der Gläubiger muß vielmehr, wenn der Drittschuldner die Herausgabe verweigert, sich den Anspruch zur Einziehung überweisen lassen und sodann die Klage gegen den Drittschuldner erheben. Der Gerichtsvollzieher hat daher in diesem Falle lediglich ein Protokoll über die Weigerung des Drittschuldners aufzunehmen und dem Gläubiger das weitere zu überlassen.

---

[1]) Beachte auch § 12, § 14 Abs. 1 in Verbindung mit § 2 Abs. 1 DevVO. (vgl. S. 165 Anm. 2, S. 172 Anm. 1).

[2]) Vgl. §§ 300ff.

II Ist dagegen der Drittschuldner zur Herausgabe oder zur Leistung bereit, so hat der Gerichtsvollzieher, dessen Ermächtigung durch den Besitz des Schuldtitels und einer Ausfertigung des Beschlusses dargetan wird, die Sache beim Drittschuldner gegen Quittung oder Herausgabe des indossablen Papiers in Empfang zu nehmen und sie in dem aufzunehmenden Protokolle zu verzeichnen. Auf die Verwertung der übernommenen Sachen finden die Vorschriften über die Verwertung gepfändeter Sachen (§§ 154 bis 174) Anwendung (§§ 846, 847 ZPO.). Durch die Herausgabe des Gegenstandes seitens des Drittschuldners geht das durch die Pfändung des Anspruchs begründete Pfandrecht ohne Neupfändung in ein Pfandrecht an der Sache selbst über. Von der Übernahme und gegebenenfalls von dem Versteigerungstermin sind der Gläubiger und der Schuldner durch Übersendung einer Protokollabschrift zu verständigen. Liegt der Auftrag eines anderen Gläubigers auf Pfändung der herauszugebenden Sachen vor, so sind die Sachen bei der Übernahme gleichzeitig zu pfänden.

III Hat der Gläubiger gegen den Drittschuldner einen vollstreckbaren Titel erlangt, nach dem der Drittschuldner die Sachen zum Zwecke der Zwangsvollstreckung an einen Gerichtsvollzieher herauszugeben hat, so hat der Gerichtsvollzieher auf Grund dieses Titels die Sachen dem Drittschuldner nach den Vorschriften über die Zwangsvollstreckung zur Erwirkung der Herausgabe von Sachen (§§ 211 ff.) wegzunehmen und zu verwerten.

§ 205 (§ 160 GA.).

3. Pfändung für mehrere Gläubiger.

I Ist ein Anspruch auf Herausgabe oder Leistung von beweglichen körperlichen Sachen für mehrere Gläubiger gepfändet, so ist der Drittschuldner berechtigt und auf Verlangen eines Gläubigers, dem der Anspruch überwiesen wurde, verpflichtet, die Sache unter Anzeige der Sachlage und unter Aushändigung der ihm zugestellten Beschlüsse dem Gerichtsvollzieher herauszugeben, der nach dem ihm zuerst zugestellten Beschlusse zur Empfangnahme der Sache ermächtigt ist. Die Herausgabe kann auch hier nur auf Grund eines besonderen gegen den Drittschuldner erwirkten Vollstreckungstitels (§ 204 Abs. 3) erzwungen werden. Hat der Gläubiger den nach Satz 1 zuständigen Gerichtsvollzieher nicht bezeichnet oder ist die Pfändung für mehrere Gläubiger gleichzeitig bewirkt, so erfolgt die Ernennung des Gerichtsvollziehers auf Antrag des Drittschuldners von dem Amtsgerichte des Ortes, wo die Sache herauszugeben ist (§ 854 Abs. 1, 3 ZPO.). Der hiernach zuständige Gerichtsvollzieher hat die Gläubiger sogleich zu benachrichtigen, sie zum Antrag auf Fortsetzung der Zwangsvollstreckung aufzufordern und sich ihre Schuldtitel aushändigen zu lassen.

II Ist der durch Verwertung der herausgegebenen Sache erzielte Erlös zur Deckung aller Forderungen nicht ausreichend, so finden auf die Verteilung und die Hinterlegung des Erlöses die gleichen Bestimmungen wie bei der Zwangsvollstreckung in bewegliche körperliche Sachen (§ 191 Abs. 2) Anwendung. Die Reihenfolge der Pfändungen bestimmt sich nach der Zeit der Zustellung des Pfändungsbeschlusses. Im Falle der Hinterlegung hat die Anzeige an das Amtsgericht zu erfolgen, dessen Beschluß dem Drittschuldner zuerst zugestellt ist (§ 854 Abs. 2 ZPO.). Wegen der Hinterlegung s. §§ 244 bis 246.

§ 206 (§ 163 GA.).

Zwangsvollstreckung in einen Anspruch auf Herausgabe oder Leistung einer unbeweglichen Sache.

Die Zwangsvollstreckung in einen Anspruch auf Herausgabe oder Leistung einer unbeweglichen Sache erfolgt gleichfalls durch Zustellung eines gerichtlichen Pfändungsbeschlusses. Auf die Zustellung finden die Bestimmungen über die Zustellung des Beschlusses, durch den Geldforderungen gepfändet werden[1]), entsprechende Anwendung (§ 846 ZPO.). Die unbewegliche Sache wird an einen von dem Amtsgerichte der belegenen Sache zu bestellenden Sequester herausgegeben (§§ 848, 855 ZPO.).

§ 207 (§ 164 GA.).

Besondere Art der Verwertung einer gepfändeten Forderung.

Unter den im § 844 ZPO. bestimmten Voraussetzungen kann das Vollstreckungsgericht an Stelle der Überweisung eine andere Art der Verwertung eines gepfändeten Anspruchs anordnen. Das Vollstreckungsgericht kann insbesondere die Versteigerung oder den Verkauf des Anspruchs aus freier Hand durch einen Gerichtsvollzieher anordnen. Bei der Ausführung einer solchen Anordnung hat sich der Gerichtsvollzieher an die von dem Vollstreckungsgerichte getroffenen Bestimmungen zu halten.

§ 208 (§ 165 GA.).

Vorpfändung.

I Der Gläubiger, der die Pfändung eines Anspruchs seines Schuldners zu erwirken beabsichtigt, kann schon vor der Pfändung auf Grund

1) S. §§ 194ff.

eines vollstreckbaren Schuldtitels durch den Gerichtsvollzieher dem Drittschuldner und dem Schuldner die Benachrichtigung, daß die Pfändung bevorstehe, zustellen lassen mit der Aufforderung an den Drittschuldner, nicht an den Schuldner zu leisten, und mit der Aufforderung an den Schuldner, sich jeder Verfügung über den Anspruch, insbesondere seiner Einziehung, zu enthalten[1]). Der vorherigen Erteilung einer vollstreckbaren Ausfertigung und der Zustellung des Schuldtitels bedarf es nicht. Die Benachrichtigung an den Drittschuldner hat zugunsten des Gläubigers die Wirkung eines Arrestes, wenn binnen drei Wochen seit ihrer Zustellung die angekündigte Pfändung erfolgt (§ 845 ZPO.). Die Zustellung erfolgt nach den allgemeinen Vorschriften für Zustellungen. Die an den Drittschuldner und an den Schuldner zu richtenden Aufforderungen sind in die dem Gerichtsvollzieher von dem Auftraggeber zu übergebende schriftliche Benachrichtigung aufzunehmen. Der Gerichtsvollzieher hat nicht zu prüfen, ob der Gläubiger einen vollstreckbaren Schuldtitel erwirkt hat.

II Die Zustellung an den Drittschuldner hat der Zustellung an den Schuldner vorauszugehen, sofern nicht der Gläubiger ein anderes verlangt. Die Zustellung ist möglichst rasch auszuführen. Um dem Gläubiger das erstrebte Vorzugsrecht zu sichern, ist in der Zustellungsurkunde der Zeitpunkt der Zustellung an den Drittschuldner nach Stunde und Minute anzugeben.

§ 209 (§ 166 GA.). Zwangsvollstreckung in andere Vermögensrechte.

Auf die Zwangsvollstreckung in andere als die in den §§ 193 bis 206 bezeichneten Vermögensrechte, die nicht Gegenstand der Zwangsvollstreckung in das unbewegliche Vermögen sind, finden die Bestimmungen über die Zwangsvollstreckung in die in den §§ 193 bis 206 bezeichneten Ansprüche entsprechende Anwendung. Ist ein Drittschuldner nicht vorhanden (z. B. bei Urheberrechten, Patentrechten), so ist die Pfändung mit dem Zeitpunkt als bewirkt anzusehen, in welchem dem Schuldner das Gebot, sich jeder Verfügung über das Recht zu enthalten, zugestellt ist. Bei der Zwangsvollstreckung in Nutzungsrechte kann das Gericht eine Verwaltung anordnen. In diesem Falle kann die zu benutzende Sache durch einen Gerichts-

---

[1]) In den Fällen, in denen die Erteilung der Genehmigung der Devisenbewirtschaftungsstelle nach § 25 DevVO. Voraussetzung der Zulässigkeit der Zwangsvollstreckung ist (vgl. S. 75 Anm. 3), ist die Vorpfändung (§ 845 ZPO.) auch ohne Genehmigung zulässig (Nr. II 71 b DevRichtl.).

vollzieher dem Schuldner nach den für die Zwangsvollstreckung zur Erwirkung der Herausgabe von Sachen geltenden Bestimmungen (§§ 211, 214) auf Grund des vollstreckbaren Schuldtitels und der Ausfertigung des die Verwaltung anordnenden Beschlusses weggenommen und dem Verwalter übergeben werden (§ 857 ZPO.).

§ 210 (neu).

Börsenumsatzsteuer.

Wegen der Verpflichtung des Gerichtsvollziehers zur Mitwirkung bei der Durchführung der Besteuerung nach dem Kapitalverkehrsteuergesetz bei der Veräußerung von Vermögensrechten, insbesondere von Gesellschaftsanteilen, (Börsenumsatzsteuer) wird auf die §§ 3, 4 der Bek. über die Pflichten der Gerichtsvollzieher nach den Reichssteuergesetzen und dem bayerischen Stempelgesetze vom 23. Juli 1930 (JMBl. n. F. Bd. III S. 426)[1]) verwiesen.

4. Zwangsvollstreckung zur Erwirkung der Herausgabe von Sachen.

§ 211 (§ 167 GA.).

1. Bewegliche Sachen: a) Allgemeines.

[I]Hat der Schuldner nach dem Schuldtitel eine bestimmte bewegliche Sache (z. B. das ihm von dem Gläubiger gelieferte Fahrrad, Marke „Adler") oder von bestimmten beweglichen Sachen eine gewisse Menge (z. B. 10 Zentner von dem auf seinem Speicher lagernden Weizen) herauszugeben[2]), so erfolgt die Zwangsvollstreckung dadurch, daß der Gerichtsvollzieher die Sachen dem Schuldner wegnimmt und sie dem Gläubiger übergibt (§ 883 Abs. 1 ZPO.). Hat der Schuldner eine bestimmte Menge von vertretbaren Sachen (§ 91 BGB.) oder von Wertpapieren zu leisten (z. B. 100 kg Roggen, zwei Stück 8%ige Goldpfandbriefe der Bayerischen Landwirtschaftsbank, Reihe 36, zu je 1000 *RM*), so erfolgt die Zwangsvollstreckung in der gleichen Weise, sofern der Gerichtsvollzieher Sachen solcher Art im Gewahrsam des Schuldners vorfindet (§ 884 ZPO.)[3]).

---

[1]) Abgedr. unter Nr. 19.

[2]) Sei es an den Gläubiger oder einen Dritten, z. B. an eine Behörde (NachlGericht, Grundbuchamt). Die Vorschrift gilt auch, wenn der Schuldtitel auf Hinterlegung einer individuellen Sache lautet.

[3]) Soll die Herausgabe von Zahlungsmitteln, Wertpapieren, Gold und Edelmetallen erwirkt werden, so sind auch die Vorschriften der VO. über die Devisenbewirtschaftung, insbes. die §§ 3—10, 12, § 14 Abs. 1, §§ 25, 26 DevVO., zu beachten.

II Die weggenommenen Sachen sind ohne Verzug dem Gläubiger, wenn tunlich, an Ort und Stelle, gegen Empfangsbescheinigung auszuhändigen oder an den Gläubiger abzusenden. Der Gerichtsvollzieher hat zu diesem Zwecke die erforderlichen Vereinbarungen mit dem Gläubiger rechtzeitig vor der Ausführung der Zwangsvollstreckung zu treffen. Kann ausnahmsweise die Übergabe oder Absendung der Sachen nicht sogleich nach der Wegnahme erfolgen[1]), so hat der Gerichtsvollzieher für ihre Aufbewahrung in gleicher Weise wie für die Aufbewahrung gepfändeter Sachen (§§ 148, 149) zu sorgen.

§ 212 (§§ 168, 170 GA.).

b) Protokoll.

I Das Protokoll über die Vollstreckungshandlung (§ 120) hat insbesondere zu enthalten:

1. die Bezeichnung der dem Schuldner weggenommenen Sachen, nötigenfalls mit Angabe der Zahl, des Maßes oder des Gewichts, bei Wertpapieren mit Angabe des Nennwerts, der Nummern und der sonstigen Unterscheidungsmerkmale sowie der vorgefundenen Erneuerungs-, Zins-, Renten- und Gewinnanteilscheine;
2. die Angabe, daß die Übergabe oder Absendung an den Gläubiger erfolgt oder aus welchen Gründen sie nicht erfolgt ist und in welcher Weise im letzteren Falle für die Aufbewahrung der Gegenstände gesorgt ist.

II Konnte die Wegnahme nicht oder nur zum Teil erfolgen, weil die herauszugebenden Sachen oder Sachen der bestimmten Art nicht oder nur zum Teil aufzufinden waren, so ist dies im Protokolle zu beurkunden. Auch ist im Protokolle zu vermerken, wenn der Schuldner bestreitet, daß die weggenommenen Sachen die geschuldeten sind, oder wenn ein Dritter Rechte auf den Besitz der Sachen geltend macht.

§ 213 (§ 169 GA.).

c) Verurteilung zur Übertragung des Eigentums usw.

Ist der Schuldner zur Übertragung des Eigentums oder zur Bestellung eines Rechts an einer beweglichen Sache, vermöge dessen der Gläubiger die Besitzeinräumung verlangen kann, verurteilt, so hat der Gerichtsvollzieher die Sache unter Beachtung der vorstehenden Vorschriften wegzunehmen und sie an den Gläubiger abzuliefern.

---

[1]) Hierher gehört auch der Fall, daß eine einstweilige Anordnung des Gerichts nach § 769 ZPO. zugunsten eines Widerspruchsberechtigten oder nach § 805 Abs. 4 ZPO. mit Sicherheit zu erwarten ist.

Mit der Wegnahme der Sache zum Zwecke der Ablieferung an den Gläubiger gilt die Übergabe (vgl. §§ 929, 1032, 1205 BGB.) als erfolgt (§ 897 Abs. 1 ZPO.). In gleicher Weise hat der Gerichtsvollzieher, wenn der Schuldner zur Bestellung einer Hypothek, Grundschuld oder Rentenschuld oder zur Abtretung oder Belastung einer Hypothekenforderung, Grundschuld oder Rentenschuld verurteilt ist, den Hypotheken-, Grundschuld- oder Rentenschuldbrief wegzunehmen und an den Gläubiger abzuliefern. Der für die Bestellung, Abtretung oder Belastung der Hypothek, Grundschuld oder Rentenschuld erforderlichen Übergabe des Briefes (vgl. §§ 1117, 1154, 1192, 1274 BGB.) ist die Wegnahme des Briefes gleichgestellt (§ 897 Abs. 2 ZPO.).

§ 214 (§ 171 GA.).

2. Unbewegliche Sachen: a) Allgemeines.

I Hat der Schuldner nach dem Schuldtitel ein Grundstück, einen Teil eines Grundstücks, Wohnräume oder sonstige Räume oder ein bewohntes Schiff herauszugeben, zu überlassen oder zu räumen[1]), so erfolgt die Zwangsvollstreckung dadurch, daß der Gerichtsvollzieher den Schuldner aus dem Besitze setzt und den Gläubiger in den Besitz einweist (§ 885 ZPO.). Die Entsetzung erstreckt sich auch auf die Familienangehörigen und die sonstigen Hausgenossen des Schuldners, dagegen auf etwaige Untermieter (§ 556 Abs. 3 BGB.) nur dann, wenn auch gegen die Untermieter ein vollstreckbarer Titel vorliegt.

II Befindet sich in der zu räumenden Wohnung ein Schwerkranker oder eine Wöchnerin, so darf der Gerichtsvollzieher, falls nicht das Vollstreckungsgericht etwas anderes anordnet, einstweilen von der Räumung absehen, wenn nach seinem pflichtmäßigen Ermessen von der alsbaldigen Vollstreckung eine nahe Lebensgefahr für den Kranken oder die Wöchnerin zu besorgen steht; soweit erforderlich, hat der Gerichtsvollzieher wegen der Unterbringung die Mitwirkung der Ortspolizeibehörde oder der Fürsorgebehörde nachzusuchen.

III Ist auf die Räumung einer Wohnung erkannt, so darf die Zwangsvollstreckung erst beginnen, wenn die dem Schuldner im Urteile gewährte Frist zur Räumung abgelaufen ist (§ 721 ZPO.). Ist die Zwangsvollstreckung von der Sicherung eines Ersatzraums abhängig gemacht, so ist § 105 Satz 3 und 4 zu beachten. Ist die zwangsweise Räumung von Wohnräumen auf Grund eines Schuldtitels durch-

[1]) S. auch § 232.

zuführen, in dem die Vollstreckung nicht von der Sicherung eines Ersatzraums abhängig gemacht ist, und ist es unsicher, ob die aus der Wohnung zu entsetzenden Personen sofort ein anderes Unterkommen finden können, so hat der Gerichtsvollzieher wegen der Unterbringung dieser Personen der Ortspolizeibehörde (Wohnungsamt) vor der Räumung Mitteilung zu machen.

§ 215 (§ 172 GA.).

b) Anwesenheit des Gläubigers.

Regelmäßig ist zur Einweisung in den Besitz die Anwesenheit des Gläubigers oder eines Bevollmächtigten des Gläubigers erforderlich. Der Gerichtsvollzieher hat daher die erforderlichen Vereinbarungen mit dem Gläubiger rechtzeitig vor der Ausführung der Zwangsvollstreckung zu treffen. Die Anwesenheit des Gläubigers oder seines Vertreters ist nur dann nicht erforderlich, wenn der Gläubiger durch die Maßnahmen des Gerichtsvollziehers (z. B. durch die Übergabe der Schlüssel oder die Bestellung eines Hüters) in die Lage versetzt wird, die tatsächliche Gewalt über das Grundstück usw. auszuüben.

§ 216 (§ 173 GA.).

c) Bewegliche Sachen.

I Bewegliches Zubehör (§§ 97, 98 BGB.)[1]) ist mit dem Grundstück usw., dessen wirtschaftlichem Zweck es zu dienen bestimmt ist, Gegenstand der Zwangsvollstreckung und dem Gläubiger herauszugeben, auch wenn der auf Herausgabe des Grundstücks usw. lautende Schuldtitel es nicht ausdrücklich mit erwähnt.

II Bewegliche Sachen, die weder mit herauszugeben noch wegen einer gleichzeitig beizutreibenden Forderung oder wegen der Kosten zu pfänden sind, werden von dem Gerichtsvollzieher aus dem Grundstück oder den Wohnräumen entfernt, wenn nicht der Gläubiger wegen eines von ihm in Anspruch genommenen Pfand- oder Zurückbehaltungsrechts der Entfernung widerspricht. Sie sind dem Schuldner oder, wenn er abwesend ist, einem Bevollmächtigten des Schuldners oder einer zu der Familie des Schuldners gehörenden oder in der Familie dienenden erwachsenen Person außerhalb des Grundstücks oder des Wohnraumes zu übergeben oder zur Verfügung zu stellen. Bei der Wegschaffung der Sachen hat der Gerichtsvollzieher die über die Ordnung des Straßenverkehrs erlassenen polizeilichen Vorschriften

---

[1]) S. § 138 Abs. 1 S. 2, Abs. 2.

zu befolgen. Ist weder der Schuldner noch eine der bezeichneten Personen anwesend, so hat der Gerichtsvollzieher die Sachen auf Kosten des Schuldners in den dem Gerichtsvollzieher zur Unterbringung von gepfändeten Sachen zur Verfügung stehenden Raum zu schaffen oder anderweit nach den für die Verwahrung gepfändeter Sachen geltenden Vorschriften (§§ 148, 149) zu verwahren. Für die entstehenden Wegschaffungs- und Verwahrungskosten ist der Gläubiger vorschußpflichtig (§ 327). Die Sachen sind dem Schuldner auf Verlangen gegen Zahlung der noch nicht gedeckten Kosten der Wegschaffung und Verwahrung jederzeit zurückzugeben. Verzögert der Schuldner die Abforderung, so hat der Gerichtsvollzieher bei dem Vollstreckungsgerichte den Verkauf der Sachen und die Hinterlegung des Erlöses zu beantragen (§ 885 Abs. 4 ZPO.). Der Verkauf erfolgt nach den für den Verkauf gepfändeter Sachen geltenden Vorschriften und den vom Vollstreckungsgerichte getroffenen Anordnungen.

§ 217 (§ 174 GA.).

d) Protokoll.

Das Protokoll über die Vollstreckungshandlung (§ 120) hat insbesondere zu enthalten:

1. die Bezeichnung des herausgegebenen, überlassenen oder geräumten Grundstücks usw. und der mit diesem übergebenen Zubehörstücke;
2. die Bezeichnung der Maßregeln, die getroffen worden sind, um den Schuldner aus dem Besitze zu setzen und den Gläubiger oder dessen Bevollmächtigten in den Besitz einzuweisen;
3. wenn Sachen des Schuldners in Verwahrung gebracht sind, die Bezeichnung der Sachen, die Angabe des Grundes der Verwahrung und die Angabe, wie über die Unterbringung verfügt ist oder verfügt werden soll;
4. die Bezeichnung der Personen, die der Vollstreckung beigewohnt haben.

§ 218 (neu).

3. Sachen, die sich im Gewahrsam eines Dritten befinden.

Befindet sich die Sache, die der Schuldner nach dem Schuldtitel herauszugeben hat (§§ 211, 214), in dem Gewahrsam oder Mitgewahrsam eines zur Herausgabe nicht bereiten Dritten, so ist der Gerichtsvollzieher zu einem Eingriff in dessen Gewahrsam nur in den Fällen des § 133 berechtigt; im übrigen hat es der Gerichtsvollzieher dem Gläubiger zu überlassen, bei dem Vollstreckungsgerichte die Überweisung des Anspruchs des Schuldners auf Herausgabe der Sache zu erwirken (§ 886 ZPO.).

5. Zwangsvollstreckung zur Erwirkung der Herausgabe von Personen.

§ 219 (§ 175 GA.).

Bei der Zwangsvollstreckung zur Erwirkung der Herausgabe eines Kindes oder einer anderen unselbständigen Person[1]) finden die Vorschriften über die Zwangsvollstreckung zur Erwirkung der Herausgabe beweglicher Sachen (§ 211) entsprechende Anwendung. Vor der Wegnahme hat sich der Gerichtsvollzieher zu vergewissern, ob der Auftraggeber die für die sofortige Übernahme der Person erforderlichen Maßregeln getroffen hat.

6. Zwangsvollstreckung zur Beseitigung des vom Schuldner gegen die Vornahme einer von ihm zu duldenden Handlung geleisteten Widerstandes.

§ 220 (§ 176 GA.).

I Leistet der Schuldner Widerstand gegen die Vornahme einer Handlung, die er nach dem Inhalt des Schuldtitels zu dulden hat oder zu deren Vornahme an Stelle des Schuldners der Gläubiger durch einen Beschluß des Prozeßgerichts erster Instanz ermächtigt ist, so kann der Gläubiger zur Beseitigung des Widerstandes einen Gerichtsvollzieher zuziehen (§§ 892, 887, 890 ZPO.). Die vollstreckbare Ausfertigung des Beschlusses des Prozeßgerichts muß, da sie den Vollstreckungstitel bildet (§ 794 Abs. 1 Nr. 3 ZPO., § 92 Abs. 1 Nr. 4 DA.), vor Beginn der auf Beseitigung des Widerstands gerichteten Zwangsvollstreckung dem Schuldner durch den Gerichtsvollzieher zugestellt werden. Eines Nachweises, daß Widerstand zu gewärtigen oder bereits geleistet ist, bedarf es nicht.

II Zur Beseitigung des Widerstandes wird der Gerichtsvollzieher durch den Besitz des Schuldtitels und einer Ausfertigung des etwa erlassenen Beschlusses ermächtigt. Er hat nach dem Inhalte dieser Urkunden selbständig zu prüfen, welche Handlung der Gläubiger

---

[1]) Vgl. §§ 1632, 1686, 1800, 1897 BGB. Lautet der Titel auf Duldung der Wegnahme, so kommt § 220 in Betracht.

vorzunehmen oder vornehmen zu lassen berechtigt und der Schuldner zu dulden verpflichtet ist. Unberechtigten Widerstand des Schuldners hat er unter Beachtung der §§ 758, 759 ZPO. (§§ 116, 117 DA.), nötigenfalls mit Gewalt, jedoch unter Vermeidung unnötiger Härte, zu überwinden. Die Zwangsmaßregeln dürfen über das zur Beseitigung des Widerstandes notwendige Maß nicht hinausgehen.

III Das Protokoll über die Vollstreckungshandlung (§ 120) hat insbesondere zu enthalten:

1. die Bezeichnung der von dem Schuldner zu duldenden Handlung;
2. die Angabe der angewendeten Zwangsmaßregeln;
3. die Bezeichnung der Personen, die der Vollstreckung beigewohnt haben.

7. Zwangsvollstreckung durch Haft.

§ 221 (§ 177 Abs. 1, Abs. 2 Satz 1, 2, 4 GA.). **Voraussetzungen.**

I Die Haft des Schuldners wird von dem Gericht angeordnet, um den Schuldner zur Leistung des in den §§ 807, 883 ZPO., § 125 KO., § 325 RAbgO. bezeichneten oder des ihm nach dem bürgerlichen Rechte obliegenden Offenbarungseids zu zwingen (§§ 889, 901 ZPO.) oder um die Vornahme einer sonstigen Handlung, zu der er verurteilt ist und die ein anderer nicht vornehmen kann, herbeizuführen (§ 888 ZPO.).

II Die Verhaftung des Schuldners erfolgt im Auftrage des Gläubigers durch den Gerichtsvollzieher (§ 909 ZPO.). Dieser wird dazu durch den Besitz des Schuldtitels und einer Ausfertigung des gerichtlichen Haftbefehls ermächtigt, in dem der Gläubiger, der Schuldner und der Grund der Verhaftung bezeichnet sind (§ 908 ZPO.). Ob die Voraussetzungen für den Erlaß des Haftbefehls vorlagen, hat der Gerichtsvollzieher nicht zu prüfen.

§ 222 (§ 177 Abs. 2 Satz 3, § 178 GA.). **Unzulässigkeit der Verhaftung durch den Gerichtsvollzieher.**

I Die Haft gegen einen Angehörigen der Wehrmacht wird auf Ersuchen des Gerichts durch die vorgesetzte Militärbehörde vollstreckt (§ 912 ZPO.). Gegen die im § 904 ZPO. genannten Personen[1])

---

[1]) D. s. Mitglieder des Reichstags oder eines Landtags während der Tagung, sofern nicht die Versammlung die Vollstr. genehmigt hat; Militärpersonen, welche zu einem mobilen Truppenteil oder zur Besatzung eines in Dienst gestellten Kriegsfahrzeugs gehören; der Schiffer, die Schiffsmannschaft und alle übrigen auf einem Seeschiff angestellten Personen,

ist die Haft unter den dort bezeichneten Voraussetzungen überhaupt unstatthaft. Der Gerichtsvollzieher darf daher in diesen Fällen die Verhaftung nicht vornehmen.

II Gegen einen Schuldner, dessen Gesundheit durch die Vollstreckung der Haft einer nahen und erheblichen Gefahr ausgesetzt wird, darf, solange dieser Zustand dauert, die Haft nicht vollstreckt werden (§ 906 ZPO.). Der Gerichtsvollzieher darf die Verhaftung aus diesem Grunde nur unterlassen, wenn er sich durch den Augenschein überzeugt, daß die Gesundheit des Schuldners durch die Vollstreckung der Haft einer nahen und erheblichen Gefahr ausgesetzt würde, oder wenn dies durch das Zeugnis eines amtlichen Arztes nachgewiesen ist.

III Vor der Verhaftung eines Beamten, eines Geistlichen oder eines Lehrers an öffentlichen Unterrichtsanstalten ist der vorgesetzten Dienstbehörde[1]) von dem Gerichtsvollzieher Anzeige zu machen. Die Verhaftung darf erst erfolgen, nachdem die vorgesetzte Behörde den Gerichtsvollzieher in Kenntnis gesetzt hat, daß die für die dienstliche Vertretung des Schuldners erforderlichen Anordnungen getroffen sind (§ 910 ZPO.).

IV Auch in anderen Fällen, in denen die Besorgnis einer Gefährdung der öffentlichen Ordnung oder Sicherheit besteht, soll der Gerichtsvollzieher vor der Verhaftung die zur Beseitigung dieser Gefahr gebotenen Schritte tun[2]). So könnte z. B. der Maschinist von der im Betrieb befindlichen Maschine oder der Lenker eines im Betrieb befindlichen Automobils erst verhaftet werden, wenn für ausreichende sofortige Vertretung in den ihnen obliegenden Verrichtungen gesorgt oder deren Wahrnehmung nicht mehr erforderlich ist.

§ 223 (§ 179 GA.). Haftkosten.

I Der Gläubiger hat die Kosten, die durch die Haft entstehen, einschließlich der Verpflegungskosten, von Monat zu Monat vorauszuzahlen. Die Aufnahme des Schuldners in das Gefängnis ist unstatthaft, wenn nicht mindestens für einen Monat die Zahlung geleistet ist

---

wenn das Schiff zum Abgehen fertig (segelfertig) ist. Zu beachten ist auch Art. 40a RVerf. (Ges. v. 22. Mai 1926, RGBl. I S. 243). Zu beachten ist ferner, daß die Konsuln fremder Staaten, sofern sie dem Staate, der sie ernannt hat, angehören, vielfach Freiheit von Verhaftung genießen, teils auf Grund von Staatsverträgen, teils vermöge der Meistbegünstigungsklausel.

1) Hinsichtlich der Reichsbeamten s. RGBl. 1928 I S. 369.

2) Meist wird es zweckmäßig sein, die Ortspolizeibehörde anzugehen.

(§ 911 ZPO.). Der Gerichtsvollzieher muß sich daher, bevor er zur Verhaftung schreitet, von dem Gläubiger die Quittung des Urkundsbeamten der Geschäftsstelle über diesen Betrag oder den erforderlichen Betrag selbst zur Leistung der Zahlung an den Urkundsbeamten der Geschäftsstelle aushändigen lassen (vgl. § 24 der Bek. vom 23. April 1883, JMBl. a. F. S. 179, s. auch Anl. z. EinfBek.). Der mit der Zahlung der Haftkosten an den Urkundsbeamten der Geschäftsstelle beauftragte Gerichtsvollzieher hat sich über die geleistete Zahlung eine Quittung ausstellen zu lassen.

II Die Vorauszahlung ist nicht erforderlich, wenn die Verhaftung im Auftrage des Reichs oder eines deutschen Landes oder eines Finanzamtes (§ 325 Abs. 3 RAbgO.) oder auf Grund eines im arbeitsgerichtlichen Verfahren erwachsenen Schuldtitels (§ 12 Abs. 3 ArbGG.) erfolgt oder wenn dem Gläubiger das Armenrecht bewilligt ist (§ 115 ZPO.).

§ 224 (§ 180 GA.).

Ausführung der Verhaftung.

Bei der Verhaftung ist unnötiges Aufsehen und jede durch den Zweck der Vollstreckung nicht gebotene Härte tunlichst zu vermeiden. Ist der Schuldner dem Gerichtsvollzieher nicht bekannt, so ist zur Feststellung der Person ein glaubwürdiger Zeuge zuzuziehen. Bei der Verhaftung muß der Haftbefehl dem Schuldner vorgezeigt und auf Verlangen abschriftlich mitgeteilt werden (§ 909 ZPO.); eine Zustellung des Haftbefehls ist nicht erforderlich. Wird Widerstand geleistet, so ist nach den §§ 758, 759 ZPO. (§§ 116, 117 DA.) zu verfahren. Der verhaftete Schuldner ist sofort in das für den Ort der Verhaftung zuständige Amtsgerichtsgefängnis abzuliefern und dort dem ersten Gefängnisbeamten zu übergeben. Der Haftbefehl und die Quittung des Urkundsbeamten der Geschäftsstelle über die Zahlung der Haftkosten sind dem ersten Gefängnisbeamten auszuhändigen[1]); ebenso ist ihm die über die Erneuerung des Haftkostenvorschusses vom Urkundsbeamten auszustellende Quittung zu übermitteln (vgl. §§ 218, 219 der V. über die Dienst- und Vollzugsordnung für die bayerischen Strafanstalten und Gerichtsgefängnisse vom 15. März 1924, GVBl. S. 85, § 24 der Bek. über den Einweisungsplan für die bayerischen Strafanstalten und Gerichtsgefängnisse vom 21. März 1924, JMBl. n. F. Bd. II S. 233, und die V. über die Kosten der Unterbringung

[1]) Soweit nicht § 223 Abs. 2 zutrifft.

und Verpflegung in den Strafanstalten und Gerichtsgefängnissen vom 24. Dezember 1923, GVBl. S. 414).

§ 225 (§ 181 GA.). **Protokoll.**

I Das Protokoll über die Verhaftung (§ 120) hat insbesondere zu enthalten:

1. die Bezeichnung des Haftbefehls;
2. die Bemerkung, daß der Haftbefehl dem Schuldner bei der Verhaftung vorgezeigt ist;
3. die Zeit der Verhaftung und der Ablieferung in das Gefängnis.

II Das Protokoll ist auch von dem ersten Gefängnisbeamten zu unterzeichnen.

III Muß die Verhaftung aus einem der im § 222 bezeichneten Gründe unterbleiben, so ist ein Protokoll aufzunehmen, in dem der Hinderungsgrund anzugeben ist.

§ 226 (§ 182 GA.). **Zahlung oder Leistung des Offenbarungseids.**

I Wenn der Schuldner infolge der Aufforderung des Gerichtsvollziehers die ihm nach dem Schuldtitel obliegende Leistung bewirkt, so unterbleibt die Verhaftung. Erklärt sich der Schuldner zur Leistung des Offenbarungseids bereit, so hat der Gerichtsvollzieher ihn, soweit dies tunlich erscheint, sogleich dem Vollstreckungsgerichte vorzuführen. In dem Protokoll ist die Leistung des Schuldners und die Vorführung vor das Vollstreckungsgericht zu vermerken; im Falle der Vorführung ist das Protokoll auch dem Richter zur Unterzeichnung vorzulegen.

II Ist dem Gerichtsvollzieher bekannt, daß der Schuldner den Offenbarungseid auf Grund des § 807 ZPO. in den letzten fünf Jahren geleistet hat, so kann er von einer neuerlichen Verhaftung zum Zwecke des nach § 807 ZPO. angeordneten Offenbarungseides zunächst absehen und die Weisung des Gläubigers einholen, ob der Schuldner trotzdem zu verhaften ist.

§ 227 (neu). **Unauffindbarkeit des Schuldners.**

Ist die Vollziehung des Haftbefehls nicht möglich, weil der Schuldner nicht aufzufinden oder bei wiederholten Versuchen nicht anzutreffen war, so hat der Gerichtsvollzieher dies zu den Akten zu vermerken und den Haftbefehl dem Gläubiger zurückzugeben.

§ 228 (§ 183 GA.). Nachverhaftung.

I Die Verhaftung kann auch erfolgen, wenn der Schuldner bereits gemäß § 221 in Haft genommen ist (Nachverhaftung). Die Nachverhaftung erfolgt in der Weise, daß der Gerichtsvollzieher sich zu dem Schuldner in das Gefängnis begibt und ihm unter Vorzeigung des Haftbefehls erklärt, daß er ihn weiter verhafte. Der Gerichtsvollzieher hat den Haftbefehl dem ersten Gefängnisbeamten mit dem Ersuchen zu übergeben, die weitere Haft nach Beendigung der zuerst verhängten Haft an dem Schuldner zu vollstrecken. Die rechtzeitige Einzahlung der Haftkosten bleibt in diesem Falle dem Gläubiger überlassen.

II Das Protokoll muß die Bezeichnung des Haftbefehls und die vom Gerichtsvollzieher abgegebenen Erklärungen enthalten. Im übrigen finden auf die Nachverhaftung die für die erste Verhaftung geltenden Vorschriften entsprechende Anwendung.

III Die Verhaftung einer Person, die sich in Untersuchungs- oder Strafhaft oder gemäß §§ 229, 230 in Haft befindet, findet erst nach Beendigung dieser Haft statt. Um die Verhaftung rechtzeitig vornehmen zu können, hat sich der Gerichtsvollzieher nötigenfalls mit dem Gefängnisvorstande (bei Amtsgerichtsgefängnissen, die zugleich Landgerichtsgefängnisse sind, dem Oberstaatsanwalte, sonst dem Amtsgerichtsvorstande) in Verbindung zu setzen.

§ 229 (§ 184 Abs. 1, 2 GA.). Haftbefehl gegen Zeugen. Ungebührstrafe.

I Ist im bürgerlichrechtlichen Streitverfahren gegen einen Zeugen zur Erzwingung des Zeugnisses die Haft angeordnet (§ 390 Abs. 2 ZPO.), so finden die Vorschriften über die Zwangshaft im Vollstreckungsverfahren (§§ 221 ff.) Anwendung. Der Auftrag zur Verhaftung wird dem Gerichtsvollzieher von der Partei erteilt, die den Antrag auf Erlaß des Haftbefehls gestellt hat. Im Entmündigungsverfahren kann auch das Gericht den Gerichtsvollzieher beauftragen (§ 653 Abs. 2, § 680 Abs. 3 ZPO.). Der Gerichtsvollzieher wird zu der Verhaftung durch den Besitz des gerichtlichen Haftbefehls ermächtigt.

II Davon zu unterscheiden ist der Fall, daß im bürgerlichrechtlichen Streitverfahren ein Zeuge wegen unentschuldigten Ausbleibens oder unberechtigter Verweigerung des Zeugnisses zu einer Geldstrafe und für den Fall der Uneinbringlichkeit dieser Geldstrafe zu einer Haftstrafe verurteilt ist (§ 380 Abs. 1, § 390 Abs. 1 ZPO.). In diesem

Falle wird die Vollstreckung der Haft von Amts wegen durch das Gericht angeordnet, das auch einen Gerichtsvollzieher mit der Verhaftung beauftragen kann. Das gleiche gilt für die Vollstreckung einer Haftstrafe, die nach § 178 GVG. wegen Ungebühr vor Gericht ausgesprochen worden ist.

III Wegen der Vollstreckung von Geldstrafen, die gegen Zeugen ausgesprochen sind, s. § 255 Abs. 1.

§ 230 (vgl. § 198 Abs. 2 GA.). **Verwandte Fälle.**

I Auf die Verhaftung des Gemeinschuldners im Falle des § 101 KO. und des Schuldners im Falle des § 106 KO. finden gemäß § 72 KO. die Vorschriften der Zivilprozeßordnung über die Zwangsvollstreckung durch Haft (vgl. §§ 221 ff. DA.) entsprechende Anwendung. Die Verhaftung erfolgt jedoch auf Anordnung des Gerichts, nicht im Parteiauftrag. Ferner ist die Aufnahme des Schuldners in das Gefängnis nicht von der Vorauszahlung der durch die Haft entstehenden Kosten abhängig.

II Ist der Schuldner gemäß § 890 ZPO. zu einer Haftstrafe verurteilt, so finden die §§ 221 ff. keine Anwendung. Die Vollstreckung der Haftstrafe erfolgt durch das Prozeßgericht, das mit der Verhaftung auch einen Gerichtsvollzieher beauftragen kann. Wegen der Vollstreckung von Geldstrafen im Falle des § 890 ZPO. s. § 255 DA.

8. Zwangsweise Vorführung.

§ 231 (vgl. § 184 Abs. 3 GA.).

Erteilt das Gericht den Auftrag zur zwangsweisen Vorführung einer Person (§§ 101, 106 KO., §§ 380, 619, 654 ZPO.), so hat der Gerichtsvollzieher die in dem schriftlichen Auftrag (Vorführungsbefehl) enthaltenen Anordnungen zu beachten. Der Gerichtsvollzieher ist befugt, wenn er Widerstand findet oder glaubt, daß er solchen finden werde, die Unterstützung der polizeilichen Vollzugsorgane anzurufen (vgl. § 116 Abs. 2). Der Auftrag (Vorführungsbefehl) ist der vorzuführenden Person vorzuzeigen. Über den Vollzug ist ein Protokoll zu errichten. Kann der Auftrag nicht ausgeführt werden, so ist dem Gericht über die Gründe der Unausführbarkeit zu berichten.

9. Zwangsvollstreckung in das unbewegliche Vermögen.

§ 232 (§ 188 GA.).

I Die Zwangsvollstreckung in das unbewegliche Vermögen erfolgt durch das Vollstreckungsgericht und das von diesem bestimmte Notariat. Die Tätigkeit des Gerichtsvollziehers beschränkt sich auf folgende Fälle.

II Der Gerichtsvollzieher kann von dem Notariat beauftragt werden, eine Forderung oder eine bewegliche Sache besonders zu versteigern oder in anderer Weise, z. B. durch freihändigen Verkauf, zu verwerten (§ 65 ZVG.). In diesem Falle finden die Vorschriften der §§ 817, 820 ZPO. entsprechende Anwendung[1]). Der Erlös ist von dem Gerichtsvollzieher zu hinterlegen (s. §§ 244 bis 246 DA.).

III Der Gerichtsvollzieher hat ferner auf Grund des Beschlusses, durch den der Zuschlag erteilt wird (§ 92 Abs. 2 Nr. 5), gegen den Besitzer des versteigerten Grundstücks oder einer mitversteigerten Sache die Zwangsvollstreckung auf Räumung und Herausgabe zu bewirken (§ 93 ZVG.). Diese Zwangsvollstreckung erfolgt im Auftrage des Erstehers unter entsprechender Anwendung der §§ 214ff. DA.[2]).

IV In den Fällen des § 94 Abs. 2[3]) und des § 150 Abs. 2[4]) ZVG. kann der Gerichtsvollzieher von dem Vollstreckungsgerichte[5]) beauftragt werden, ein Grundstück dem Zwangsverwalter zu übergeben. Der Gerichtsvollzieher hat alsdann unter entsprechender Anwendung

---

[1]) S. §§ 161ff., insbesondere § 163 und § 168. Zu beachten ist, daß auch hier die Bek. über das Mindestgebot bei der Versteigerung gepfändeter Sachen vom 8. Okt. 1914 (abgedr. unter Nr. 12) Anwendung findet.

[2]) Die ZwVollstr. erfolgt entweder gegen den bisherigen Eigentümer des Grundstücks. Es bedarf dazu der Vollstreckungsklausel (§§ 93, 94). Die Vollstr. erfolgt nach oder unter gleichzeitiger Zustellung des Zuschlagsbeschlusses (§§ 103ff.). § 216 ist zu beachten. Die ZwVollstr. kann aber auch gegen einen dritten Besitzer des Grundstücks erfolgen, wenn gegen ihn die VollstrKlausel erteilt und zugestellt ist oder gleichzeitig zugestellt wird (§ 103 Abs. 2); auch in diesem Falle gilt § 216. Soll dagegen eine bewegliche Sache dem Dritten, der sich nicht im Besitze des Grundstücks befindet, auf Grund des Zuschlags weggenommen und dem Ersteher übergeben werden, so muß die Sache im Zuschlagsbeschlusse oder in der Vollstr.-Klausel als mitversteigert ausdrücklich bezeichnet sein.

[3]) Wenn auf Antrag eines Beteiligten, der Befriedigung aus dem Bargebote zu erwarten hat, das Grundstück für Rechnung des Erstehers in gerichtliche Verwaltung genommen ist.

[4]) Wenn die Zwangsverwaltung des Grundstücks angeordnet ist.

[5]) Soll heißen: Notariat.

der §§ 214ff. DA. den Schuldner aus dem Besitz zu entsetzen und den Zwangsverwalter in den Besitz einzuweisen. Er ist zur Vornahme dieser Handlungen durch den Auftrag des Notariats ermächtigt. Der Auftrag ist dem Schuldner oder der an Stelle des Schuldners angetroffenen Person vorzuzeigen und auf Verlangen in Abschrift mitzuteilen; einer Zustellung des Auftrags bedarf es nicht. Wohnt der Schuldner auf dem Grundstücke, so sind ihm die für seinen Hausstand unentbehrlichen Räume zu belassen, sofern das Vollstreckungsgericht nicht ein anderes bestimmt hat (§ 149 ZVG.).

V Mit der Anheftung der Terminsbestimmung in der Gemeinde, in deren Bezirk das Grundstück liegt (§ 39 Abs. 2 ZVG., Art. 26 AGGVO.), kann auch der Gerichtsvollzieher beauftragt werden (§ 4 Nr. 3 GVO.). Die Terminsbestimmung ist an der für amtliche Bekanntmachungen bestimmten Stelle der Gemeinde anzuheften.

VI Nach § 57b ZVG. kann der Gerichtsvollzieher im Zwangsversteigerungsverfahren vom Notariat mit den auf den Antrag des Gläubigers zu veranlassenden Ermittelungen zur Feststellung der Mieter und Pächter des beschlagnahmten Grundstücks beauftragt werden. Der mit solchen Ermittelungen beauftragte Gerichtsvollzieher hat durch geeignete Erkundigungen zu erforschen, ob das Grundstück ganz oder zum Teil vermietet oder verpachtet ist, und, wenn es vermietet oder verpachtet ist, den Namen, den Stand und die Wohnung der Mieter und Pächter festzustellen. Über das Ergebnis der Ermittelungen hat er dem Notariat schriftlich zu berichten.

10. Vollziehung von Arrestbefehlen und einstweiligen Verfügungen.

§ 233 (vgl. § 189 Abs. 1, § 196 Abs. 1 GA.). Allgemeines.

I Arrestbefehle sind Schuldtitel, die nicht die Befriedigung, sondern nur die Sicherung von Geldforderungen und solchen Ansprüchen, die in Geldforderungen übergehen können, bezwecken[1]). Ebenso dienen die einstweiligen Verfügungen grundsätzlich nur dem Sicherungszweck und zwar entweder der Sicherung eines gefährdeten Anspruchs oder

[1]) Die Ausbringung und Vollziehung von Arresten zur Sicherung von Ansprüchen, wegen deren die Zwangsvollstreckung nach § 25 DevVO. nur mit Genehmigung der Devisenbewirtschaftungsstelle zulässig ist, ist ohne Genehmigung zulässig (Nr. II 71c DevRichtl.). Dagegen bedarf die Vollziehung von Arresten in Werte, über die nach den Devisenvorschriften nicht ohne Genehmigung der Devisenbewirtschaftungsstelle verfügt werden darf, nach § 26 DevVO. in jedem Fall der Genehmigung.

der Regelung eines einstweiligen Zustands in Bezug auf ein streitiges Rechtsverhältnis. Ausnahmsweise findet, wenn das Gericht eine dahingehende Anordnung getroffen hat, aus einstweiligen Verfügungen auch die Zwangsvollstreckung zur vorläufigen Befriedigung des Gläubigers wegen einer Geldforderung, z. B. wegen einer Geldforderung auf Unterhalt, statt.

II Der den dinglichen Arrest anordnende Arrestbefehl ist, je nachdem ob die Gegenstände, in die der Arrest zu vollziehen ist, in der Arrestanordnung bezeichnet sind oder nicht, nur in diese Gegenstände oder in das gesamte Vermögen des Schuldners vollstreckbar[1]); der persönliche Sicherheitsarrest wird je nach dem Inhalte des Befehls durch Verhaftung des Schuldners oder eine sonstige Beschränkung seiner persönlichen Freiheit vollzogen[2]). Bei der einstweiligen Verfügung ordnet das Gericht die zur Erreichung des Zwecks erforderlichen Maßnahmen an, die z. B. darin bestehen können, daß dem Schuldner eine Handlung geboten oder verboten oder die Herausgabe einer beweglichen Sache oder eines Grundstücks an einen Verwahrer aufgegeben wird (Sequestration)[3]).

§ 234 (§ 190 GA.).

Vollstreckungstitel und Vollstreckungsklausel.

I Der Arrestbefehl und die einstweilige Verfügung ergehen in Form eines Urteils oder eines Beschlusses. Sie werden dem Gläubiger von dem Gerichte durch Verkündung des Urteils oder durch Zustellung des Beschlusses von Amts wegen oder, wenn auf diese Zustellung verzichtet wird, durch formlose Aushändigung des Beschlusses bekannt gemacht, dem Schuldner dagegen auf Betreiben und im Auftrage des Gläubigers durch den Gerichtsvollzieher zugestellt (§ 922 ZPO.)[4]).

II Eine Vollstreckungsklausel ist bei Arrestbefehlen und einstweiligen Verfügungen nur dann erforderlich, wenn die Vollziehung für einen anderen als den in dem Arrestbefehl oder der einstweiligen Verfügung bezeichneten Gläubiger oder gegen einen anderen als den darin bezeichneten Schuldner erfolgen soll (§ 929 Abs. 1 ZPO., vgl. § 93 Abs. 2 DA.).

---

[1]) S. §§ 237 ff.

[2]) S. § 241.

[3]) Vollzug: § 242. Der GV. ist zur Übernahme des Amts eines Sequesters nicht verpflichtet; wegen der Übernahme von Nebenämtern und Nebengeschäften s. S. 12 Anm. 3.

[4]) §§ 43 ff.

§ 235 (§ 191 Abs. 1 GA.).

Frist für die Vollziehung.

I Die Vollziehung des Arrestes und der einstweiligen Verfügung ist nur innerhalb einer Ausschlußfrist[1]) von einem Monat zulässig, die mit der Verkündung des Urteils oder mit der Zustellung des Beschlusses an den Gläubiger beginnt (§ 929 Abs. 2, § 936 ZPO.). Ist der den Arrestbefehl oder die einstweilige Verfügung enthaltende Beschluß vom Gericht formlos dem Gläubiger ausgehändigt worden, so ist der Vollzug jedenfalls innerhalb eines Monats, vom Datum der Ausfertigung des Beschlusses an gerechnet, zulässig. Besteht eine einstweilige Verfügung in einem Gebot oder Verbot an den Schuldner, so ist ihre Vollziehung bereits mit der Zustellung an den Schuldner bewirkt; die Vornahme weiterer Vollstreckungshandlungen ist daher nicht an die Frist des § 929 Abs. 2 ZPO. gebunden. Auf einstweilige Verfügungen, die eine Verurteilung zur vorläufigen Befriedigung des Gläubigers, z. B. wegen eines Unterhaltsanspruchs, enthalten[2]), ist die Bestimmung des § 929 Abs. 2 ZPO. nicht anwendbar.

II Der Gerichtsvollzieher hat zu prüfen, ob die Vollziehung des Arrestes oder der einstweiligen Verfügung gemäß Abs. 1 noch statthaft ist. Der Tag der Verkündung ist in der Ausfertigung angegeben; der Tag, an dem der nicht verkündete Arrestbefehl oder die nicht verkündete einstweilige Verfügung dem Gläubiger zugestellt worden ist, ist auf dem Briefumschlage vermerkt, in dem die Ausfertigung dem Gläubiger zugestellt worden ist. Ist die Vollziehung nicht mehr statthaft, so ist ein dahingehender Auftrag abzulehnen.

§ 236 (§ 191 Abs. 2 GA.).

Vollziehung vor der Zustellung.

I Abweichend von der Regel des § 103 ist die Vollziehung des Arrestes oder der einstweiligen Verfügung auch zulässig, bevor der Arrestbefehl oder die einstweilige Verfügung oder, falls eine Vollstreckungsklausel erteilt ist, bevor die Klausel und die in ihr erwähnten die Rechtsnachfolge beweisenden Urkunden dem Schuldner zugestellt sind. Die Wirksamkeit der Vollziehung hängt jedoch davon ab, daß die Zustellung innerhalb einer Woche[1]) nach der Vollziehung und zugleich vor dem Ablaufe der einmonatigen Ausschlußfrist (§ 235) nachgeholt wird (§ 929 Abs. 3 ZPO.). Der mit der Vollziehung des Arrestbefehls oder der einstweiligen Verfügung beauftragte Gerichtsvollzieher hat auch ohne ausdrückliche Weisung des Gläubigers dafür

---

[1]) Wegen Berechnung der Frist s. § 27. [2]) Vgl. § 233 Abs. 1.

zu sorgen, daß der Arrestbefehl oder die einstweilige Verfügung rechtzeitig zugestellt wird. Ist auf Grund des Arrestbefehls die Eintragung einer Sicherungshypothek beantragt worden, so gilt für die Berechnung der Fristen[1]) für die Zustellung nicht die Eintragung, sondern bereits der Antrag auf Eintragung der Hypothek als Vollziehung des Arrestes (§ 932 Abs. 3 ZPO.). Der Tag des Antrages ist aus dem Einlaufsstempel des Grundbuchamts ersichtlich.

II Ist die Vollziehung des Befehls von einer von dem Gläubiger zu leistenden Sicherheit abhängig gemacht, so ist zwar die Leistung der Sicherheit, nicht aber die Zustellung der Urkunden über die Sicherheitsleistung vor der Vollziehung nötig.

§ 237 (§ 189 Abs. 2, §§ 193, 194 GA.). Vollziehung des dinglichen Arrests in bewegliche körperliche Sachen.

I Bei der Vollziehung des dinglichen Arrestes hat der Gerichtsvollzieher in der gleichen Weise mitzuwirken wie bei einer Zwangsvollstreckung. In bewegliche körperliche Sachen wird der Arrest durch Pfändung nach den für die Zwangsvollstreckung geltenden Vorschriften vollzogen (§ 930 ZPO.)[2]). Der Gerichtsvollzieher hat, falls Geld gepfändet werden kann, in erster Linie dieses, anderenfalls so viele Vermögensstücke des Schuldners zu pfänden, als es zur Deckung des Gläubigers wegen seiner Forderung samt Zinsen und Kosten erforderlich erscheint. Ist der Arrest auf das im Bezirke des Gerichts befindliche Vermögen oder auf einzelne bestimmt bezeichnete Vermögensstücke des Schuldners beschränkt, so ist die Pfändung nur innerhalb der hierdurch gezogenen Grenzen zulässig.

II Die Behandlung der Pfandstücke erfolgt nach den für gepfändete Sachen geltenden Vorschriften[3]). Jedoch ist gepfändetes Geld zu hinterlegen (§ 930 Abs. 2 ZPO., vgl. §§ 244, 245 DA.), falls nicht der Schuldner die Auszahlung an den Gläubiger ausdrücklich gestattet. Eine Veräußerung der Pfandstücke ist auf Grund des Arrestbefehls nicht zulässig. Das Vollstreckungsgericht kann jedoch auf Antrag die Versteigerung und die Hinterlegung des Erlöses anordnen, wenn eine im Arrestwege gepfändete Sache der Gefahr einer beträchtlichen Wertverringerung ausgesetzt ist oder wenn ihre Aufbewahrung unverhältnismäßige Kosten verursachen würde (§ 930 Abs. 3 ZPO.). Hält der Gerichtsvollzieher eine solche Anordnung für ver-

---

[1]) Wegen Berechnung der Frist s. § 27.
[2]) §§ 129ff. [3]) Vgl. §§ 142ff.

anlaßt, so soll er nötigenfalls den Gläubiger darauf aufmerksam machen, damit dieser den Antrag stellt. Die Pfändung auf Grund eines Arrestbefehls steht der Veräußerung der Pfandstücke für einen anderen Gläubiger nicht entgegen; der Teil des Erlöses, der auf die durch das Arrestpfandrecht gesicherte Forderung entfällt, ist zu hinterlegen.

§ 238 (§ 192 GA.). Hinterlegung der Lösungssumme.

Die Vollziehung des Arrestes unterbleibt, wenn der Schuldner dem Gerichtsvollzieher durch die Vorlegung der Empfangsbescheinigung der Hinterlegungsstelle (§§ 17, 36 der Hinterlegungsordnung vom 1. Dezember 1931, GVBl. S. 341)[1]) die Hinterlegung des Geldbetrages nachweist, durch die nach dem Inhalte des Befehls die Vollziehung des Arrestes abgewendet werden kann (§ 923 ZPO.). Das gleiche gilt, wenn der Schuldner vor der Vollziehung den Geldbetrag dem Gerichtsvollzieher mit dem Ersuchen, das Geld für ihn zu hinterlegen, aushändigt und zugleich die entstandenen Vollstreckungskosten[2]) zahlt. Der Gerichtsvollzieher hat in diesem Falle den Geldbetrag für den Schuldner bei der Hinterlegungsstelle auf Grund einer für den Schuldner abzugebenden Hinterlegungserklärung zu hinterlegen und die Bescheinigung der Hinterlegungsstelle dem Schuldner zu übermitteln. Erfolgt die Hinterlegung erst nach der Vollziehung des Arrestes, so hat der Gerichtsvollzieher den

---

[1]) Diese Vorschriften lauten:

§ 17.

I Auf dem einen Stück der Hinterlegungserklärung oder der Weisung des Vormundschaftsgerichts (§ 15) wird die Bescheinigung über die Hinterlegung erteilt. Das zweite Stück verbleibt bei der Hinterlegungsstelle. Ist die Hinterlegungserklärung zur Niederschrift einer gerichtlichen Geschäftsstelle erfolgt, so bleibt die Urschrift bei Gericht, die Bescheinigung über die Hinterlegung wird von der Hinterlegungsstelle auf einer Ausfertigung der Niederschrift (§ 14 Abs. III) erteilt.

II Die Bescheinigung muß von zwei Beamten der Hinterlegungsstelle unterzeichnet sein.

§ 36.

I Die Annahme zur vorläufigen Verwahrung sowie die Herausgabe erfolgt nur auf Weisung des Amtsgerichts.

II Die Vorschriften des § 10 Abs. I, der §§ 16, 17, 19, 21 bis 26 finden mit der Maßgabe entsprechende Anwendung, daß die Herausgabeweisung von dem Amtsgericht erlassen wird, das die Annahme zur vorläufigen Verwahrung verfügt hat.

[2]) Vgl. § 6 Abs. 2, § 13 RGebO., abgedr. unter Nr. 3.

Schuldner mit dem Antrag auf Aufhebung des Arrestes an das Gericht zu verweisen.

§ 239 (neu). **Übergang des Arrestpfandrechts in ein Vollstreckungspfandrecht.**

Erwirkt der Gläubiger wegen der Arrestforderung einen Vollstreckungstitel und liegen die übrigen Voraussetzungen der Zwangsvollstreckung (Zustellung dieses Titels usw.) vor, so bedarf es, wenn die Arrestpfändung noch zu Recht besteht, zur Durchführung der Vollstreckung keiner nochmaligen Pfändung. Das Arrestpfandrecht geht ohne weiteres in ein Vollstreckungspfandrecht über; der Gläubiger kann daher die Veräußerung der Pfandstücke und die Auszahlung des hinterlegten Geldes verlangen; dem Schuldner steht das Recht, die Durchführung des Verfahrens durch Hinterlegung auf Grund des § 923 ZPO. (§ 238 DA.) abzuwenden, nicht mehr zu.

§ 240 (neu). **Vollziehung des dinglichen Arrests in Forderungen und andere Vermögensrechte.**

Bei Vollziehung des dinglichen Arrestes in eine Forderung, die dem Schuldner gegen eine dritte Person (den Drittschuldner) zusteht, oder in andere zum beweglichen Vermögen gehörige Vermögensrechte des Schuldners erfolgt die Pfändung durch das Arrestgericht. Die Mitwirkung des Gerichtsvollziehers regelt sich nach den §§ 193ff. Der mit der Zustellung des Pfändungsbeschlusses beauftragte Gerichtsvollzieher hat darauf zu achten, daß die Zustellung dieses Beschlusses an den Drittschuldner innerhalb der Ausschlußfrist von einem Monat[1]) erfolgt, und dem Schuldner innerhalb der gleichen Frist und zugleich vor Ablauf einer Woche[1]) nach der Zustellung an den Drittschuldner mit dem Pfändungsbeschluß auch den Arrestbefehl zuzustellen, sofern die letztere Zustellung nicht schon vorher erfolgt war.

§ 241 (§ 195 GA.). **Vollziehung des persönlichen Sicherheitsarrests.**

I Die Vollziehung des persönlichen Sicherheitsarrests richtet sich, wenn die Verhaftung des Schuldners angeordnet ist, nach den für die Haft im Zwangsvollstreckungsverfahren geltenden Vorschriften (§§ 904 bis 913 ZPO., §§ 221 bis 228 DA.). Der Gerichtsvollzieher wird durch den Besitz des Arrestbefehls und einer Ausfertigung des gerichtlichen Haftbefehls zu der Verhaftung des Schuldners ermächtigt.

---

[1]) Berechnung der Frist: § 27.

Der Gerichtsvollzieher hat auch hier die Fristen der §§ 235, 236 zu beachten und innerhalb einer Woche[1]) nach Vollziehung des Arrestes den Arrestbefehl ohne ausdrückliche Anweisung des Gläubigers zuzustellen. Die Verhaftung ist unzulässig, wenn der Schuldner die Hinterlegung des in dem Haftbefehle bezeichneten Geldbetrags dem Gerichtsvollzieher nachweist oder diesen Betrag an den Gerichtsvollzieher zwecks Hinterlegung zahlt.

II Besteht die in dem Befehl angeordnete Sicherungsmaßregel in einer anderen Beschränkung der persönlichen Freiheit, so hat der Gerichtsvollzieher die von dem Gerichte getroffenen Anordnungen genau zu befolgen. Die für die Haft geltenden gesetzlichen Beschränkungen (§ 222) finden entsprechende Anwendung.

§ 242 (§ 196 Abs. 2, § 198 Abs. 1 GA.).

Vollziehung von einstweiligen Verfügungen.

I Die Vollziehung einer einstweiligen Verfügung erfolgt im Auftrage des Gläubigers nach den in der gerichtlichen Verfügung getroffenen Anordnungen in der gleichen Weise wie die Ausführung von Vollstreckungshandlungen gleichen Inhalts, z. B. durch Wegnahme beweglicher Sachen, Entsetzung aus dem Besitz eines Grundstücks, unter Umständen durch Beitreibung eines Geldbetrags, z. B. von Unterhaltsgeldern, deren Leistung dem Schuldner aufgegeben ist[2]).

II Einstweilige Verfügungen können auch vom Konkursgerichte vor Eröffnung des Konkursverfahrens zur Sicherung der Masse erlassen werden (§ 106 KO.). Die Vollziehung erfolgt auf Anordnung des Gerichts, nicht im Parteiauftrage[3]).

§ 243 (§ 197 GA.).

Kosten der Vollziehung.

Auf die Einziehung und Beitreibung der Kosten, die durch die Vollziehung eines Arrestes oder einer einstweiligen Verfügung entstehen, finden die Vorschriften des § 119 entsprechende Anwendung[4]).

---

[1]) Berechnung der Frist s. § 27.

[2]) Siehe S. 191 Anm. 3.

[3]) Wegen Verhaftung des Gemeinschuldners nach den §§ 101 und 106 KO. s. § 230.

[4]) Die Frage, ob bei Arrest und einstweiliger Verfügung hinsichtlich der Kosten nur Sicherung oder wie sonst bei der ZwVollstr. Befriedigung erfolgt, ist bestritten. § 197 GA. stand auf dem ersteren Standpunkt. Nachdem die neuere Rechtsprechung (vgl. z. B. BayZ. 1929 S. 115) der letzteren Meinung folgt, hat sich § 243 dieser angeschlossen.

11. Hinterlegung.

§ 244 (§ 199 Abs. 1 GA.).

1. Fälle.

I Der Gerichtsvollzieher hat gepfändetes Geld sowie den durch die Verwertung der Pfandstücke erzielten Erlös nach Abzug der Kosten der Zwangsvollstreckung in folgenden Fällen zu hinterlegen:

1. wenn dem Schuldner im Urteile nachgelassen ist, die Zwangsvollstreckung durch Sicherheitsleistung oder Hinterlegung abzuwenden (§ 713 Abs. 2, § 720 ZPO., § 148 Abs. 2, § 191 Abs. 4 DA.);
2. wenn dem Gerichtsvollzieher glaubhaft gemacht wird, daß an dem gepfändeten Gelde ein die Veräußerung hinderndes Recht eines Dritten bestehe (§ 815 Abs. 2 ZPO., § 141 Abs. 6 DA.);
3. wenn ein gerichtliches Verteilungsverfahren erforderlich wird (§ 827 Abs. 2, 3, § 854 Abs. 2, 3, § 872 ZPO., § 191 Abs. 2, § 205 Abs. 2 DA.);
4. wenn im Verfahren zum Zwecke der Zwangsversteigerung eines Grundstücks eine Forderung oder eine bewegliche Sache besonders versteigert oder in anderer Weise verwertet worden ist (§ 65 ZVG., § 232 Abs. 2 DA.);
5. wenn auf Grund eines Arrestbefehls Geld gepfändet oder bei der durch einen anderen Gläubiger betriebenen Fortsetzung der Zwangsvollstreckung ein Teil des Erlöses auf die durch das Arrestpfandrecht gesicherte Forderung entfallen ist (§ 930 Abs. 2 ZPO., § 237 Abs. 2 DA.);
6. wenn das Gericht die Hinterlegung angeordnet hat (z. B. § 805 Abs. 4, § 885 Abs. 4, § 930 Abs. 3 ZPO.);
7. wenn die Auszahlung aus Gründen, die in der Person des Empfangsberechtigten liegen, nicht bewirkt werden kann (§ 372 BGB.).

II Im Falle des Abs. 1 Nr. 1 unterbleibt die Hinterlegung, wenn der Schuldtitel mit dem Zeugnisse der Rechtskraft versehen ist oder der Schuldner ausdrücklich der Auszahlung an den Gläubiger zugestimmt hat.

III Im Falle des Abs. 1 Nr. 7 hat der Gerichtsvollzieher selbständig zu prüfen, ob er die Verpflichtung zur sofortigen Abführung des gepfändeten Geldes oder des erzielten Erlöses wegen Annahmeverzugs des Empfangsberechtigten (§ 293 BGB.), wegen Ungewißheit über die Person des Empfangsberechtigten oder aus einem anderen in der Person des Empfangsberechtigten liegenden Grund nicht oder nicht mit Sicherheit erfüllen kann. Hierher gehört z. B. der Fall, daß der Erlös aus der Verwertung eines Gegenstandes herrührt, der für mehrere Gläubiger in der Richtung gegen mehrere Schuldner gepfändet worden ist (Doppelpfändung).

§ 245 (§ 199 Abs. 2 GA.). **2. Ausführung.**

Sobald die Notwendigkeit der Hinterlegung feststeht, ist sie unverzüglich zu bewirken. Sie erfolgt nach der Hinterlegungsordnung vom 1. Dezember 1931 (GVBl. S. 341) auf Grund der von dem Gerichtsvollzieher auszustellenden Hinterlegungserklärung (§ 11 der Hinterlegungsordnung)[1]).

§ 246 (§ 200 GA.). **3. Anzeigepflicht.**

Der Gerichtsvollzieher hat von der Hinterlegung den Gläubiger und den Schuldner zu verständigen. Ist die Hinterlegung zur Herbeiführung eines gerichtlichen Verteilungsverfahrens (§ 244 Abs. 1 Nr. 3) erfolgt, so hat der Gerichtsvollzieher dem Vollstreckungsgericht, ist sie im Zwangsversteigerungsverfahren (§ 244 Abs. 1 Nr. 4) erfolgt, so hat er dem Notariat Anzeige zu erstatten. Im Falle des § 244 Abs. 1 Nr. 3 sind der Anzeige die Vollstreckungsakten beizufügen.

Fünfter Abschnitt.

Zwangsvollstreckung in Angelegenheiten der freiwilligen Gerichtsbarkeit.

§ 247 (vgl. § 52 Abs. 4 Nr. 9, 10 GA.). **1. Zwangsvollstreckung im Parteiauftrag.**

I In Angelegenheiten der freiwilligen Gerichtsbarkeit findet die Zwangsvollstreckung insbesondere statt

---

[1]) Diese Vorschrift lautet:

§ 11.

I Bei der Hinterlegung ist eine schriftliche Erklärung (Hinterlegungserklärung) in zwei Stücken vorzulegen oder der Postsendung beizufügen.

II Die Hinterlegungserklärung ist abzugeben nach dem Muster der Anlage 1.

III Formblätter für die Hinterlegungserklärung werden von der Bayerischen Staatsbank unentgeltlich geliefert; sie sind auch bei den Amtsgerichten vorrätig zu halten. Die Urkundsbeamten der Geschäftsstellen derjenigen Amtsgerichte, an deren Sitz sich eine Staatsbankniederlassung nicht befindet, haben den Parteien bei der Ausfüllung des Formblattes behilflich zu sein.

1. aus rechtskräftig bestätigten vorgängigen Vereinbarungen und Auseinandersetzungen im Sinn der §§ 98, 99 FGG.;
2. aus gerichtlich bestätigten Dispachen, d. h. Urkunden über die Feststellung und Verteilung von Havereischäden (§ 158 Abs. 2 FGG.);
3. aus Verfügungen bayerischer Gerichte, durch welche die einem Beteiligten zu erstattenden Kosten festgesetzt werden (Art. 133 AGBGB.).

II Auf die Zwangsvollstreckung finden die Vorschriften über die Zwangsvollstreckung in bürgerlichen Rechtsstreitigkeiten[1]) entsprechende Anwendung.

§ 248 (§ 201 GA.).

2. Vollstreckung gerichtlicher Anordnungen: a) Fälle.

Ferner ist nach Art. 130 AGBGB. in den Angelegenheiten der freiwilligen Gerichtsbarkeit die Anwendung unmittelbaren Zwanges zum Vollzug einer Verfügung zulässig, durch die

1. die Herausgabe einer Sache, z. B. eines Erbscheins, dessen Einziehung nach § 2361 Abs. 1 BGB. angeordnet ist, oder eines Testaments, zu dessen Ablieferung der Besitzer nach § 2259 Abs. 1 BGB. verpflichtet ist,
2. die Herausgabe eines Kindes, Mündels oder Pflegebefohlenen oder
3. eine Maßregel angeordnet wird, deren Ausführung die Anwendung unmittelbaren Zwanges erfordert, z. B. die Anordnung des persönlichen Erscheinens einer Person vor Gericht, die Verbringung des Kindes oder Mündels in eine Erziehungsanstalt, Maßregeln zur Regelung des persönlichen Verkehrs eines geschiedenen Ehegatten mit dem Kinde.

§ 249 (§ 202 GA.).

b) Anordnung.

Die Zwangsmaßregeln werden von dem Gericht erster Instanz angeordnet (Art. 130 Abs. 2 AGBGB.).

§ 250 (§ 203 GA.).

c) Ausführung der Anordnung.

I Die Anwendung des unmittelbaren Zwanges kann dem Gerichtsvollzieher übertragen werden (§ 4 Nr. 3, § 10 GVO.). Der Gerichtsvollzieher hat sich die schriftliche Anordnung des Gerichts

---

[1]) §§ 83ff.

aushändigen zu lassen und sie der Person, gegen die sich der Zwang richtet, vor der Anwendung des Zwanges vorzuweisen; auf Verlangen ist der Person Abschrift der Anordnung zu erteilen.

II Die Ausführung der Anordnung richtet sich nach der angeordneten Maßregel. Ist die zwangsweise Vorführung einer Person angeordnet, so sind die Vorschriften des § 231 entsprechend anzuwenden. Der Gerichtsvollzieher ist befugt, erforderlichenfalls die Unterstützung der polizeilichen Vollzugsorgane nach Maßgabe des § 116 Abs. 2 anzurufen. Richtet sich die Maßregel gegen eine zum Reichsheer oder zur Reichsmarine gehörige Militärperson, so finden die §§ 752, 790 ZPO. (vgl. § 109 DA.) entsprechende Anwendung.

III Bei der Anwendung des Zwanges darf der Gerichtsvollzieher nicht weiter gehen, als es der Zweck der Vollstreckung erfordert. Ist bei einer in der Wohnung des Verpflichteten erfolgenden Zwangsmaßregel weder der Verpflichtete noch eine zu seiner Familie gehörige oder in dieser Familie dienende erwachsene Person anwesend, so hat der Gerichtsvollzieher nach Maßgabe des § 117 zu verfahren.

§ 251 (§ 204 GA.). d) Protokoll. Gebühr.

I Über die Ausführung der Anordnung hat der Gerichtsvollzieher ein Protokoll aufzunehmen. Dem Gericht, das den Auftrag erteilt hat, ist ein kurzer Bericht zu erstatten; dem Bericht ist die vom Gericht erteilte schriftliche Anordnung beizufügen.

II Für die Gebühr des Gerichtsvollziehers gilt § 7 LGebO.[1]).

Sechster Abschnitt.

Zwangsvollstreckung in Verwaltungssachen.

§ 252 (vgl. § 205 GA.). 1. Nach Landesrecht.

I Nach Art. 46 des Gesetzes vom 8. August 1878, betr. die Errichtung eines Verwaltungsgerichtshofes und das Verfahren in Verwaltungsrechtssachen, (VGG., GVBl. S. 369) und Art. 7, 8 AGZPO. können die Gerichtsvollzieher auch mit Zwangsvollstreckungen in Verwaltungsstreitsachen und anderen Verwaltungssachen beauftragt werden.

II Die Zwangsvollstreckung findet in Verwaltungsrechtssachen (Art. 8 VGG. und Ergänzungen) und in Verwaltungsstreitsachen

---

[1]) Abgedr. unter Nr. 4.

zweiter Ordnung (Art. 10, 11 VGG. und Ergänzungen) aus den Entscheidungen der zuständigen Behörden und des Verwaltungsgerichtshofs, in den übrigen Verwaltungssachen (vgl. insbesondere Art. 20 Abs. 4, Art. 21, 23, Art. 27 Abs. 2 des Gemeindeabgabengesetzes vom 31. Juli 1931, GVBl. S. 230) aus den Beschlüssen und Ausstandsverzeichnissen der Verwaltungsbehörden, Bezirke, Gemeinden, Ortschaften, Stiftungsverwaltungen und der Vertretungen der religionsgesellschaftlichen und der religionsgemeindlichen Steuerverbände statt, denen das Vollstreckungsrecht oder die Befugnis zur Ausfertigung vollstreckbarer Urkunden zusteht. Die Zwangsvollstreckung aus Ausstandsverzeichnissen erfolgt auf Grund der mit der Vollstreckungsklausel versehenen Urschrift oder eines mit der Vollstreckungsklausel versehenen Auszugs des Verzeichnisses; in den übrigen Fällen erfolgt die Zwangsvollstreckung auf Grund einer vollstreckbaren Ausfertigung der Entscheidung (Art. 6 AGZPO., V. vom 14. Juli 1879, GVBl. S. 703, Art. 12 Abs. 2 des Religionsgesellschaftlichen Steuergesetzes vom 1. August 1923, GVBl. S. 351). Der Auftrag zur Zwangsvollstreckung wird dem Gerichtsvollzieher von der Behörde erteilt, die für den Vollzug zu sorgen hat. Bei der Ausführung der Zwangsvollstreckung hat der Gerichtsvollzieher nach den für die Zwangsvollstreckung in bürgerlichen Rechtsstreitigkeiten geltenden Bestimmungen zu verfahren.

III Die Vollstreckung von Gebühren und Auslagen der Notare erfolgt auf Grund eines Kostenfestsetzungsbeschlusses des Notariats oder des Landgerichts (Art. 50 bis 52 a des Notariatsgesetzes vom 9. Juni 1899, Beilage zum GVBl. 1899 Nr. 28 S. 137, in der Fassung des Gesetzes vom 21. März 1930, GVBl. S. 65, V. über den Vollzug des Notariatsgesetzes — Kostenfestsetzung — vom 22. März 1930, GVBl. S. 71), die Vollstreckung der Abgaben der Notare auf Grund eines Ausstandsverzeichnisses des Staatsministeriums der Justiz (Art. 126 a des Notariatsgesetzes, V. über den Vollzug des Notariatsgesetzes — Vollstreckung der Abgaben der Notare — vom 22. März 1930, GVBl. S. 76).

IV Auf den Vollzug von Entscheidungen und Ausstandsverzeichnissen von Behörden außerbayerischer deutscher Länder finden die Vorschriften des Abs. 2 entsprechende Anwendung (vgl. Gesetz über den Beistand bei Einziehung von Abgaben und Vollstreckung von Vermögensstrafen vom 9. Juni 1895, RGBl. S. 256).

§ 253 (neu). 2. Nach Reichsrecht.

[I] Als reichsrechtliche Schuldtitel, auf Grund deren die Zwangsvollstreckung durch Gerichtsvollzieher erfolgen kann, kommen insbesondere[1]) in Betracht:

1. die rechtskräftigen Entscheidungen der Versicherungsbehörden in Streitigkeiten aus dem Dienstverhältnis der Angestellten der Träger der Reichsversicherung (Krankenkassen, Berufsgenossenschaften usw.) nach §§ 358, 413, 705, 978, 1147 der Reichsversicherungsordnung;
2. die für vollstreckbar erklärten Auszüge der Ausstandsverzeichnisse der Träger der Reichsversicherung nach §§ 28, 754a der Reichsversicherungsordnung;
3. die von der zuständigen Reichsverwaltungsbehörde nach §§ 134 ff. des Reichsbeamtengesetzes vom 18. Mai 1907 (RGBl. S. 245) und die von der zuständigen Reichsbahnbehörde nach § 31 der Personalordnung der Deutschen Reichsbahn-Gesellschaft vom 10. Dezember 1924 (RMBl. 1925 S. 98) erlassenen Defektenbeschlüsse;
4. die von dem Schriftführer des Vorstandes der Anwaltskammer ausgestellten, mit der Bescheinigung der Vollstreckbarkeit versehenen Zahlungsaufforderungen wegen rückständiger Anwaltskammerbeiträge nach § 58b RAO.

[II] Die Beitreibung erfolgt nach den Vorschriften über die Zwangsvollstreckung in bürgerlich-rechtlichen Angelegenheiten.

Siebenter Abschnitt.

Mitwirkung im Strafverfahren.

1. Beitreibung von Geldstrafen und Kosten.

§ 254 (vgl. § 207 GA.). 1. Bei den Amtsgerichten in Strafsachen fällig werdende Geldstrafen und Kosten.

[I] Nach der Bek. über die Beitreibung der Geldstrafen vom 14. November 1927 (GVBl. S. 354) obliegt die Einhebung und zwangsweise Beitreibung sämtlicher Geldstrafen, Kosten und durchlaufenden

---

[1]) Im § 333 Abs. 3 RAbgO. ist bestimmt, daß der Reichsfinanzminister die Ausführung der ZwVollstr. in Steuersachen im Einvernehmen mit den Obersten Landesverwaltungsbehörden GV.n übertragen könne; in Bayern ist aber eine derartige Übertragung nicht erfolgt.

Gelder in Strafsachen einschließlich der Militärstrafsachen, aber mit Ausnahme der Forstrügesachen, bei den Amtsgerichten den mit der Behandlung des Strafkostenwesens betrauten Urkundsbeamten der Geschäftsstelle. Der Beamte der Geschäftsstelle kann den Gerichtsvollzieher beauftragen, dem Zahlungspflichtigen die Rechnung über die zu zahlenden Beträge im Wege der gewöhnlichen Zustellung (§§ 47ff.) zuzustellen. Der Gerichtsvollzieher ist ermächtigt, die Beträge gegen Empfangsbescheinigung und Einhebegebühr in Empfang zu nehmen. Nach fruchtlosem Ablauf der in der Rechnung festgesetzten Frist kann sofort das Zwangsvollstreckungsverfahren eingeleitet werden. Der Beamte der Geschäftsstelle kann jedoch auch, wenn es ihm nach den Umständen des Einzelfalls zweckmäßig erscheint, den Pflichtigen zunächst noch einmal zur Zahlung auffordern und sich hierbei der Mitwirkung des Gerichtsvollziehers bedienen.

II Soweit die Zwangsvollstreckung nicht den Gerichten zugewiesen ist, beauftragt der Beamte der Geschäftsstelle mit ihrer Ausführung den Gerichtsvollzieher; der Auftrag wird schriftlich erteilt. Die Zwangsvollstreckung erfolgt auf Grund der mit der Vollstreckungsklausel versehenen Urschrift des Ausstandsverzeichnisses (Art. 6 AG.-ZPO.; V. vom 14. Juli 1879, GVBl. S. 703). Bei der Ausführung der Zwangsvollstreckung wird nach den für die Zwangsvollstreckung wegen Geldforderungen in bürgerlichen Rechtsstreitigkeiten geltenden Vorschriften verfahren (Art. 7 AGZPO.).

III Mit den rückständigen Beträgen werden die Kosten des Beitreibungsverfahrens eingehoben. Wegen der Berechnung der Kosten wird auf Nr. II 8 Abs. I der Bek. über die Beitreibung der Geldstrafen vom 14. November 1927 verwiesen. Eine Einhebegebühr wird erhoben, wenn der Gerichtsvollzieher bei der Zustellung von Rechnungen in Strafsachen die geschuldeten Beträge in Empfang nimmt, außerdem bei der Einhebung der Vorschüsse, die in Strafsachen der Privatkläger und der Nebenkläger zu zahlen haben (vgl. Bek. vom 1. Juli 1884, JMBl. n. F. Bd. I S. 136, Bek. vom 8. Februar 1911, JMBl. n. F. Bd. I S. 822); für die Höhe der Einhebegebühr gilt die Bek. über die Mitwirkung der Gerichtswarte und Gerichtsoffizianten bei der Erhebung von Gerichtskosten vom 3. August 1923 (GVBl. S. 252)[1]. Sämtliche Gebühren werden ausschließlich für die Staatskasse erhoben.

---

[1]) Vgl. dazu Bek. über die Einhebegebühren des gerichtlichen Diener- und Botenpersonals und die Vorlade- und Zustellgebühren nach dem Kostengesetz vom 30. April 1932 (GVBl. S. 245): „Die in den Bek. vom

IV Bei der Beitreibung der Geldstrafen und Kosten in Strafsachen dürfen Entschädigungen für Dienstreisen in der Regel nicht verrechnet werden; Ausnahmen sind nur mit Genehmigung der Strafvollstreckungsbehörde zulässig, wenn dies durch besondere Umstände, insbesondere auch durch die Höhe der beizutreibenden Beträge, gerechtfertigt erscheint.

§ 255 (§ 208 GA.). 2. Bei anderen Gerichten oder nicht in Strafsachen fällig werdende Geldstrafen und Kosten.

I Geldstrafen und Kosten, die bei anderen Gerichten als den Amtsgerichten oder nicht in Strafsachen fällig werden, also insbesondere Geldstrafen, die im Laufe eines Zivilprozesses oder eines Verfahrens der freiwilligen Gerichtsbarkeit gegen eine Partei (z. B. zur Erzwingung der Ablieferung eines Testaments, § 83 FGG., oder zur Erzwingung gewisser handelsgesetzlicher Verpflichtungen, §§ 132ff. FGG., insbesondere zur Erzwingung der Vornahme von Anmeldungen zum Handelsregister) oder gegen einen Zeugen, Sachverständigen, Schöffen, Geschworenen, Beisitzer einer Arbeitsgerichtsbehörde oder im Falle des § 178 GVG. gegen eine unbeteiligte Person festgesetzt werden, endlich Geld-, Wertersatz- und Schadensersatzstrafen sowie Kosten, die in Forstrügesachen ausgesprochen werden, werden mit Ausnahme des in Abs. 2 Satz 2 erwähnten Falles durch die Finanzämter beigetrieben.

II Insbesondere wird auch eine Geldstrafe, die gemäß § 890 Abs. 1 ZPO. aus dem Grunde verhängt ist, weil der Schuldner der Verpflichtung, eine Handlung zu unterlassen oder die Vornahme einer Handlung zu dulden, zuwidergehandelt hat, nicht im Auftrage des Gläubigers, sondern auf Grund eines von dem Prozeßgericht erteilten schriftlichen Auftrags durch das Finanzamt vollstreckt. Dagegen ist eine Geldstrafe, die gegen den Schuldner im Zwangsvollstreckungsverfahren zur Erzwingung einer Handlung festgesetzt ist (§ 888 Abs. 1 ZPO.), im Auftrage des Gläubigers durch den Gerichtsvollzieher zu vollstrecken. Die beigetriebene Geldstrafe ist an die Staatskasse (Finanzamt), nicht an den Gläubiger abzuführen. Wegen der Vollstreckung der Haftstrafen in den Fällen des § 888 Abs. 1 und des § 890 Abs. 1 ZPO. s. §§ 221ff., 230.

---

3. Aug. 1923 Nr. 44009 und vom 4. Aug. 1923 Nr. 44010 (GVBl. S. 252) festgesetzten Einhebe-, Vorlade- und Zustellgebühren werden mit Wirkung vom 1. Mai 1932 einheitlich auf 30 Rpf. festgesetzt. Ein Zuschlag nach dem Gesetz vom 24. Juni 1930 (GVBl. S. 203) wird hierzu nicht erhoben."

§ 256 (§ 209 GA.). 3. Geldstrafen der Rheinschiffahrtsgerichte.

Für die Beitreibung der von Rheinschiffahrtsgerichten ausgesprochenen Geldstrafen sind die Bestimmungen der §§ 5, 7 der V. vom 18. Juni 1879 (GVBl. S. 661, JMBl. n. F. Bd. I S. 14) maßgebend.

§ 257 (§ 210 GA.). 4. Geldstrafen gegen Richter, Notare, Rechtsanwälte usw.

I Die Vollstreckung der in einem Ordnungsstrafverfahren gegen einen Notar und der in einem Disziplinarverfahren gegen einen Richter oder Notar ausgesprochenen Geldstrafen erfolgt nach den Vorschriften der Zivilprozeßordnung über die Vollstreckung der Urteile der Zivilgerichte. Der Auftrag zur Zwangsvollstreckung wird von dem Staatsanwalt auf Grund einer mit der Bescheinigung der Vollstreckbarkeit versehenen beglaubigten Abschrift der Urteilsformel erteilt (Art. 82, 84 des Notariatsgesetzes vom 9. Juni 1899, Beilage zum GVBl. 1899 Nr. 28 S. 137, in der Fassung des Gesetzes vom 21. März 1930, GVBl. S. 65, Art. 64 des Disziplinargesetzes für richterliche Beamte in der Fassung der Bek. vom 5. Dezember 1908, GVBl. S. 1008).

II Die Vollstreckung der in dem ehrengerichtlichen Verfahren gegen Rechtsanwälte erlassenen, eine Geldstrafe aussprechenden Entscheidungen erfolgt auf Grund einer von dem Schriftführer des Vorstandes der Anwaltskammer erteilten, mit der Bescheinigung der Vollstreckbarkeit versehenen beglaubigten Abschrift der Entscheidungsformel nach den Vorschriften über die Vollstreckung der Urteile in bürgerlichen Rechtsstreitigkeiten. Das gleiche gilt von der Vollstreckung der die Kosten festsetzenden Verfügung. Der Auftrag zur Zwangsvollstreckung wird von dem Schriftführer des Vorstandes erteilt (§ 97 RAO.).

III Die Vollstreckung der nach dem Beamtengesetze vom 16. August 1908 (GVBl. S. 581) ausgesprochenen Zwangs- und Geldstrafen wird, soweit nicht nach Art. 12 Abs. 1 AGBGB. aufgerechnet wird, nach Art. 7 Abs. 1 AGZPO. bewirkt. Der Zustellung einer beglaubigten Abschrift der Urteilsformel bedarf es nicht (Art. 163 des Beamtengesetzes). Die Beitreibung erfolgt durch die Vermittelung der Behörde, die mit der Auszahlung des Gehalts, Wartegelds oder Ruhegehalts betraut ist. Diese hat sich bei der Beitreibung ihrer eigenen Vollstreckungsorgane zu bedienen. Stehen ihr solche nicht zur Verfügung, so läßt sie die Beitreibung durch den Gerichtsvollzieher bewirken (§ 19 Abs. 3 der Bek. vom 22. Oktober 1909, GVBl. S. 737).

IV Geldstrafen und Kosten, die nach dem Gesetze über die Berufsvertretung der Ärzte, Zahnärzte, Tierärzte und Apotheker (Ärztegesetz) vom 1. Juli 1927 (GVBl. S. 233) festgesetzt worden sind, werden auf Grund einer von der Regierung, Kammer des Innern, auszustellenden Vollstreckungsklausel nach Maßgabe der Art. 6, 7 AGZPO. beigetrieben (Art. 28, 35, 40, 45 des Ärztegesetzes).

2. Vollstreckung von Bußen.

§ 258 (§ 211 GA.).

I Für die Vollstreckung der über eine Buße ergangenen Entscheidung sind die Vorschriften über die Vollstreckung der Urteile in bürgerlichen Rechtsstreitigkeiten maßgebend (§ 463 StPO.).

II Die Vollstreckung erfolgt auf Grund einer von dem Urkundsbeamten der Geschäftsstelle erteilten mit der Bescheinigung der Vollstreckbarkeit versehenen beglaubigten Abschrift der Urteilsformel. Soll die Zwangsvollstreckung für oder gegen einen anderen als denjenigen, dem die Buße zuerkannt oder der zu ihrer Bezahlung verurteilt ist, erfolgen, so ist eine entsprechende Vollstreckungsklausel erforderlich.

III Der Auftrag zur Zwangsvollstreckung wird dem Gerichtsvollzieher von dem Berechtigten unmittelbar oder unter Vermittlung des Urkundsbeamten der Geschäftsstelle erteilt. Bei der Zwangsvollstreckung hat der Gerichtsvollzieher nach den für die Zwangsvollstreckung wegen Geldforderungen geltenden Vorschriften zu verfahren. Der Zustellung der Entscheidung vor oder bei dem Beginne der Zwangsvollstreckung bedarf es nicht; dagegen muß die nach Abs. 2 beigefügte Vollstreckungsklausel zugestellt werden.

3. Verfall einer Sicherheit. Beschlagnahme.

§ 259 (§ 212 GA.).

I Die Entscheidung, die den Verfall einer zur Abwendung der Untersuchungshaft geleisteten Sicherheit ausspricht, hat gegen die, welche für den Angeschuldigten Sicherheit geleistet haben, die Wirkungen eines von dem Zivilrichter erlassenen Endurteils (§ 122 StPO.). Die Zwangsvollstreckung findet im Auftrage des Gerichts auf Grund einer vollstreckbaren Ausfertigung statt.

II Auf die nach § 283 StPO. angeordnete Beschlagnahme einzelner zum Vermögen des Angeschuldigten gehöriger Gegenstände finden die Bestimmungen der Zivilprozeßordnung über die Vollziehung und die Wirkungen des dinglichen Arrestes (vgl. §§ 237, 240) entsprechende Anwendung.

4. Wegnahme von Sachen, auf deren Einziehung erkannt ist.

§ 260 (§ 213 GA.).

I Ist auf die Einziehung eines Gegenstands erkannt, so erfolgt die zur Erwirkung der Herausgabe erforderliche Zwangsvollstreckung auf Grund einer von dem Urkundsbeamten der Geschäftsstelle erteilten, mit der Bescheinigung der Vollstreckbarkeit versehenen, beglaubigten Abschrift der Entscheidungsformel nach den für die Zwangsvollstreckung wegen eines privatrechtlichen Anspruchs auf Herausgabe bestimmter beweglicher Sachen (vgl. §§ 211 ff. DA.) geltenden Vorschriften (§ 463 StPO.). Der Auftrag zur Zwangsvollstreckung wird von der zuständigen Strafvollstreckungsbehörde erteilt. Der Zustellung der Entscheidung vor oder bei dem Beginne der Zwangsvollstreckung bedarf es nicht.

II Mit den herausgegebenen Sachen hat der Gerichtsvollzieher nach den ihm von dem Auftraggeber erteilten Anweisungen zu verfahren.

Achter Abschnitt.

Versteigerung und freihändiger Verkauf außerhalb der Zwangsvollstreckung.

1. Allgemeine Vorschriften.

§ 261 (§ 214 GA.). 1. Fälle.

I Der Gerichtsvollzieher ist befugt, in allen den Fällen, in denen nach dem Gesetz jemand berechtigt ist, einen Gegenstand öffentlich versteigern oder durch eine zu öffentlichen Versteigerungen befugte Person aus freier Hand verkaufen zu lassen[1]), die Versteigerung vorzunehmen oder den Verkauf zu bewirken (§ 383 Abs. 3 BGB.).

II Zu freiwilligen Versteigerungen beweglicher Sachen ist der Gerichtsvollzieher nur befugt, wenn er hierzu durch das Staatsministerium der Justiz für zuständig erklärt worden ist (§ 5 Nr. 3 GVO.).

---

[1]) Vgl. z. B. §§ 489, 966, 979, 1219, 1235 BGB.

§ 262 (§ 215 GA.).
2. Voraussetzungen des Verkaufs.

I Die Versteigerung oder der freihändige Verkauf erfolgt auf Betreiben des Berechtigten. Einer gerichtlichen Ermächtigung oder eines vollstreckbaren Schuldtitels bedarf es in der Regel nicht.

II Die Vorschriften der Bek. über das Mindestgebot bei der Versteigerung gepfändeter Sachen vom 8. Oktober 1914 (RGBl. S. 427) finden keine Anwendung.

§ 263 (§§ 216, 217 GA.).
3. Stellung des Gerichtsvollziehers.

I Bei der Versteigerung wie bei dem Verkauf aus freier Hand dürfen der Gerichtsvollzieher und die von ihm zugezogenen Gehilfen (Ausrufer, Schreiber, Protokollführer usw.) den zum Verkauf gestellten Gegenstand weder für sich — persönlich oder durch einen anderen — noch als Vertreter eines anderen kaufen (§§ 456 bis 458 BGB.). Der Gerichtsvollzieher darf auch seinen Angehörigen und den bei ihm oder in der Gerichtsvollzieherei beschäftigten Personen das Mitbieten nicht gestatten.

II Der Gerichtsvollzieher darf weder eine Gewähr für den Eingang der Kaufgelder übernehmen noch sich für den Empfang des Erlöses und dessen Ablieferung eine Vergütung ausbedingen.

III Die Vorschriften des § 139 finden entsprechende Anwendung.

§ 264 (§ 218 GA.).
4. Verbot der Versteigerung in Wirtshäusern.

In Wirtshäusern sollen Versteigerungen tunlichst nicht stattfinden. Der Gerichtsvollzieher hat darauf zu sehen, daß während des Versteigerungsgeschäfts geistige Getränke nicht verabfolgt werden.

§ 265 (vgl. § 232, § 238 Abs. 8, § 246 GA.).
5. Steuern, Stempel und Gebühren.

Wegen der Pflichten des Gerichtsvollziehers nach dem Umsatzsteuer-, dem Kapitalverkehrsteuer- und dem Stempelgesetze wird auf die Bek. über die Pflichten der Gerichtsvollzieher nach den Reichssteuergesetzen und dem bayerischen Stempelgesetze vom 23. Juli 1930 (JMBl. n. F. Bd. III S. 426)[1]) verwiesen. Für die Gebühr des Gerichtsvollziehers gilt § 5 LGebO.[2]).

---

[1]) Abgedr. unter Nr. 19.
[2]) Abgedr. unter Nr. 4.

2. Pfandverkauf.

§ 266 (§§ 219, 230 GA.). 1. Allgemeines.

I Aus einem durch Rechtsgeschäft bestellten oder kraft Gesetzes entstandenen Pfandrechte, das an beweglichen Sachen oder an Inhaberpapieren besteht, kann sich der Pfandgläubiger ohne gerichtliches Verfahren durch Verkauf des Pfandes befriedigen (§§ 1228, 1257, 1293 BGB.). Ein gesetzliches Pfandrecht haben insbesondere der aus einer Hinterlegung Berechtigte (§ 233 BGB.), der Vermieter (§§ 559 bis 563 BGB.), der Verpächter (§ 581 Abs. 2, § 585 BGB.), der Pächter (§ 590 BGB.), der Unternehmer eines Werkes (§ 647 BGB.), der Gastwirt (§ 704 BGB.), der Kommissionär (§§ 397, 398 HGB.), der Spediteur (§ 410 HGB.), der Lagerhalter (§ 421 HGB.) und der Frachtführer (§ 440 HGB.). Der Vermieter eines Hauses z. B. hat für seine Forderungen aus dem Mietverhältnis an den eingebrachten Sachen des Mieters[1]) ein gesetzliches Pfandrecht; das Pfandrecht kann für künftige Entschädigungsforderungen und für den Mietzins für eine spätere Zeit als das laufende und das folgende Mietjahr nicht geltend gemacht werden; es erstreckt sich nicht auf die der Pfändung nicht unterworfenen Sachen[2]).

II Der Pfandgläubiger kann den Verkauf der Pfandsache entweder nach den Vorschriften der Zivilprozeßordnung, die für den Verkauf einer gepfändeten Sache gelten (§§ 814ff. ZPO.)[3]), oder nach den Vorschriften des Bürgerlichen Gesetzbuches über den Pfandverkauf (§§ 1234 bis 1240 BGB.) bewirken (§ 1233 BGB.).

III Zum Verkaufe der Pfandsache nach den für den Verkauf einer gepfändeten Sache geltenden Vorschriften ist der Pfandgläubiger nur befugt, wenn er für sein Recht zum Verkauf einen vollstreckbaren Titel gegen den Eigentümer erlangt hat (§ 1233 Abs. 2 BGB.). Dieser Titel muß dem Pfandgläubiger ausdrücklich das Recht zusprechen, sich aus der Pfandsache zu befriedigen; ein bloß auf Zahlung lautender Titel genügt nicht[4]). Der Pfandgläubiger hat in diesem Falle dem Gerichtsvollzieher den vollstreckbaren Titel und die Pfandsache zur Übernahme auszuhändigen. Die Zustellung des Schuld-

---

[1]) Nicht an Sachen Dritter.
[2]) S. § 134.
[3]) S. §§ 155ff.
[4]) Auf Grund eines bloß auf Zahlung lautenden Titels könnte nur die ZwVollstr. nach den allgemeinen Vorschriften, also durch Pfändung usw. erfolgen.

titels, die Unterbringung und Verwertung der Gegenstände sowie die Verrechnung und Abführung des Erlöses erfolgen nach den Regeln des Zwangsvollstreckungsverfahrens[1]).

IV Zum Verkaufe der Pfandsache nach den Vorschriften des Bürgerlichen Gesetzbuches über den Pfandverkauf ist der Pfandgläubiger ohne Vollstreckungstitel berechtigt[2]). Für den Verkauf gelten die Vorschriften der §§ 267 bis 277.

§ 267 (§ 220 GA.). 2. Voraussetzungen des Verkaufsrechts.

I Der Pfandgläubiger ist dem Eigentümer dafür verantwortlich, daß das Pfand unter den gesetzlichen Voraussetzungen und in der gesetzlichen Form veräußert wird[3])[4]). Der Gerichtsvollzieher hat sich an die Weisungen des Auftragsgebers zu halten[5]). Den Auftrag, einen offenbar unzulässigen Pfandverkauf vorzunehmen, hat er jedoch abzulehnen.

---

[1]) Vgl. insbesondere §§ 103ff., 148, 149, 155ff., 191.

[2]) Vorausgesetzt, daß die Forderung ganz oder zum Teil fällig und, wenn der geschuldete Gegenstand nicht in Geld besteht, in eine Geldforderung übergegangen ist (§ 1228 Abs. 2 BGB.). Diese Voraussetzungen hat der GV., ebenso wie das Bestehen des Pfandrechts, nicht nachzuprüfen.

[3]) Die Veräußerung ist nicht rechtmäßig (s. § 1243 Abs. 1 BGB.), wenn die Pfandreife (s. vorstehende Anm. 2) noch nicht eingetreten ist, wenn der Pfandgl. mehr Pfänder zum Verkaufe bringt, als zu seiner Befriedigung erforderlich sind (§ 1230 S. 2 BGB.), wenn — abgesehen von den im § 274 aufgezählten Fällen und vorbehaltlich einer Vereinbarung der Beteiligten nach § 1245 BGB. — der Verkauf des Pfandes nicht im Wege der öffentlichen Versteigerung bewirkt wird (§ 1235 BGB.), wenn Zeit und Ort der Versteigerung nicht ordnungsmäßig bekannt gemacht werden (§ 1237 S. 1 BGB.; s. § 271 Abs. 1 DA.) oder wenn Gold- und Silbersachen unter dem Gold- oder Silberwerte zugeschlagen oder in dem Falle des § 274 Abs. 1 Nr. 1 aus freier Hand zu einem den Gold- oder Silberwert nicht erreichenden Preise verkauft werden (§ 1240 BGB.; s. § 274 Abs. 2 DA.). Die Veräußerung ist in diesen Fällen — vorbehaltlich des § 1244 BGB. — unwirksam. Sonstige Verstöße (also z. B. jene gegen § 267 Abs. 2, § 270, § 271 Abs. 2, § 272) verpflichten den Pfandgl. zum Schadensersatz, wenn ihm ein Verschulden zur Last fällt.

[4]) Wenn der GV. sich eines Verstoßes schuldig macht, so kann das die Haftung des Staates begründen (vgl. § 1 u. Anm., ferner S. 71 Anm. 1).

[5]) Nach § 1245 BGB. können der Eigentümer und der Pfandgl. eine von den Vorschriften der §§ 1234 bis 1240 BGB. abweichende Art des Pfandverkaufs vereinbaren. Sie bedürfen dazu jedoch der Zustimmung Dritter, wenn ihnen ein Recht an dem Pfande zusteht, das durch die Veräußerung erlischt. Doch kann auf den Verkauf im Wege der öffentlichen Versteigerung, auf die öffentliche Bekanntmachung von Zeit und Ort der Versteigerung und auf die Erreichung des Gold- oder Silberwertes

II Zu den gesetzlichen Voraussetzungen für das Recht zum Verkaufe gehört insbesondere, daß der Pfandgläubiger dem Eigentümer den Pfandverkauf androht und dabei den Geldbetrag bezeichnet, wegen dessen der Verkauf stattfinden soll. Die Androhung darf unterbleiben, wenn sie, z. B. wegen Unbekanntheit des Aufenthalts des Eigentümers, untunlich ist; sie kann erst nach dem Eintritte der Verkaufsberechtigung (§ 1228 Abs. 2 BGB.)[1]) erfolgen. Der Verkauf ist erst nach Ablauf eines Monats, in den Fällen des § 277[2]) nach Ablauf einer Woche, nach der Androhung zulässig. Ist die Androhung als untunlich unterblieben, so berechnen sich die Fristen von dem Eintritte der Verkaufsberechtigung an (§ 1234 BGB.). Die Androhung ist Sache des Pfandgläubigers und kann formlos erfolgen; für den Gerichtsvollzieher genügt daher die Angabe des Gläubigers, daß und zu welchem Zeitpunkte die Androhung und der Eintritt der Verkaufsberechtigung erfolgt ist. Der Pfandgläubiger kann den Gerichtsvollzieher beauftragen, in seinem Namen die Androhung vorzunehmen. Der Gerichtsvollzieher soll die Mitteilung der Androhung, wenn der Gläubiger nichts anderes verlangt, im Wege der Zustellung (§ 78) und, wenn die Androhung in das Ausland zu übersenden ist, durch eingeschriebenen Brief bewirken.

§ 268 (§ 221 GA.). 3. Arten des Pfandverkaufs.

Der Verkauf des Pfandes ist durch öffentliche Versteigerung (§§ 269 bis 273, 275) oder, wenn das Pfand einen Markt- oder Börsenpreis hat, aus freier Hand (§§ 274 bis 276) zum laufenden Preise zu bewirken (§§ 1235, 1293 BGB.).

§ 269 (§ 222 GA.). 4. Aufzeichnung der Pfandgegenstände.

Der Auftraggeber hat die zu verkaufenden Gegenstände einzeln zu bezeichnen oder ein Verzeichnis der Gegenstände zu übergeben[3]).

---

bei Gold- und Silbersachen nicht vor dem Eintritte der Verkaufsberechtigung (s. S. 210 Anm. 2) verzichtet werden (§ 1245 Abs. 2 BGB.). Wenn daher der Pfandgl. unter Berufung auf eine solche Vereinbarung eine abweichende Art des Pfandverkaufs verlangt, so hat der GV. — vorbehaltlich des Abs. 1 S. 3 des § 267 — der Weisung des Pfandgl. zu folgen.

[1]) Siehe S. 210 Anm. 2.

[2]) Bei handelsrechtlichen Pfandverkäufen. S. auch § 279 Abs. 2.

[3]) Es ist Sache des Pfandgl., die Gegenstände dem GV. zur Verwahrung oder Versteigerung zur Verfügung zu stellen. Ihre Wegnahme beim Schuldner oder einem Dritten durch den GV. kommt nicht in Frage.

Nimmt der Gerichtsvollzieher die Pfandgegenstände bis zum Versteigerungstermin in Verwahrung[1]), so ist über die Übernahme ein Protokoll zu errichten, in dem die übernommenen Gegenstände aufzuführen sind; auf das von dem Auftraggeber übergebene Verzeichnis kann dabei Bezug genommen werden. Schätzungswerte sind in das Protokoll nur auf besonderes Verlangen aufzunehmen.

§ 270 (§ 223 GA.).

5. Ort der Versteigerung.

Die Versteigerung hat an dem Orte zu erfolgen, an dem das Pfand aufbewahrt wird. Ist von einer Versteigerung an dem Aufbewahrungsort ein angemessener Erfolg nicht zu erwarten, so ist das Pfand an einem geeigneten anderen Orte zu versteigern (§ 1236 BGB.). Die Bestimmung des Ortes ist Sache des Gläubigers.

§ 271 (§ 224 GA.).

6. Bekanntmachung der Versteigerung.

I Die Versteigerung muß öffentlich bekannt gemacht werden (§ 1237 Satz 1 BGB.). In der Bekanntmachung ist ersichtlich zu machen, daß es sich um einen Pfandverkauf handelt; die Namen des Pfandgläubigers sowie des Eigentümers der Pfandsache und, wenn das Pfand für eine fremde Schuld haftet, des Schuldners sind wegzulassen. Im übrigen finden die Vorschriften des § 159 entsprechende Anwendung.

II Der Pfandgläubiger, der Eigentümer des Pfandes sowie die von dem Gläubiger etwa bezeichneten dritten Personen, denen Rechte an dem Pfande zustehen, sind, soweit es tunlich ist, von dem Versteigerungstermine besonders zu benachrichtigen (§ 1237 Satz 2 BGB.); die Benachrichtigung des Eigentümers kann mit der Androhung des Pfandverkaufs verbunden werden. Die erforderlichen Benachrichtigungen sind durch eingeschriebene Briefe zu bewirken, sofern nicht der Auftraggeber ein anderes bestimmt.

§ 272 (§ 225 GA.).

7. Versteigerungstermin.

I Der Versteigerungstermin ist unter entsprechender Beachtung der im § 160 gegebenen Vorschriften vorzubereiten.

II Im Versteigerungstermine werden zunächst die Versteigerungsbedingungen (§ 1238 BGB.) bekannt gegeben. Gesetzliche Versteigerungsbedingung ist, daß der Käufer den Kaufpreis sofort bar

---

[1]) Siehe S. 211 Anm. 3.

zu entrichten hat und seiner Rechte verlustig sein soll, wenn dies nicht geschieht. Verlangt der Pfandgläubiger eine Abweichung von den gesetzlichen Bedingungen, so soll er darauf hingewiesen werden, daß er den daraus für den Eigentümer des Pfandes entstehenden Schaden zu vertreten hat (§ 1243 BGB.).

III Nach der Bekanntmachung der Bedingungen hat der Gerichtsvollzieher die Erschienenen zum Bieten aufzufordern.

IV Die Gegenstände werden einzeln ausgeboten. Gegenstände, die sich dazu eignen, insbesondere eine Anzahl von Gegenständen derselben Art, können auch zusammen ausgeboten werden. Bei der Bestimmung der Reihenfolge, in der die Gegenstände zum Ausgebot kommen, hat der Gerichtsvollzieher die Wünsche des Eigentümers tunlichst zu berücksichtigen. Die Gegenstände sind den Kauflustigen zur Besichtigung vorzuzeigen. Gold- und Silbersachen sind, erforderlichenfalls nach der Schätzung eines Sachverständigen, unter Angabe des Gold- oder Silberwerts auszubieten; dabei ist bekannt zu geben, daß Angebote, die den Gold- oder Silberwert nicht erreichen, nicht angenommen werden. Dem Eigentümer des Pfandes und, wenn das Pfand für eine fremde Schuld haftet, dem Schuldner sowie dem Gläubiger ist das Mitbieten zu gestatten; ein Gebot des Eigentümers und, wenn das Pfand für eine fremde Schuld haftet, des Schuldners ist, sofern nicht der Gläubiger ein anderes bestimmt, zurückzuweisen, wenn nicht der Betrag sofort bar erlegt wird (§ 1239 BGB.).

V Dem Zuschlag an den Meistbietenden soll ein dreimaliger Aufruf vorausgehen. Gold- und Silbersachen dürfen nicht unter dem Gold- oder Silberwerte zugeschlagen werden (§ 1240 Abs. 1 BGB.). Durch den Zuschlag kommt der Vertrag mit dem Meistbietenden zustande; die Verpflichtung jedes einzelnen Bieters erlischt, sobald ein Übergebot abgegeben oder wenn die Versteigerung ohne Erteilung des Zuschlags geschlossen wird (§ 156 BGB.).

VI Wenn die Versteigerungsbedingungen nicht ein anderes ergeben oder der anwesende Pfandgläubiger nicht ein anderes bestimmt, hat der Ersteher den zugeschlagenen Gegenstand gegen Zahlung des Kaufgeldes sofort in Empfang zu nehmen. Unterbleibt die Zahlung bis zum Schlusse des Versteigerungstermins oder bis zu dem in den Versteigerungsbedingungen bestimmten Zeitpunkte, so kann die Wiederversteigerung zu Lasten des Erstehers sofort vorgenommen werden (§ 1238 BGB.). Wird der Zuschlag dem Gläubiger erteilt, so ist dieser von der Verpflichtung zur baren Zahlung insoweit befreit, als der Erlös nach Abzug der Kosten an ihn abzuführen wäre (vgl.

§ 1239 Abs. 1 Satz 2 BGB.); der Gerichtsvollzieher ist zur Herausgabe des zugeschlagenen Gegenstandes an ihn nur verpflichtet, wenn die Kosten der Versteigerung bar erlegt werden.

VII Die Versteigerung wird eingestellt, sobald der Erlös zur Befriedigung des Gläubigers und zur Deckung der Kosten hinreicht. Um die Versteigerung nicht zu weit auszudehnen, hat der Gerichtsvollzieher von Zeit zu Zeit die erzielten Erlöse zusammenzurechnen.

§ 273 (§ 226 GA.).

8. Protokoll.

I Über die Versteigerung ist ein Protokoll aufzunehmen. Das Protokoll muß insbesondere enthalten:

1. den Namen des Pfandgläubigers und des Eigentümers der Pfandsache sowie, wenn das Pfand für eine fremde Schuld haftet, des Schuldners;
2. den Betrag der Forderung und der Kosten, wegen deren der Gläubiger aus der Pfandsache Befriedigung sucht;
3. die Angabe der Versteigerungsbedingungen, soweit sie abweichend von den Bestimmungen des § 1238 Abs. 1 BGB. festgesetzt sind, und die Bemerkung, daß die Gegenstände als Pfand verkauft werden;
4. die Bezeichnung der versteigerten Gegenstände, die abgegebenen Meistgebote, die Namen der Meistbietenden und die Angabe, daß der Kaufpreis gezahlt oder daß die Zahlung und die Übergabe der Sache unterblieben ist.

II Sind Gold- oder Silbersachen nicht zugeschlagen worden, weil kein den Gold- oder Silberwert erreichendes Gebot gemacht worden ist, so ist in dem Protokolle zu vermerken, daß die Sachen ohne Erfolg ausgeboten worden sind. Das gleiche hat bei anderen Gegenständen zu geschehen, für die kein Angebot gemacht worden ist.

III Im übrigen gelten für die Aufnahme des Protokolls die Vorschriften des § 166 Abs. 2 bis 4.

§ 274 (§ 227 GA.).

9. Freihändiger Verkauf.

I Ein freihändiger Verkauf findet statt

1. bei Gold-[1]) und Silbersachen, für die bei der Versteigerung ein den Gold- oder Silberwert erreichendes Gebot nicht abgegeben worden ist (§ 1240 Abs. 2 BGB.);

---

[1]) Beim Verkauf von Goldmünzen, Feingold und legiertem Gold roh oder Halbfabrikat) ist auch § 10 in Verbindung mit § 2 Abs. 4 sowie § 12 und § 14 Abs. 1 DevVO. zu beachten.

2. bei Wertpapieren[1]), Waren und anderen Sachen, die einen Börsen- oder Marktpreis haben (§ 1235 Abs. 2 BGB.);
3. bei anderen Gegenständen auf Anordnung des Amtsgerichts des Ortes, an dem das Pfand aufbewahrt wird (§ 1246 Abs. 2 BGB., § 166 FGG.).

II Bei dem Verkauf muß der Gerichtsvollzieher auf die Erzielung eines möglichst hohen Preises bedacht sein. In keinem Falle dürfen Gold- oder Silbersachen unter dem Gold- oder Silberwert oder Sachen, die einen Börsen- oder Marktpreis haben, unter dem laufenden Preise verkauft werden. Unter dem laufenden Preise ist der am Tage des Verkaufs für den Verkaufsort geltende Börsen- oder Marktpreis zu verstehen. Im übrigen finden die Vorschriften des § 168 entsprechende Anwendung.

III Das Protokoll über den Verkauf hat insbesondere zu enthalten:
1. den Grund des freihändigen Verkaufs;
2. die genaue Bezeichnung des verkauften Gegenstandes mit Angabe des abgeschätzten Gold- oder Silberwerts, des laufenden Preises oder des von dem Amtsgerichte bestimmten Preises;
3. die mit dem Käufer getroffenen Abreden sowie den Nachweis der Preiszahlung und der Erfüllung des Geschäfts.

§ 169 Abs. 2 findet entsprechende Anwendung.

§ 275 (§ 228 GA.). 10. Behandlung des Erlöses.

I Der Erlös der Versteigerung oder des freihändigen Verkaufs ist nach Abzug der Kosten unverzüglich an den Auftraggeber abzuführen. Dies gilt auch dann, wenn der Erlös den Betrag der Forderung und der Kosten übersteigt, es sei denn, daß der Gläubiger den Gerichtsvollzieher beauftragt, den Überschuß an den Eigentümer des Pfandes abzuführen oder für diesen zu hinterlegen. In gleicher Weise ist mit Gegenständen zu verfahren, die gemäß § 272 Abs. 7 nicht versteigert worden sind.

II Die Benachrichtigung des Eigentümers über das Ergebnis des Pfandverkaufs ist dem Gläubiger zu überlassen (§ 1241 BGB.). Der Gläubiger kann jedoch mit der Benachrichtigung auch den Gerichtsvollzieher beauftragen; in diesem Falle hat die Benachrichtigung, wenn der Gläubiger nichts anderes bestimmt, durch eingeschriebenen Brief zu erfolgen.

---

[1]) S. auch §§ 5, 6, 8, 12 DevVO.

§ 276 (§ 229 GA.).

11. Pfandverkauf bei einem durch Indossament übertragbaren Papier.

Die Vorschriften der §§ 266 bis 275 finden entsprechende Anwendung, wenn ein Pfandrecht an einem durch Indossament übertragbaren Papier (s. § 201) besteht, das einen Börsen- oder Marktpreis hat; der Pfandverkauf kann jedoch nur durch freihändigen Verkauf zum laufenden Preise erfolgen (§ 1295 BGB.).

§ 277 (§ 231 GA.).

12. Besondere Vorschriften für einzelne Pfandrechte.

I Ist die Verpfändung auf Seite des Pfandgläubigers und des Verpfänders ein Handelsgeschäft, so verkürzt sich die nach der Androhung des Verkaufs gemäß § 1234 BGB. (s. § 267 Abs. 2 DA.) zu beobachtende Frist auf eine Woche (§ 368 Abs. 1 HGB.).

II Das gleiche gilt für den Pfandverkauf, den der Kommissionär, Spediteur, Lagerhalter oder Frachtführer auf Grund des ihm nach den Vorschriften des Handelsgesetzbuchs zustehenden gesetzlichen Pfandrechts betreibt, und zwar bei dem Pfandverkauf im Auftrage des Spediteurs oder des Frachtführers auch dann, wenn nur auf ihrer Seite der Speditions- oder Frachtvertrag ein Handelsgeschäft ist (§ 368 Abs. 2 HGB.).

III Bei einem Pfandverkauf im Auftrag eines Frachtführers sind die Androhung und die Benachrichtigungen an den Empfänger des Gutes und nur, wenn dieser die Annahme des Gutes verweigert oder wenn er nicht zu ermitteln ist, an den Absender zu richten (§ 440 Abs. 4 HGB.).

IV Der Kommissionär kann auch dann, wenn er Eigentümer des Kommissionsguts ist, den Pfandverkauf des Kommissionsguts bewirken (§ 398 HGB.).

3. Fälle, in denen die Vorschriften über den Pfandverkauf Anwendung finden.

§ 278 (§ 233 GA.).

1. Allgemeines.

I Die Vorschriften der §§ 266 bis 277 gelten, soweit nicht in dem § 279 ein anderes bestimmt ist, auch für die Fälle, in denen nach gesetzlicher Vorschrift die Bestimmungen über den Pfandverkauf Anwendung finden.

II Die Vorschriften über den Pfandverkauf sind für anwendbar erklärt insbesondere

1. für den Verkauf eines gemeinschaftlichen Gegenstandes bei der Auseinandersetzung einer ehelichen oder fortgesetzten Gütergemeinschaft, einer Erbengemeinschaft oder einer sonstigen Gemeinschaft, wenn die Teilung des Gegenstandes in Natur ausgeschlossen ist (§ 753, § 1477 Abs. 1, § 1498, § 1546 Abs. 2, § 1549, § 2042 Abs. 2 BGB.);
2. für den Verkauf einer beweglichen Sache, den der Besitzer der Sache veranlaßt, um sich wegen seiner Verwendungen aus der Sache zu befriedigen (§§ 1003, 2022 BGB.);
3. für den Verkauf eines zur Konkursmasse gehörigen beweglichen Gegenstandes, an dem ein Gläubiger ein durch Rechtsgeschäft bestelltes Pfandrecht oder ein diesem gleichstehendes Recht, insbesondere ein gesetzliches Pfandrecht oder ein Pfändungspfandrecht, beansprucht, durch den Konkursverwalter (§ 127 Abs. 1 KO.);
4. für die Befriedigung des Gläubigers auf Grund eines kaufmännischen Zurückbehaltungsrechts aus dem zurückbehaltenen Gegenstande (§ 371 Abs. 2 HGB.).

§ 279 (§§ 234, 235 GA.). 2. Kaufmännisches Zurückbehaltungsrecht insbesondere.

I Will sich der Gläubiger auf Grund des kaufmännischen Zurückbehaltungsrechts im Wege des Pfandverkaufs aus dem zurückbehaltenen Gegenstande für seine Forderung befriedigen (§ 278 Abs. 2 Nr. 4), so bedarf er eines vollstreckbaren Titels über sein Recht zur Befriedigung aus dem zurückbehaltenen Gegenstand (§ 371 Abs. 3 HGB.).

II Bei einem Pfandverkauf auf Grund eines kaufmännischen Zurückbehaltungsrechts verkürzt sich die nach der Androhung des Verkaufs zu beobachtende Frist auf eine Woche (§ 371 Abs. 2 Satz 2 HGB.).

4. Sonstige Versteigerungen und freihändige Verkäufe, die kraft gesetzlicher Ermächtigung für Rechnung eines anderen erfolgen.

§ 280 (§ 236 GA.). 1. Fälle.

Abgesehen von den Fällen des Pfandverkaufs und den Fällen der §§ 278, 279 ist die öffentliche Versteigerung einer Sache außerhalb der Zwangsvollstreckung noch in anderen Fällen für zulässig erklärt. In diesen Fällen finden an Stelle der Vorschriften über den Pfandverkauf die Vorschriften der §§ 281 bis 285 Anwendung. In Betracht kommen insbesondere:

1. die Versteigerung einer zur Hinterlegung nicht geeigneten beweglichen Sache, wenn sich der Gläubiger im Verzuge der Annahme befindet (§ 383 Abs. 1 BGB.);
2. die Versteigerung einer gefundenen Sache, wenn der Verderb der Sache zu besorgen ist oder die Aufbewahrung mit unverhältnismäßigen Kosten verbunden ist (§ 966 BGB.);
3. die Versteigerung einer Sache, die in den Geschäftsräumen oder den Beförderungsmitteln einer öffentlichen Behörde oder einer dem öffentlichen Verkehre dienenden Verkehrsanstalt gefunden worden ist (§ 979 BGB.);
4. die Versteigerung von verpfändeten oder anderen Sachen wegen drohenden Verderbs oder wegen der Besorgnis wesentlicher Wertminderung (§ 1219 BGB., §§ 379, 388, 391, 437 HGB.);
5. der Selbsthilfeverkauf nach § 373 HGB. im Falle des Annahmeverzugs des Käufers;
6. der Selbsthilfeverkauf nach § 376 HGB. im Falle des Erfüllungsverzugs beim Fixgeschäfte.

§ 281 (§ 237 GA.). 2. Verkaufsandrohung und Anzeige an die Polizeibehörde.

Die nach den gesetzlichen Vorschriften etwa erforderliche Androhung des Verkaufs (z. B. § 1220 BGB.) und die im Falle des § 966 BGB. vorgeschriebene Anzeige an die Polizeibehörde (s. Bek. vom 14. Dezember 1899, MABl. S. 748) bleibt dem Auftraggeber überlassen.

§ 282 (§ 238 GA.). 3. Ausführung der Versteigerung.

I Der Auftraggeber hat die zu versteigernden Gegenstände einzeln zu bezeichnen oder ein Verzeichnis der Gegenstände zu übergeben.

II Die Versteigerungsbedingungen sowie die Zeit und den Ort der Versteigerung hat der Auftraggeber zu bestimmen. Trifft er keine Bestimmung, so erfolgt die Versteigerung ohne besondere Bedingungen nach den für den Kauf geltenden Vorschriften des Bürgerlichen Gesetzbuchs. Gold- und Silbersachen dürfen auch unter dem Gold- oder Silberwerte zugeschlagen werden.

III Auf die Bekanntmachung der Versteigerung finden, wenn der Auftraggeber nichts anderes bestimmt, die Vorschriften des § 159 Abs. 1, 3 entsprechende Anwendung.

IV Von dem Versteigerungstermin sind der Auftraggeber und nach dessen näherer Bestimmung die Personen, für deren Rechnung der Verkauf erfolgt, zu benachrichtigen. Die Benachrichtigung erfolgt, wenn der Auftraggeber nichts anderes bestimmt, durch eingeschriebenen Brief.

V Der Versteigerungstermin ist unter entsprechender Beobachtung der Vorschriften des § 160 vorzubereiten.

VI Im Versteigerungstermine sind zunächst die Versteigerungsbedingungen bekannt zu geben. Sodann ist zum Bieten aufzufordern. Die Gegenstände sind den Kauflustigen zur Besichtigung vorzuzeigen. Der Auftraggeber sowie derjenige, für dessen Rechnung die Versteigerung erfolgt, können mitbieten. Dem Zuschlag soll ein dreimaliger Aufruf vorausgehen. Durch den Zuschlag kommt der Vertrag mit dem Meistbietenden zustande; die Verpflichtung jedes einzelnen Bieters erlischt, sobald ein Übergebot abgegeben oder wenn die Versteigerung ohne Erteilung des Zuschlags geschlossen wird (§ 156 BGB.). Die Versteigerung ist solange fortzusetzen, bis alle zum Verkaufe stehenden Sachen ausgeboten sind, wenn nicht der Auftraggeber den früheren Schluß verlangt.

VII Über die Versteigerung ist ein Protokoll aufzunehmen. Dieses muß den gesetzlichen Grund der Versteigerung angeben. Die Vorschriften des § 166 Abs. 2 bis 4 finden entsprechende Anwendung.

VIII Der Erlös ist nach Abzug der Kosten unverzüglich an den Auftraggeber abzuführen oder auf dessen Verlangen für die von ihm bestimmten Personen zu hinterlegen.

§ 283 (§ 239 GA.). 4. Freihändiger Verkauf.

Wird der Gerichtsvollzieher in den im § 280 bezeichneten Fällen beauftragt, Sachen, die einen Börsen- oder Marktpreis haben, aus freier Hand zu verkaufen (vgl. §§ 385, 1221 BGB., § 373 Abs. 2 HGB.), so ist der Verkauf unter entsprechender Anwendung der §§ 168, 169 zu bewirken. Der Verkauf findet zum laufenden Preise statt, wenn der Auftraggeber nicht ein anderes bestimmt.

§ 284 (neu). 5. Veräußerung von Aktien und Anteilen einer G. m. b. H.

Ist in den Fällen der §§ 220, 290 HGB. im Auftrag einer Aktiengesellschaft die Veräußerung einer Aktie oder eines Anteilsrechts oder in den Fällen der §§ 23 und 27 des Gesetzes, betreffend die Gesellschaften mit beschränkter Haftung, im Auftrag einer Gesellschaft mit beschränkter Haftung die Veräußerung eines Gesellschaftsanteils durch den Gerichtsvollzieher zu bewirken, so finden die Vorschriften der §§ 280 bis 283 entsprechende Anwendung.

§ 285 (§ 240 GA.). **6. Versteigerung eines Tieres nach § 489 BGB.**

Wird in einem Rechtsstreit über den Anspruch auf Wandelung gemäß § 489 BGB. durch einstweilige Verfügung des Gerichts die öffentliche Versteigerung des Tieres und die Hinterlegung des Erlöses angeordnet, so finden, wenn das Gericht nichts anderes bestimmt (§ 242), auf die Versteigerung die Vorschriften des § 282 Anwendung; die Hinterlegung ist nach Maßgabe der §§ 244, 245 vorzunehmen.

5. Freiwillige Versteigerung beweglicher Sachen für Rechnung des Auftraggebers.

§ 286 (§ 241 GA.). **1. Aufträge zu freiwilligen Versteigerungen.**

I Aufträge zu freiwilligen Versteigerungen (§ 5 Nr. 3 GVO., § 261 Abs. 2 DA.) darf der Gerichtsvollzieher nicht aufsuchen. Er hat Aufträge zu freiwilligen Versteigerungen abzulehnen, wenn der Übernahme des Auftrags die dienstlichen Interessen entgegenstehen oder wenn gegen die Befugnis des Auftraggebers, über die Sachen zu verfügen, Bedenken bestehen oder wenn der Verdacht besteht, daß die Form der Versteigerung zur Verdeckung unlauterer Absichten gewählt wird. Bei sogenannten Ausverkäufen soll der Gerichtsvollzieher regelmäßig die Übernahme des Auftrags zur Versteigerung ablehnen.

II Der Gerichtsvollzieher ist berechtigt, den Auftrag zu freiwilligen Versteigerungen ohne Angabe eines Grundes abzulehnen.

III Bei den Gerichtsvollziehern einer Gerichtsvollzieherei entscheidet der Amtsgerichtsvorstand über Annahme oder Ablehnung der Aufträge zu freiwilligen Versteigerungen. Er kann diese Befugnis dem ihm zur Unterstützung beigegebenen Urkundsbeamten der Geschäftsstelle oder Gerichtsvollzieher (§ 28 GVO.) übertragen.

§ 287 (§ 242 GA.). **2. Aufzeichnung der zu versteigernden Sachen.**

Der Auftraggeber hat die zu versteigernden Gegenstände einzeln zu bezeichnen oder ein Verzeichnis der Gegenstände zu übergeben. Nimmt der Gerichtsvollzieher die zu versteigernden Gegenstände bis zum Versteigerungstermin in Verwahrung, so ist über die Übernahme ein Protokoll zu errichten, in dem die übernommenen Gegenstände aufzuführen sind; auf das vom Auftraggeber übergebene Verzeichnis kann dabei Bezug genommen werden. Schätzungswerte sind in das Protokoll nur auf besonderes Verlangen aufzunehmen. Die Errichtung des Protokolls kann unterbleiben, wenn der Auftraggeber auf die Errichtung verzichtet.

§ 288 (§ 243 GA.).

3. Versteigerungsbedingungen usw.

Die Versteigerungsbedingungen sowie die Zeit und den Ort der Versteigerung hat der Auftraggeber zu bestimmen. Trifft er keine Bestimmung, so erfolgt die Versteigerung ohne besondere Bedingungen nach den für den Kauf geltenden Vorschriften des Bürgerlichen Gesetzbuchs. Gold- und Silbersachen dürfen auch unter dem Gold- oder Silberwerte zugeschlagen werden. Die Versteigerung ist, wenn der Auftraggeber nichts anderes bestimmt, in der ortsüblichen Weise bekannt zu machen; dabei ist anzugeben, daß es sich um eine freiwillige Versteigerung handelt.

§ 289 (§ 244 GA.).

4. Versteigerungstermin.

I Der Versteigerungstermin ist unter entsprechender Beobachtung der Vorschriften des § 160 vorzubereiten.

II Im Versteigerungstermine werden zunächst die Versteigerungsbedingungen bekannt gegeben, sodann sind die Erschienenen zum Bieten aufzufordern.

III Die Gegenstände werden einzeln ausgeboten; Gegenstände, die sich dazu eignen, können auch zusammen ausgeboten werden. Die Weisungen des Auftraggebers sind zu beachten. Die Gegenstände sind den Kauflustigen zur Besichtigung vorzuzeigen.

IV Der Auftraggeber kann sich den Zuschlag vorbehalten. Ist dies nicht geschehen, so erfolgt der Zuschlag durch den Gerichtsvollzieher nach dreimaligem Aufrufe. Durch den Zuschlag kommt der Vertrag mit dem Meistbietenden zustande; die Verpflichtung jedes einzelnen Bieters erlischt, sobald ein Übergebot abgegeben oder wenn die Versteigerung ohne Erteilung des Zuschlags geschlossen wird (§ 156 BGB.).

V Der Gerichtsvollzieher hat die zugeschlagene Sache dem Ersteher abzuliefern und den Kaufpreis in Empfang zu nehmen, wenn der Auftraggeber nicht ein anderes bestimmt.

§ 290 (§ 245 GA.). **5. Protokoll.**

I Über die Versteigerung ist ein Protokoll aufzunehmen.

II Das Protokoll muß insbesondere enthalten:

1. den Namen des Auftraggebers;
2. die Angabe der Versteigerungsbedingungen, wenn sie von den für den Kauf geltenden Vorschriften des Bürgerlichen Gesetzbuchs abweichen, wenn z. B. die Gewährleistung ausgeschlossen ist;
3. die Aufzählung der versteigerten Gegenstände;
4. die Namen der Meistbietenden und die Angabe der Meistgebote; ist der Zuschlag an einen anderen als den Meistbietenden erteilt, so ist das Gebot sowie der Name des Erstehers anzugeben;
5. die Angabe, ob die Ablieferung der Sache und die Zahlung geschehen oder der Zuschlag vorbehalten ist.

III Die Vorschriften des § 166 Abs. 2 bis 4 finden entsprechende Anwendung.

§ 291 (neu). **6. Behandlung des Erlöses.**

Sofern nicht der Auftraggeber ein anderes bestimmt, ist der Erlös nach Abzug der Kosten unverzüglich an den Auftraggeber abzuliefern.

Neunter Abschnitt.

Siegelungen, Entsiegelungen, Aufzeichnung der zur Konkursmasse gehörenden Gegenstände.

§ 292 (§§ 247, 252 GA.). **1. Allgemeines.**

I Der Gerichtsvollzieher hat bei einem Konkurse im Auftrage des Konkursverwalters Siegelungen und Entsiegelungen vorzunehmen (§§ 122, 124 KO., Art. 66 AGGVG.) und bei der Aufzeichnung der zur Konkursmasse gehörenden Gegenstände als Urkundsperson mitzuwirken (§ 123 KO., Art. 66 AGGVG.).

II Für die Gebühr des Gerichtsvollziehers gilt § 4 LGebO.[1])

§ 293 (§ 248 GA.). **2. Siegelung.**

I Gegenstand der Siegelung sind die zur Konkursmasse gehörenden[2]) beweglichen Sachen. Der Konkursverwalter bestimmt, welche Sachen von der Siegelung frei belassen werden sollen.

---

[1]) Abgedr. unter Nr. 4.

[2]) Welche Gegenstände zur Konkursmasse gehören, ergibt sich aus §§ 1, 2 KO.

II Die bei der Siegelung Anwesenden sind auf die Unverletzlichkeit der Siegel und die Strafen wegen unbefugten Erbrechens, Ablösens oder Beschädigens eines Siegels (§ 136 StGB.)[1]) hinzuweisen.

III Die Schlüssel zu den versiegelten Behältnissen und Räumen sind dem Konkursverwalter auszuhändigen.

IV Werden bei der Siegelung Gelder, Wertpapiere oder Kostbarkeiten, die zur Konkursmasse gehören, vorgefunden, so sind sie zu verzeichnen und dem Konkursverwalter auszuhändigen[2]).

V Zur Siegelung ist der Gemeinschuldner, wenn tunlich, und der Konkursverwalter, wenn er es verlangt, zuzuziehen.

VI Über die Siegelung ist ein Protokoll aufzunehmen.

VII Das Protokoll hat insbesondere zu enthalten:

1. den Ort und Tag der Handlung;
2. die Namen der anwesenden Personen;
3. eine Beschreibung des Herganges der Handlung, die Bezeichnung der versiegelten Behältnisse und Räume und ihres hauptsächlichsten Inhalts;
4. die Bezeichnung der vorgefundenen und dem Konkursverwalter ausgehändigten Gelder, Wertpapiere und Kostbarkeiten;
5. die Angabe des Gesamtschätzungswertes der den Gegenstand der Siegelung bildenden Sachen einschließlich der vorgefundenen Gelder, Wertpapiere und Kostbarkeiten.

VIII Das Protokoll ist zu verlesen und von den anwesenden Beteiligten und dem Gerichtsvollzieher zu unterzeichnen.

§ 294 (§ 249 GA.). 3. Entsiegelung.

I Die Abnahme der Siegel geschieht im Auftrage des Konkursverwalters, der die Siegelung veranlaßt hat.

II Vor der Abnahme der Siegel ist zu untersuchen, ob die nach dem Protokoll über die Siegelung angelegten Siegel unverletzt vorhanden sind. Liegt eine strafbare Handlung vor, so ist der Staatsanwaltschaft Anzeige zu erstatten.

III Über die Entsiegelung ist ein Protokoll aufzunehmen. In dem Protokoll ist der Befund der Siegel und der versiegelten Sachen zu vermerken. Das Protokoll ist von dem Gerichtsvollzieher zu unterzeichnen.

---

[1]) Siehe S. 135 Anm. 3.

[2]) Dieser hat sie regelmäßig zu hinterlegen (vgl. § 129 Abs. 2 KO.).

§ 295 (§ 250 GA.). 4. Aufzeichnung der zur Konkursmasse gehörigen Gegenstände.

I Der vom Konkursverwalter zur Aufzeichnung der zur Konkursmasse gehörigen Gegenstände als Urkundsperson zugezogene Gerichtsvollzieher hat ein Protokoll aufzunehmen, in dem die einzelnen vorgefundenen Gegenstände aufgezeichnet werden. Der Gerichtsvollzieher hat dafür zu sorgen, daß die Aufzeichnung vollständig ist. Werden Gegenstände vorgefunden, die gepfändet sind, so soll dies im Protokoll erwähnt werden. In dem Protokoll ist auch der Wert der aufgezeichneten Gegenstände nach den Angaben der etwa zugezogenen Sachverständigen oder, sofern solche nicht zugegen sind, nach der Schätzung des Konkursverwalters anzugeben. Ob Sachverständige zuzuziehen sind, hat der Konkursverwalter zu bestimmen.

II Das Protokoll ist von dem Konkursverwalter und dem Gerichtsvollzieher zu unterschreiben.

§ 296 (§ 251 GA.). 5. Aushändigung der Protokolle an den Konkursverwalter.

Die Protokolle über die Siegelung, Entsiegelung und die Aufzeichnung der zur Konkursmasse gehörigen Gegenstände sind dem Konkursverwalter auszuhändigen.

Zehnter Abschnitt.

Beurkundung des tatsächlichen Angebots einer Leistung und Bewirkung des tatsächlichen Angebots.

§ 297 (§ 253 GA.). 1. Allgemeines.

Für den zu einer Leistung Verpflichteten — Schuldner — ist es mit Rücksicht auf die §§ 300 bis 304, 372 ff. BGB., §§ 726, 756, 765 ZPO. von Bedeutung, durch eine öffentliche Urkunde nachweisen zu können, daß der zur Forderung der Leistung Berechtigte — Gläubiger — mit der Annahme der Leistung im Verzug ist. Der Gläubiger kommt in Verzug, wenn er die ihm tatsächlich oder unter bestimmten Voraussetzungen nur wörtlich angebotene Leistung nicht annimmt (§§ 293 ff. BGB.). Der Gerichtsvollzieher ist zuständig, im Auftrage des Schuldners bei dem tatsächlichen Angebote der geschuldeten Leistung mitzuwirken (§ 4 Nr. 1 GVO.).

§ 298 (§ 254 GA.). 2. Tätigkeit des Gerichtsvollziehers.

I Der Gerichtsvollzieher kann beauftragt werden,
1. das tatsächliche Angebot der Leistung bloß zu beurkunden,
2. das tatsächliche Angebot selbst zu bewirken.

II Im Falle des Abs. 1 Nr. 1 ist das Angebot Sache des Schuldners. Wird die Leistung in Gegenwart des Gerichtsvollziehers von dem Schuldner oder einem Dritten angeboten, so hat der Gerichtsvollzieher den Hergang lediglich zu beurkunden.

III Im Falle des Abs. 1 Nr. 2 hat der Gerichtsvollzieher im Namen des Auftraggebers und nach dessen etwaigen Weisungen dem Gläubiger zu erklären, daß er die Erfüllung anbiete und ihn zur Annahme auffordere, und zugleich die Erfüllung tatsächlich anzubieten. Hat der Auftraggeber dem Gerichtsvollzieher eine schriftliche Erklärung über das Angebot und die Aufforderung zur Annahme übergeben, so hat sie der Gerichtsvollzieher dem Gläubiger nach den für Zustellungen außerhalb des Prozesses geltenden Vorschriften (§ 78) zuzustellen. Das tatsächliche Anbieten der Erfüllung erfolgt in der Regel dadurch, daß der Gerichtsvollzieher den zu leistenden Gegenstand mitbringt, ihn dem Gläubiger vorzeigt und sich bereit erklärt, ihn nach Maßgabe der mündlich abgegebenen oder zugestellten Erklärung zu übergeben. Ist der Gegenstand an dem Orte zu übergeben, an dem er sich befindet, so hat der Gerichtsvollzieher dem Gläubiger zu erklären, daß er in den Stand gesetzt und bereit sei, den zu leistenden Gegenstand gegen Empfangsbestätigung zu übergeben, und ihn aufzufordern, sich zur Übergabe einzufinden. Wird die Annahme verweigert oder eine Antwort nicht abgegeben, so ist der angebotene Gegenstand dem Auftraggeber zurückzugeben.

IV Für die Gebühr des Gerichtsvollziehers gilt § 8 LGebO.[1])

§ 299 (§ 255 GA.). 3. Protokoll.

I In den beiden im § 298 bezeichneten Fällen muß vom Gerichtsvollzieher ein Protokoll aufgenommen werden. Das Protokoll hat zu enthalten:
1. den Namen des Auftraggebers und der Person, der die Leistung angeboten werden soll;
2. eine genaue Bezeichnung der angebotenen Leistung und die Angabe der etwa verlangten Gegenleistung;
3. die Angabe, an welchem Orte (Örtlichkeit) und zu welcher Zeit das Angebot gemacht worden ist;

[1]) Abgedr. unter Nr. 4.

4. die Beschreibung des Hergangs der Handlung, insbesondere die Erklärungen des Schuldners und des Gerichtsvollziehers und die Antwort des Gläubigers oder die Feststellung, daß der Gläubiger nicht angetroffen worden ist; wenn der Schuldner oder der Gerichtsvollzieher dem Gläubiger die Leistung vorher angekündigt hatte, ist auf die Ankündigung und die sie beweisenden Urkunden Bezug zu nehmen;
5. die Unterschrift des Gerichtsvollziehers.

II Das Protokoll über das tatsächliche Angebot kann mit dem Protokoll über die Zustellung der Erklärung des Schuldners[1]) verbunden werden.

III Das Protokoll ist dem Auftraggeber auszuhändigen.

Elfter Abschnitt.

Wechsel- und Scheckproteste.

1. Allgemeine Vorschriften.

§ 300 (§ 256, § 276 Abs. 3 GA.). **Zuständigkeit des Gerichtsvollziehers.**

I Der Gerichtsvollzieher ist zuständig, Wechsel- und Scheckproteste aufzunehmen (Art. 87 WO., § 30 Abs. 2, § 16 Abs. 2 des Scheckgesetzes vom 11. März 1908, RGBl. S. 71, Art. 66 Nr. 1 AGGVG., Art. 1 des Gesetzes vom 16. Juni 1908, die Scheckproteste betreffend, GVBl. S. 311).

II Die Wechsel- und Scheckzahlung kann an den Gerichtsvollzieher erfolgen, solange sich dieser im Besitze des Wechsels oder Schecks befindet. Die Befugnis des Gerichtsvollziehers zur Annahme der Zahlung kann nicht ausgeschlossen werden (Art. 89a WO., § 30 Abs. 2, § 16 Abs. 2 ScheckG.). Wegen der Annahme von Teilzahlungen wird auf § 312 Abs. 3 und § 319 Abs. 7 verwiesen.

§ 301 (§ 257 GA.). **Bedeutung des Protestes.**

I Der Protest liefert den urkundlichen und unter Umständen ausschließlich zulässigen Beweis für die in ihm bezeugten Tatsachen, die für die Erhaltung oder die Geltendmachung des Rechtes aus dem Wechsel oder dem Scheck, insbesondere für den Rückgriff des Inhabers gegen seine Vormänner, erheblich sind. Jeder formelle Verstoß und jede Verzögerung bei der Aufnahme des Protestes

---

[1]) Vgl. § 78 Abs. 2 in Verbindung mit §§ 60 ff., § 64 Abs. 3, § 72 Abs. 3.

können zu Rechtsnachteilen für den Auftraggeber führen und den Staat und den Gerichtsvollzieher zum Schadensersatze verpflichten.

II Der Gerichtsvollzieher hat daher bei der Aufnahme des Protestes mit besonderer Sorgfalt vorzugehen. In Zweifelsfällen hat er sich an den Amtsgerichtsvorstand oder dessen Vertreter, wenn dies aber untunlich ist, an den Auftraggeber selbst mit der Bitte um Weisung zu wenden; selbstverständlich darf dadurch nicht die rechtzeitige Erhebung des Protestes (§ 311) gefährdet werden.

§ 302 (§ 258 GA.). Auftrag zur Protesterhebung.

I Der Auftrag zur Protesterhebung wird dem Gerichtsvollzieher von dem Berechtigten oder dessen Vertreter unmittelbar oder durch Vermittelung der Post (§ 20 der Postordnung vom 30. Januar 1929, RGBl. I S. 33) erteilt. Die unmittelbare Auftragserteilung kann mündlich oder schriftlich erfolgen.

II Der Gerichtsvollzieher hat auf dem Wechsel oder Scheck oder auf der Allonge (Verlängerungszettel) Tag und Stunde der Erteilung des Auftrags zu vermerken.

§ 303 (§ 266 GA.). Protestzeit.

I Die Proteste sollen nur in der Zeit von 9 Uhr vormittags bis 6 Uhr abends erhoben werden. Außerhalb dieser Zeit soll die Protesterhebung nur erfolgen, wenn die Person, gegen die protestiert wird, ausdrücklich einwilligt (Art. 92 Abs. 2 WO., § 30 Abs. 2 ScheckG.). Ist die Protesterhebung in einem Geschäftslokale vorzunehmen, so ist tunlichst auf die übliche Geschäftszeit Rücksicht zu nehmen[1]).

II An Sonntagen und allgemeinen Feiertagen[2]) dürfen Proteste niemals erhoben werden (Art. 92 Abs. 1 WO.)[3]).

§ 304 (vgl. § 267, § 277 Abs. 6 GA.). Wechselsteuer und Stempel.

Wegen der Pflichten des Gerichtsvollziehers nach dem Wechselsteuer- und dem Stempelgesetze wird auf die Bek. über die Pflichten der Gerichtsvollzieher nach den Reichssteuergesetzen und dem baye-

[1]) Die Übertretung der im Abs. 1 gegebenen Vorschriften macht die Protesterhebung nicht unwirksam, jedoch kann der Gerichtsvollzieher allenfalls im Wege der Dienstaufsicht zur Verantwortung gezogen werden.

[2]) S. § 25 und S. 36 Anm. 3.

[3]) An Sonn- und Feiertagen erhobene Proteste sind wirkungslos.

rischen Stempelgesetze vom 23. Juli 1930 (JMBl. n. F. Bd. III S. 426)[1]) verwiesen.

2. Wechselproteste.

§ 305 (§ 259 GA.). Arten des Protestes.

An Wechselprotesten kommen folgende in Betracht:

1. der Protest mangels Zahlung, wenn die Zahlung des Wechsels von dem Bezogenen, dem Akzeptanten, dem Domiziliaten, der in einem sogenannten Zahlstellenwechsel (§ 306 Abs. 1 DA.) als Wechselzahler benannten Person, dem Notadressaten, dem Ehrenakzeptanten oder beim eigenen Wechsel von dem Aussteller nicht zu erlangen ist (Art. 41, 43, 62, Art. 98 Nr. 6, Art. 99 WO.);
2. der Protest mangels Annahme, wenn die Annahme des Wechsels von dem Bezogenen nicht oder nur unter Einschränkungen oder nur auf eine geringere Summe zu erhalten ist (Art. 18 bis 20, 24, 25 WO.) oder der Bezogene bei einem auf bestimmte Zeit nach Sicht gestellten Wechsel die Datierung seines Akzeptes verweigert (Art. 20 WO.);
3. der Protest mangels Sicherheitsleistung, wenn der Akzeptant oder beim eigenen Wechsel der Aussteller der ihm wegen Vermögensverfall obliegenden Verpflichtung zur Sicherheitsleistung nicht nachkommt (Art. 29, Art. 98 Nr. 4 WO.);
4. der Protest mangels Herausgabe des Originalwechsels oder des zum Akzepte versandten Wechselexemplars, wenn sie verweigert wird und der Berechtigte auf das in seinen Händen befindliche Wechselduplikat oder auf eine Wechselkopie die Annahme oder die Zahlung nicht erlangen kann (Art. 69, 72, Art. 98 Nr. 8 WO.).

§ 306 (§ 260 GA.). Protestat: 1. Regelfälle.

[1] Der Protest mangels Zahlung muß beim gezogenen Wechsel gegen den Bezogenen (nicht etwa gegen den Akzeptanten), beim eigenen Wechsel gegen den Aussteller erhoben werden. Ist im gezogenen Wechsel ein von dem Wohnorte des Bezogenen oder im eigenen Wechsel ein von dem Wohnorte des Ausstellers verschiedener Zahlungsort (Ortschaft) angegeben (eigentlicher Domizilwechsel), so ist der Protest an diesem Orte — Domizilorte — gegen den im Wechsel genannten Zahlungsleister — Domiziliaten — (nicht etwa gegen den

---

[1]) Abgedr. unter Nr. 19; s. namentlich die §§ 5, 6, 12 und 13 dieser Bek.

Bezogenen, den Aussteller oder den Akzeptanten) zu erheben; wenn jedoch ein Domiziliat nicht benannt ist, so ist der Protest am Domizilorte beim gezogenen Wechsel gegen den Bezogenen, beim eigenen Wechsel gegen den Aussteller zu erheben (Art. 43 Abs. 1, Art. 99 Abs. 1 WO.). Ein gezogener Wechsel, dessen Zahlung am Wohnorte des Bezogenen durch eine andere Person als den Bezogenen erfolgen soll, oder ein eigener Wechsel, dessen Zahlung am Wohnorte des Ausstellers durch eine andere Person als den Aussteller erfolgen soll (sogen. Zahlstellenwechsel mit benanntem Zahlungsleister), ist dieser Person (und nicht etwa dem Bezogenen, Aussteller oder Akzeptanten zur Zahlung vorzulegen und, wenn die Zahlung unterbleibt, gegen sie zu protestieren (Art. 43 Abs. 2, Art. 99 Abs. 2 WO.); ist jedoch nur eine Zahlstelle, nicht aber eine Person angegeben, durch welche die Zahlung erfolgen soll, so ist der gezogene Wechsel gegen den Bezogenen, der eigene Wechsel gegen den Aussteller zu protestieren. Läßt sich dem Wechselvermerke nicht mit Sicherheit entnehmen, ob nur ein Zahlungsort (Zahlstelle) oder auch ein Zahlungsleister benannt werden sollte, so empfiehlt es sich, beim Proteste sowohl der einen wie der anderen Auslegung Rechnung zu tragen. So ist z. B. ein auf Friedrich Meier in München gezogener Wechsel mit dem Vermerk „zahlbar im Kaufhaus X." im Kaufhaus X. sowohl gegen den Bezogenen Meier wie gegen den Inhaber des Kaufhauses X. zu protestieren.

II Der Protest mangels Annahme muß gegen den Bezogenen erhoben werden (Art. 18 WO.), im Falle des Art. 56 WO. gegen den Notadressaten und im Falle des Art. 98 Nr. 3 WO. gegen den Aussteller.

III Der Protest mangels Sicherheitsleistung muß gegen den Akzeptanten (Art. 29 WO.) oder gegen den Aussteller des eigenen Wechsels (Art. 98 Nr. 4 WO.) erhoben werden.

IV Der Protest mangels Herausgabe des Originalwechsels oder des zum Akzepte versandten Wechselexemplars muß gegen den Verwahrer des Originalwechsels oder des zum Akzepte versandten Exemplars erhoben werden (Art. 69, 72, Art. 98 Nr. 8 WO.).

§ 307 (§ 261 GA.). 2. Vorhandensein von Notadressen und Ehrenakzepten.

Befinden sich Notadressen oder ein Ehrenakzept, die auf den Zahlungsort lauten, auf dem von dem Bezogenen nicht eingelösten Wechsel oder auf dessen Kopie, so muß der Protest mangels Zahlung oder ein Anhang zu ihm auch ergeben, daß der Wechsel den sämtlichen Notadressen und dem Ehrenakzeptanten zur Zahlung vorgelegt ist und welchen Erfolg die Vorlegung gehabt hat (Art. 62 WO.)[1]).

§ 308 (§ 262 GA.).

3. Konkurs des Protestaten usw.

I Ist derjenige, gegen den nach den §§ 306, 307 der Protest zu erheben ist (der Protestat), in Konkurs geraten, so ist der Protest gleichwohl gegen ihn selbst, nicht gegen den Konkursverwalter zu erheben.

II Ist der Protestat gestorben, so genügt es, in dessen letztem Geschäftslokal oder letzter Wohnung dahin zu protestieren, daß der Protestat verstorben sei; nach den Erben hat der Gerichtsvollzieher nicht zu forschen.

III Der Protestat kann mit dem Protestanten[2]) ein und dieselbe Person sein, wenn z. B. der Domiziliat zur Zeit des Protestes Wechselinhaber ist. Von der Protesterhebung darf hier nicht Umgang genommen werden.

§ 309 (§ 263, § 264 Abs. 5 GA.).

Protestort.

I Protestort ist:

1. beim Proteste mangels Zahlung der Zahlungsort;
2. beim Proteste mangels Annahme der Wohnort des Bezogenen, beim eigenen Wechsel der Wohnort des Ausstellers;
3. beim Proteste mangels Sicherheitsleistung der Wohnort des Akzeptanten, beim eigenen Wechsel der Wohnort des Ausstellers, und zwar auch dann, wenn der Wechsel ein Domizilwechsel ist;
4. beim Proteste mangels Herausgabe des Originalwechsels oder des zum Akzepte versendeten Wechselexemplars der Wohnort desjenigen, der die herauszugebende Urkunde verwahrt.

II Dabei gilt, wenn nicht der Wechsel ein anderes ergibt, der bei dem Namen oder bei der Firma des Bezogenen angegebene Ort als Zahlungsort und zugleich als Wohnort des Bezogenen; beim eigenen Wechsel gilt der Ort der Ausstellung als Zahlungsort und zugleich als Wohnort des Ausstellers (Art. 4 Nr. 8, Art. 97 WO.). Die Ver-

---

[1]) In diesem Falle muß daher der GV., der mit der Protesterhebung beauftragt wurde, den Wechsel innerhalb der in § 311 Nr. 1 Satz 2 bestimmten Frist bei sämtlichen Notadressaten und bei dem Ehrenakzeptanten protestieren.

[2]) D. i. derjenige, in dessen Namen der Protest zu erheben ist.

änderung des gesetzlich als Zahlungsort oder als Wohnort geltenden Wohnorts während des Wechsellaufs ist für den Protestakt unerheblich; der Protest mangels Zahlung z. B. muß an dem Wohnorte, den der Bezogene zur Zeit der Wechselausstellung inhaltlich des Wechsels hatte, auch dann erhoben werden, wenn der Gerichtsvollzieher weiß, daß der Bezogene inzwischen seinen Wohnort gewechselt hat.

III Ist in dem Wechsel an Stelle des Ortes, in dem das Geschäftslokal oder die Wohnung eines Beteiligten liegt, ein benachbarter Ort angegeben, so kann die Protesterhebung in dem wirklichen Geschäftslokal oder der wirklichen Wohnung gültig vorgenommen werden (Art. 91a Abs. 1 Satz 1 WO.). Mit beiderseitigem Einverständnisse kann auch in anderen Fällen die Protesterhebung an einem Orte erfolgen, der dem im Wechsel angegebenen Orte benachbart ist (Art. 91a Abs. 1 Satz 2 WO.). Welche Orte im Sinn dieser Vorschriften als benachbart anzusehen sind, bestimmt die Reichsregierung mit Zustimmung des Reichsrats durch eine im Reichsgesetzblatt zu veröffentlichende Bekanntmachung (Art. 91a Abs. 2 WO.). Z. Zt. gilt die Dritte Verordnung über benachbarte Orte im Wechsel- und Scheckverkehre vom 7. Dezember 1927 (RGBl. I S. 343)[1]).

IV Abgesehen von den im Abs. 3 erwähnten Fällen darf ein Protest nicht außerhalb des Protestorts erhoben werden.

§ 310 (§ 264 Abs. 1 bis 4 GA.). Proteststelle.

I Innerhalb des Protestorts muß der Protest an der richtigen Proteststelle (Art. 91 WO.) erhoben werden.

II Proteststelle ist das Geschäftslokal[2]) oder in Ermangelung eines Geschäftslokals die Wohnung des Protestaten (Akzeptanten, Ausstellers, Domiziliaten, in einem Zahlstellenwechsel als Wechselzahler Benannten, Bezogenen, Notadressaten, Ehrenakzeptanten usw.). Ob der Protestat am Protestort ein Geschäftslokal hat, muß aus dem Wechselinhalt festgestellt werden. Ist im Wechsel ein Geschäftslokal vermerkt oder ergibt sich aus dem Wechsel, daß der Protestat zu den Personen gehört, die, wie z. B. Kaufleute, ein Geschäftslokal zu haben pflegen, so müssen nach dem Geschäftslokal Ermittelungen angestellt werden. Findet der Gerichtsvollzieher den Protestaten in dem Ge-

---

[1]) Darnach sind z. B. benachbart Ludwigshafen a. Rhein und Mannheim, München und Pasing, Neu-Ulm und Ulm, Nürnberg und Fürth.

[2]) Unter Geschäftslokal versteht man die Stelle, an der der Gewerbetreibende gewöhnlich seinen Berufsgeschäften obliegt.

schäftslokale nicht vor, so braucht er sich nicht in die Wohnung zu begeben. Wird dagegen das Geschäftslokal nicht ermittelt (s. Abs. 4), so muß nach der Wohnung des Protestaten geforscht und in dieser Protest erhoben werden. An der bezeichneten Proteststelle müssen die Präsentation zur Annahme oder zur Zahlung, die Protesterhebung, die Abforderung des Wechselduplikats sowie alle sonstigen bei einer bestimmten Person vorzunehmenden Akte vorgenommen werden. An einem anderen Orte, z. B. an der Börse, in einem Wirtshause, kann dies nur mit Einwilligung des Protestaten geschehen (Art. 91 Abs. 1 WO.).

III Hat nach dem Inhalte des Wechsels der Protestat zwar an seinem Wohnort, aber an einer von seinem Geschäftslokal oder seiner Wohnung verschiedenen Stelle die Zahlung zu leisten (uneigentlicher Domizilwechsel), so ist ihm der Wechsel an der bezeichneten Stelle zum Zwecke der Protesterhebung vorzulegen.

IV Findet der Gerichtsvollzieher das Geschäftslokal oder die Wohnung oder im Falle des Abs. 3 die besondere Zahlstelle an dem Protestorte nicht auf, so hat er geeignete Ermittelungen anzustellen. Er kann sich insbesondere auch an die Polizeibehörde des Ortes mit einer Nachfrage wenden. Ist eine Nachfrage bei der Polizeibehörde des Ortes ohne Erfolg geblieben, so ist er zu weiteren Nachforschungen nicht verpflichtet. Sind die Ermittelungen erfolglos geblieben, so ist im Proteste zu vermerken, daß sich das Geschäftslokal oder die Wohnung oder im Falle des Abs. 3 die besondere Zahlstelle an dem Protestorte nicht hat ermitteln lassen. Ist dies im Proteste vermerkt, so ist der Protest nicht deshalb ungültig, weil die Ermittelung möglich war. Die Verantwortlichkeit des Protestbeamten, der es unterläßt, geeignete Ermittelungen anzustellen, wird jedoch hierdurch nicht berührt (Art. 91 Abs. 2, 3 WO.).

§ 311 (§ 265 GA.). Protestfrist.

In den folgenden Fällen ist für die Erhebung des Protestes eine gesetzliche Ausschlußfrist (Protestfrist) bestimmt:

1. Der Protest mangels Zahlung ist am Zahlungstag oder spätestens am zweiten Werktage nach dem Zahlungstage zu erheben (Art. 41, 43, Art. 98 Nr. 6, Art. 99 WO.); verfällt der Wechsel an einem Sonntag oder allgemeinen Feiertag[1]), so ist der nächste Werktag Zahlungstag (Art. 92 WO.). Befinden sich auf dem von dem

[1]) S. § 25 und S. 36 Anm. 3.

Bezogenen nicht eingelösten Wechsel oder der Kopie Notadressen oder ein Ehrenakzept, die auf den Zahlungsort lauten, so muß der Protest mangels Zahlung spätestens am dritten Werktage nach dem Zahlungstage gegen die sämtlichen Notadressaten und den Ehrenakzeptanten erhoben werden (Art. 62 WO.).

2. Der Protest mangels Annahme ist bei einem Wechsel, der auf eine bestimmte Zeit nach Sicht lautet, nach den besonderen im Wechsel enthaltenen Bestimmungen, in Ermangelung solcher Bestimmungen binnen zwei Jahren nach der Ausstellung zu erheben (Art. 19 WO.).

§ 312 (§ 268 GA.).

Hergang bei der Protesterhebung.

I An der Proteststelle hat sich der Gerichtsvollzieher nach dem Protestaten zu erkundigen. Trifft er den Protestaten an, so hat er ihm den Wechsel je nach dem Inhalte seines Auftrags zur Zahlung, Annahme, Sicherheitsleistung usw. vorzulegen und seine Erklärung entgegenzunehmen.

II Wird an der Proteststelle der Protestat nicht angetroffen, meldet sich aber eine andere Person als Vertreter[1]) des Protestaten, so hat der Gerichtsvollzieher deren Namen und Beruf zu erfragen und die erforderliche Aufforderung unter Vorlegung des Wechsels an sie zu machen. Wird mit einer anderen Person verhandelt, so muß im Proteste die Abwesenheit des Protestaten ausdrücklich festgestellt werden (§ 313 Abs. 2 Nr. 1). Wird niemand angetroffen, so wird der Protest durch Feststellung dieser Tatsache erhoben.

III Bietet der Protestat oder ein anderer für ihn die Zahlung des Wechsels oder die anderweitige wechselrechtliche Leistung — vollständig oder teilweise — tatsächlich an, so hat der Gerichtsvollzieher die Leistung entgegenzunehmen. Gegen Empfang der Wechselsumme und der Kosten hat er auf dem Wechsel, sofern dieser vom Gläubiger noch nicht quittiert ist, Quittung zu erteilen[2]) und den Wechsel auszuhändigen. Wird die Zahlung, Annahme, Sicherheitsleistung usw. teilweise bewirkt, so ist der Protest wegen des Restes, gegebenenfalls nur wegen der Protestkosten, zu erheben. Eine Teilzahlung ist im Proteste zu vermerken und auf dem Wechsel abzuschreiben; dem Wechselschuldner ist über sie besondere Quittung zu erteilen (Art. 39

[1]) D. h. als eine Person, die befugt ist, die Aufforderung zur Zahlung usw. entgegenzunehmen.

[2]) Vgl. § 15.

WO.)[1]). Das empfangene Geld ist unverzüglich an den Auftraggeber abzuliefern.

IV Kann die Proteststelle nicht ermittelt werden oder wird die Proteststelle verschlossen angetroffen, so wird der Protest durch Feststellung dieser Tatsache erhoben (vgl. § 310 Abs. 4).

§ 313 (§ 269 GA.).

Protesturkunde: 1. Allgemeines

I Über den Hergang bei der Protesterhebung ist eine Urkunde (Protest) aufzunehmen (Art. 87ff. WO.).

II Der Protest muß enthalten:

1. den Namen oder die Firma der Personen, für die und gegen die der Protest erhoben wird, ferner, wenn der Protestat nicht angetroffen wird, die Feststellung dieses Umstandes und die Bezeichnung des an Stelle des Protestaten etwa angetroffenen Vertreters;
2. die Angabe, daß die Person, gegen die protestiert wird, oder der an ihrer Stelle angetroffene Vertreter ohne Erfolg zur Vornahme der wechselrechtlichen Leistung aufgefordert worden oder daß niemand anzutreffen gewesen ist oder daß das Geschäftslokal oder die Wohnung sich nicht hat ermitteln lassen; ist eine Nachfrage bei der Polizeibehörde des Protestortes ohne Erfolg geblieben, so ist dies im Proteste zu bemerken;
3. die Angabe des Ortes (Ortschaft) sowie des Kalendertags, Monats und Jahres, an dem die Aufforderung (Nr. 2) geschehen oder ohne Erfolg versucht worden ist;
4. im Falle einer Ehrenannahme oder einer Ehrenzahlung die Erwähnung, von wem, für wen und wie sie angeboten oder geleistet wird.

III Erfährt der Gerichtsvollzieher, daß der Protestat gestorben oder in Konkurs geraten ist, so hat er dies in der Protesturkunde durch einen Beisatz zu vermerken, wie z. B. „Der Bezogene soll gestorben" oder „in Konkurs geraten sein".

IV Der Protest ist von dem Gerichtsvollzieher zu unterzeichnen und mit dem Dienstsiegel oder dem Dienststempel zu versehen (Art. 88 WO.).

V Der Protest mangels Zahlung ist auf den Wechsel oder auf ein mit dem Wechsel zu verbindendes Blatt zu setzen. Der Protest soll unmittelbar hinter den letzten auf der Rückseite des Wechsels befind-

[1]) Vgl. § 15.

lichen Vermerk, in Ermangelung eines solchen unmittelbar an einen Rand der Rückseite gesetzt werden. Wird der Protest auf ein Blatt gesetzt, das mit dem Wechsel verbunden wird, so soll die Verbindungsstelle mit dem Dienstsiegel oder dem Dienststempel versehen werden. Ist dies geschehen, so braucht der Unterschrift des Protestbeamten ein Siegel oder Stempel nicht beigefügt zu werden (Art. 88a Abs. 1 bis 3 WO.).

VI Wird der Protest mangels Zahlung unter Vorlegung mehrerer Exemplare desselben Wechsels oder unter Vorlegung des Originals und einer Kopie erhoben, so genügt die Beurkundung auf einem der Exemplare oder auf dem Originalwechsel. Auf den anderen Exemplaren oder auf der Kopie ist zu vermerken, daß sich der Protest mangels Zahlung auf dem ersten Exemplar oder auf dem Originalwechsel befindet. Auf deu Vermerk finden die Vorschriften des Abs. 5 Satz 2 und 3 dieses Paragraphen entsprechende Anwendung. Der Protestbeamte hat den Vermerk zu unterzeichnen (Art. 88a Abs. 4 WO.).

VII Bezieht sich der Protest auf eine andere wechselrechtliche Leistung als die Zahlung, so ist er auf eine Abschrift des Wechsels oder der Kopie oder auf ein mit der Abschrift zu verbindendes Blatt zu setzen. Die Abschrift hat auch die auf dem Wechsel oder der Kopie befindlichen Indossamente und anderen Vermerke zu enthalten. Die Vorschriften des Abs. 5 Satz 2, 3 und 4 dieses Paragraphen finden entsprechende Anwendung (Art. 88b WO.).

VIII Bei der Erhebung des Protestes durch den Inhaber eines Duplikats, auf dem angegeben ist, bei wem sich das zum Akzept versandte Exemplar befindet, nach Art. 69 WO. ist der Protest mangels Zahlung (Art. 69 Nr. 2 WO.) auf das Duplikat oder auf ein mit ihm zu verbindendes Blatt (Abs. 5), dagegen der Protest mangels Herausgabe des zum Akzept versandten Exemplars (Art. 69 Nr. 1 WO.) und der Protest mangels Annahme des Duplikats (Art. 69 Nr. 2 WO.) auf eine Abschrift des Duplikats oder auf ein mit der Abschrift zu verbindendes Blatt zu setzen (Abs. 7).

2. Protest außerhalb der vorgeschriebenen Proteststunden, des Geschäftslokals oder der Wohnung.

§ 314 (§ 270 GA.).

Wird mit Zustimmung des Protestaten der Protest außerhalb der vorgeschriebenen Proteststunden oder außerhalb des Geschäftslokals oder der Wohnung erhoben, so ist die Zustimmung in der Protesturkunde zu erwähnen und außerdem anzugeben, ob der

Gerichtsvollzieher den Protestaten kennt oder wie er die Persönlichkeit festgestellt hat.

§ 315 (§ 271 GA.).

3. Protest gegen mehrere Personen und auf Grund mehrerer Wechsel.

Muß eine wechselrechtliche Leistung von mehreren Personen verlangt werden, so ist über die mehrfache Aufforderung nur eine Protesturkunde erforderlich (Art. 89 WO.). Dagegen können Proteste die auf Grund mehrerer Wechsel erhoben werden, nicht in einer Urkunde zusammengefaßt werden.

§ 316 (§ 272 GA.).

4. Entbehrlichkeit von Zeugen usw.

Der Zuziehung von Zeugen oder eines Protokollführers bedarf es zur Aufnahme des Protestes nicht (Art. 87 Satz 2 WO.).

§ 317 (§ 273 GA.).

5. Herstellung und Aushändigung der Protesturkunde.

I Die Protesturkunde soll tunlichst im unmittelbaren Anschluß an den zu beurkundenden Vorgang, noch vor Ablauf der gesetzlichen Protestfrist, fertiggestellt werden.

II Schreibfehler, Auslassungen und sonstige Mängel der Protesturkunde können bis zur Aushändigung der Urkunde an die Person, für die der Protest erhoben ist, von dem Gerichtsvollzieher berichtigt werden. Die Berichtigung ist als solche unter Beifügung der Unterschrift kenntlich zu machen (Art. 90 Abs. 1 WO.)[1]).

III Der Protest ist, nachdem die beglaubigte Abschrift und der Vermerk für die Sammlung gefertigt worden ist (§ 320), mit dem Wechsel dem Auftraggeber in Urschrift auszuhändigen oder mittels eingeschriebenen Briefes zu übersenden; dies gilt auch für den Fall, daß der Auftrag durch eine Postanstalt vermittelt worden war.

§ 318 (§ 274 GA.).

Erledigung des Auftrags ohne Protesterhebung.

Wird der Auftrag ohne Protesterhebung erledigt, so ist ein Protokoll aufzunehmen. Eine Abschrift des Protokolls ist dem Auftraggeber auf Verlangen auszuhändigen.

3. Scheckproteste.

§ 319 (§ 276 Abs. 1, 2, § 277 Abs. 1 bis 5, 7 GA.).

I Der Scheckprotest dient zum Nachweise dafür, daß der Scheck rechtzeitig zur Zahlung vorgelegt und nicht eingelöst oder daß die

[1]) Vgl. § 11 Abs. 1 Buchst. f.

Vorlegung vergeblich versucht worden ist. Andere Proteste als Proteste mangels Zahlung kommen beim Scheck nicht vor.

II Der Protest ist am Zahlungsorte gegen den Bezogenen zu erheben. Als Zahlungsort gilt der bei dem Namen oder der Firma des Bezogenen angegebene Ort. Die Angabe eines anderen Zahlungsortes gilt als nicht geschrieben. Ist bei dem Namen oder der Firma des Bezogenen ein Ort nicht angegeben, so gilt der Ausstellungsort als Zahlungsort (§ 5 ScheckG.).

III Der Scheck ist bei Sicht zahlbar. Die Angabe einer anderen Zahlungszeit macht den Scheck nichtig (§ 7 ScheckG.). Der im Inland ausgestellte und zahlbare Scheck ist binnen zehn Tagen nach der Ausstellung dem Bezogenen am Zahlungsorte zur Zahlung vorzulegen (§ 11 Abs. 1 ScheckG.). Für die im Ausland ausgestellten, im Inlande zahlbaren Schecks ist die Vorlegungsfrist auf Grund von § 11 Abs. 2 ScheckG. durch die Bek. des Reichskanzlers vom 19. März 1908 (RGBl. S. 85) bestimmt. Fällt der letzte Tag der Frist auf einen Sonntag oder einen am Zahlungsorte staatlich anerkannten allgemeinen Feiertag[1]), so tritt an die Stelle des Sonntags oder des Feiertags der nächstfolgende Werktag (§ 11 Abs. 3 ScheckG.).

IV Die Vorlegung durch den Gerichtsvollzieher muß innerhalb der Vorlegungsfrist (§ 11 ScheckG.) erfolgen; eine besondere Protestfrist besteht nicht.

V Ein Scheck, der dem Bezogenen vor dem Tage, der auf dem Scheck als Tag der Ausstellung bezeichnet ist, zur Einlösung vorgelegt wird (vordatierter Scheck), gilt als am Tage der Vorlegung ausgestellt (§ 7 Abs. 2 ScheckG.). Ist die vorzeitige Vorlegung durch die im § 16 Abs. 1 ScheckG. bezeichnete Erklärung, Bescheinigung oder Protesturkunde nachgewiesen, so ist eine nochmalige Vorlegung nicht erforderlich (§ 11 Abs. 4 ScheckG.).

VI Der Aussteller und jeder Inhaber eines Schecks kann durch den quer über die Vorderseite des Schecks gesetzten Vermerk „Nur zur Verrechnung" verbieten, daß der Scheck bar bezahlt werde. Der Bezogene darf in diesem Falle den Scheck nur durch Verrechnung einlösen. Die Verrechnung gilt als Zahlung (§ 14 ScheckG.). Der Gerichtsvollzieher hat in diesem Falle den Bezogenen zur Vornahme der Verrechnung aufzufordern und im Proteste festzustellen, daß der Bezogene oder der an seiner Stelle angetroffene Vertreter ohne Erfolg zur Verrechnung aufgefordert worden oder daß niemand an-

[1]) Siehe S. 36 Anm. 3.

zutreffen gewesen ist oder daß das Geschäftslokal sich nicht hat ermitteln lassen (§ 313 Abs. 2 Nr. 2).

VII Im übrigen finden die Vorschriften in § 308 Abs. 1 und 2, § 309 Abs. 3, §§ 310, 312, 313, 314, § 315 Satz 2, §§ 316, 317 und 318 sinngemäße Anwendung. Zur Annahme von Teilzahlungen ist der Scheckinhaber jedoch nicht verpflichtet. Der Gerichtsvollzieher darf daher Teilzahlungen nur annehmen, wenn der Scheckinhaber ihn hierzu ermächtigt hat.

4. Protestsammelakten.

§ 320 (§ 275, § 277 Abs. 8 GA., §§ 147, 148 DV.).

I Von jedem Wechsel- oder Scheckprotest ist eine beglaubigte Abschrift zurückzubehalten (Art. 90 Abs. 2 WO., § 30 Abs. 2 ScheckG.). Die Beglaubigung erfolgt durch den Gerichtsvollzieher[1]).

II Über den Inhalt des Wechsels, der Wechselkopie oder des Schecks ist ein Vermerk aufzunehmen. Der Vermerk, der unter Benützung eines entsprechenden Formblatts hergestellt werden darf, hat zu enthalten:

1. den Betrag des Wechsels oder des Schecks,
2. die Zahlungszeit,
3. den Ort, den Monatstag und das Jahr der Ausstellung,
4. die Namen des Ausstellers, des Remittenten und des Bezogenen,
5. falls eine vom Bezogenen oder vom Aussteller des eigenen Wechsels verschiedene Person angegeben ist, durch welche die Zahlung erfolgen soll, den Namen dieser Person,
6. die Namen der etwaigen Notadressaten und Ehrenakzeptanten.

III Der Vermerk über den Inhalt des Wechsels, der Wechselkopie oder des Schecks und die Protestabschrift sind tunlichst auf dasselbe Blatt zu setzen.

IV Die Protestabschriften und die Vermerke sind nach der zeitlichen Reihenfolge geordnet aufzubewahren. Sie sind in einen Aktenumschlag mit der Aufschrift: „Sammlung der Wechsel- und Scheckprotestabschriften und Vermerke für das Jahr ....." einzulegen und mit fortlaufenden Nummern zu versehen. Die zusammengehörenden Protestabschriften und Vermerke sind mit der gleichen Nummer zu bezeichnen. Die Sammelakten sind in der Regel für ein Kalenderjahr anzulegen; der Amtsgerichtsvorstand kann anordnen, daß die Sammelakten für kürzere Zeit oder für mehrere Jahre geführt werden.

---

[1]) Vgl. § 12.

Zwölfter Abschnitt.

Kostenwesen.

§ 321 (vgl. §§ 55, 64 DV.). Allgemeine Vorschrift.

Für die Berechnung der Gebühren und Auslagen der Gerichtsvollzieher und der bei ihnen anfallenden Stempel sind insbesondere die Reichsgebührenordnung für Gerichtsvollzieher[1]), die Landesgebührenordnung für die Gerichtsvollzieher[2]) und das Stempelgesetz[3]) maßgebend. Die Bek. über die Gebühren und Auslagen der Gerichtsvollzieher vom 31. Dezember 1931 (JMBl. n. F. Bd. III S. 861)[4]) und über die Pflichten der Gerichtsvollzieher nach den Reichssteuergesetzen und dem bayerischen Stempelgesetze vom 23. Juli 1930 (JMBl. n. F. Bd. III S. 426)[5]), sind zu beachten.

§ 322 (§§ 56, 58 DV.). Kostenberechnung auf den Urkunden.

I Die Gerichtsvollzieher haben auf der Urschrift und den Abschriften der von ihnen aufgenommenen Urkunden eine Berechnung der Gebühren, Auslagen und Stempel aufzustellen, die für die beurkundeten Geschäfte in Ansatz kommen.

II Im Falle der Bewilligung des Armenrechts ist der Vermerk „Armensache" beizusetzen[6]); auf den Abschriften der Urkunden braucht in diesem Falle die Berechnung nicht aufgestellt zu werden.

§ 323 (§ 57 DV.). Kostenberechnung im einzelnen.

I In der Berechnung (§ 322) sind die Gebühren, Auslagen und Stempel nach den einzelnen Posten (Gebühr für das Geschäft, Schreibgebühren, Reisekosten und sonstige bare Auslagen, wie Postgebühren, Transport- und Verwahrungskosten usw.) anzugeben. Bei der Vollziehung von Arresten ist der in dem Arrestbefehl nach § 923 ZPO. festgestellte Geldbetrag anzugeben[7]).

---

[1]) Abgedr. unter Nr. 3.

[2]) Abgedr. unter Nr. 4.

[3]) S. § 12 der Bek. über die Pflichten der GV. nach den Reichssteuergesetzen und dem bayer. Stempelgesetze vom 23. Juli 1930 (abgedr. unter Nr. 19).

[4]) Abgedr. unter Nr. 6.

[5]) Abgedr. unter Nr. 19.

[6]) Dies kann natürlich auch in abgekürzter Form (AS.) geschehen.

[7]) Mit Rücksicht auf die Vorschrift des § 3 Abs. 2 Satz 1 RGebO.

II Ist die Gebühr für das Geschäft nach dem Zeitaufwand zu berechnen[1]), so ist auch dieser Zeitaufwand anzugeben, es sei denn, daß nur die für die geringste Zeitdauer bestimmte Gebühr berechnet wird.

III Bei Reisekosten[2]) ist die Gesamtzahl der Kilometer des Hinweges und des Rückweges in einer Summe anzugeben.

§ 324 (§ 59 DV.). Empfangsbescheinigung.

Beteiligten, die Kosten bezahlen, ist ohne Verlangen eine Empfangsbescheinigung auszustellen.

§ 325 (§ 60 DV.). Kostenrechnung.

Muß eine gesonderte Kostenrechnung erteilt werden, weil der Zahlungspflichtige weder die Urschrift noch eine Abschrift der Urkunde erhält, so muß die Rechnung außer der Nummer, unter der das beurkundete Geschäft im Dienstregister eingetragen ist[3]), eine kurze Bezeichnung der Sache und des vorgenommenen Geschäfts sowie Ort und Zeit der Ausstellung enthalten.

§ 326 (§ 61 DV.). Vermerke über Auslagen.

Erwachsen aus Anlaß eines Geschäfts Auslagen (z. B. Postgebühren), so sind sie auf der über das Geschäft errichteten Urkunde oder in sonstiger Weise in den Akten vorzumerken. Wird der Empfang der Auslage (z. B. der Einrückungsgebühren) vom Empfänger bescheinigt, so tritt die Empfangsbescheinigung an die Stelle des Vermerks.

§ 327 (§ 62 Buchst. a—d, f DV.). Kostenvorschuß.

I Der Gerichtsvollzieher kann die Vornahme eines Geschäfts von der Zahlung eines Vorschusses abhängig machen, falls nicht das Geschäft von Amts wegen angeordnet oder für eine zum Armenrechte zugelassene Person auszuführen[4]) ist (§ 21 RGebO., § 14 LGebO.). Daß der Auftrag zur Vornahme des Geschäfts von der Geschäftsstelle

---

[1]) Vgl. z. B. § 3 Abs. 3 RGebO.

[2]) Vgl. §§ 47ff. der Bek. über die Gebühren u. Auslagen der GV. (abgedr. unter Nr. 6).

[3]) § 343.

[4]) Vgl. § 328.

vermittelt worden ist, ist für die Befugnis zur Einforderung eines Kostenvorschusses ohne Bedeutung.

II Der Gerichtsvollzieher kann von der Einforderung eines Vorschusses Umgang nehmen, wenn sicher anzunehmen ist, daß die Kosten nach Vornahme des Geschäftes gezahlt werden. Sonst soll der Gerichtsvollzieher von der Berechtigung, Vorschuß zu erheben, regelmäßig Gebrauch machen.

III Als Vorschuß ist der Betrag einzufordern, der zur Deckung der Gebühren, Auslagen und Stempel vermutlich hinreicht. Erweist sich später der Vorschuß als ungenügend, so ist seine Ergänzung zu verlangen[1]).

IV Der Vorschuß ist mit dem Hinweis darauf einzufordern, daß der Auftrag erst nach seiner Erledigung ausgeführt werde. Wird der Vorschuß nicht binnen vierzehn Tagen erlegt, so sind die etwa übergebenen Schriftstücke dem Auftraggeber zurückzugeben oder als postgebührenpflichtige Dienstsache zurückzusenden.

V Der Auftraggeber kann anordnen, daß ein Vorschuß, der von ihm zu einer bestimmten Sache erlegt ist, in dieser Sache aber nicht aufgebraucht wird, zu einer anderen von ihm angebrachten Sache übertragen wird.

VI Im arbeitsgerichtlichen Verfahren darf nur für die Auslagen, nicht für die Gebühren ein Vorschuß erhoben werden (§ 9 Abs. 2 ArbGG.).

§ 328 (§ 63 DV.). Armenrecht.

I Wird einer Partei durch das Gericht das Armenrecht bewilligt, so erlangt sie dadurch das Recht, daß ihr zur vorläufig unentgeltlichen Bewirkung von Zustellungen und von Vollstreckungshandlungen[2]) ein Gerichtsvollzieher beigeordnet wird[3]) (§ 115 Abs. 1 Nr. 3 ZPO.). Die Bewilligung des Armenrechts muß für jede Instanz besonders

[1]) Streitig ist, ob der GV. dann, wenn er zunächst gar keinen Vorschuß verlangt hat, nachträglich nach Übernahme des Auftrags doch eine Vorschußforderung geltend machen darf. Die Frage dürfte trotz des engen Wortlauts des § 21 RGebO. zu bejahen sein.

[2]) Keine Vollstreckungshandlung im Sinne des § 115 Abs. 1 Nr. 3 ZPO. ist die einstweilige Verwahrung einer Sache durch den GV. auf Grund Anordnung einer einstweiligen Verfügung; die arme Partei kann daher von dem GV. die unentgeltliche Aufbewahrung nicht verlangen.

[3]) Befreiung von der Verpflichtung zur Zahlung eines Vorschusses s. § 327 Abs. 1, Befreiung von der Verpflichtung zur Vorauszahlung von Verpflegungskosten im Offenbarungseidsverfahren s. § 223 Abs. 2.

erfolgen; zur ersten Instanz gehört auch die Zwangsvollstreckung (§ 119 Abs. 1 ZPO.). Der Beiordnung eines bestimmten Gerichtsvollziehers bedarf es nicht. Die arme Partei ist vielmehr, sofern nicht bei der Bewilligung des Armenrechts andere Bestimmungen getroffen sind, befugt, sich unmittelbar an den Gerichtsvollzieher zu wenden. Der Auftrag kann auch durch die Geschäftsstelle vermittelt oder von dem Prozeßbevollmächtigten oder einem anderen Bevollmächtigten der armen Partei erteilt werden[1]).

II Verpflichtet zur Übernahme des Auftrags ist die Gerichtsvollzieherei oder der Gerichtsvollzieher, in deren Bezirk die Amtshandlung vorzunehmen ist.

III Zum Nachweise des Armenrechts kann die Vorlegung der gerichtlichen Entscheidung, durch die das Armenrecht bewilligt worden ist, verlangt werden. Wird jedoch der Auftrag durch die Geschäftsstelle vermittelt oder von einem Rechtsanwalt erteilt, so genügt in der Regel die Versicherung des Urkundsbeamten der Geschäftsstelle oder des Rechtsanwalts, daß der Partei das Armenrecht bewilligt ist.

IV Auch ohne vorherige Bewilligung des Armenrechts sind Zustellungsaufträge, die von Rechtsanwälten erteilt werden, auf Verlangen vorläufig unentgeltlich zu erledigen, falls der Rechtsanwalt sich bereit erklärt, die Kosten aus eigenen Mitteln zu zahlen, wenn das Armenrecht nicht bewilligt werden sollte.

V Bei der Zwangsvollstreckung sind die Kosten für die Geschäfte der armen Partei mit dem zur Zwangsvollstreckung stehenden Anspruche beim Schuldner beizutreiben (§ 788 ZPO.). Reicht die Masse zur Deckung der Forderung des Gläubigers und der Kosten nicht aus, so ist die Vorschrift des § 191 Abs. 1 Satz 5 zu beachten. Im übrigen sind die Kosten für die Geschäfte der armen Partei von dem Gegner der armen Partei einzufordern und beizutreiben, wenn dieser zur Tragung der Prozeßkosten verurteilt ist[2]).

VI Ist der Partei das Armenrecht wieder entzogen[3]) oder ist sie durch Gerichtsbeschluß zur Nachzahlung der Kostenbeträge verpflichtet worden (§ 125 ZPO.), so sind von ihr die geschuldeten Kosten einzuheben und beizutreiben. Der rechnungsführende Beamte kann

---

[1]) Der GV. kann auch von einem Rechtsanwalt, der eine Partei vertritt, der das Armenrecht bewilligt worden ist, die Nachlieferung der zur Ausführung des Zustellungsauftrags erforderlichen Abschriften verlangen (§ 44 Abs. 2).

[2]) § 124 ZPO.

[3]) § 121 ZPO.

beim Prozeßgericht anregen, der Partei das Armenrecht zu entziehen und sie zur Nachzahlung der Kosten für verpflichtet zu erklären, wenn sich ergibt, daß die Voraussetzungen zur Bewilligung des Armenrechts nicht vorhanden waren oder nachträglich weggefallen sind.

VII Nach einer Vereinbarung der Regierungen der deutschen Länder werden die baren Auslagen, die nach § 24 RGebO. dem Gerichtsvollzieher der armen Partei aus der Staatskasse zu ersetzen sind, aus der Kasse des Landes ersetzt, dessen Gericht das Armenrecht bewilligt hat. Der rechnungsführende Beamte hat daher, wenn das Armenrecht von einem nichtbayerischen deutschen Gericht bewilligt worden ist, für die baren Auslagen des Gerichtsvollziehers, soweit sie nicht beitreibbar waren, von der Kasse des Landes Ersatz zu verlangen, dessen Gericht das Armenrecht bewilligt hat.

§ 329 (vgl. § 65 DV.).

Postsendungen.

Der Gerichtsvollzieher hat Postsendungen in dienstlichen Angelegenheiten mit Dienstwertzeichen freizumachen oder als „Gebührenpflichtige Dienstsache" abzufertigen (vgl. Bek. vom 15. Juli 1916, die Einführung von Dienstwertzeichen betreffend, GVBl. S. 108, und Bek. vom 25. Juli 1916, die Einführung von Dienstwertzeichen für den amtlichen Verkehr betreffend, GVBl. S. 179, samt Änderungen[1])).

---

[1]) Nach Nr. IX der Bek. vom 15. Juli 1916 soll die Verwendung von Dienstwertzeichen nicht dazu führen, daß alle von den Dienststellen ausgehenden Postsendungen nach deutschen Orten zu Lasten der Staatskasse mit solchen Wertzeichen freigemacht werden und hiedurch Private auf Kosten des Staates von Portoauslagen befreit werden. Vielmehr sollen für Sendungen in Angelegenheiten, die ausschließlich die Interessen von Privatpersonen betreffen, diesen die Postgebühren aufgerechnet werden. Handelt es sich hiebei um eine einmalige Sendung, so ist diese nicht mit Dienstwertzeichen freizumachen, sondern als „Gebührenpflichtige Dienstsache" abzufertigen. Im übrigen sind Postsendungen in reinen Parteisachen und in Privatangelegenheiten der Empfänger zwar mit Dienstmarken freizumachen, die Postgebühren jedoch für alle Sendungen insgesamt von der absendenden Stelle zusammen mit den in der Sache erwachsenen sonstigen Gebühren und Auslagen von dem hiefür Zahlungspflichtigen einzuheben. Kommt lediglich die Einziehung von Postgebühren in Frage und würde diese mit unverhältnismäßigen Weiterungen verbunden sein, so ist von der Einhebung abzusehen.

§ 330 (§§ 67, 68 DV.). Schuldner der Kosten. Fälligkeit der Kosten.

I Schuldner der für die Tätigkeit des Gerichtsvollziehers zur Erhebung gelangenden Kosten ist der Auftraggeber[1]) (§ 22 RGebO., § 14 LGebO., Art. 12 des Stempelgesetzes).

II Die Kosten sind, unbeschadet des § 788 ZPO.[2]), fällig, sobald der Auftrag erledigt ist[3]) (§ 23 RGebO., § 14 LGebO., Art. 7 des Stempelgesetzes).

§ 331 (§ 62 Buchst. e DV.). Erhebung der Kosten.

I Soweit die Kosten nicht durch einen Vorschuß[4]) gedeckt sind, sind sie alsbald, nachdem sie entstanden sind[5]), einzuziehen. Falls sie nicht von dem Auftraggeber bei Abholung der ihm zu übergebenden Schriftstücke gezahlt werden, sind sie unter Übersendung oder Übergabe der dem Auftraggeber etwa zu übermittelnden Schriftstücke durch den Gerichtsvollzieher persönlich, durch den Gerichtswachtmeister oder durch Postnachnahme einzuziehen[6]).

II Die Erhebung der für die Beitreibung von Geldstrafen und Kosten gemäß § 254 Abs. 3 fällig werdenden Gebühren bei der Staatskasse unterbleibt, wenn der Vollstreckungsauftrag von dem bayerischen Staat erteilt worden ist.

§ 332 (§§ 69, 70, 72 DV., § 206 GA.). Beitreibung der Kosten.

I Zahlt der Kostenschuldner die rückständigen Kosten trotz Mahnung nicht, so hat der rechnungsführende Beamte ihre Beitreibung zu veranlassen. Als Mahnung gilt die Übersendung einer Kostenrechnung; in der Kostenrechnung soll darauf hingewiesen werden, daß die Kosten zwangsweise beigetrieben werden, wenn sie nicht binnen einer bestimmten Frist gezahlt werden.

---

[1]) Wegen des Begriffs „Auftraggeber" s. § 54 Abs. 1 der Bek. über die Gebühren und Auslagen der GV. (abgedr. unter Nr. 6).

[2]) Wonach die Kosten der Zwangsvollstreckung zugleich mit dem zur Zwangsvollstreckung stehenden Anspruch beigetrieben werden können (§ 119).

[3]) Wegen des Begriffs „Erledigung des Auftrags" s. § 54 Abs. 2 der Bek. über die Gebühren und Auslagen der GV. (abgedr. unter Nr. 6).

[4]) § 327.

[5]) Gemäß § 330 Abs. 2 also nach Erledigung des Auftrags.

[6]) Kein Zurückbehaltungsrecht an den dem Auftraggeber übergebenen Schriftstücken (§ 54 Abs. 3 der Bek. über die Gebühren und Auslagen der GV., abgedr. unter Nr. 6).

II Zum Zwecke der Beitreibung hat der rechnungsführende Beamte eine Ausfertigung des Ausstandsverzeichnisses mit der Vollstreckungsklausel „Vorstehende Ausfertigung wird hiermit für vollstreckbar erklärt" zu versehen. Die Vollstreckungsklausel ist von dem rechnungsführenden Beamten zu unterschreiben und mit dem Gerichtssiegel zu versehen.

III Die Beitreibung erfolgt nach den für die Zwangsvollstreckung in bürgerlichen Rechtsstreitigkeiten geltenden Vorschriften.

IV Von der Beitreibung eines Rückstandes ist dann abzusehen, wenn die Kosten der Beitreibung außer Verhältnis zu dem Betrage der beizutreibenden Kosten stehen würden.

§ 333 (neu).

Ablieferung der Kosten.

Die in bar eingegangenen Kosten sind von dem rechnungsführenden Beamten in runden Summen an das zuständige Finanzamt abzuliefern. Die Ablieferung hat zu erfolgen, sobald der Barbestand bei den größeren Gerichtsvollziehereien (§ 28 GVO.) den Betrag von 1000 *RM*, bei den übrigen Gerichtsvollziehereien den Betrag von 500 *RM* und bei den Einzelgerichtsvollziehern den Betrag von 200 *RM* erreicht hat. Die Staatsministerien der Justiz und der Finanzen behalten sich vor, in einzelnen Fällen ausnahmsweise zu gestatten, daß die Ablieferung erst dann zu erfolgen hat, wenn der Barbestand einen höheren Betrag erreicht hat. Ferner findet eine Ablieferung der Kosten bei der vierteljährlichen Abrechnung mit dem Finanzamt (§ 334) statt.

§ 334 (neu).

Abrechnung mit dem Finanzamte.

Die Abrechnung des rechnungsführenden Beamten mit dem Finanzamt über die Kosten erfolgt vierteljährlich nach Abschluß der Dienstregister (§ 356). Hierbei hat der rechnungsführende Beamte eine mit Datum, Unterschrift und Dienstsiegel zu versehende Hauptübersicht über den Kostenanfall des Gerichtsvollziehers oder der Gerichtsvollzieherei nach Formblatt IX zu fertigen und diese mit den Dienstregistern an das Finanzamt abzugeben. Die Dienstregister werden nach der Prüfung von dem Finanzamt zurückgegeben und von dem rechnungsführenden Beamten verwahrt.

§ 335 (neu).

Nachholungen und Rückvergütungen.

Nachholungen und Rückvergütungen an Kosten, die sich auf Grund der Prüfungen der Finanzbehörden ergeben, sind von dem rechnungsführenden Beamten vorzunehmen. Dieser hat zu jedem Dienstregister ein Nachholungs- und ein Rückvergütungsregister zu führen. Die Register sind für das ganze Rechnungsjahr anzulegen und den Dienstregistern entsprechend nachzubilden. Die Landesfinanzamtszweigstellen können die Verwendung bestimmter Muster vorschreiben. Die Nachholungs- und Rückvergütungsregister sind mit der Hauptübersicht über den Kostenanfall des Gerichtsvollziehers oder der Gerichtsvollzieherei für das vierte Vierteljahr des Rechnungsjahres dem Finanzamt zu übergeben.

Dreizehnter Abschnitt.

Geschäftsbücher, Register, Akten und Belege.

1. Geschäftsbücher und Register.

a) Allgemeine Vorschriften.

§ 336 (§ 73 DV.)[1]). **Arten der Geschäftsbücher und Register.**

I Es sind folgende Geschäftsbücher und Register zu führen:

1. das Dienstregister (§§ 340 bis 356),
2. das Nachschlageregister für Vollstreckungen (§§ 357, 358),
3. das Verwahrungsbuch (§§ 359 bis 362) und in den Gerichtsvollziehereien, bei denen eine Pfandkammer eingerichtet ist, das Lagerbuch (§ 363),
4. der Terminskalender (§ 364).

II In Gerichtsvollziehereien kann der Amtsgerichtsvorstand außerdem die Führung eines Kassenbuchs (§ 365) anordnen.

§ 337 (§§ 74, 75 DV.). **Die zur Führung der Bücher und Register Verpflichteten.**

I Das Dienstregister wird nach der näheren Regelung des § 342 Abs. 2 teilweise von dem Gerichtsvollzieher, teilweise von dem rech-

[1]) Die Dienstanweisung hat das Registerwesen im Vergleich zu der früheren Regelung in den Dienstvorschriften stark vereinfacht. Das frühere Dienstregister wurde mit dem früheren Gebührenregister zu dem jetzigen Dienstregister vereinigt, die Verwendung des früheren Asservaten-, jetzigen Verwahrungsbuchs stark eingeschränkt, das frühere Zuteilungsregister beseitigt. Neu ist andererseits die Möglichkeit der Anordnung der Führung eines Kassenbuchs. Wegen der Führung der Sammlung der Wechsel- und Scheckprotestabschriften und Vermerke s. § 320, wegen der Führung eines Nachholungs- und eines Rückvergütungsregisters s. § 335.

nungsführenden Beamten geführt. Das Nachschlageregister und der Terminskalender werden von den einzelnen Gerichtsvollziehern geführt; wegen der Führung des gemeinsamen Nachschlageregisters in größeren Gerichtsvollziehereien s. § 357 Abs. 2. Das Verwahrungsbuch ist von dem rechnungsführenden Beamten zu führen. Wer das Lagerbuch und das Kassenbuch zu führen hat, bestimmt der Amtsgerichtsvorstand[1]).

II Die Einträge in die Geschäftsbücher und Register werden entweder von dem mit der Führung Betrauten eigenhändig oder unter seiner Leitung, Überwachung und Verantwortlichkeit von den ihm beigegebenen Gehilfen[2]) gemacht.

§ 338 (§§ 76, 77 DV.).

Allgemeine Vorschriften über die Vornahme der Einträge.

I Bei der Führung der Bücher und Register sollen Radierungen, Einschaltungen und Zwischenschreibungen vermieden werden. Verbesserungen sind so vorzunehmen, daß der ursprüngliche Text erkennbar bleibt.

II Die Einträge dürfen insoweit abgekürzt werden, als nicht die Verständlichkeit und Deutlichkeit darunter leidet.

§ 339 (§ 78 DV.).

Bezeichnung der Bücher und Register in einer Gerichtsvollzieherei.

In den Gerichtsvollziehereien werden die Geschäftsbücher und Register für die mehreren Gerichtsvollzieher mit den Buchstaben A, B, C usw. bezeichnet. Der Buchstabe ist in allen Fällen, in denen eine Geschäftsnummer auf einer Urkunde anzugeben ist, der Nummer voranzusetzen.

b) Das Dienstregister.

§ 340 (§§ 86, 105 DV.).

Zweck.

I Das Dienstregister ist dazu bestimmt, eine Übersicht über die dem Gerichtsvollzieher zugegangenen Aufträge, die zur Ausführung der Aufträge vorgenommenen Geschäfte, die auf diese Geschäfte erwachsenen Gebühren, Stempel und Auslagen, über die wirklichen

---

[1]) Wie in § 23 GVO. die Besorgung des Kostenwesens der GV. dem rechnungsführenden Beamten anvertraut ist, so überläßt ihm § 337 DA. auch die Führung der Register, soweit sich diese auf das Kostenwesen beziehen.

[2]) Vgl. § 14 Abs. 2 GVO.

Einnahmen an solchen Gebühren, Stempeln und Auslagen, über Einnahmerückstände und über den Geldverkehr mit den Parteien zu geben, ferner dazu, als Grundlage für die Abrechnung mit der Finanzbehörde zu dienen[1]).

II Aufträge, die der Gerichtsvollzieher gemäß § 10 GVO. auszuführen hat, insbesondere Zustellungen von Amts wegen, sind nicht in das Dienstregister aufzunehmen.

§ 341 (§§ 85, 106, 107 DV.). Äußere Beschaffenheit.

I Das Dienstregister wird für je ein Geschäftsjahr angelegt, zerfällt aber in Hefte, von denen jedes für einen Monat bestimmt ist[2]). Maßgebend ist hierbei der Tag des Eingangs des Auftrags, so daß z. B. alle Aufträge, die im Monat Januar einlaufen, in das für den Monat Januar bestimmte Heft einzutragen sind. Zur Erleichterung des

---

[1]) Das Dienstregister der neuen Dienstanweisung tritt nun allgemein an die Stelle des Dienstregisters, des Gebührenregisters und eines Teiles des Asservatenbuchs der früheren Dienstvorschriften.

Diese Zusammenlegung bringt den Nachteil mit sich, daß nunmehr die Führung des einen Registers unter zwei Beamte — den GV. und den rechnungsführenden Beamten — geteilt ist. Doch fällt dieser Nachteil gegenüber der großen Vereinfachung, die sich aus der Zusammenlegung ergibt, nicht wesentlich ins Gewicht.

Im Dienstregister und zwar in den Spalten 23 bis 29 ist nunmehr auch die Einnahme und Ausgabe von Parteigeldern zu buchen. Mit Rücksicht auf diese Neuerung fällt in den Fällen, in denen bloß Gelder, nicht sonstige Wertsachen, von dem GV. in Verwahrung genommen werden, die zeitraubende Führung des früheren Asservatenbuchs weg. Diesem, dem jetzigen Verwahrungsbuch (§ 336 Abs. 1 Nr. 3), verbleibt nur mehr die Verbuchung der außer Geld in Verwahrung genommenen Wertgegenstände.

[2]) Nach den früheren Dienstvorschriften zerfiel das Dienstregister in Hefte, die für einen Monat, das Gebührenregister in solche, die für ein Vierteljahr bestimmt waren. Im Jahre 1924 waren aber die Amtsgerichtsvorstände ermächtigt worden, anzuordnen, daß das Dienstregister in Heften angelegt werde, von denen jedes für ein Vierteljahr bestimmt ist. Die neue Dienstanweisung ordnet nun, hauptsächlich um die Prüfung des Dienstregisters (vgl. § 30 Abs. 2) zu erleichtern, allgemein die Rückkehr zu den Monatsheften an. Durch die Vorschriften des § 356 über den Abschluß des Dienstregisters in Verbindung mit der Vorschrift des § 341 Abs. 1 Satz 3 ist aber Vorsorge dafür getroffen, daß die Anlegung des Dienstregisters in Monatsheften den GV. nicht zu allzu umfangreichen und zeitraubenden Übertragungen von einem Heft in das andere nötigt.

Ob die Hefte, die das Buch für ein Geschäftsjahr bilden, nach ihrem Abschluß in einen oder mehrere Bände gebunden werden, ist in das Ermessen des Amtsgerichtsvorstands gestellt.

Jahresabschlusses[1]) können jedoch Aufträge, die dem Gerichtsvollzieher in der Zeit vom 21. bis 31. März zugehen, unter Beurkundung des wirklichen Tages des Eingangs in das Heft für den Monat April eingestellt werden, wenn anzunehmen ist, daß der Auftrag im Monat März nicht mehr erledigt werden kann.

II Die Hefte des Dienstregisters sind mit Seitenzahlen zu versehen; je zwei gegenüberliegende Seiten führen eine Nummer. Die Nummern der Seiten laufen durch alle Hefte eines Geschäftsjahrs fort[2]).

III In einer Gerichtsvollzieherei wird für jeden Gerichtsvollzieher ein besonderes Dienstregister geführt.

§ 342 (§§ 87, 88, 97, 108, 109, § 118 Abs. 2, 3 DB.). Einträge: 1. Allgemeines.

I Für die einzelnen Einträge in das Dienstregister ist das Formblatt X maßgebend.

II Die Spalten 1 bis 17 werden von dem Gerichtsvollzieher, die Spalten 18 bis 29 von dem rechnungsführenden Beamten, die Spalte 30 wird je nach Bedarf von dem Gerichtsvollzieher oder dem rechnungsführenden Beamten ausgefüllt.

III Der Gerichtsvollzieher hat die Spalten 1 bis 4 unmittelbar, nachdem er den Auftrag empfangen hat, die Spalten 5 bis 11 und, soweit die Spalten 12 bis 17 in Betracht kommen, auch diese unmittelbar nach der Vornahme des Geschäfts auszufüllen. Von dem rechnungsführenden Beamten ist die Spalte 18 auszufüllen, sobald eine Zahlung von dem Auftraggeber geleistet, ein erlegter Vorschuß zur Deckung der Kosten verwendet oder ein Kostenbetrag von dem Gegner des Auftraggebers beigetrieben wird; die Ausfüllung der Spalten 19 bis 22 hat unmittelbar vor Abschluß des Registerhefts[3]) zu erfolgen, soweit nicht die Uneinbringlichkeit der Kosten schon früher feststeht; die Spalten 23 bis 29 sind unmittelbar nach der Einnahme, Verrechnung, Ausgabe oder Hinterlegung der Gelder auszufüllen.

§ 343 (§§ 89, 90, 110 DB.). 2. Im einzelnen: a) Spalte 1.

Die Nummern in der Spalte 1 laufen das ganze Geschäftsjahr hindurch. Jeder Auftrag erhält eine besondere Nummer. Im Zusammenhang stehende Aufträge, wie der Auftrag, das Urteil zuzu-

[1]) Am Schlusse des Rechnungsjahres (31. März); vgl. § 356 Abs. 3.

[2]) Die Bestätigung der Seitenzahl durch den Amtsgerichtsvorstand ist nicht mehr vorgeschrieben.

[3]) S. § 356 Abs. 1.

stellen, und der Auftrag, auf Grund des Urteils zu pfänden, sind unter einer Nummer einzutragen, wenn sie voraussichtlich an dem gleichen Tage erledigt werden; andernfalls sind sie unmittelbar hintereinander einzustellen.

§ 344 (§ 92 DV.). b) Spalte 3.

I In der Spalte 3 ist der Auftraggeber nach Vor- und Familiennamen und nach dem Wohnort und, soweit veranlaßt, auch nach dem Stand und nach der Wohnung zu bezeichnen. Der Vorname kann gekürzt und der Wohnort kann, wenn er mit dem Amtssitze des Gerichtsvollziehers zusammenfällt, weggelassen werden.

II Wird der Auftrag von einer Behörde erteilt, so ist diese kurz zu bezeichnen. Ist die Behörde das Amtsgericht, bei dem der Gerichtsvollzieher aufgestellt ist, oder das Landgericht oder Oberlandesgericht, in dessen Bezirk sich das Amtsgericht befindet, oder die Staatsanwaltschaft bei diesen Gerichten, so kann der Name weggelassen werden, so daß als Auftraggeber lediglich „AG.", „LG.", „OStA.", „GStA." anzugeben ist.

III Besteht die auftraggebende Partei aus mehreren Personen, so genügt die Bezeichnung einer von ihnen mit dem Beisatz „u. Gen.".

IV Wird der Auftrag von einem Vertreter erteilt, so ist dessen Familienname und Stand in Klammern unter die Bezeichnung des Auftraggebers zu setzen (z. B. RA. Pfad).

§ 345 (§ 93 DV.). c) Spalte 4.

Als Gegner ist in der Spalte 4 diejenige Person anzuführen, bei der das Geschäft vorzunehmen ist. Der Gegner ist in der gleichen Weise zu bezeichnen wie der Auftraggeber[1]). Ist das Geschäft bei mehreren Personen vorzunehmen, so genügt die Bezeichnung einer von ihnen mit dem Beisatz „u. Gen.".

§ 346 (§ 94 DV.). d) Spalte 5.

I In der Spalte 5 ist der Tag einzutragen, an dem zur Ausführung des Auftrags das betreffende Geschäft vorgenommen wurde.

II Bei den Zustellungen, um deren Bewirkung der Gerichtsvollzieher die Post ersucht[2]), ist sowohl der Tag des an die Post gerichteten

---

[1]) S. § 344.
[2]) S. §§ 64ff.

Ersuchens als auch der Tag anzugeben, an dem die Zustellungsurkunde dem Gerichtsvollzieher von der Post zugeht. Die beiden Tage werden in Bruchform untereinander gesetzt.

III In der gleichen Weise ist zu verfahren, wenn ein Geschäft, z. B. eine Siegelung[1]), mehrere Tage in Anspruch nimmt.

§ 347 (§ 95 DV.).

e) Spalte 6.

I In der Spalte 6 wird das Geschäft, das zur Ausführung des erteilten Auftrags vorgenommen wurde, unter Angabe der zur Erklärung der Kosten erforderlichen Merkmale eingetragen. War die Ausführung mehrerer Geschäfte nötig, so sind die einzelnen unter fortlaufenden Buchstaben (a, b, c) einzutragen. Geschäfte, deren Vergütung in einem anderen Geschäft inbegriffen ist (§ 14 RGebO.), sind nur dann einzutragen, wenn auf ihre Ausführung besondere Kosten erwachsen sind.

II Richtet sich die Höhe der Gebühr nach der Zeitdauer, welche die Ausführung des Geschäfts in Anspruch genommen hat[2]), so ist diese Zeitdauer beizusetzen. Werden für das Geschäft Reisekosten[3]) berechnet, so ist die Gesamtzahl der Kilometer des Hinweges und des Rückweges in einer Summe anzugeben.

III Handelt es sich um die Vollziehung eines Arrestes oder einer einstweiligen Verfügung oder um eine Zustellung außerhalb des Prozesses, so ist dies zu vermerken.

IV Eine unmittelbare Zustellung durch den Gerichtsvollzieher kann mit „UZ.", eine Zustellung durch die Post mit „PZ.", eine Zustellung durch Aufgabe zur Post mit „A.z.PZ." bezeichnet werden.

§ 348 (§ 96 DV.).

f) Spalte 7.

Die Spalte 7 ist nur dann auszufüllen, wenn die Gebühren für das Geschäft sich nach dem Werte des Gegenstandes berechnen[4]). Welcher Betrag als Gegenstandswert anzusehen ist, ergibt sich aus den einschlägigen Bestimmungen der Reichsgebührenordnung und der Landesgebührenordnung für die Gerichtsvollzieher[5]).

---

[1]) S. §§ 292f.

[2]) Vgl. z. B. § 8 Abs. 2 RGebO., abgedr. unter Nr. 3.

[3]) § 20 RGebO., abgedr. unter Nr. 3.

[4]) S. § 3 Abs. 1, 2, § 7 Abs. 1 RGebO., abgedr. unter Nr. 3; § 4 Abs. 1, § 9 Abs. 1, § 10 LGebO., abgedr. unter Nr. 4.

[5]) Darnach ist Gegenstandswert bei Pfändungen grundsätzlich der Betrag der beizutreibenden Forderung, wenn die Pfändung aber zur Voll-

§ 349 (neu). g) Spalten 8 bis 11.

In den Spalten 8 bis 11 ist die Zahl der unter einer Nummer des Dienstregisters angefallenen Geschäfte anzugeben[1]); dabei ist im einzelnen folgendes zu beachten:

1. Als Zustellung auf Betreiben einer Partei ist in der Spalte 8 auch die Zustellung zu rechnen, die von der Geschäftsstelle vermittelt wird; ebenso gilt die Zustellung von rechtsgeschäftlichen Erklärungen außerhalb des Prozesses nach § 132 BGB. (§§ 78, 79 DA.) und die Zustellung von Schiedssprüchen (§ 80 DA.) als Zustellung auf Parteibetrieb. Wird dasselbe Schriftstück mehreren Personen zugestellt, so ist die Zahl der einzelnen Zustellungsakte einzutragen, auch wenn über die mehreren Zustellungen nach § 63 nur eine gemeinsame Zustellungsurkunde aufgenommen wurde.
2. In der Spalte 9 ist die Zahl der Vollstreckungshandlungen, nicht der Vollstreckungssachen anzugeben. Als Vollstreckungshandlung gilt jede Handlung des Gerichtsvollziehers im Vollstreckungsverfahren, für die nach den Vorschriften der Reichsgebührenordnung oder der Landesgebührenordnung[2]) eine Gebühr anzusetzen ist. Wird die Handlung für mehrere Gläubiger oder gegen mehrere Schuldner gleichzeitig vorgenommen, so ist nur eine Handlung einzutragen, wenn für die Vornahme die Gebühr nur einmal anzusetzen ist[3]). Zu den Vollstreckungshandlungen gehören auch die zwangsweise Erwirkung der Herausgabe von beweglichen und unbeweglichen Sachen und unselbständigen

---

ziehung eines Arrestes erfolgt, der in dem Arrestbefehle nach § 923 ZPO. festgestellte Geldbetrag (vgl. § 238), bei Versteigerungen und freihändigen Verkäufen der Erlös, bei der Aufzeichnung der zur Konkursmasse gehörigen Gegenstände, bei Siegelungen und Entsiegelungen der Wert der aufgezeichneten Gegenstände, bei der Aufnahme eines Wechsel- oder Scheckprotestes und bei der Empfangnahme der Wechsel- oder Schecksumme der Nennwert des Wechsels oder Schecks.

[1]) Die Ausfüllung der Spalten 8 bis 11, die das frühere Dienstregister nicht kannte, dient statistischen Zwecken. Durch sie wird die in den §§ 378, 379 angeordnete Herstellung der Geschäftsübersichten (Formblatt XIII) wesentlich erleichtert. Die Ausfüllung der Spalten 8 bis 11 erfordert nur ganz geringe Arbeit, während die Herstellung der Geschäftsübersichten ohne ihre Hilfe äußerst zeitraubend wäre.

[2]) In Verbindung mit den Vorschriften der Bek. über die Gebühren und Auslagen der GV. (abgedr. unter Nr. 6).

[3]) Vgl. §§ 2, 4 der Bek. über die Gebühren und Auslagen der GV., abgedr. unter Nr. 6.

Personen, die zwangsweise Beseitigung des von dem Schuldner gegen die Vornahme einer von ihm zu duldenden Handlung geleisteten Widerstandes, der Vollzug von Arresten und einstweiligen Verfügungen, die Verhaftung des Schuldners, nicht aber die zwangsweise Vorführung.

3. In der Spalte 10 ist die Zahl der Wechsel- und Scheckproteste sowie der Wechsel- und Scheckzahlungen anzugeben. Werden mehrere Protesthandlungen gegen dieselbe Person oder gegen mehrere Personen, z. B. den Akzeptanten und den Notadressaten, in einer Protesturkunde zusammengefaßt[1]), so ist jede Protesthandlung einzeln zu zählen.

4. Die Spalte 11 ist für die in den Spalten 8 bis 10 nicht zu berücksichtigenden Geschäfte bestimmt, so vor allem für die Geschäfte nach § 4 und § 5 GVO., für die öffentlichen Versteigerungen nach dem Bürgerlichen Gesetzbuch und nach dem Handelsgesetzbuch, für die Bewirkung eines Verkaufs aus freier Hand in den Fällen der §§ 385, 1221, § 1235 Abs. 2 und § 1295 BGB., für die Übergabe des Grundstücks an den Verwalter bei der Zwangsverwaltung, für die Siegelung und Entsiegelung, für die Vornahme der Verrichtung einer Urkundsperson und die zwangsweise Vorführung, endlich für die Erteilung von Abschriften aus den Vollstreckungsakten. Eine freiwillige Versteigerung ist hierbei auch dann nur als ein Geschäft zu zählen, wenn sie an einem späteren Tage fortgesetzt wurde. Ebenso ist die Anfertigung mehrerer Mahnbriefe nur als ein Geschäft zu betrachten, wenn wegen derselben Schuld Mahnungen an mehrere Personen ergehen[2]).

b) Spalten 12 bis 17.

1. Allgemeines.

§ **350** (§§ 98, 99, 100, § 101 Abs. 2 DV.).

I In den Spalten 12 bis 17 sind die Gebühren, Auslagen und Stempel, die sich für die ausgeführten Geschäfte berechnen, ohne Rücksicht auf die wirklichen Einnahmen einzutragen. Einzustellen sind auch die Kosten, die für Geschäfte in Armenrechtssachen anfallen.

II Die eingetragenen Kosten müssen mit den Berechnungen und Auslagevermerken übereinstimmen, die sich auf den über das Geschäft errichteten Urkunden befinden (§§ 322, 326).

---

[1]) Vgl. § 315 Satz 1.

[2]) z. B. an den Bürgen und den Hauptschuldner.

III Werden die Kosten nachträglich berichtigt, so ist der Vortrag entsprechend zu ändern. Konnte die Änderung erst nach dem Abschlusse des Monatshefts[1]) erfolgen, so ist die Sache unter einer neuen Nummer im Dienstregister einzutragen; erhöhen sich infolge der Berichtigung die Kosten, so ist in der für den Kostenansatz bestimmten Spalte bei der neuen Nummer lediglich der Unterschied zwischen den unter der alten Nummer eingetragenen Kosten und den berichtigten Kosten einzutragen; mindern sich die Kosten, so ist der Minderbetrag als Auslage in die Spalte 16 einzustellen; in beiden Fällen ist in der Spalte 30 auf die beiden Nummern gegenseitig zu verweisen und der Sachverhalt kurz zu erläutern.

§ 351 (vgl. § 101 Abs. 1, §§ 102, 116 DV.). 2. Im einzelnen.

I In der Spalte 12 sind alle Kosten einzutragen, die nicht in den Spalten 13 bis 16 Berücksichtigung finden. Es gehören hierher nicht nur Gebühren im Sinne der Gebührenordnungen für die Gerichtsvollzieher, wie die Gebühren für Zustellungen, sondern auch mit Ausnahme der in den Spalten 14 bis 16 einzutragenden Postgebühren, Reisekosten und Barauslagen des Gerichtsvollziehers alle Auslagen im Sinne der Gebührenordnungen[2]), wie die Gebühren für die Benützung der Pfandkammer einer Gerichtsvollzieherei, die Schreibgebühren, die Kosten für Vordrucke usw., sowie die bei den Gerichtsvollziehern anfallenden Stempel.

II In die Spalte 13 gehören die Gebühren für Zwangsvollstreckungen, für Ermittelungen zur Feststellung der Mieter und Pächter eines Grundstücks im Zwangsversteigerungsverfahren, für die Aufnahme von Wechsel- und Scheckprotesten, für die Empfangnahme der Wechsel- und Schecksumme und für die Ausführung des Auftrags, das tatsächliche Angebot einer Leistung zu beurkunden oder die geschuldete Leistung tatsächlich anzubieten[3]).

III In der Spalte 13a sind die Gebühren für das Schreiben von Mahnbriefen, für die Erwirkung eines Zahlungs- oder Vollstreckungsbefehls, die Erwirkung der Terminsfestsetzung im Falle des Widerspruchs des Schuldners gegen einen Zahlungsbefehl sowie die Gebühren für freiwillige Versteigerungen einzutragen.

---

[1]) Vgl. § 356, insbesondere Abs. 4, wonach nach dem Abschlusse in den abgeschlossenen Spalten weitere Einträge nicht mehr gemacht werden dürfen.

[2]) S. § 16 RGebO., abgedr. unter Nr. 3.

[3]) Vgl. § 16 GVO.

IV Wegen der Ausfüllung der Spalte 15 wird auf Nr. 4 der Bek. über Reisekosten der Gerichtsvollzieher vom 11. Juni 1930 (JMBl. n. F. Bd. III S. 422)[1]) verwiesen.

V In der Spalte 16 sind die baren Auslagen des Gerichtsvollziehers einzutragen, die ihm aus der Staatskasse zu ersetzen sind[2]), wie die Kosten für öffentliche Bekanntmachungen, die an Zeugen und Sachverständige zu zahlenden Beträge und die von dem Gerichtsvollzieher zu entrichtende Umsatzsteuer[3]) und Börsenumsatzsteuer[4]). Sind unter den in dieser Spalte eingesetzten Beträgen Auslagen enthalten, die für die Benützung von Fahrzeugen durch den Gerichtsvollzieher (§ 22 GVO.) oder aus Anlaß eines Geschäfts sonst der Staatskasse erwachsen, ohne daß die Parteien zu ihrer Erstattung verpflichtet wären, so ist dies in der Spalte 30 ausdrücklich zu vermerken.

§ 352 (§ 118 Abs. 1 DV.). i) Spalten 18 bis 22.

In der Spalte 18 ist der Gesamtbetrag der wirklich vereinnahmten Gebühren, Auslagen und Stempel (Spalten 12 bis 16) einzutragen. Von den für die Einnahmerückstände bestimmten Spalten 19 bis 22 entsprechen die Spalten 19 bis 21 den Spalten 12 bis 14 und die Spalte 22 den Spalten 15 und 16. Die Vorschriften des § 351 finden mit Ausnahme des Abs. 4 und des Abs. 5 Satz 2 entsprechende Anwendung.

§ 353 (§§ 119 bis 122 DV.). k) Spalten 23 bis 29.

I In den Spalten 23 bis 29, die den Geldverkehr mit den Parteien betreffen, ist nur die Einnahme, Verrechnung, Ausgabe und Hinterlegung solcher Geldbeträge einzutragen, die in gesetzlichen Zahlungsmitteln oder in solchen Zahlungsmitteln bezahlt werden, die, ohne gesetzliche Zahlungsmittel zu sein, von den öffentlichen Kassen in Zahlung genommen werden. Die Einnahme und Ausgabe von Beträgen, die in sonstigen Zahlungsmitteln, insbesondere in aus-

---

[1]) Abgedr. unter Nr. 7.

[2]) Es gehören hieher nicht alle Auslagen im Sinne des § 16 RGebO., sondern nur solche, die dem GV. selbst erwachsen sind und für die er Ersatz aus der Staatskasse verlangen kann.

[3]) Vgl. §§ 1, 2 der Bek. über die Pflichten der GV. nach den Reichssteuergesetzen und dem bayerischen Stempelgesetze (abgedr. unter Nr. 19).

[4]) Vgl. §§ 3, 4 der Bek. über die Pflichten der GV. nach den Reichssteuergesetzen usw. wie in Anm. 3.

ländischen Münzen, ausländischem Papiergeld und ausländischen Banknoten bestehen, ist im Verwahrungsbuch[1]) einzutragen.

II Die Spalten 23 und 24 dienen zum Eintrag der Einnahme des von dem Auftraggeber in der betreffenden Sache erlegten oder in einer anderen Sache nicht aufgebrauchten und hierher zu übertragenden (§ 327 Abs. 5) Vorschusses sowie der sonstigen Beträge, die entweder vom Auftraggeber, z. B. zum Zweck eines tatsächlichen Angebots, übergeben oder die infolge der Erledigung des Auftrags für den Auftraggeber eingenommen werden (z. B. die von dem Schuldner gezahlten oder beigetriebenen Gelder, der Erlös aus freiwilligen Versteigerungen usw.). In der Spalte 23 ist der Tag der Einnahme, in der Spalte 24 die Höhe des eingenommenen Betrags einzutragen. Bei der Einnahme von Vorschüssen ist dem Tag der Einnahme in Spalte 23 der Buchstabe V beizufügen[2]).

III In der Spalte 26 ist der Betrag, der zur Deckung der in der betreffenden Sache erwachsenen Kosten verwendet wird, in der Spalte 25 der Tag dieser Verrechnung einzutragen.

IV In der Spalte 28 sind die Beträge einzusetzen, die an die Empfangsberechtigten ausgehändigt oder abgesendet oder hinterlegt worden sind, insbesondere auch der Betrag des Vorschusses, der an den Auftraggeber zurückvergütet wurde oder in einer anderen Sache desselben Auftraggebers Verwendung finden soll. Ist ein Versteigerungserlös unter mehrere Gläubiger zu verteilen, so sind die einzelnen Teilbeträge anzugeben; soweit die Spalte 28 nicht ausreicht, hat der Eintrag in der Spalte 30 zu erfolgen. Die Spalte 27 dient dem Eintrag des Tages der Ausgabe oder Hinterlegung. Bei der Hinterlegung von Geldbeträgen ist der Angabe des Tages der Buchstabe H beizufügen.

V In der Spalte 29 sind die Nummern, die den als Belege für die Ausgabe oder die Hinterlegung dienenden Quittungen der Empfänger oder der Hinterlegungsstelle oder, falls die Ausgabe durch Überweisung im Postscheckverkehr, durch Postscheck usw. erfolgte, den Lastschriftzetteln usw. gegeben wurden, einzutragen; wurde ein Vorschuß ganz oder teilweise zu einer anderen Sache übertragen, so ist

---

[1]) S. §§ 359ff.

[2]) In dem früheren Gebührenregister wurde nur die Verrechnung der Vorschüsse eingetragen, während die Verrechnung der sonstigen Gelder im Asservatenbuch erfolgte. Im jetzigen Dienstregister ist die Verrechnung sämtlicher Gelder einzutragen, wobei die Vorschüsse der Kontrolle halber besonders zu kennzeichnen sind.

auf die Nummer, unter der die andere Sache im Dienstregister eingetragen ist, zu verweisen. Weiterhin dient die Spalte 29 zum Eintrag der Nummern der Belege, in denen der Gerichtsvollzieher bescheinigt, daß ihm von dem rechnungsführenden Beamten die Auslagen, die er aus eigener Tasche bestritten hatte, rückvergütet und die in der Spalte 15 vorgetragenen Reisekosten ausgezahlt sowie daß ihm von dem rechnungsführenden Beamten Gelder zur Hinterlegung ausgehändigt wurden[1]).

§ 354 (§§ 104, 123 DV.).

1) Spalte 30.

[I] In die Spalte 30 sind, abgesehen von den Vermerken, die nach ausdrücklicher Vorschrift in diese Spalte verwiesen sind, die Bemerkungen aufzunehmen, die zur Klarstellung des Sachverhalts zweckmäßig erscheinen.

[II] Insbesondere ist es anzugeben, wenn Aufträge bis zum Abschluß des Registers nicht vollständig erledigt werden konnten und daher in das Dienstregister des nächsten Monats übertragen werden mußten (§ 356). Ist eine Sache Armenrechtssache, so ist dies durch die Einsetzung des Zeichens „AS." zu vermerken. Ferner ist anzugeben, ob und aus welchem Grunde sonst die Einnahmerückstände uneinbringlich sind. Falls sich bei dem Abschlusse des Registerheftes noch Einnahmerückstände ergeben, soll auch angegeben werden, warum die Einforderung eines Vorschusses unterlassen wurde[2]). Ist das Armenrecht von einem nichtbayerischen deutschen Gericht bewilligt worden, so ist neben dem Zeichen „AS." dieses Gericht anzuführen[3]).

[III] Ist ein Auftrag nicht weiter auszuführen, weil er an einen anderen Gerichtsvollzieher oder eine andere Gerichtsvollzieherei abzugeben war oder weil der eingeforderte Kostenvorschuß nicht erlegt wurde (§ 327 Abs. 4), so sind diese Umstände zu vermerken.

[IV] Ferner ist in der Spalte 30 auf die Nummern des Dienstregisters zu verweisen, unter denen früher in derselben Sache vorgenommene Geschäfte vorgetragen sind, soweit die Verweisung zur Ermöglichung der raschen Auffindung der einschlägigen Akten erforderlich erscheint.

---

[1]) Nicht mehr möglich ist die Vornahme der Bestätigung durch den Empfänger im Dienstregister selbst.

[2]) Vgl. § 327.

[3]) Mit Rücksicht auf die Bestimmung des § 328 Abs. 7.

§ 355 (neu). m) Einsparung von Spalten.

In den Dienstregistern der Gerichtsvollzieher, die zur Vornahme der im § 5 GVO. bezeichneten Geschäfte nicht für zuständig erklärt sind, können die Spalten 13a und 20a eingespart werden.

§ 356 (§ 150 DV.). Abschluß des Dienstregisters.

I Die Hefte des Dienstregisters für die Monate April, Mai und Juni sind am 30. September, für die Monate Juli, August und September am 31. Dezember, für die Monate Oktober, November und Dezember am 31. März und für die Monate Januar, Februar und März gleichfalls am 31. März abzuschließen.

II Zum Abschlusse sind von dem Gerichtsvollzieher die Spalten 12 bis 17, von dem rechnungsführenden Beamten die Spalten 18 bis 22 zusammenzurechnen und die Gesamtsumme im Abschlusse vorzutragen. Sachen, die noch nicht erledigt sind, sei es daß das Geschäft selbst noch nicht ausgeführt werden konnte oder daß Einnahmerückstände vorhanden sind, deren Uneinbringlichkeit noch nicht feststeht, sind in das Dienstregister des Monats zu übertragen, der dem Abschluß des Registers folgt[1]). Hierbei sind die zu übertragenden Sachen unter der alten Nummer[2]) dem ersten Eintrag des neuen Monats voranzustellen. Für etwaige Nachträge (vgl. § 328 Abs. 6) ist ein entsprechender Raum offen zu halten. Die Überträge sind beim nächsten Abschlusse gesondert aufzurechnen; die Summe ist dem Ergebnisse des neuen Abschnitts zuzuzählen.

III Am Schlusse des Rechnungsjahres (31. März) ist außer den Abschlüssen für die Monate Oktober, November und Dezember und die Monate Januar, Februar und März ein Abschluß über die Ergebnisse des Rechnungsjahres durch Zusammenrechnung der Abschlußsummen der vier Vierteljahre aufzustellen.

IV Die Abschlußvermerke sind unter Angabe des Ortes und des Tages und unter Beifügung des Dienstsiegels von dem Gerichtsvollzieher und von dem rechnungsführenden Beamten zu unterschreiben. Nach den Abschlüssen dürfen in den abgeschlossenen Spalten weitere Einträge nicht mehr gemacht werden.

V Zur Herstellung der Übersichten nach §§ 378ff. sind am Schlusse jedes Monats die Spalten 8 bis 11 seitenweise zusammenzurechnen

---

[1]) Z. B. sind unerledigte Sachen aus dem Monat April in das Oktoberheft zu übertragen.

[2]) Erforderlichenfalls unter Beifügung der Jahreszahl.

und die Gesamtsumme vorzutragen. Am 31. Dezember sind die Summen der einzelnen Monatssummen zusammenzuzählen und die Gesamtsumme sowie die Zahl der Einträge in Spalte 1 in einem Jahresabschlusse, der von dem Gerichtsvollzieher zu unterzeichnen und mit dem Dienstsiegel zu versehen ist, vorzutragen.

c) Das Nachschlageregister für Vollstreckungen.

§ 357 (§§ 124, 125 DV.). Allgemeines.

I Das Nachschlageregister hat den Zweck, das Auffinden der einzelnen Vollstreckungssachen, in denen der Gerichtsvollzieher tätig wurde, zu erleichtern und eine rasche Feststellung der Art des vollzogenen Geschäfts zu ermöglichen.

II In Gerichtsvollziehereien hat jeder Gerichtsvollzieher ein besonderes Nachschlageregister zu führen[1]). In Gerichtsvollziehereien von größerem Geschäftsumfang kann der Amtsgerichtsvorstand anordnen, daß außerdem ein gemeinsames Nachschlageregister für sämtliche Vollstreckungssachen zu führen ist. Wer dieses Register zu führen hat, bestimmt der Amtsgerichtsvorstand.

III Der Amtsgerichtsvorstand bestimmt den Zeitraum, für den das Nachschlageregister anzulegen ist. Das Register soll gebunden sein.

§ 358 (§§ 126 bis 128 DV.). Die Einträge.

I Für die Einträge in das Nachschlageregister ist das Formblatt XI maßgebend.

II Das Register ist alphabetisch nach dem Namen der Schuldner zu ordnen. Durch ein eingeklebtes oder eingeschnittenes Alphabet läßt sich der mit dem Register verfolgte Zweck wesentlich fördern.

III In der Spalte 1 ist der Familien- und Vorname des Schuldners, in der Spalte 2 der Familienname des Auftraggebers einzutragen. Kommen diese Namen häufig vor, so empfiehlt sich die Beisetzung des Wohnorts oder der Wohnung.

IV In der Spalte 3 ist einzutragen, unter welcher Nummer die Vollstreckungssache im Dienstregister eingetragen ist. Ist das Nachschlageregister für mehrere Jahre angelegt, so sind der Nummer in Bruchform die beiden letzten Ziffern des Jahrgangs beizusetzen. In

---

[1]) Nach der bisherigen Regelung war das Nachschlageregister in den Gerichtsvollziehereien, denen ein eigener Urkundsbeamter der Geschäftsstelle beigegeben war, für die mehreren GV. gemeinsam zu führen.

den in größeren Gerichtsvollziehereien geführten gemeinsamen Registern ist auch der Buchstabe des Gerichtsvollziehers, der in der Sache tätig wurde, anzugeben.

V In der Spalte 4[1]) ist die Art des vollzogenen Geschäfts kurz zum Ausdruck zu bringen (Pfändung, Pfändungsabstand, Wegnahme), in der Spalte 5 sind etwa veranlaßte Bemerkungen und insbesondere der Vermerk einzutragen, ob die Sache vollständig erledigt ist.

VI Die Einträge in den Spalten 1, 2 und 3 haben alsbald nach Eingang des Auftrages, die Einträge in den Spalten 4 und 5 unmittelbar nach Vollzug des Geschäftes zu erfolgen. Beim gemeinsamen Nachschlageregister sind die Spalten 1 und 2 sowie hinsichtlich des Buchstabens des Gerichtsvollziehers die Spalte 3 sofort nach Eingang des Auftrages, der restliche Teil der Spalte 3 sowie die Spalten 4 und 5 nach Vollzug des Geschäftes auszufüllen.

d) Das Verwahrungsbuch und das Lagerbuch.

§ 359 (§§ 129 bis 131 DV.). **Verwahrungsbuch: 1. Zweck und äußere Beschaffenheit.**

I Das Verwahrungsbuch ist dazu bestimmt, jederzeit Aufschluß über den Stand der Wertpapiere und sonstigen Wertsachen zu geben, die aus Anlaß des Dienstes der Gerichtsvollzieher von dem rechnungsführenden Beamten in Gewahrsam genommen wurden[2]).

II Für jeden Gerichtsvollzieher wird ein Verwahrungsbuch geführt. In den Gerichtsvollziehereien kann für mehrere Gerichtsvollzieher ein gemeinsames Verwahrungsbuch geführt werden[3]). Das Buch ist in der Regel für ein Jahr anzulegen, kann aber auch für mehrere Jahre angelegt werden. Es ist zu binden und mit Seitenzahlen zu versehen; je zwei gegenüberliegende Seiten führen dieselbe Nummer[4]).

III Das Verwahrungsbuch ist nach dem Formblatt XII zu führen.

§ 360 (§§ 132, 133, 135, 136 DV.). **2. Die Einträge: a) Spalten 1 bis 3.**

I Die Nummern in der Spalte 1 laufen für je ein Geschäftsjahr durch. Ist das Verwahrungsbuch für mehrere Jahre bestimmt, so ist

---

[1]) Dies ist eine Neuerung der Dienstanweisung, durch die nach Möglichkeit das zeitraubende Nachschlagen im Dienstregister erspart werden soll.

[2]) Wie bereits zu § 340 bemerkt, findet die Verrechnung der Parteigelder nicht mehr wie früher im Asservaten-(Verwahrungs-)buch statt; für sie dienen vielmehr die Spalten 23 bis 29 des Dienstregisters.

[3]) Neuerung der Dienstanweisung.

[4]) Die Bestätigung der Seitenzahl durch den Amtsgerichtsvorstand ist nicht mehr vorgeschrieben.

dem ersten Eintrage des einzelnen Jahres die Jahreszahl groß und deutlich voranzustellen.

II In der Spalte 2 ist die Nummer, unter der die Sache im Dienstregister eingetragen ist[1]), und, wenn ein gemeinsames Verwahrungsbuch für mehrere Gerichtsvollzieher geführt wird, auch der Buchstabe des Gerichtsvollziehers[2]) anzugeben. Ist eine Nummer des Dienstregisters aus dem Vorjahre einzutragen, so sind der Nummer in Bruchform die beiden letzten Ziffern der Jahreszahl beizusetzen.

III Ist anzunehmen, daß in derselben Sache noch weitere Gegenstände in Gewahrsam zu nehmen sein werden, so kann bis zur nächsten fortlaufenden Nummer ein Raum von mehreren Zeilen offen gelassen werden.

IV Die Spalte 3 ist mit der Bezeichnung des Auftraggebers und des Gegners sowie mit der Bezeichnung des Geschäfts, infolge dessen die Gegenstände in Gewahrsam genommen werden, auszufüllen.

§ 361 (§§ 137 bis 143, 145 DV.).

b) Spalten 4 bis 8.

I In den Spalten 4 bis 7 ist die Einnahme und Ausgabe sämtlicher Wertsachen zu verzeichnen, die aus Anlaß des Dienstes der Gerichtsvollzieher in Gewahrsam genommen und dem rechnungsführenden Beamten übergeben werden, mit Ausnahme der Gelder, deren Einnahme und Ausgabe nach § 353 im Dienstregister einzutragen ist. Bei der Eintragung von Beträgen, die in ausländischen Münzen, ausländischem Papiergeld oder ausländischen Banknoten bestehen, genügt es, wenn die Summe nach der fremden Währung angegeben und beigefügt wird, daß der Betrag in barem Geld oder in Papier besteht (z. B. „150 Schilling ö. W. bar" oder „150 Schilling ö. W. in Papier"). Wertpapiere (Staats- und Gemeindeschuldverschreibungen, Pfandbriefe, Aktien) sind nach Art, Nummer und Nennbetrag anzugeben; bei verzinslichen Wertpapieren ist auch der Zinsfuß anzuführen; ebenso sind die Zins-, Renten- und Gewinnanteilscheine sowie die Erneuerungsscheine zu erwähnen (z. B. 2 Stück 8% Goldpfandbriefe der Bayerischen Landwirtschaftsbank zu je 1000 Goldmark, Reihe 36 Buchstabe B Nr. 41778, Zinsscheine vom 1. Januar 1932 bis 1. Juli 1935, Erneuerungsschein). Bei Wechseln ist der Name des Ausstellers und, wenn der Wechsel ein gezogener ist, auch der des Bezogenen sowie die Wechselsumme und der Fällig-

---

[1]) § 343.
[2]) § 339.

keitstag anzugeben; liegt eine Protesturkunde bei, so ist an Stelle des Fälligkeitstages der Tag des Protestes anzuführen. Im übrigen sind die in Gewahrsam genommenen Wertgegenstände kurz zu bezeichnen.

II Erfolgt die Ausräumung der in der Spalte 5 aufgeführten Gegenstände gleichzeitig, so genügt zur Ausfüllung der Spalte 7 die Bemerkung: „Die in der Spalte 5 aufgeführten Gegenstände (Wertpapiere usw.)".

III In der Spalte 8 ist die Nummer des Ausräumungsbelegs, insbesondere der Quittungen der Empfangsberechtigten, der Hinterlegungsstelle und des Gerichtsvollziehers[1]) (vgl. § 353 Abs. 5), einzutragen.

§ 362 (§ 146 DV.). c) Spalte 9.

Die Spalte 9 ist für Erläuterungen, die für erforderlich erachtet werden, bestimmt. Insbesondere ist in dieser Spalte einzutragen, auf welche Weise die in den Spalten 6 und 7 vermerkte Ausgabe der in Verwahrung genommenen Gegenstände erfolgt ist, ob durch Hinausgabe an die Empfangsberechtigten oder durch Hinterlegung oder durch Hinausgabe an den Gerichtsvollzieher zum Verkauf oder zur Versteigerung usw.

§ 363 (§ 144 DV.). Lagerbuch.

Bei den Gerichtsvollziehereien, bei denen eine Pfandkammer eingerichtet ist[2]), ist über die in der Pfandkammer verwahrten Gegenstände ein Lagerbuch zu führen. Die Einrichtung des Lagerbuchs hat der Amtsgerichtsvorstand zu bestimmen. Der Amtsgerichtsvorstand hat die Anordnungen, die er in dieser Hinsicht trifft, dem Staatsministerium der Justiz anzuzeigen.

e) Der Terminskalender.

§ 364 (§ 149 DV.).

Der Gerichtsvollzieher hat einen Kalender zu führen, in dem die von ihm angesetzten Versteigerungstermine sowie die Termine für die Wiedervorlage von Akten und Urkunden zum Zwecke der weiteren

---

[1]) Die Vornahme der Bestätigung durch den Empfänger im Verwahrungsbuch selbst ist nicht mehr möglich.

[2]) Vgl. § 20.

Vornahme von Dienstgeschäften einzutragen sind[1]). Der Amtsgerichtsvorstand kann anordnen, daß neben der Führung des Terminskalenders oder an ihrer Stelle sonstige geeignete Vorrichtungen (z. B. Terminsfächer) getroffen werden, durch welche die Wahrnehmung der Termine gesichert wird.

f) Das Kassenbuch.

§ 365 (neu).

Der Amtsgerichtsvorstand[2]) soll die Führung eines Kassenbuchs anordnen, wenn die zuständige Landesfinanzamtszweigstelle dies verlangt[3]). Wird ein Kassenbuch geführt, so ist der Geldverkehr mit den Parteien außer in den Spalten 23 bis 29 des Dienstregisters (vgl. § 353) auch in dem Kassenbuche vorzutragen. Die Einrichtung und Führung des Kassenbuchs richtet sich nach den von dem Amtsgerichtsvorstande getroffenen Anordnungen. Die Anordnungen sind dem Staatsministerium der Justiz anzuzeigen.

2. Akten und Belege.

§ 366 (§ 153 DV.). **Gattungen der Akten.**

An Akten sind zu führen:

1. Allgemeine Akten,
2. Vollstreckungs- und Versteigerungsakten,
3. Sammelakten.

§ 367 (§ 154 DV.). **1. Allgemeine Akten: a) Der zur Führung Verpflichtete.**

Die Führung der Allgemeinen Akten obliegt in den Gerichtsvollziehereien, denen nach § 28 GVO. zur Unterstützung des Amtsgerichtsvorstands ein eigener Urkundsbeamter der Geschäftsstelle oder Gerichtsvollzieher beigegeben ist, diesem, in den übrigen Gerichtsvollziehereien dem Gerichtsvollzieher, den der Amtsgerichtsvorstand bestimmt, bei den Amtsgerichten mit nur einem Gerichtsvollzieher dem Gerichtsvollzieher. Bei größeren Gerichtsvollziehereien

---

[1]) Z. B. wenn der Gläubiger dem Schuldner für eine bestimmte Frist gestundet hat.

[2]) Nach § 336 Abs. 2 kann der Amtsgerichtsvorstand die Führung eines Kassenbuchs nur in GV.eien, nicht bei EinzelGV.n anordnen.

[3]) Auch ohne ein solches Verlangen wird der Amtsgerichtsvorstand die Führung eines Kassenbuchs anordnen, wenn nach seiner Überzeugung die Verbuchung des Geldverkehrs in den Spalten 23 bis 29 des Dienstregisters für die ordnungsgemäße Abwicklung des Geldverkehrs nicht genügt.

kann der Amtsgerichtsvorstand anordnen, daß die Allgemeinen Akten in mehreren Stücken geführt werden.

§ 368 (§ 155 DV.). b) Allgemeine Vorschriften über die Führung.

I In die Allgemeinen Akten sind alle auf die Dienstführung sich beziehenden Anordnungen aufzunehmen. Sie sind nach folgenden Geschäftszweigen zu sondern:

1. Dienst im allgemeinen,
2. Zustellungen,
3. Zwangsvollstreckung in bürgerlichen Rechtsstreitigkeiten,
4. Zwangsvollstreckung in Angelegenheiten der freiwilligen Gerichtsbarkeit,
5. Zwangsvollstreckung in Verwaltungssachen,
6. Mitwirkung im Strafverfahren,
7. Versteigerungen und freihändige Verkäufe außerhalb der Zwangsvollstreckung,
8. Siegelungen, Entsiegelungen und Aufzeichnung der zur Konkursmasse gehörigen Gegenstände,
9. Beurkundung des tatsächlichen Angebots einer Leistung und Bewirkung des tatsächlichen Angebots,
10. Wechsel- und Scheckproteste,
11. Kostenwesen,
12. Register- und Aktenführung.

II Bezieht sich eine Anordnung auf mehrere in gesonderten Abteilungen der Allgemeinen Akten behandelte Geschäftszweige, so ist zu den Akten, in welche die Anordnung nicht selbst eingereiht wird, ein Abdruck der Anordnung oder ein Auszug aus ihr zu bringen.

III Die einzelnen Akten sind mit entsprechend zu überschreibenden Umschlägen und mit einem Aktenrenner zu versehen. Sie sind stets auf dem neuesten Stand zu halten.

§ 369 (§§ 156, 157 DV.). 2. Vollstreckungs- und Versteigerungsakten: a) Allgemeines.

I Für Vollstreckungen sind Vollstreckungsakten, für Versteigerungen und sonstige Verwertungen außerhalb der Zwangsvollstreckung sind Versteigerungsakten anzulegen. Diesen sind alle auf die Vollstreckungen oder die Versteigerungen sich beziehenden Urkunden und sonstigen Schriftstücke einzuverleiben.

II Die Vollstreckungs- und Versteigerungsakten sind, sofern sie nicht mit einer Handlung des Gerichtsvollziehers erledigt sind[1]), mit

[1]) Z. B. Ablehnung eines Auftrags zu einer freiwilligen Versteigerung.

einem Umschlage zu versehen. Auf dem Umschlag ist die Nummer des Dienstregisters, in Gerichtsvollziehereien auch der Buchstabe des Gerichtsvollziehers, sowie der Betreff der Sache anzugeben.

III Die einzelnen den Vollstreckungs- und Versteigerungsakten einverleibten Aktenstücke sind nach der Zeitfolge zu ordnen und, soweit sie nicht den Parteien hinauszugeben sind, mit fortlaufender Nummer zu versehen.

IV Aus den Akten muß der Stand der Sache jederzeit zu ersehen sein.

§ 370 (§§ 158, 159 DV.).

b) Hinausgabe von Aktenstücken.

I Wird ein zu den Akten gehöriges Schriftstück dauernd oder zeitweilig hinausgegeben, so ist dies zu den Akten kurz zu vermerken.

II Die vollstreckbaren Schuldtitel sind, wenn sie nicht nach § 757 Abs. 1 ZPO. (§ 115 Abs. 2 DA.) dem Schuldner ausgeliefert werden müssen, unverzüglich dem Auftraggeber zurückzugeben, sobald der Auftrag erledigt ist oder sich ergeben hat, daß der Auftrag nicht weiter vollzogen werden kann.

§ 371 (§§ 160, 164 DV.).

c) Erledigung der Akten. Aufbewahrung.

Sind die Akten erledigt, so sind sie mit dem Vermerk „Erledigt" zu versehen. Wurden Akten nicht in demselben Jahre erledigt, in dem sie angefallen waren, so ist zur Erleichterung der Aktenausscheidung[1]) (§ 377) dem Vermerke „Erledigt" das Jahr beizusetzen, in dem die Erledigung erfolgt ist. Die Akten über laufende und die über erledigte Vollstreckungen und Versteigerungen sind gesondert voneinander nach Jahrgängen in der Reihenfolge der Nummern des Dienstregisters aufzubewahren.

§ 372 (§§ 161, 165 DV.).

3. Sammelakten.

Die Schriftstücke über Dienstgeschäfte, die nicht eine Vollstreckung oder Versteigerung betreffen, sind jahrgangsweise in der Nummernfolge des Dienstregisters getrennt nach gleichartigen Geschäften zu sammeln.

§ 373 (§§ 182, 183 DV.).

Erledigung der Akten.

Akten dürfen erst dann als erledigt weggelegt werden, wenn der Auftrag vollständig ausgeführt, über die Parteigelder und die son-

---

[1]) Da die Akten nach Ablauf einer bestimmten Zeit nach ihrer Erledigung ausgeschieden werden dürfen.

stigen in Verwahrung genommenen Gegenstände entsprechend verfügt ist und die in der Sache erwachsenen Kosten gedeckt sind. Eine Ausnahme von dem Erfordernis der vorherigen Kostendeckung besteht nur für die Armenrechtssachen (§ 328) sowie für die Sachen, in denen die Beitreibungskosten außer Verhältnis zu der Höhe des rückständigen Kostenbetrages stehen würden[1]).

§ 374 (§ 162 DV.). **Belege.**

I Die Quittungen und die Lastschriftzettel usw. über die Hinausgabe oder die Versendung von Parteigeldern, Kostenvorschüssen und in Verwahrung genommenen Gegenständen sind vom rechnungsführenden Beamten als Belege zu sammeln. Die Belege erhalten durch das ganze Geschäftsjahr fortlaufende Nummern. Ferner ist auf ihnen, sofern tunlich, die laufende Nummer des Dienstregisters oder des Verwahrungsbuchs anzugeben, zu der sie gehören. Sie sind in Umschlägen, auf denen die Nummern der in ihnen enthaltenen Belege angegeben sind (z. B. „Geschäftsjahr 1932 Belege 1 bis 100"), zu vereinigen.

II Zu den Akten des Gerichtsvollziehers ist die Nummer des Belegs, der Empfänger und die Höhe des hinausgegebenen oder versendeten Betrags zu vermerken.

3. Aufbewahrung der Geschäftsbücher, Register, Akten und Belege.

§ 375 (§§ 163, 167 DV.). **Schutz gegen Mißbrauch.**

Sämtliche Geschäftsbücher, Register, Akten und Belege, die bei den einzelnen Gerichtsvollziehern und in den Gerichtsvollziehereien erwachsen, sind derart aufzubewahren, daß sie vor Eingriffen dritter Personen geschützt sind und ihre Einsichtnahme durch Unbefugte ausgeschlossen ist. Die Belegsammlungen sind tunlichst in einem Kassenschranke zu verwahren.

§ 376 (§ 169 DV.). **Gestattung der Einsicht.**

Jeder Person, die bei einer von einem Gerichtsvollzieher vorgenommenen Vollstreckung beteiligt ist[2]), muß auf Verlangen die Einsicht der betreffenden Akten und Einträge in den Geschäftsbüchern und Registern gestattet und gegen Entrichtung der gesetz-

---

[1]) Vgl. § 332 Abs. 4.

[2]) Dazu gehören nicht nur der Gläubiger und der Schuldner und deren Rechtsnachfolger, sondern auch Dritte, die ein rechtliches Interesse an der Angelegenheit haben, z. B. der Dritte, der eine Widerspruchsklage nach § 771 ZPO. erheben will.

lichen Schreibgebühren[1]) Abschrift einzelner Schriftstücke oder der sich auf die Sache beziehenden Stellen der Geschäftsbücher und Register erteilt werden (§ 760 ZPO.). Auf Anfragen eines im Besitze eines Vollstreckungstitels befindlichen Gläubigers nach dem Ergebnisse früherer Vollstreckungen gegen den Schuldner ist Auskunft zu erteilen[2]). Dagegen darf Personen, die ein rechtliches Interesse an der Sache nicht glaubhaft machen, weder die Einsicht der Akten gestattet noch Abschrift eines Schriftstücks erteilt werden.

§ 377 (neu).

Ausscheidung.

Wegen der Ausscheidung der Geschäftsbücher, Register, Akten und Belege wird auf die hierüber bestehenden besonderen Vorschriften[3]) verwiesen.

---

[1]) § 17 RGebO. (abgedr. unter Nr. 3) in Verbindung mit § 71 des Gerichtskostengesetzes.

[2]) Zur Vermeidung fruchtloser Vollstreckungen.

[3]) S. die Bek. über die Ausscheidung der Akten bei den Justizbehörden vom 5. März 1932 (JMBl. S. 9), insbesondere §§ 11—15; diese lauten:

2. Gerichtsvollzieherakten.

§ 11.

Dauernd aufzubewahren sind:
die Allgemeinen Akten der Gerichtsvollzieher.

§ 12.

30 Jahre sind aufzubewahren:
die Schuldtitel, die sich in den Vollstreckungs- und Versteigerungsakten der Gerichtsvollzieher befinden und nicht an den Auftraggeber zurückgegeben werden können.

§ 13.

20 Jahre sind aufzubewahren:
die Dienstregister, die Nachschlageregister für Vollstreckungen, die Verwahrungsbücher, die Lagerbücher, die Kassenbücher, die Protestsammelakten der Gerichtsvollzieher und die vom rechnungsführenden Beamten gesammelten Belege (die Quittungen und die Lastschriftzettel usw. über die Hinausgabe oder die Versendung von Parteigeldern, Kostenvorschüssen und in Verwahrung genommenen Gegenständen).

§ 14.

5 Jahre sind aufzubewahren:
die übrigen in § 13 nicht genannten Geschäftsbücher, Akten und Belege der Gerichtsvollzieher.

§ 15.

Die in den §§ 13 und 14 bestimmten Fristen für die Aufbewahrung der Belege beginnen mit dem Ablaufe des Jahres, in dem die Belege entstanden sind.

Vierzehnter Abschnitt.

Statistik.

§ 378 (vgl. § 213 DV.).

Allgemeines.

I Am Schlusse des Geschäftsjahres ist eine Geschäftsübersicht nach Formblatt XIII und am Schlusse des Rechnungsjahres eine Übersicht über die Einnahmen nach Formblatt XIV herzustellen.

II Bei den Amtsgerichten, bei denen eine Gerichtsvollzieherei errichtet ist, sind in den einzelnen Spalten die Gesamtsummen für die sämtlichen Gerichtsvollzieher einzusetzen.

III Die Ausfüllung des Formblatts XIII und der Spalten 1 bis 6 des Formblatts XIV obliegt den Gerichtsvollziehern, die Ausfüllung der Spalte 7 des Formblatts XIV obliegt dem rechnungsführenden Beamten.

§ 379 (vgl. § 214 DV.).

Das Formblatt XIII im einzelnen.

Für die Ausfüllung der einzelnen Spalten des Formblatts XIII gilt folgendes:

1. Die Zahl, die in der Spalte 1 eingesetzt wird, muß sich mit der Nummer, bei Gerichtsvollziehereien mit der Gesamtsumme der Nummern decken, die am Schlusse des letzten Monats in den Dienstregistern eingetragen sind.
2. Bei der Ausfüllung der Spalten 2 bis 10 sind die Vorschriften des § 349 zu beachten. Die Spalten 2 bis 4 entsprechen den Spalten 8 bis 10, die Spalten 5 bis 9 entsprechen der Spalte 11 des Dienstregisters. In der Spalte 8 ist die Zahl der öffentlichen Versteigerungen nach dem Bürgerlichen Gesetzbuch und nach dem Handelsgesetzbuch und der Verkäufe aus freier Hand nach §§ 385, 1221, § 1235 Abs. 2 und § 1295 BGB., in der Spalte 9 die Zahl aller in den Spalten 2 bis 8 nicht berücksichtigten Geschäfte und in der Spalte 10 die Gesamtsumme der in den Spalten 2 bis 9 vorgetragenen Dienstgeschäfte einzutragen.
3. Die Spalte 11 dient zum Eintrag der etwa veranlaßten Erläuterungen.

§ 380 (vgl. § 214 DV.).

Das Formblatt XIV im einzelnen.

Für die Ausfüllung der einzelnen Spalten des Formblatts XIV gilt folgendes:

1. Die Spalten 1 bis 6 entsprechen den Spalten 12 bis 16, die Spalte 7 entspricht der Summe der Spalten 19 bis 22 des Dienstregisters.
2. Die Spalte 8 dient zum Eintrag der etwa veranlaßten Erläuterungen.

§ 381 (§ 218 DV.). Vorlegung der Übersichten.

Die Übersichten sind von den Amtsgerichtsvorständen zu prüfen und nach Vornahme der etwa erforderlichen Berichtigungen dem Präsidenten des Landgerichtes einzusenden. Dieser läßt, nachdem er die Beseitigung der etwa wahrgenommenen Mängel veranlaßt hat, den Inhalt der Übersichten für die Amtsgerichte, bei denen nur ein Gerichtsvollzieher aufgestellt ist, und für die Amtsgerichte, bei denen eine Gerichtsvollzieherei errichtet ist, gesondert zusammenstellen. Diese Zusammenstellung geht an den Präsidenten des Oberlandesgerichts, der die Zusammenstellung in zwei Übersichten für den Oberlandesgerichtsbezirk vereinigt. Die Geschäftsübersichten sind bis zum 20. Januar, die Übersichten über die Einnahmen bis zum 20. April jedes Jahres dem Staatsministerium der Justiz in doppelter Fertigung vorzulegen.

Fünfzehnter Abschnitt.

Schlußvorschriften.

§ 382 (vgl. § 221 DV.). Abweichungen von der Dienstanweisung. Ausführungs- und Ergänzungsvorschriften.

[I] Die besonderen Einrichtungen der Gerichtsvollziehereien bei den Amtsgerichten München[1]) und Nürnberg[2]) werden durch diese Bekanntmachung nicht berührt. Im übrigen sind Abweichungen von

[1]) Die Einrichtung der Gerichtsvollzieherei München ist seit dem Jahre 1906 in einer von den alten Dienstvorschriften vielfach abweichenden Weise gestaltet worden. Maßgebend war dabei insbesondere der Grundsatz der Arbeitsteilung, Vorbild das Hamburger Gerichtsvollziehersystem. Die neue Dienstanweisung läßt diese besonderen Münchener Einrichtungen unberührt.

[2]) Bei der Gerichtsvollzieherei Nürnberg ist das Registerwesen besonders geregelt.

den Vorschriften dieser Bekanntmachung nur mit Genehmigung des Staatsministeriums der Justiz gestattet[1] [2]).

II Dagegen sind die Amtsgerichtsvorstände ermächtigt, zur Ausführung und Ergänzung der Vorschriften dieser Bekanntmachung allgemeine Anordnungen zu erlassen. Von den Anordnungen ist dem Staatsministerium der Justiz Kenntnis zu geben.

---

[1]) Im Einzelfall mag es sich z. B. als zweckmäßig erweisen, daß die Führung des Dienstregisters in anderer Weise zwischen dem GV. und dem rechnungsführenden Beamten verteilt wird, als in § 342 Abs. 2 vorgesehen, oder daß der Geldverkehr in anderer Weise, als in § 353 und § 365 vorgesehen, verbucht wird.

[2]) Vgl. auch die Bek. über den Vollzug der Dienstanweisung für die GV. vom 11. April 1932 (StAnz. Nr. 84):

„Soweit bei den Gerichten für das Dienstregister, das Gebührenregister, das vereinigte Dienst- und Gebührenregister, das Nachschlageregister für Vollstreckungen und das Asservatenbuch noch Formblätter nach den bisherigen Dienstvorschriften für die GV. vorhanden sind, dürfen sie im Rechnungsjahr 1932/33 aufgebraucht werden."

Wegen der Formblätter für die Zustellungsurkunden s. § 81 Abs. 2.

Formblätter.*)

Formblatt I.

Nr. des Dienstregisters	Bezeichnung der Sache, in der die Verwahrung stattfindet	Gegenstand der Verwahrung	Bescheinigung	
			der Hinterlegungsstelle über den Empfang	des Gerichtsvollziehers über den Rückempfang
			Nr. des Tageb.	

*) In lateinischer Kursivschrift gedruckte Worte dienen als Beispiel für die Benützung der Formblätter. Eingeklammerte Worte gelten als bei der Ausfüllung des Formblattes handschriftlich durchstrichen.

Formblatt II.*)

Zustellung an Einzelpersonen.**)

(§§ 48 bis 54 DA.)

DR.Nr. /193 .

Zustellungsurkunde.

Beglaubigte Abschrift — Ausfertigung — de.... hiermit verbundenen Schriftstück ....

....

nebst einer beglaubigten Abschrift dieser Zustellungsurkunde habe ich heute hier im Auftrage de...

.... in .... als Vertreter de......................... in .... zum Zwecke der Zustellung an d ....

....

in ....

1. An den Empfänger selbst. 1. dem Empfänger selbst — in der Wohnung — in dem Geschäftslokale — übergeben;

2. An Gewerbegehilfen, Gehilfen, Schreiber. 2. da ich den Empfänger selbst in dem Geschäftslokale nicht angetroffen habe, dort dem Gewerbegehilfen — dessen Gehilfen — Schreiber —, nämlich dem .... übergeben;

3. da ich den Empfänger selbst in der Wohnung nicht angetroffen habe, dort

3a. An ein Familienglied. a) dem zu seiner Familie gehörigen erwachsenen Hausgenossen, nämlich de... Ehefrau — Sohne — Tochter .... übergeben,

3b. An eine Dienstperson. b) de.. in der Familie dienenden erwachsenen .... übergeben;

4. Verweigerte Annahme. 4. da der Empfänger die Annahme verweigerte — und er hier weder eine Wohnung noch ein Geschäftslokal hat — so habe ich die Schriftstücke am Orte der Zustellung zurückgelassen;

5. An den Hauswirt. 5. da ich den Empfänger selbst in der Wohnung nicht angetroffen habe, auch die Zustellung an einen Hausgenossen oder an eine dienende Person nicht möglich war,
de in demselben Hause wohnenden Hauswirt — Vermieter — nämlich de ....,
d...... zur Annahme bereit war, übergeben;

6. Niederlegung. 6. da ich den Empfänger selbst in der Wohnung nicht angetroffen habe, auch die Zustellung weder an einen Hausgenossen, noch an eine dienende Person, noch an den Hauswirt oder Vermieter möglich war,
auf der Geschäftsstelle des Amtsgerichts zu .... niedergelegt.
bei der Postanstalt zu .... niedergelegt.
bei dem Gemeindevorsteher zu .... niedergelegt.
bei dem Polizeivorsteher zu .... niedergelegt.

Die Niederlegung ist — wird — bekannt gemacht durch eine an der Tür der Wohnung des Empfängers befestigte schriftliche Anzeige — sowie durch mündliche Mitteilung an einen / zwei Nachbarn.

Die Bekanntmachung an einen / einen zweiten Nachbar war nicht tunlich.

Kosten:	RM	Rpf
Schreibgebühr (... Seiten)		
Beglaubigung (... Seiten)		
Zustellung . . .		
Reisekost. (.. km)		
Vordruck		
Postgebühren für Niederlegung		
Summe:		

.............................., den .... 193...

.........................., Vollstreckungs-Ober-Sekretär,

Gerichtsvollzieher bei dem Amtsgerichte ....

*) Die Formblätter II bis IV werden zweckmäßigerweise in der gleichen Weise und in derselben Größe wie die Postzustellungsurkunden gedruckt und auf der Rückseite links und rechts mit einem schmalen, etwa 2 cm breiten gummierten Streifen versehen, um die Verbindung mit dem Schriftstücke (§ 61 Abs. 1 bis 3 DA., § 190 Abs. 2, 3 ZPO.) zu erleichtern. Die Verbindung geschieht am einfachsten dadurch, daß die Zustellungsurkunde am Seitenrand der letzten beschriebenen Seite des Schriftstücks aufgeklebt wird.

**) Das Formblatt ist auch bei Zustellungen an eine Gesellschaftsfirma, die von einem Einzelkaufmann geführt wird, z. B. an die von dem Kaufmann A. geführte Firma B. & C., zu verwenden.

Formblatt III.

Zustellung an Behörden, Gemeinden, Körperschaften und Vereine
(einschließlich der Handelsgesellschaften*) usw.)

(§§ 48 bis 51, 55 DA.)

DR. Nr. . . . . 193 . .

Zustellungsurkunde.

Beglaubigte Abschrift — Ausfertigung — de . hiermit verbundenen Schriftstück ....

....

nebst einer beglaubigten Abschrift dieser Zustellungsurkunde habe ich heute hier im Auftrage de..

....

in .... als Vertreter de..............................

in .... zum Zwecke der Zustellung an d..............................

.... in ....

1. An den Vorsteher in Person.

1. dem Vorsteher — Vertreter — de . bezeichneten Behörde — Gemeinde — Körperschaft — Vereins —, nämlich dem..............................

....

in Person — in de . Geschäftslokale — Wohnung — de . bezeichneten Behörde — Gemeinde — Körperschaft — Vereins — Vorstehers — Vertreters — übergeben:

2. An Beamte usw.

2. da ich in dem Geschäftslokale de . vorbezeichneten — Behörde — Gemeinde — Körperschaft — Vereins — während der gewöhnlichen Geschäftsstunden
   a) den Vorsteher — Vertreter ....
      nicht angetroffen habe,
   b) den Vorsteher — Vertreter ....
      zwar angetroffen habe, er aber an der Annahme verhindert war,
   c) kein Mitglied des Vorstandes — keinen Vertreter — von den Mitgliedern des Vorstandes — von den Vertretern — nur d.............................. angetroffen
      habe, diese . aber an der Annahme verhindert war,
   dort dem bei de . vorbezeichneten Behörde — Gemeinde — Körperschaft — Verein — angestellten ....
   .... übergeben:

3. Wenn kein besonderes Geschäftslokal vorhanden ist.

3. da d . . vorbezeichnete — Behörde — Gemeinde — Körperschaft — Verein — ein besonderes Geschäftslokal nicht hat und ich auch d . . . en Vorsteher — den Vertreter, d ....
....
in der hiesigen Wohnung (..............................)
nicht selbst angetroffen habe, dort

*) Die Handelsgesellschaften sind als Vereine zu behandeln.

3a. An ein Familienglied.

a) dem zur Familie gehörigen erwachsenen Hausgenossen, nämlich de. Ehefrau — Sohn — Tochter

...

übergeben;

3b. An eine Dienstperson.

b) de. in der Familie dienenden erwachsenen ...

...

... übergeben;

4. Verweigerte Annahme.

4. da die Annahme verweigert wurde — und der bezeichnete Vorsteher — Vertreter — hier weder eine Wohnung noch ein Geschäftslokal hat, so habe ich die Schriftstücke an Ort und Stelle zurückgelassen;

5. An den Hauswirt.

5. da d.. vorbezeichnete — Behörde — Gemeinde — Körperschaft — Verein — ein besonderes Geschäftslokal nicht hat, und ich de.. en Vorsteher — den Vertreter, d ...

...

in der hiesigen Wohnung (...)

nicht angetroffen habe, auch die Zustellung an einen Hausgenossen oder an eine dienende Person nicht möglich war, de.. in demselben Hause wohnenden Hauswirt — Vermieter —, nämlich de ...

...

d.. zur Annahme bereit war, übergeben.

6. Niederlegung.

6. da d.. vorbezeichnete — Behörde — Gemeinde — Körperschaft — Verein — ein besonderes Geschäftslokal nicht hat, und ich auch de.. en Vorsteher — den Vertreter, d ...

...

in der hiesigen Wohnung (...)

nicht selbst angetroffen habe, auch die Zustellung weder an einen Hausgenossen noch an eine dienende Person noch an den Hauswirt oder Vermieter möglich war,

auf der Geschäftsstelle des Amtsgerichts zu ...

... niedergelegt;

bei der Postanstalt zu ...

niedergelegt.

bei dem Gemeindevorsteher zu ...

... niedergelegt.

bei dem Polizeivorsteher zu ...

niedergelegt.

Kosten:	R.M.	Rpf
Schreibgebühr .		
Beglaubigung .		
(.... Seiten)		
Zustellung . .		
Reisekosten (.. km)		
Vordruck . . .		
Postgebühren für Niederlegung .		
Summe:		

Die Niederlegung ist — wird — bekannt gemacht durch eine an der Tür der Wohnung des Empfängers befestigte schriftliche Anzeige sowie durch mündliche Mitteilung an einen / zwei Nachbarn.

Die Bekanntmachung an einen / einen zweiten Nachbar war nicht tunlich.

..., den ... 193 .

..., Vollstreckungs-Ober-Sekretär,

Gerichtsvollzieher bei dem Amtsgerichte ...

Formblatt IV.

DR. Nr...../193..

Zustellungsurkunde.

Vereinigtes Formblatt.

Beglaubigte Abschrift — Ausfertigung — de.. hiermit verbundenen Schriftstück ....
.... nebst einer beglaubigten Abschrift dieser Zustellungsurkunde habe ich heute hier im Auftrage de .... in .... als Vertreter de ....
in .... zum Zwecke der Zustellung an d .... in ....

	[Vordruck für die Zustellung an Einzelpersonen, Einzelfirmen, Rechtsanwälte, Notare und Gerichtsvollzieher.]	[Vordruck für die Zustellung an Behörden, Gemeinden, Körperschaften und Vereine (einschl. der Handelsgesellschaften usw.)]
1. An den Empfänger oder Vorsteher usw. in Person.	dem — Empfänger — Firmeninhaber (Vor- und Zuname): ...... selbst in — der Wohnung — dem Geschäftslokale — .... übergeben.	dem — Vorsteher — gesetzlichen Vertreter — vertretungsberechtigten Mitinhaber — .... in Person in — der Wohnung — dem Geschäftslokale — .... übergeben.
2. An Gehilfen, Schreiber, Beamte usw.	da ich in dem Geschäftslokale den — Empfänger — Firmeninhaber (Vor- und Zuname): .... selbst nicht angetroffen habe, dort de... — Gehilf... — Schreiber — .... übergeben.	da in dem Geschäftslokale während der gewöhnlichen Geschäftsstunden a) der angetroffene — Vorsteher — gesetzliche Vertreter — vertretungsberechtigte Mitinhaber — an der Annahme verhindert war, b) der — Vorsteher — gesetzliche Vertreter — vertretungsberechtigte Mitinhaber — nicht anwesend war, dort dem beim Empfänger angestellten .... übergeben.
3. An ein a) Familienglied b) eine dienende Person.	da ich den — Empfänger — Firmeninhaber (Vor- und Zuname): .... selbst in der Wohnung nicht angetroffen habe, dort a) dem zu seiner Familie gehörenden erwachsenen Hausgenossen, nämlich — der Ehefrau — dem Ehemanne — dem Sohne — der Tochter .... übergeben. b) de... in der Familie dienenden erwachsenen .... übergeben.	da ein besonderes Geschäftslokal nicht vorhanden ist und ich auch den — Vorsteher — gesetzlichen Vertreter — vertretungsberechtigten Mitinhaber — .... in der hiesigen Wohnung .... nicht selbst angetroffen habe, dort a) dem zu seiner Familie gehörenden erwachsenen Hausgenossen, nämlich — der Ehefrau — dem Ehemann — dem Sohne — der Tochter .... übergeben. b) de... in der Familie dienenden erwachsenen .... übergeben.
4. An den Hauswirt oder Vermieter	da ich den — Empfänger — Firmeninhaber (Vor- und Zuname): .... selbst in der Wohnung nicht angetroffen habe, auch die Zustellung an einen zur Familie gehörenden erwachsenen Hausgenossen oder an eine in der Familie dienende erwachsene Person nicht ausführbar war, de... in demselben Hause wohnenden — Hauswirt — Vermieter —, nämlich de ...., d.... zur Annahme bereit war, ... übergeben.	da ein besonderes Geschäftslokal nicht vorhanden ist und ich den — Vorsteher — gesetzlichen Vertreter — vertretungsberechtigten Mitinhaber — .... in der Wohnung .... nicht angetroffen habe, auch die Zustellung an einen zur Familie gehörenden erwachsenen Hausgenossen oder an eine in der Familie dienende erwachsene Person nicht ausführbar war, de... in demselben Hause wohnenden — Hauswirt — Vermieter —, nämlich de ...., d.... zur Annahme bereit war, übergeben.
5. Verweigerte Annahme. (Kommt nur in den Fällen 1, 2 und 3 in Betracht.)	Da die Annahme des Briefes verweigert wurde — und der Empfänger hier weder eine Wohnung noch ein Geschäftslokal hat —, habe ich die Schriftstücke am Orte der Zustellung zurückgelassen.	

............, den .... 193....

.... Vollstreckungs-Ober-Sekretär,

Gerichtsvollzieher bei dem Amtsgerichte ....

	[Vordruck für die Zustellung an Einzelpersonen, Einzelfirmen, Rechtsanwälte, Notare und Gerichtsvollzieher. (Nur gültig bei Durchstreichung der Zustellungsvermerke 1 bis 5 auf der vorstehenden Seite.)]	[Vordruck für die Zustellung an Behörden, Gemeinden, Körperschaften und Vereine (einschl. der Handelsgesellschaften usw.). (Nur gültig bei Durchstreichung der Zustellungsvermerke 1—5 auf der vorstehenden Seite.)]
6. Niederlegung.	da ich den — Empfänger — Firmeninhaber (Vor- und Zuname): .... selbst in der Wohnung nicht angetroffen habe und die Zustellung weder an einen zur Familie gehörenden erwachsenen Hausgenossen noch an eine in der Familie dienende erwachsene Person noch an den Hauswirt oder Vermieter ausführbar war, auf der Geschäftsstelle des Amtsgerichts zu .... niedergelegt. bei der Postanstalt zu .... niedergelegt. bei dem Gemeindevorsteher zu .... niedergelegt. bei dem Polizeivorsteher zu .... niedergelegt. Die Niederlegung ist — wird — bekanntgemacht durch eine an der Tür der Wohnung des Empfängers befestigte schriftliche Anzeige — sowie durch mündliche Mitteilung an einen — zwei Nachbarn. Die Bekanntmachung an einen / einen zweiten Nachbar war nicht tunlich.	da ein besonderes Geschäftslokal nicht vorhanden ist und ich auch den — Vorsteher — gesetzlichen Vertreter — vertretungsberechtigten Mitinhaber — .... in der Wohnung .... nicht angetroffen habe und die Zustellung weder an einen zur Familie gehörenden erwachsenen Hausgenossen noch an eine in der Familie dienende erwachsene Person noch an den Hauswirt oder Vermieter ausführbar war, auf der Geschäftsstelle des Amtsgerichts zu .... niedergelegt. bei der Postanstalt zu .... niedergelegt. bei dem Gemeindevorsteher zu .... niedergelegt. bei dem Polizeivorsteher zu .... niedergelegt. Die Niederlegung ist — wird — bekanntgemacht durch eine an der Tür der Wohnung des Empfängers befestigte schriftliche Anzeige — sowie durch mündliche Mitteilung an einen — zwei Nachbarn. Die Bekanntmachung an einen / einen zweiten Nachbar war nicht tunlich.

Kosten:	RM	Rpf
Schreibgebühr (... Seiten)		
Beglaubigung (... Seiten)		
Zustellung		
Reisekosten (..km)		
Vordruck		
Postgebühr für Niederlegung .		
Summe:		

................................, den 193

.... Vollstreckungs-Ober-Sekretär,

Gerichtsvollzieher bei dem Amtsgerichte ....

Formblatt V.

Zustellung an Unteroffiziere und Mannschaften
(§ 48 Abs. 2, § 56 DA.).

Kosten:	RM	Rpf
Schreibgebühr ...		
(...... Seiten)		
Beglaubigung ...		
(...... Seiten)		
Zustellung		
Reisekosten		
(..... km)		
Vordruck		
Summe		

Beglaubigte Abschrift (—Ausfertigung—) des hiermit verbundenen Schriftstücks *Klageschrift vom 1. Februar 1932* nebst einer beglaubigten Abschrift dieser Zustellungsurkunde habe ich heute hier im Auftrage des *Rechtsanwalts Georg Pfad* in *München* als Vertreter der *Näherin Bertha Schulze* in *München* zum Zwecke der Zustellung an den *Unteroffizier Josef Meier der 2. Kompagnie des 19. Infanterie-Regiments* dem Chef der dem bezeichneten Empfänger zunächst vorgesetzten Kommandobehörde, nämlich dem

(—stellvertretenden—) Kompagnie- (Eskadron-) Chef (Batterie-)

Hauptmann (Rittmeister) (Oberleutnant) *Winter* in Person übergeben.

(da ich in dem Geschäftslokale der dem Empfänger zunächst vorgesetzten Kommandobehörde während der gewöhnlichen Geschäftsstunden den —stellvertretenden— Kompagnie- Eskadron-Chef Batterie- Hauptmann Rittmeister Oberleutnant ....-nicht-zwar—angetroffen habe,—er aber an der Annahme verhindert war,—dem dort anwesenden, dienstlich bei dieser Kommandobehörde beschäftigten Angehörigen der Kompagnie — Eskadron — Batterie —, nämlich dem ...., übergeben.)

München, den *5. Mai 1932*.

Salzhuber,
Vollstreckungs-(Ober-)Sekretär,
Gerichtsvollzieher bei dem Amtsgerichte *München*.

DR. Nr. ...../193...

Zustellung durch die Post

Formblatt VI.

(§§ 64, 68 DA.).

Kosten:	RM	Rpf
Schreibgebühr . . .		
(. . . . . . Seiten)		
Beglaubigung . . .		
(. . . . . . . Seiten)		
Zustellung		
Postgebühr		
Vordruck		
Summe		

DR. Nr. . . . . . 193 .

I. Postübergabsurkunde.

Beglaubigte Abschrift (— Ausfertigung —) des hiermit verbundenen Schriftstücks *Klageschrift vom 15. Februar 1932* habe ich heute im Auftrage des *Rechtsanwalts Moser* in *München* als Vertreter des *Kaufmanns Hans Mohr* in *München* in einem mit meinem Dienstsiegel verschlossenen, mit der Geschäftsnummer DR. Nr. *17875* bezeichneten und mit folgender Aufschrift:

An den
Schmiedmeister Johann Tumblinger
. . . .
in *Rosenheim*

versehenen Briefe zum Zwecke der Zustellung an den bezeichneten Empfänger der Postanstalt *München 27* mit dem Ersuchen übergeben, die Zustellung einem Postboten des Bestimmungsortes aufzutragen.

Den Namen meines Auftraggebers habe ich auf dem für den Empfänger bestimmten Schriftstücke . . vermerkt.

München, den *20. Februar 1932.*
Salzhuber,
Vollstreckungs-(Ober-)Sekretär,
Gerichtsvollz. b. d. Amtsgerichte *München*.

II. Vermerk auf dem für den Zustellungsempfänger bestimmten Schriftstücke (§ 64 Abs. 2 DA.).

DR. Nr. . . . . /193 . .

Im Auftrag des *Klägers* . . . . . .*) zum Zwecke der Zustellung an den *Schmiedmeister Johann Tumblinger* in *Rosenheim* zur Post gegeben.

München, den *20. Februar 1932.*
Salzhuber,
Vollstreckungs-(Ober-)Sekretär,
Gerichtsvollzieher bei dem Amtsgerichte
München.

*) Ergibt sich aus dem zuzustellenden Schriftstücke selbst die Person dessen, in dessen Auftrag die Zustellung erfolgt, so kann kurz „im Auftrag des Klägers", „des Beklagten" usw. geschrieben werden; andernfalls ist die Partei namentlich zu bezeichnen.

Formblatt VII.

Zustellung durch Aufgabe zur Post
(§ 73 DA.).

Kosten: RM Rpf
Schreibgebühr . . .
(...... Seiten)
Beglaubigung . . .
(...... Seiten)
Zustellung . . . . .
Postgebühr . . . . .
Vordruck . . . . .

Summe

DR. Nr. ..../193..

Beglaubigte Abschrift (- Ausfertigung -) des hiermit verbundenen Schriftstücks *Schriftsatz vom 14. Juni 1932* nebst einer beglaubigten Abschrift dieser Zustellungsurkunde habe ich heute im Auftrage des *Rechtsanwalts Huber* in *Bayreuth* als Vertreter des *Kaufmanns Wilhelm Hirt* in *Bayreuth* in einem mit meinem Dienstsiegel verschlossenen, mit der Geschäftsnummer DR. Nr. *620* und mit der Aufschrift:

An d*en Kaufmann Elias Schneider* in
Löwen (Belgien)

(— sowie mit dem Vermerke „Einschreiben" —) versehenen Briefe der Postanstalt . . . .
hier zur Beförderung übergeben.

Bayreuth, den *18. Juni 1932*.

Graßner, Vollstreckungs-Ober-Sekretär,
Gerichtsvollzieher
bei dem Amtsgerichte *Bayreuth*.

Formblatt VIII.

Anzeige über Niederlegung eines Schriftstücks
(§ 52 DA.).

Für den *Bauern Josef Hinterhuber* . .
. . . .
werde — (habe) — ich heute ein im Auftrage des *Rechtsanwalts Oeller* als Vertreter des *Kaufmanns Erich Holzapfel* in *München* zuzustellendes Schriftstück . .
. . . .
(— auf der Geschäftsstelle des Amtsgerichts . . . .)
(— bei der Postanstalt . . . . zu . . . .
. . . . . .) — bei dem Gemeindevorsteher zu *Bachhegel* . . . . (— bei dem Polizeivorsteher zu . . . .) niederlegen — (niedergelegt) —.

Das Schriftstück ist dort abzuholen.

Bachhegel, den *31. März 1932*.

Schmitt, Vollstreckungs-(Ober-)Sekretär,
Gerichtsvollzieher
bei dem Amtsgerichte *Lauingen*.

DR. Nr. . . . . /193 . . .

Formblatt IX.

Hauptübersicht

über den Kostenanfall der Gerichtsvollzieherei ....
(des Gerichtsvollziehers ....)
für das ... Vierteljahr 193 ..

Vortrag	Kosten, die ganz der Staatskasse verbleiben		Gebühren, an denen dem Gerichtsvollzieher Anteile gewährt werden können		Gebühren für Geschäfte nach § 5 GVO.		Postgebühren, Reisekosten und Barauslagen des GV.		Summe der Spalten 2 bis 5		Bemerkungen
1	2		3		4		5		6		7
	RM	Rpf	RM	Rpf	RM	Rpf	RM	Rpf	RM	Rpf	
Die Solleinnahme beträgt nach dem Dienstregister											
I. des Gerichtsvollziehers											
a) für den Monat											
1. Überträge aus früheren Kalendervierteljahren .	...	...	...	...	...	...	...	...	...	...	
2. neue Einträge	...	...	...	...	...	...	...	...	...	...	
b) für den Monat	...	...	...	...	...	...	...	...	...	...	
c) für den Monat	...	...	...	...	...	...	...	...	...	...	
II. des Gerichtsvollziehers ..... usw.											
Summe der Solleinnahme	...	...	...	...	...	...	...	...	...	...	
Hiervon wurden											
a) in das Dienstregister des folgenden Vierteljahres übertragen .	...	...	...	...	...	...	...	...	...	...	
b) als uneinbringlich abgeschrieben	...	...	...	...	...	...	...	...	...	...	
Summe der Einnahmerückstände	...	...	...	...	...	...	...	...	...	...	
Sohin beträgt die wirkliche Einnahme	...	...	...	...	...	...	...	...	...	...	
Die Beträge in Spalte 4 sind laut der anliegenden ...... Belege hinausvergütet											....
Weiter geht ab der Sollbetrag an Auslagen in Spalte 5 mit Ausschluß der bezüglichen Überträge aus den früheren Kalendervierteljahren											....
Nach Abzug dieser Posten zu											....
ergibt sich als einzuweisender Betrag die Summe von											....

Diese Summe wurde im Laufe des Monats ....
und bei der heutigen Abrechnung bar und vollständig an das Finanzamt ....
.... abgeliefert.

............., den .... 193 ..

Der rechnungsführende Beamte:

....

Formblatt X.

Dienstregister

für den Gerichtsvollzieher

Eugen Schneider

bei dem Amtsgerichte *Memmingen*

1932

April

(Seite 2)

Fort-laufende Nummer	Tag des Ein-gangs	Bezeichnung des		Geschäft		
		Auftraggebers	Gegners	Tag	Be-zeichnung	Gegen-standswert
1	2	3	4	5	6	7
						RM | Rpf

(Seite 3)

einnahmen				Wirkliche Ein-nahme (Spalten 12 mit 16)	Einnahmerückstände			
an Post-gebühren	an Reise-kosten	an Bar-auslagen des GV.	Summe der Spalten 12 mit 16		an Kosten, die ganz der Staats-kasse ver-bleiben	an Gebühren, an denen dem GV. Anteile gewährt werden können	an Gebühren für Geschäfte nach § 5 GVKO.	an Post-gebühren
14	15	16	17	18	19	20	20a	21
RM | Rpf	RM | Rpf	RM | Rpf	RM | Rpf	RM | Rpf	RM | Rpf	RM | Rpf	RM | Rpf	RM | Rpf

(Seite 2)

Zahl der				Soll-						
Zustellungen auf Betreiben einer Partei	Zwangsvollstreckungshandlungen	Wechsel- und Scheckproteste und -Zahlungen	sonstigen Geschäfte	an Kosten, die ganz der Staatskasse verbleiben		an Gebühren, an denen dem GV. Anteile gewährt werden können		an Gebühren für Geschäfte nach § 5 GVO.	
8	9	10	11	12		13		13 a	
				RM	Rpf	RM	Rpf	RM	Rpf

(Seite 3)

			Geldverkehr											
an Reisekosten und Barauslagen des GV.		Eingenommen			auf Kosten verrechnet			Ausgegeben oder hinterlegt			Nr. des Belegs oder des Dienstregisters	Bemerkungen
		Tag	Summe		Tag	Summe		Tag	Summe			
22		23	24		25	26		27	28		29	30
RM	Rpf		RM	Rpf		RM	Rpf		RM	Rpf		

Formblatt XI.

(Seite 1)

Nachschlageregister

für die

Zwangsvollstreckungen

$\frac{\text{des}}{\text{der}}$ Gerichtsvollzieher$\frac{\text{s}}{\text{ei}}$

bei dem Amtsgerichte ....

1932—193..

(Seite 2)

Familien- und Vorname des Schuldners	Familien-name des Auftrag-gebers	Nummer (u. Jahrgang) des Dienst-registers (Buchstabe d. GV.)	Art des Geschäftes	Be-merkungen
1	2	3	4	5

Formblatt XII.

Verwahrungsbuch

für $\frac{\text{den}}{\text{die}}$ Gerichtsvollzieher(ei)

....

bei dem Amtsgerichte ....

193..

(Seite 2)

Fortlaufende Nr.	Nr. des Dienst-Reg. (Buchstabe d. GV.)	Bezeichnung der Sache	Eingenommen	
			Tag	Gegenstand
1	2	3	4	5

(Seite 3)

Ausgegeben oder hinterlegt			Bemerkungen
Tag	Gegenstand	Beleg-Nr.	
6	7	8	9

Formblatt XIII.

Geschäftsübersicht

für den/die Gerichtsvollzieher(ei)

bei dem Amtsgerichte ....

Geschäftsjahr 193...

Zahl der										
Einträge ins Dienstregister	Zustellungen auf Betreiben einer Partei	Zwangsvollstreckungshandlungen	Wechsel- und Scheckproteste und -Zahlungen	Geschäfte nach § 4 Nr. 1 GVO.	freiwilligen Versteigerungen	Geschäfte nach § 5 Nr. 1, 2 GVO.	öffentlichen Versteigerungen und ähnlichen Fälle	sonstigen Geschäfte	Summe der Spalten 2 bis 9	Bemerkungen
1	2	3	4	5	6	7	8	9	10	11

Formblatt XIV.

Übersicht

über die Einnahmen

des/der Gerichtsvollziehers/ei

bei dem Amtsgerichte ....

Rechnungsjahr 193.../3...

Solleinnahme							
an Kosten, die ganz der Staatskasse verbleiben	an Gebühren, an denen dem GV. Anteile gewährt werden können	an Gebühren für Geschäfte nach § 5 GVO.	an Postgebühren	an Reisekosten	an Barauslagen des GV.	Einnahmerückstände	Bemerkungen
1	2	3	4	5	6	7	8

C.

Gebührenvorschriften.[1]

3. Reichsgebührenordnung für Gerichtsvollzieher

in der Fassung der Bekanntmachung vom 14. Dezember 1922 (RGBl. I S. 917) und unter Berücksichtigung der Verordnungen vom 13. Dezember 1923 (RGBl. I S. 1189) und vom 12. Dezember 1924 (RGBl. I S. 775), des Gesetzes vom 14. Juli 1928 (RGBl. I S. 197) sowie des § 14 des Sechsten Teils Kap. I der Verordnung des Reichspräsidenten vom 6. Oktober 1931 (RGBl. I S. 537/564).

§ 1. In den vor die ordentlichen Gerichte gehörigen Rechtssachen, auf welche die Zivilprozeßordnung, die Strafprozeßordnung oder die Konkursordnung Anwendung findet, werden Gebühren und Auslagen des Gerichtsvollziehers nur nach Maßgabe der folgenden Bestimmungen erhoben[2] [3]).

§ 2[4]). Die Gebühr für eine Zustellung durch Aufgabe zur Post (ZPO. § 175), für das an die Post gerichtete Ersuchen um Bewirkung einer Zustellung (ZPO. § 194) sowie für die im Auftrag eines Anwalts an den Gegenanwalt bewirkte Zustellung beträgt 0,40 Reichsmark.

Stellt der Gerichtsvollzieher persönlich ohne Inanspruchnahme der Post zu, so erhöht sich die Gebühr um den Betrag der Post-

---

[1]) Vgl. dazu die Bek. über die Gebühren und Auslagen der GV. v. 31. 12. 1931 (JMBl. n. F. Bd. III S. 861), abgedr. unter Nr. 6, insbes. deren §§ 1 bis 7 und §§ 8 bis 54.

[2]) Vgl. noch § 9 Abs. 2 des Arbeitsgerichtsgesetzes:

„Die Gebührenordnung für Zeugen und Sachverständige und die Gebührenordnung für Gerichtsvollzieher finden im arbeitsgerichtlichen Verfahren Anwendung. Gebührenvorschüsse dürfen die Gerichtsvollzieher nicht erheben."

[3]) Art. II Nr. 12 der VO. ü. d. Geb. d. GV. v. 13. 12. 1923 (RGBl. I S. 1189) bestimmt:

„Nicht durch 5 teilbare Gebührenbeträge sind auf volle 5 Reichspfennig aufzurunden."

[4]) Vgl. dazu §§ 8—16 d. Bek. v. 31. 12. 1931 (abgedr. unter Nr. 6).

gebühren, der entstanden sein würde, wenn durch die Post zugestellt worden wäre.

Ist mit der Zustellung eine Aufforderung gemäß § 840 der Zivilprozeßordnung oder bei der Ladung von Zeugen oder Sachverständigen das Darbieten einer Entschädigung (StPO. § 219 Abs. 2 [jetzt § 220 Abs. 2]) verbunden, oder ist dem Empfänger zugleich mit der Zustellung eine Urkunde vorzulegen, so erhöht sich die Gebühr um weitere [0,20][1]) Reichsmark.

Ist die versuchte persönliche Zustellung ohne Erfolg geblieben, weil die Wohnung des Empfängers nicht zu ermitteln war, so erhält der Gerichtsvollzieher die Hälfte der Gebühr.

Für die Beglaubigung eines ihm zum Zwecke der Zustellung übergebenen Schriftstücks erhält der Gerichtsvollzieher außerdem eine Gebühr von 0,05 Reichsmark für die Seite. Eine angefangene Seite wird als voll berechnet.

Wird der Zustellungsauftrag vor seiner Erledigung zurückgenommen, so erhält der Gerichtsvollzieher unbeschadet der Gebühr für eine bereits vorgenommene Beglaubigung 0,20 Reichsmark.

Die Zustellung an den Zustellungsbevollmächtigten mehrerer Beteiligter (ZPO. § 189 Abs. 2) gilt als eine Zustellung.

§ 3[2]). Die Gebühr für die Pfändung von beweglichen körperlichen Sachen (ZPO. §§ 808, 809), von Früchten, welche von dem Boden noch nicht getrennt sind (ZPO. § 810), sowie von Forderungen aus Wechseln oder anderen Papieren, welche durch Indossament übertragen werden können (ZPO. § 831), beträgt von dem auf 10 Reichsmark aufgerundeten Betrage der beizutreibenden Forderung

bis zu 100 Reichsmark einschließlich 2 vom Hundert,
von dem Mehrbetrage bis zu
500 Reichsmark einschließlich 1 „ „ ,
von dem Mehrbetrag . . . . . ½ „ „ ,

mindestens jedoch 1 Reichsmark.

Erfolgt die Pfändung zur Vollziehung eines Arrestes, so ist der in dem Arrestbefehle nach § 923 der Zivilprozeßordnung festgestellte Geldbetrag maßgebend. Bei der Pfändung eines im Schiffsregister eingetragenen Schiffes (ZPO. § 931) ist der Mindestbetrag der Gebühr 3 Reichsmark.

---

[1]) Die Zusatzgebühr beträgt nunmehr 0,50 Reichsmark (§ 14 Kap. I 6. Teil d. 3. NotVO.).

[2]) Vgl. §§ 17—21 d. Bek. v. 31. 12. 1931 (abgedr. unter Nr. 6).

Nimmt die Pfändung mehr als 1 Stunde in Anspruch, so erhöht sich die Gebühr für jede angefangene weitere Stunde um die Hälfte, jedoch höchstens um je 3 Reichsmark.

Ist eine versuchte Pfändung ohne Erfolg geblieben, weil nach Inhalt des Protokolls pfändbare Gegenstände nicht vorhanden waren oder die Pfändung nach § 803 Abs. 2, § 812 der Zivilprozeßordnung zu unterbleiben hatte, so erhält der Gerichtsvollzieher die Hälfte der Gebühr[1]).

§ 4[2]). Für die Übernahme beweglicher Sachen zum Zwecke der Verwertung in den Fällen der §§ 790, 847, 854 der Zivilprozeßordnung sowie im Falle des Ausscheidens des Gerichtsvollziehers, welcher die Pfändung vorgenommen hat, erhält der Gerichtsvollzieher die Hälfte der im § 3 bestimmten Gebühr[3]).

§ 5[4]). Werden Pfandstücke, die im Gewahrsam des Schuldners belassen sind, zum Zwecke der Versteigerung oder aus einem anderen Grunde aus dem Gewahrsam des Schuldners entfernt, so erhält der Gerichtsvollzieher eine Gebühr von 1 Reichsmark.

Nimmt das Geschäft mehr als eine Stunde in Anspruch, so erhöht sich die Gebühr für jede angefangene weitere Stunde um den gleichen Betrag.

§ 6[5]). Wird der Vollstreckungsauftrag zurückgenommen, ehe sich der Gerichtsvollzieher zwecks Vornahme der in den §§ 3, 4 bezeichneten Handlungen an Ort und Stelle begeben hat, so erhält er ein Viertel der Gebühr[6]).

Hat eine Vollstreckungshandlung der in den §§ 3, 4, 5 bezeichneten Art, nachdem sich der Gerichtsvollzieher an Ort und Stelle begeben hat, infolge Zurücknahme des Auftrags, infolge Leistung an den Gerichtsvollzieher oder zufolge der Vorschrift des § 775 der Zivilprozeßordnung oder, weil im Falle des § 5 die Pfandstücke nicht mehr vorgefunden wurden, nicht stattgefunden, so erhält der

---

[1]) Die Gebühr beträgt mindestens 1 Reichsmark (§ 14 Kap. I 6. Teil d. 3. NotVO.).

[2]) Vgl. § 22 der Bek. v. 31. 12. 1931 (abgedr. unter Nr. 6).

[3]) Die Gebühr beträgt mindestens 1 Reichsmark (§ 14 Kap. I 6. Teil d. 3. NotVO.).

[4]) Vgl. § 23 der Bek. v. 31. 12. 1931 (abgedr. unter Nr. 6).

[5]) Vgl. §§ 24 bis 26 der Bek. v. 31. 12. 1931 (abgedr. unter N. 6).

[6]) Die Gebühr beträgt mindestens 0,50 und höchstens 50 Reichsmark (§ 14 Kap. I 6. Teil d. 3. NotVO.).

Gerichtsvollzieher die Hälfte der Gebühr[1]). Das gleiche gilt, wenn die Vollstreckungshandlung deshalb unterblieben ist, weil die Wohnung des Schuldners oder des Dritten, bei dem die Vollstreckungshandlung erfolgen sollte, nicht zu ermitteln war oder weil sich der Dritte zur Herausgabe nicht bereit erklärt hat[1]).

Betreffen die in Abs. 1, 2 bezeichneten Voraussetzungen Teile der beizutreibenden Forderung, so sind die Gebühren von jedem Teile besonders zu berechnen. Es darf jedoch nicht mehr erhoben werden, als wenn die Gebühr von dem Gesamtbetrage der Forderung unter Zugrundelegung der höchsten zum Ansatz kommenden Gebühr erhoben würde.

§ 7[2]). Für die Versteigerung oder den Verkauf aus freier Hand von beweglichen Sachen, Früchten, die von dem Boden noch nicht getrennt sind, Forderungen oder anderen Vermögensrechten erhält der Gerichtsvollzieher von dem auf volle 10 Reichsmark aufgerundeten Betrage des Erlöses

bis zu 100 Reichsmark einschließlich	5 vom Hundert,
von dem Mehrbetrage bis zu 300 Reichsmark einschließlich .	3 „ „ ,
von dem Mehrbetrage bis zu 1000 Reichsmark einschließlich .	2 „ „ ,
von dem Mehrbetrage bis zu 5000 Reichsmark einschließlich .	1 „ „ ,
von dem Mehrbetrag.	½ „ „ ,

mindestens jedoch 1 Reichsmark.

Ist ein zum Zuschlag führendes Gebot nicht abgegeben, so beträgt die Gebühr 1 Reichsmark.

Ist die Versteigerung oder der Verkauf, nachdem sich der Gerichtsvollzieher an Ort und Stelle begeben hat, infolge Zurücknahme des Vollstreckungsauftrags, auf Antrag des Gläubigers, infolge Leistung an den Gerichtsvollzieher oder zufolge der Vorschrift des § 775 der Zivilprozeßordnung oder, weil die Pfandstücke nicht mehr vorhanden waren, unterblieben, so beträgt die Gebühr 1 Reichsmark.

Hat der Versteigerungstermin auf Antrag des Gläubigers oder zufolge der Vorschrift des § 775 der Zivilprozeßordnung nicht statt-

---

[1]) Die Gebühr beträgt in den Fällen der §§ 3 und 4 mindestens 1 Reichsmark und höchstens 100 Reichsmark (§ 14 Kap. I 6. Teil d. 3. NotVO.).

[2]) Vgl. §§ 27 bis 30 der Bek. v. 31. 12. 1931 (abgedr. unter Nr. 6).

gefunden, oder ist der Versteigerungstermin infolge ungenügender Gebote erfolglos geblieben, so erhält der Gerichtsvollzieher für die Anberaumung eines neuen Versteigerungstermins eine Gebühr von 0,50 Reichsmark.

§ 8[1]). Der Gerichtsvollzieher erhält für die Wegnahme beweglicher Sachen einschließlich der Übergabe derselben (ZPO. § 883) eine Gebühr von 2 Reichsmark. Die Gebühr wird auch dann erhoben, wenn der Schuldner an den zur Vornahme der Vollstreckungshandlung erschienenen Gerichtsvollzieher freiwillig leistet.

Nimmt das Geschäft mehr als 1 Stunde in Anspruch, so erhält der Gerichtsvollzieher für jede angefangene weitere Stunde 1 Reichsmark.

Ist eine versuchte Wegnahme ohne Erfolg geblieben, weil nach Inhalt des Protokolls die herauszugebenden Sachen nicht aufzufinden waren, so erhält der Gerichtsvollzieher die Hälfte der Gebühr.

§ 9[2]). Die Vorschriften des § 8 finden auf die Wegnahme einer Person mit der Maßgabe entsprechende Anwendung, daß die doppelten Gebührensätze erhoben werden.

§ 10[3]). Der Gerichtsvollzieher erhält

1. für die Entsetzung aus dem Besitz unbeweglicher Sachen oder bewohnter Schiffe und die Einweisung in denselben (ZPO. § 885),
2. im Falle der Zuziehung zur Beseitigung des Widerstandes des Schuldners gegen die Vornahme einer Handlung (ZPO. § 892)

eine Gebühr von 3 Reichsmark. Nimmt das Geschäft von dem Erscheinen an Ort und Stelle bis zur Beendigung seiner Tätigkeit mehr als 1 Stunde in Anspruch, so erhält der Gerichtsvollzieher für jede angefangene weitere Stunde 1 Reichsmark.

In die Dauer der unter Nr. 1 erwähnten Vollstreckungshandlungen ist auch die Zeit einzurechnen, welche der Gerichtsvollzieher zu verwenden hat, um bewegliche Sachen, welche nicht Gegenstand der Zwangsvollstreckung sind, wegzuschaffen, zu übergeben oder in Verwahrung zu bringen.

§ 11[3]). Wird der Vollstreckungsauftrag zurückgenommen, ehe sich der Gerichtsvollzieher zwecks Vornahme der in den §§ 8, 9, 10

---

[1]) Vgl. §§ 31 bis 33 der Bek. v. 31. 12. 1931 (abgedr. unter Nr. 6).
[2]) Vgl. § 34 der Bek. v. 31. 12. 1931 (abgedr. unter Nr. 6).
[3]) Vgl. § 35 der Bek. v. 31. 12. 1931 (abgedr. unter Nr. 6).

bezeichneten Handlungen an Ort und Stelle begeben hat, so erhält er eine Gebühr von 0,50 Reichsmark.

Ist die Vollstreckungshandlung, nachdem sich der Gerichtsvollzieher an Ort und Stelle begeben hat, infolge Zurücknahme des Auftrags, zufolge der Vorschrift des § 775 der Zivilprozeßordnung oder deshalb unterblieben, weil die Wohnung des Schuldners oder der Ort, an dem die Handlung vorzunehmen war, nicht zu ermitteln war, so erhält der Gerichtsvollzieher eine Gebühr von 1 Reichsmark.

§ 12[1]). Der Gerichtsvollzieher erhält für die Verhaftung einer Person, einschließlich der Ablieferung derselben zur Haft, und für die zwangsweise Vorführung einer Person eine Gebühr von 10 Reichsmark, für die Nachverhaftung einer bereits verhafteten Person 2 Reichsmark.

Konnte eine unternommene Verhaftung nicht ausgeführt werden, weil nach Inhalt des Protokolls sich bei derselben das Vorhandensein eines der in den §§ 904, 906 der Zivilprozeßordnung aufgeführten Gründe herausgestellt hat, so erhält der Gerichtsvollzieher eine Gebühr von 3 Reichsmark.

Die Vorschriften im § 6 Abs. 1, 2 gelten mit der Maßgabe entsprechend, daß im Falle des Abs. 1 dieser Vorschrift eine Gebühr von 1 Reichsmark und im Falle des Abs. 2 eine Gebühr von 2 Reichsmark erhoben wird.

§ 13[2]). Leistet der Schuldner oder für ihn ein Dritter an den Gerichtsvollzieher eine Zahlung, so beträgt die Gebühr, unbeschadet einer weiteren Gebühr gemäß § 6 Abs. 2, § 7 Abs. 3 oder § 12 Abs. 3 von dem auf volle 10 Reichsmark aufgerundeten Betrage

bis zu 100 Reichsmark einschließlich ½ vom Hundert,
von dem Mehrbetrag . . . . ¼ „ „ ,

mindestens jedoch [0,20][3]) Reichsmark.

§ 14[4]). Die in den §§ 3 bis 13 bestimmten Gebühren umfassen die gesamte[5]) Tätigkeit des Gerichtsvollziehers bei der Zwangsvollstreckung, insbesondere

---

[1]) Vgl. §§ 36 bis 38 der Bek. v. 31. 12. 1931 (abgedr. unter Nr. 6).
[2]) Vgl. §§ 39 bis 41 der Bek. v. 31. 12. 1931 (abgedr. unter Nr. 6).
[3]) Die Mindestgebühr beträgt jetzt 0,50 Reichsmark (§ 14 Kap. I 6. Teil d. 3. NotVO.).
[4]) Vgl. § 43 der Bek. v. 31. 12. 1931 (abgedr. unter Nr. 6).
[5]) Nach § 14 Kap. I 6. Teil der 3. NotVO. erhält jedoch der GV. für die Mitwirkung bei einer vom VollstrGer. gemäß § 825 ZPO. ange-

1. die Nachsuchung der Unterstützung der polizeilichen Vollzugsorgane und die Zuziehung der Zeugen und Sachverständigen (ZPO. §§ 758, 759, 813, 814);
2. die zu den Vollstreckungshandlungen gehörenden Mitteilungen, Aufforderungen, Zustellungen und Postsendungen;
3. die Umschreibung eines auf den Namen lautenden Wertpapiers auf den Namen des Käufers und die Wiederinkurssetzung eines gepfändeten Inhaberpapiers (ZPO. §§ 822, 823);
4. die Annahme und Quittierung, Ablieferung oder Hinterlegung der schuldigen Leistungen sowie des gepfändeten oder erlösten Geldes und die Zurückgabe gepfändeter Gegenstände;
5. die Bekanntmachung der Versteigerung.

§ 15[1]). Wird eine Zustellung oder eine Vollstreckungshandlung auf Antrag zur Nachtzeit oder an einem Sonn- oder Feiertage[2]) vorgenommen oder versucht, so wird die doppelte Gebühr erhoben.

§ 16[3]). An baren Auslagen werden dem Gerichtsvollzieher vergütet:
1. die Schreibgebühren;
2. die Post-, Telegraphen- und Fernsprechgebühren sowie die Kosten für Postvordrucke;
3. die durch öffentliche Bekanntmachungen, insbesondere durch Einrückung in öffentliche Blätter entstandenen Kosten;
4. die an Zeugen und Sachverständige zu zahlenden Beträge;
5. die Entschädigung der zum Öffnen von Türen und Behältnissen sowie zur Durchsuchung weiblicher Schuldner zugezogenen Personen;
6. die für Umschreibung eines auf Namen lautenden Wertpapiers oder für Wiederinkurssetzung eines Inhaberpapiers zu zahlenden Beträge;

---

ordneten besonderen Art der Verwertung einer gepfändeten Sache eine Gebühr von 1 v. H. des Erlöses, mindestens jedoch 2 Reichsmark und höchstens 20 Reichsmark. Besteht die Mitwirkung des GV. lediglich in der Übergabe oder Übersendung der Sache, so erhält er eine Gebühr von 2 Reichsmark; § 5 Abs. 2 der Gebührenordnung für GV. findet entsprechende Anwendung, d. h. wenn die vom GV. bei der Übergabe oder Übersendung entfaltete Tätigkeit mehr als eine Stunde in Anspruch nimmt, so erhöht sich die Gebühr für jede angefangene Stunde um weitere 2 Reichsmark.

[1]) Vgl. § 44 der Bek. v. 31. 12. 1931 (abgedr. unter Nr. 6).

[2]) Siehe S. 36 Anm. 3.

[3]) Vgl. § 45 der Bek. v. 31. 12. 1931 (abgedr. unter Nr. 6).

7. die Kosten eines Transports von Personen oder Sachen, die Kosten der Verwahrung und Beaufsichtigung von Gegenständen, die Kosten der Aberntung von Früchten sowie der Erhaltung von Tieren[1]);
8. die Reisekosten;
9. die für Auskünfte über die Wohnung von Beteiligten an polizeiliche Meldestellen zu zahlenden Beträge.

Zu den nach Abs. 1 zu vergütenden baren Auslagen gehören die Kosten für die bei Erledigung des Auftrags verwandten Vordrucke aller Art, insoweit dem Gerichtsvollzieher nicht Schreibgebühren zustehen.

Die Vordrucke sind mit je 1 Reichspfennig und, soweit sie mehr als zwei Bogenseiten umfassen, mit 2 Reichspfennig in Rechnung zu stellen.

§ 17.[2]) Schreibgebühren werden dem Gerichtsvollzieher nach Maßgabe des § 80 [jetzt § 71] des Gerichtskostengesetzes vergütet:

1. für alle nach gesetzlicher Vorschrift oder auf Antrag erteilten Abschriften der von demselben aufgenommenen Urkunden und Protokolle, mit Ausnahme der nach gesetzlicher Vorschrift zu erteilenden Abschrift der Zustellungsurkunde; im Falle des § 2 Abs. 7 wird ihm jedoch für jede Abschrift der Zustellungsurkunde die Schreibgebühr vergütet;
2. für die bei einer Hinterlegung zu erstattende Anzeige an das Vollstreckungsgericht (ZPO. §§ 827, 854);
3. für die Aufnahme der von dem Drittschuldner nach Zustellung eines Pfändungsbeschlusses abgegebenen Erklärungen (ZPO. § 840);
4. für die vor der Verhaftung erforderliche Anzeige an die vorgesetzte Dienstbehörde des zu Verhaftenden (ZPO. § 910).

§ 18.[3]) Den zu einer Vollstreckungshandlung in Gemäßheit des § 759 der Zivilprozeßordnung zugezogenen Zeugen ist auf Verlangen eine angemessene Entschädigung für Zeitversäumnis zu zahlen.

§ 19. Dem in den Fällen der §§ 813, 814 der Zivilprozeß-

---

[1]) Zu den nach § 16 dem GV. zu vergütenden baren Auslagen gehören auch in angemessenen Grenzen die Kosten für unbedingt notwendige Arbeitshilfe und für notwendige und verkehrsübliche Benutzung von eigenen Beförderungsmitteln zum Transport von Sachen und Personen (§ 14 Kap. I 6. Teil d. 3. NotVO.).

[2]) Vgl. § 46 der Bek. v. 31. 12. 1931 (abgedr. unter Nr. 6).

[3]) Vgl. S. 106 Anm. 4.

ordnung zugezogenen Sachverständigen kann eine Vergütung nach dem ortsüblichen Preise einer solchen Leistung gewährt werden.

§ 20[1]. Muß der Gerichtsvollzieher zur Vornahme einer Amtshandlung einen Hinweg und einen Rückweg von je 2 Kilometer oder mehr außerhalb seines dienstlichen Wohnsitzes zurücklegen, so erhält er an Reisekosten für jedes angefangene Kilometer des Hinwegs und des Rückwegs eine Entschädigung von 0,15 Reichsmark.

Nimmt der Gerichtsvollzieher mehrere Geschäfte auf derselben Reise vor, so erhält er für jedes derselben die volle, nach der Entfernung des Ortes von seinem dienstlichen Wohnsitz zu berechnende Entschädigung. Jedoch steht dem Gerichtsvollzieher für mehrere Geschäfte, welche für denselben Auftraggeber an demselben Orte vorgenommen werden und sich auf dieselbe Rechtsangelegenheit beziehen oder welche für mehrere Auftraggeber kraft eines oder mehrerer Schuldtitel gegen denselben Schuldner gleichzeitig vorgenommen werden, die Entschädigung nur einmal zu; in diesem Falle ist sie auf die mehreren Aufträge nach ihrer Zahl umzulegen.

Für einzelne Ortschaften oder Gruppen benachbarter Ortschaften kann die Landesjustizverwaltung darüber Bestimmung treffen, ob und in welchem Umfang dem Gerichtsvollzieher für Wege, die er zur Vornahme einer Amtshandlung innerhalb dieser Ortschaften oder außerhalb derselben in einem Umkreis von weniger als 2 Kilometer zurücklegen muß, eine Entschädigung für Reisekosten zu gewähren ist[2].

§ 21. Der Gerichtsvollzieher kann die Übernahme eines Geschäfts von der Zahlung eines zur Deckung der baren Auslagen und des vermutlichen Betrags der Gebühren hinreichenden Vorschusses abhängig machen, sofern nicht das Geschäft von Amts wegen angeordnet oder für eine zum Armenrecht zugelassene Person auszuführen ist[3].

§ 22[4]. Schuldner der Gebühren und Auslagen des Gerichtsvollziehers ist bei Geschäften, welche von Amts wegen angeordnet werden, die Staatskasse, bei sonstigen Geschäften der Auftraggeber.

§ 23[4]. Die Gebühren und Auslagen sind, unbeschadet der Bestimmung des § 788 der Zivilprozeßordnung, fällig, sobald der

---

[1] Vgl. §§ 47 bis 53 der Bek. v. 31. 12. 1931 (abgedr. unter Nr. 6).

[2] S. die Bek. über Reisekosten der Gerichtsvollzieher v. 11. 6. 1930 (JMBl. n. F. Bd. III S. 422), abgedr. unter Nr. 7.

[3] S. § 327 DA. (abgedr. unter Nr. 2) u. Anm.

[4] Vgl. § 54 der Bek. v. 31. 12. 1931 (abgedr. unter Nr. 6).

Auftrag erledigt ist. Der Gerichtsvollzieher ist berechtigt, dieselben von dem Auftraggeber durch Postnachnahme zu erheben.

§ 24. Im Falle der Bewilligung des Armenrechts werden dem für die arme Partei bestellten Gerichtsvollzieher die baren Auslagen von der Staatskasse ersetzt, falls nicht dieselben von dem Ersatzpflichtigen beigetrieben werden können (ZPO. §§ 124, 788).

§ 25. Bei Erinnerungen gegen den Ansatz von Gebühren oder Auslagen des Gerichtsvollziehers findet, soweit nicht § 766 Abs. 2 der Zivilprozeßordnung Platz greift, § 4 des Gerichtskostengesetzes entsprechende Anwendung[1]).

§ 26. Die Gerichtsvollzieher sind verpflichtet, unter den Urschriften und Abschriften ihrer Akte eine Berechnung der Gebühren und Auslagen aufzustellen und bei Geschäften, welche nach Verhältnis der verwendeten Zeit vergütet werden, in dem Protokolle die Dauer der letzteren anzugeben. Ist die Zeitangabe unterblieben, so darf nur die für die geringste Zeitdauer bestimmte Gebühr berechnet werden.

§ 27. Den einzelnen Ländern bleibt vorbehalten:

1. für Zustellungen, für deren Nachweis auf Grund des § 39 der Strafprozeßordnung einfachere Formen zugelassen sind, abweichend von den Vorschriften dieses Gesetzes geringere Gebühren zu bestimmen;
2. an Stelle von Gebühren und Auslagen, welche die Gerichtsvollzieher auf Grund dieses Gesetzes zu beanspruchen haben, denselben eine anderweite Vergütung zu gewähren.

Für die von den ersatzpflichtigen Personen zu erhebenden Beträge bleiben im Falle der Nr. 2 die Bestimmungen dieses Gesetzes maßgebend.

§ 28. Den einzelnen Ländern bleibt die Feststellung der Vergütungen überlassen, wenn den Gerichtsvollziehern in Sachen, auf welche die Zivilprozeßordnung, die Strafprozeßordnung oder die Konkursordnung Anwendung findet, Geschäfte übertragen werden, welche denselben in jenen Gesetzen nicht ausdrücklich zugewiesen sind.

---

[1]) Gegen die nach dem 30. Juni 1932 erlassenen Entscheidungen gegen den Ansatz von Gebühren oder Auslagen ist die Beschwerde nur zulässig, wenn der Wert des Beschwerdegegenstandes 50 RM. übersteigt (Kap. III Art. 1 des Ersten Teils der VO. des Reichspr. über Maßnahmen auf dem Gebiete der Rechtspflege und Verwaltung vom 14. Juni 1932, RGBl. I S. 285).

4. Verordnung über eine neue Landesgebührenordnung für die Gerichtsvollzieher

vom 18. Februar 1924

(GVBl. S. 58), geänd. durch die VO. v. 23. März 1932 (GVBl. S. 178).[1][2])

Auf Grund des Art. 5 des Kostengesetzes vom 16. Februar 1921 (GVBl. S. 133) wird verordnet, daß an die Stelle der bisherigen Landesgebührenordnung für die Gerichtsvollzieher vom 7. Februar 1923 (GVBl. S. 21) in der Fassung der Verordnungen vom 20. April 1923 (GVBl. S. 151), vom 14. August 1923 (GVBl. S. 257), vom 16. Oktober 1923 (GVBl. S. 357) und vom 28. November 1923 (GVBl. S. 381) folgende neue Landesgebührenordnung tritt:

§ 1. Die Vergütung für die Verrichtungen der Gerichtsvollzieher bestimmt sich, soweit sie nicht durch die Gebührenordnung für Gerichtsvollzieher in der Fassung des Gesetzes vom 14. Dezember 1922 (RGBl. I S. 914)[3]) und der dazu erlassenen Ergänzungsverordnungen geregelt ist, ausschließlich nach den nachstehenden Vorschriften.

§ 2. Die Bestimmungen der Gebührenordnung für Gerichtsvollzieher finden auch auf die nach den Vorschriften der Prozeßordnungen auszuführenden Zwangsvollstreckungen und Zustellungen in denjenigen Angelegenheiten Anwendung, die vor besondere Gerichte gehören oder durch die Prozeßordnungen nicht betroffen werden[4]).

§ 3. Die Vorschriften in Art. II der Weiteren Verordnung zur Entlastung der Gerichte und über die Gerichtskosten vom 13. Dezember 1923 (RGBl. I S. 1186) finden entsprechende Anwendung auf die Berechnung und die Erhebung der nach der Landesgebührenordnung den Gerichtsvollziehern zustehenden Vergütungen.

---

[1]) Vgl. VO. über die Durchführung des Münzgesetzes vom 25. November 1925 (GVBl. S. 265).

[2]) Vgl. die Bek. über die Gebühren und Auslagen der GV. v. 31. 12. 1931 (JMBl. n. F. Bd. III S. 861), abgedr. unter Nr. 6, insbes. deren §§ 1 bis 7 und §§ 55 bis 59.

[3]) Abgedr. unter Nr. 3.

[4]) Vgl. hier auch Artikel II Abs. 2 des Ges. zur Änderung der GebO. f. GV. v. 14. 7. 1928 (RGBl. I S. 197):

„Soweit in Reichs- oder Landesgesetzen auf die Gebührenordnung für Gerichtsvollzieher verwiesen wird, gilt, vorbehaltlich anderweitiger landesgesetzlicher Regelung von diesem Zeitpunkt (15. 8. 1928) an § 20 in der Fassung des Artikels I."

Ist der Wert des Gegenstandes, auf den sich das Geschäft bezieht, in Reichswährung bestimmt, so ist er nach dem Umrechnungssatz (Abs. 1) im Zeitpunkt der Fälligkeit der Gebühren in Gold umzurechnen[1]).

§ 4. Für die Verrichtungen einer Urkundsperson bei der Aufzeichnung der zur Konkursmasse gehörigen Gegenstände (§ 123 der Konkursordnung) und für die Vornahme einer Siegelung oder Entsiegelung nach dem § 122 der Konkursordnung erhält der Gerichtsvollzieher die Hälfte der im § 3 der Gebührenordnung für Gerichtsvollzieher bestimmten Gebühr, jedoch nicht unter 1 Reichsmark. Die Gebühr wird nach dem Werte der aufgezeichneten Gegenstände berechnet.

Nimmt das Geschäft mehr als 1 Stunde Zeit in Anspruch, so erhöht sich die Gebühr für jede angefangene weitere Stunde um den gleichen Betrag, jedoch höchstens um je 3 Reichsmark.

Hat eine der im Abs. 1 bezeichneten Handlungen, nachdem sich der Gerichtsvollzieher an Ort und Stelle begeben hat, infolge Zurücknahme des Auftrags oder weil die aufzuzeichnenden, zu siegelnden oder zu entsiegelnden Gegenstände nicht zu ermitteln waren, nicht stattgefunden, so erhält der Gerichtsvollzieher eine Gebühr von 1 Reichsmark.

Eine besondere Gebühr für die Siegelung oder Entsiegelung fällt nicht an, wenn das Geschäft mit der Aufzeichnung verbunden wird.

§ 5. Für die Vornahme einer öffentlichen Versteigerung oder die Bewirkung eines Verkaufes aus freier Hand, sowie für die Versteigerung beweglicher Sachen auf Anordnung des Vollstreckungsgerichts erhält der Gerichtsvollzieher die im § 7 der Gebührenordnung für Gerichtsvollzieher bestimmte Gebühr.

Diese Gebühr erhält er auch für die Vornahme einer Versteigerung in Nachlaßsachen, sowie für die Vornahme einer freiwilligen Versteigerung.

Kann der Zuschlag nicht erfolgen, weil ein vom Gerichtsvollzieher zu beachtendes Mindestgebot nicht erreicht wurde, so wird eine Gebühr von 1 Reichsmark erhoben[2]).

Wird der Auftrag zur Versteigerung oder zum Verkauf zurückgenommen, nachdem der Gerichtsvollzieher die Gegenstände in Verwahrung genommen hatte, so erhält er eine Gebühr von 1 Reichsmark.

---

[1]) Vgl. § 2 der Zweiten VO. zur Durchführung des Münzgesetzes v. 12. 12. 1924 (RGBl. I S. 775, 966).

[2]) S. § 55 der Bek. v. 31. 12. 1931 (abgedr. unter Nr. 6).

Überdies erhält er eine weitere Gebühr von 1 Reichsmark, wenn die Versteigerung oder der Verkauf auf Antrag des Auftraggebers, infolge Anordnung des Gerichts oder weil die Gegenstände nicht mehr vorhanden waren, unterblieben ist, nachdem sich der Gerichtsvollzieher zum Zwecke der Versteigerung oder des Verkaufs an Ort und Stelle begeben hat.

Hat der Versteigerungstermin nicht stattgefunden, so erhält der Gerichtsvollzieher für die Anberaumung eines neuen Termins eine Gebühr von 0,50 Reichsmark.

Sind Gegenstände zum Zwecke der Versteigerung oder Verwahrung aus dem Gewahrsam des Inhabers zu entfernen, so fällt hierfür für jede angefangene Stunde dieser Tätigkeit eine Gebühr von 1 Reichsmark an. Diese Gebühr kommt auch zum Ansatz, wenn an Ort und Stelle der Auftrag zur Einschaffung zurückgenommen wird.

§ 6[1]). Für die Übergabe eines oder mehrerer Grundstücke an den Verwalter nach dem § 150 des Gesetzes über die Zwangsversteigerung und Zwangsverwaltung erhält der Gerichtsvollzieher nach der Zeitdauer, die das Geschäft erfordert, für jede angefangene Stunde eine Gebühr von 3 Reichsmark.

Die Gebühr für Ermittelungen zur Feststellung der Mieter oder Pächter eines Grundstückes im Zwangsversteigerungsverfahren beträgt 1 Reichsmark für jedes Miet- oder Pachtverhältnis, auf das sich die Ermittelungen erstrecken.

Für die Anheftung der Terminsbestimmung — § 39 Abs. 2 des Zwangsversteigerungsgesetzes, Art. 26 des Ausführungsgesetzes zur Grundbuchordnung und zum Zwangsversteigerungsgesetz — fällt eine Gebühr von 1 Reichsmark an.

§ 7. Die Gebühr für die Ausführung von Zwangsmaßregeln in den Angelegenheiten der freiwilligen Gerichtsbarkeit auf Grund des Art. 130 des Ausführungsgesetzes zum Bürgerlichen Gesetzbuche[2]), insbesondere für die Vorführung oder Inhaftnahme einer Person, beträgt 10 Reichsmark.

Wird die Vorführung oder Verhaftung aus dem Grunde unterlassen, weil der Vorzuführende oder zu Verhaftende durch den Vollzug einer nahen und erheblichen Gefahr ausgesetzt wird, so fällt eine Gebühr von 3 Reichsmark an.

---

[1]) Vgl. § 232 DA., abgedr. unter Nr. 2.
[2]) Vgl. §§ 248ff. DA., abgedr. unter Nr. 2.

§ 8. Die Gebühr für ein durch den Gerichtsvollzieher zu bewerkstelligendes Angebot nach den §§ 293, 294 des Bürgerlichen Gesetzbuches[1]) beträgt 3 Reichsmark.

Diese Gebühr umfaßt die gesamte Tätigkeit des Gerichtsvollziehers, also auch die Nachprüfung, Übernahme und etwaige Rückgabe des Gegenstandes der Leistung. Nehmen jedoch diese Handlungen mehr als eine Stunde Zeit in Anspruch, so erhöht sich die Gebühr für jede weitere angefangene Stunde um den gleichen Betrag.

Ist der Gegenstand eines tatsächlichen Angebots Geld, so erhält der Gerichtsvollzieher von dem auf 10 Reichsmark aufgerundeten Betrage
bis zu 1000 Reichsmark einschließlich 1 vom Hundert,
von dem Mehrbetrage ½ vom Hundert.

Es wird eine Mindestgebühr von 3 Reichsmark und eine Höchstgebühr von 20 Reichsmark festgesetzt.

Hat der Gerichtsvollzieher das tatsächliche Angebot bloß zu beurkunden, so steht ihm die Hälfte der im Abs. 1, 2 und 3 bestimmten Gebühr zu, dagegen fällt im Falle des § 756 der Zivilprozeßordnung eine besondere Gebühr für das Angebot nur an, wenn der Gerichtsvollzieher Zwangsvollstreckungshandlungen nicht vorzunehmen hat.

Die bei einem Angebot zu machenden Zustellungen gelten hinsichtlich der Gebühren als Bestandteile des Angebots.

Die anfallenden Auslagen sind vom Gläubiger zu ersetzen.

§ 9.[2]) Die Gebühr für die Aufnahme eines Wechsel- oder Scheckprotestes beträgt von dem auf 10 Reichsmark aufgerundeten Nennwerte des Wechsels oder Schecks

bis zu 100 Reichsmark einschließlich	1½ v. H.,
von dem Mehrbetrage bis zu 500 Reichsmark einschließlich	1 " " ,
von dem Mehrbetrage	½ " " ,

mindestens jedoch 1 Reichsmark.

Die Umrechnung eines in Reichswährung bestimmten Wechsel- oder Scheckbetrages erfolgt nach dem im Art. II Abs. 4 der Weiteren Verordnung zur Entlastung der Gerichte und über die Gerichtskosten vom 13. Dezember 1923 (RGBl. I S. 1186) bestimmten Umrechnungssatz im Zeitpunkt der Erledigung des Auftrags[3]).

Die Protestgebühr ist auch dann zu erheben, wenn nach dem Beginn des Protestaktes der Schuldner freiwillig Zahlung leistet oder

[1]) Vgl. §§ 297 ff. DA., abgedr. unter Nr. 2.
[2]) Vgl. § 56 der Bek. v. 31. 12. 1931 (abgedr. unter Nr. 6).
[3]) Vgl. S. 301 Anm. 1.

eine Quittung über die erfolgte Zahlung der Wechsel- oder Schecksumme vorlegt. Erfolgt die Zahlung oder die Vorlegung der Quittung vor Beginn des Protestaktes, so entsteht eine Gebühr von zwei Zehnteilen der Protestgebühr.

Für die Aufnahme einer Interventionserklärung ist die im Abs. 1 bezeichnete Gebühr besonders zu erheben, wenn die Erklärung nicht bei Gelegenheit des Protestaktes erfolgt.

Wird der Auftrag zur Protestaufnahme zurückgenommen, bevor eine Protesturkunde errichtet ist, so fällt eine Gebühr in Höhe von zwei Zehnteilen der Protestgebühr an. War jedoch der Weg zur Aufnahme des Protestes schon angetreten, dann erhält der Gerichtsvollzieher fünf Zehnteile der Protestgebühr und in den Fällen, in denen die Verrechnung einer Reiseentschädigung nach dem § 20 der Gebührenordnung für Gerichtsvollzieher[1]) zulässig ist, auch diese Reiseentschädigung.

§ 10. Die Gebühr für die Empfangnahme der auf volle 10 Reichsmark aufgerundeten Wechsel- oder Schecksumme einschließlich deren Ablieferung an den Gläubiger, beträgt unbeschadet der weiteren Gebühr nach § 9 Abs. 3

bis zu 100 Reichsmark einschließlich . . . ½ vom Hundert,
von dem Mehrbetrage . . . . ¼ " " ,

mindestens jedoch 0,50 Reichsmark.

§ 11. Für die Fertigung eines Mahnbriefes[2]) erhält der Gerichtsvollzieher unter Berücksichtigung des Umfanges und der Schwierigkeit der Sache sowie der Leistungsfähigkeit des Pflichtigen 1 bis 3 Reichsmark.

§ 12. Die Gebühr für die Erwirkung eines Zahlungs- oder Vollstreckungsbefehls[2]) sowie für die Erwirkung der Terminsfestsetzung für den Fall, daß der Schuldner gegen den Zahlungsbefehl Widerspruch erhoben hat, beträgt 1 Reichsmark.

§ 13.[3]) Für die Verwahrung und Beaufsichtigung der von dem Gerichtsvollzieher in Zwangsvollstreckungssachen in eine Pfandkammer, die vom Staate eingerichtet ist, eingeschafften oder sonst zu Gerichtshanden gebrachten Gegenstände sowie der ihm zu den im § 5 bezeichneten Zwecken übergebenen Gegenstände werden Lagerkosten erhoben. Diese betragen für die ersten drei Wochen der Lage-

[1]) Abgedr. unter Nr. 3.
[2]) Vgl. § 5 GVO., abgedr. unter Nr. 1.
[3]) Vgl. §§ 57, 58 der Bek. v. 31. 12. 1931 (abgedr. unter Nr. 6).

rung 1 vom Hundert für jede angefangene Woche, für die folgenden 10 Wochen ½ vom Hundert für jede angefangene Woche und für die dann folgende Zeit ¼ vom Hundert für jede angefangene Woche.

Für die Verwahrung von Geldern, von Wertpapieren einschließlich von Wechseln oder von Kostbarkeiten wird die im § 3 der Verordnung vom 25. Dezember 1899 über die Erhebung von Hinterlegungsgebühren (GVBl. 1899 S. 1235)[1]) bestimmte Gebühr[2]) [in Gold] erhoben.

Die Gebühr wird aus dem [Gold]wert der Gegenstände, Gelder, Wertpapiere, Wechsel und Kostbarkeiten erhoben; in den Fällen, in denen es zur Versteigerung oder zum Verkauf kommt, wird hinsichtlich der noch nicht vom Gläubiger erhobenen Lagerkosten der bei der Versteigerung oder dem Verkauf erzielte Erlös [in Gold] zugrunde gelegt.

In den Fällen, in denen von einem Gerichtsvollzieher in eine Pfandkammer Gegenstände eingeschafft werden, die bei verhältnismäßig hohem Werte nur geringen Raum beanspruchen, steht dem Amtsvorstande das Recht zu, die Lagergebühr bis auf ein Viertel herabzusetzen.

§ **14.**[3]) Auf die in den §§ 4 bis 12 bezeichneten Geschäfte finden die Bestimmungen der §§ 14, 16 mit 24, 26 der Gebührenordnung für Gerichtsvollzieher[4]) entsprechende Anwendung.

---

[1]) Ersetzt durch § 52 der Hinterlegungsordnung vom 1. Dezember 1931 (GVBl. S. 341); dieser lautet:

I In den übrigen Fällen der Hinterlegung von Geld, Wertpapieren und Kostbarkeiten beträgt die Hinterlegungsgebühr eins vom Tausend des hinterlegten Betrags oder Wertes.

II Übersteigt die Dauer der Verwahrung den Zeitraum eines Jahres, so wird für jedes weitere angefangene Jahr, von der Hinterlegung an gerechnet, die Hälfte der im Abs. 1 bestimmten Gebühr unter Zugrundelegung des jeweiligen Gesamtbetrags oder Wertes in Ansatz gebracht.

III Der Mindestbetrag der Hinterlegungsgebühr ist 1 Reichsmark.

IV § 51 Abs. V findet Anwendung.

§ 51 Abs. V der Hinterlegungsordnung lautet:

Pfennigbeträge an Hinterlegungsgebühren, welche ohne Rest nicht durch zehn teilbar sind, werden auf den nächsthöheren, durch zehn ohne Rest teilbaren Betrag aufgerundet.

[2]) Der Zuschlag nach Artikel 1 des Ges. v. 24. 6. 1930 (GVBl. S. 203) wird zu der Gebühr nicht erhoben (Nr. I 1 b der Bek. v. 28. 6. 1930, GVBl. S. 203).

[3]) Vgl. § 59 der Bek. v. 31. 12. 1931 (abgedr. unter Nr. 6).

[4]) Abgedr. unter Nr. 3.

§ 15. Für die Fertigung eines Mahnbriefes darf eine Schreibgebühr nicht verrechnet werden.

§ 16. Auf Erinnerungen, welche der Zahlungspflichtige oder die Staatskasse gegen den Ansatz von Gebühren oder Auslagen des Gerichtsvollziehers erheben, finden die Artikel 38 mit 40, 42 mit 44, 46 des Kostengesetzes vom 16. Februar 1921 Anwendung.

Der Gerichtsvollzieher ist zur Einlegung der Beschwerde nicht berechtigt.

§ 17. Nicht durch fünf teilbare Gebührenbeträge sind auf volle 5 Reichspfennig aufzurunden.

§ 18. Diese Verordnung tritt mit dem 1. März 1924 in Kraft. Sie findet auch auf die am 1. März 1924 im Laufe befindlichen gebührenpflichtigen Handlungen Anwendung.

Gegenstände, die schon vor dem Inkrafttreten dieser Verordnung eingelagert worden sind (§ 13), sind in Gold neu abzuschätzen.

D.

Ergänzende Vorschriften.

5. Prüfungsordnung für das Gerichtsvollzieheramt.

Vom 28. Juli 1925.

(JMBl. n. F. Bd. II S. 269.)

§ 1. Die Verleihung einer Gerichtsvollzieherstelle setzt die erfolgreiche Ablegung der Prüfung für den mittleren Justizstaatsdienst oder für das Gerichtsvollzieheramt voraus.

Vor der Ablegung der Prüfung für das Gerichtsvollzieheramt ist ein einjähriger Vorbereitungsdienst bei einem Amtsgericht abzuleisten. Das Staatsministerium der Justiz kann die Dauer des Vorbereitungsdienstes ausnahmsweise auch auf einen kürzeren Zeitraum bemessen.

§ 2. Die Prüfung für das Gerichtsvollzieheramt findet nach Bedarf und nach näherer Anordnung des Staatsministeriums der Justiz statt. In jedem Oberlandesgerichtsbezirk wird für die Prüfungsteilnehmer aus diesem Bezirk ein Prüfungsort bestimmt werden.

Das Staatsministerium der Justiz bestimmt jeweils, wer zu dem vorgeschriebenen Vorbereitungsdienst zugelassen werden darf.

§ 3. Zur Abhaltung der Prüfung und zur Beurteilung der Prüfungsarbeiten wird an jedem Prüfungsort ein Prüfungsausschuß gebildet. Der Ausschuß setzt sich aus drei Richtern zusammen; die Mitglieder des Ausschusses werden vom Staatsministerium der Justiz bestellt.

Den Vorsitz im Ausschuß führt der rangälteste Justizbeamte.

§ 4. Über die Zulassung zur Prüfung entscheiden die Prüfungsausschüsse.

Zugelassen werden dürfen nur Bewerber, welche den vorgeschriebenen Vorbereitungsdienst abgeleistet haben und durch eine Bestätigung des Vorstandes des Amtsgerichts, bei dem sie sich im Vorbereitungsdienste befinden, den Nachweis erbringen, daß von ihnen nach ihren Leistungen und Fähigkeiten die erfolgreiche Ablegung der Prüfung zu erwarten ist; Bewerbern, die nicht genügend vorbereitet erscheinen, ist das Befähigungszeugnis unnachsichtlich zu verweigern.

Die Gesuche um Zulassung zur Prüfung sind zu der vom Staatsministerium der Justiz bestimmten Zeit durch Vermittlung des Vorstands des Amtsgerichts, bei dem der Bewerber den Vorbereitungsdienst ableistet, bei dem Prüfungsausschuß, in dessen Bezirk er angestellt ist, schriftlich einzureichen. Auf den Zulassungsgesuchen stellen die Amtsvorstände fest, was für die Zulassung von Belang ist. Einem Prüfling kann auf sein Ansuchen gestattet werden, die Prüfung an einem anderen als an dem für ihn zuständigen Prüfungsort abzulegen; zuständig zur Entscheidung ist in diesen Fällen der Prüfungsausschuß des Ortes, an dem der Bewerber geprüft werden will.

§ 5. Die Prüfungsausschüsse reichen spätestens drei Tage nach dem Ablaufe der Bewerbungsfrist dem Staatsministerium der Justiz das Verzeichnis der zur Prüfung zugelassenen Bewerber ein. Dabei ist anzugeben, ob die Prüfung in einem Prüfungsraum oder in mehreren Prüfungsräumen abgehalten werden wird und wie viel Stücke der Prüfungsaufgaben für jeden Prüfungsraum zur Verfügung zu stellen sind.

Sofort nach der getroffenen Entscheidung setzt der Vorsitzende des Prüfungsausschusses die Bewerber von der Zulassung oder Nichtzulassung durch die Vermittlung des Vorstands des Amtsgerichts, bei dem der Bewerber den Vorbereitungsdienst abgeleistet hat, in Kenntnis und beruft die Zugelassenen zur Ablegung der Prüfung auf den vom Staatsministerium der Justiz bestimmten Termin ein; dabei ist jeder Prüfungsteilnehmer ausdrücklich auf die Vorschriften dieser Prüfungsordnung aufmerksam zu machen.

§ 6. Die Prüfung ist teils schriftlich, teils mündlich. Die Leitung und Durchführung der Prüfung obliegt dem Prüfungsausschuß.

§ 7. Für die schriftliche Prüfung setzt das Staatsministerium der Justiz die Aufgaben und die Arbeitszeiten gleichheitlich für alle Prüfungsorte fest. Die Prüflinge haben insgesamt fünf Aufgaben in der Zeitdauer von je vier Stunden zu bearbeiten. Zur Bearbeitung der Aufgaben wird für die Vormittage die Zeit von 8—12 Uhr, für die Nachmittage die Zeit von 3—7 Uhr bestimmt.

Statt einer Aufgabe können auch mehrere Teilaufgaben gegeben werden, die dann zusammen in vier Stunden zu bearbeiten sind.

§ 8. Der Prüfungsstoff für die schriftliche Prüfung wird allen Gebieten entnommen werden, die in die Tätigkeit der Gerichtsvollzieher fallen.

§ 9. Als Hilfsmittel sind nur Bücher, Druckschriften und Ausschreibungen zulässig, welche die Texte von Gesetzen, Verordnungen und Vollzugsvorschriften enthalten. Insbesondere dürfen auch die über die Dienstführung der Gerichtsvollzieher erlassenen Vorschriften in die Prüfung mitgenommen werden, also die Gerichtsvollzieherordnung, die Gebührenordnungen für die Gerichtsvollzieher und die Dienstanweisung für die Gerichtsvollzieher. Der Gebrauch von Kommentaren und mit Anmerkungen versehenen Handausgaben ist verboten. Die zugelassenen Hilfsmittel dürfen erläuternde Bemerkungen in keiner Form enthalten.

Die Mitglieder des Prüfungsausschusses haben während der Prüfungszeit darauf zu achten, daß nicht unerlaubte Hilfsmittel verwendet werden. Wird ein Prüfling bei der Benützung unerlaubter Hilfsmittel betroffen, so ist dies in der nach § 15 Abs. 1 anzufertigenden Niederschrift festzustellen.

§ 10. Die Aufgaben werden vor dem Beginn der Prüfung in der erforderlichen Zahl von Abdrucken in versiegelten Paketen dem Vorsitzenden des Prüfungsausschusses übersendet, der sie bis zur Verteilung am Bearbeitungstag unter Verschluß aufbewahrt. Je ein Stück der Aufgaben ist für die Mitglieder des Prüfungsausschusses und für die Prüfungsakten bestimmt.

§ 11. Die Arbeitsplätze der Prüflinge werden in jedem Prüfungsraum durchlaufend numeriert; die Nummern werden auf den Arbeitsplätzen deutlich sichtbar angebracht.

§ 12. Der Hergang bei der Prüfung selbst ist folgender:

Zunächst wird täglich und zwar vor Beginn der Arbeitszeit durch das Los bestimmt, welche Arbeitsplätze die Prüflinge einzunehmen haben.

Die Mitglieder des Prüfungsausschusses haben sich zu vergewissern, daß jeder Prüfling den ihm zugewiesenen Arbeitsplatz einnimmt.

Sodann öffnet der Vorsitzende des Prüfungsausschusses in Gegenwart der Prüflinge das Paket mit den Prüfungsaufgaben.

Die Abdrucke werden an die Prüflinge unverzüglich verteilt; sie sind ihnen zu belassen.

Das zur Niederschrift der Bearbeitungen der Aufgaben erforderliche Papier wird den Prüflingen aus den Beständen des Amtsgerichts, an dessen Sitz die Prüfung stattfindet, geliefert. Die Prüflinge haben auf die erste Seite eines jeden Bogens und zwar in die linke Hälfte oben den Prüfungsort, die Platznummer und das von ihnen gewählte Kennwort zu schreiben; auch ist anzugeben, welche Prüfungsaufgabe bearbeitet ist; im übrigen ist die linke Hälfte der ersten Seite eines jeden Bogens freizulassen; die zweite und die folgenden Seiten sind je nur zu dreiviertel zu beschreiben, so daß ein entsprechender Rand freibleibt.

Der Name des Prüflings darf als Kennwort nicht verwendet werden; für alle Prüfungsarbeiten ist das gleiche Kennwort zu wählen.

Die Bearbeitungen müssen leserlich mit Tinte geschrieben werden. Die Benützung von Tintenstiften ist verboten. Die Kurzschrift darf nicht angewendet werden.

Jedes Zusammenarbeiten ist untersagt.

§ 13. Die Mitglieder des Prüfungsausschusses haben die Aufsicht mit größter Strenge ununterbrochen auszuüben. In jedem Prüfungsraum hat ständig mindestens ein Mitglied anwesend zu sein.

Von dem Augenblick der Übergabe der Aufgaben an bis zur Ablieferung der Bearbeitungen muß jeder Verkehr der Prüflinge untereinander oder mit Dritten ausgeschlossen sein. Der Benützung fremder Hilfe, dem Zusammenarbeiten, der Unterstützung von Prüflingen durch andere Prüflinge, insbesondere durch Überlassung von Bearbeitungen und Aufzeichnungen oder durch Zuflüsterungen, und jedem derartigen Versuch ist unnachsichtlich entgegenzutreten. Wahrnehmungen über Zuwiderhandlungen gegen die Prüfungsordnung sind in der nach § 15 Abs. 1 anzufertigenden Niederschrift festzustellen.

§ 14. Die aufsichtführenden Beamten haben jeweils eine halbe Stunde vor 12 Uhr und vor 7 Uhr die Prüflinge auf den bevorstehenden Ablauf der Bearbeitungszeit aufmerksam zu machen.

Sofort nach dem Ablauf der Arbeitsfrist sind die Prüflinge zu veranlassen, ihre Bearbeitungen abzuliefern. Das Arbeiten über die festgesetzte Zeit hinaus darf unter keinen Umständen geduldet werden.

Das Mitglied des Prüfungsausschusses, das die Bearbeitungen einsammelt, hat sich davon zu überzeugen, daß jeder abgelieferte Bogen auf der linken Hälfte oben mit den erforderlichen Angaben (§ 12 Abs. 6) versehen ist. Es vermerkt auf der ersten Seite der Bearbeitungen auf der linken Hälfte unten die Zahl der abgelieferten Bogen und den Zeitpunkt der Ablieferung.

§ 15. Über den Verlauf der Prüfung ist von dem Protokollführer, den jeweils der Präsident des Landgerichts bestimmt, für jede einzelne Prüfungsarbeit eine Niederschrift aufzunehmen, die über alle für die Beurteilung der Aufgabe wesentlichen Vorkommnisse Aufschluß zu geben hat; eine im Grundriß gezeichnete Darstellung der Sitzordnung ist beizufügen; in der Sitzordnung sind nur die Nummern der Arbeitsplätze einzutragen; die Namen der Prüflinge dürfen nicht angegeben werden.

Das Ergebnis der Auslosung der Arbeitsplätze (§ 12 Abs. 2) ist für jeden Prüfungstag in einer gesonderten Niederschrift nach dem Muster in der Anlage 1 zu beurkunden; diese Niederschrift muß den Prüfungsort, den Vor- und Zunamen eines jeden Prüflings, seinen Stand, die Behörde, bei der er angestellt ist, seine Platznummer und das von ihm gewählte Kennwort enthalten. Zu diesem Zwecke hat jeder Prüfling dem Protokollführer die erforderlichen Angaben zu machen.

Die Niederschriften sind von den die Aufsicht führenden Mitgliedern des Prüfungsausschusses (§ 13 Abs. 1) und von dem Protokollführer zu unterschreiben. Sie sind unter Verschluß aufzubewahren und nach Schluß der Prüfung in einem Sammelheft dem Staatsministerium der Justiz vorzulegen.

§ 16. Die Bearbeitungen einer jeden Aufgabe werden sofort nach der Ablieferung in versiegelten Paketen als Einschreibesendungen an den Prüfungsausschuß geschickt, der sie nach der Anordnung des Staatsministeriums der Justiz zu beurteilen hat.

Eine Abschrift der nach § 15 Abs. 1 gefertigten Niederschrift und der Sitzordnung ist beizufügen.

Ist der Prüfungsausschuß, vor dem die Prüfung abgelegt wird, zugleich als Zensurkommission bestimmt, so nimmt der Vorsitzende des Ausschusses die Bearbeitungen samt den Abschriften, welche die Zensurkommission jeweils zu erhalten hat, einstweilen in Verwahrung.

§ 17. Die mündliche Prüfung findet statt im Anschluß an die schriftliche Prüfung. Der Termin wird jeweils von dem Vorsitzenden des Prüfungsausschusses bestimmt.

An der mündlichen Prüfung nehmen außer dem Vorsitzenden auch die beiden anderen Mitglieder des Prüfungsausschusses und der Protokollführer teil. Die Fragen, welche in der mündlichen Prüfung zu stellen sind, können aus dem ganzen den Gerichtsvollziehern zugewiesenen Wirkungskreis entnommen werden.

Bei der mündlichen Prüfung dürfen gleichzeitig drei Bewerber geprüft werden. Die mündliche Prüfung dauert, wenn nur ein Bewerber geprüft wird, zwanzig Minuten; die Prüfungsdauer verlängert sich für jeden weiteren Prüfungsteilnehmer um je zwanzig Minuten.

§ 18. Jede schriftliche Prüfungsarbeit und die Leistung des Prüfungsteilnehmers in der mündlichen Prüfung ist mit einer der Noten I (sehr gut), II (gut), III (genügend), IV (mangelhaft), V (ungenügend) zu bewerten.

Hat der Prüfling bei der Bearbeitung einer Aufgabe sich fremder Hilfe oder unerlaubter Hilfsmittel (§ 9) bedient, so ist diese Aufgabe mit der Note V zu würdigen. Haben Prüflinge zusammengearbeitet oder hat ein Prüfling einen anderen unterstützt, so ist beiden Prüflingen für diese Aufgabe die Note V zu erteilen.

§ 19. Für die Beurteilung der schriftlichen Prüfungsarbeiten bestimmt der Vorsitzende des Prüfungsausschusses einen Berichterstatter und einen Mitberichterstatter.

Die Arbeiten sind, um ein etwaiges Zusammenarbeiten der Prüflinge ermitteln zu können, nach Prüfungsorten und Prüfungsräumen sowie nach der Reihenfolge der Arbeitsplätze zu würdigen.

Persönliche Verhältnisse der Prüflinge, die auf das Prüfungsergebnis eingewirkt haben können, z. B. Erkrankung während der Vorbereitung zur Prüfung oder während der Prüfung, Familienverhältnisse u. dgl. dürfen nicht berücksichtigt werden.

§ 20. Über die Bewertung jeder einzelnen schriftlichen Bearbeitung und über das Ergebnis der mündlichen Prüfung eines jeden Prüfungsteilnehmers ist vom Prüfungsausschuß Beschluß zu fassen; der Ausschuß entscheidet mit einfacher Stimmenmehrheit.

§ 21. Die Bewertung der schriftlichen Arbeiten ist binnen sechs Wochen zu beenden. Die erteilten Noten sind mit roter Tinte auf die erste Seite des ersten Bogens einer jeden Bearbeitung und zwar in die Mitte der linken Bogenhälfte zu setzen.

Nach der Bewertung aller schriftlichen Arbeiten sind diese als Einschreibesendungen von dem Vorsitzenden des Prüfungsausschusses dem Staatsministerium der Justiz vorzulegen.

Die Ergebnisse der mündlichen Prüfung sind dem Staatsministerium der Justiz alsbald nach dem Schluß der Prüfung in einem übersichtlichen Verzeichnis mitzuteilen; eine Abschrift dieses Verzeichnisses ist zu den Prüfungsakten zu nehmen.

§ 22. Das Staatsministerium der Justiz setzt das Ergebnis der Prüfung fest.

Die für die einzelnen Aufgaben erteilten Noten werden zusammengezählt (Gesamtnotensumme).

Die Reihenfolge der Prüflinge wird durch die Gesamtnotensumme ermittelt. Sie richtet sich bei gleicher Gesamtnotensumme nach dem Dienstalter.

§ 23. Ein Prüfling, dessen Gesamtnotensumme mehr als 21 beträgt, hat die Prüfung nicht mit Erfolg abgelegt.

Ein Prüfling hat die Prüfung auch dann nicht bestanden, wenn ihm zweimal die Note V erteilt wurde. Zwei mit der Note IV gewürdigte Arbeiten werden einer mit der Note V gewürdigten gleichgeachtet.

Die Prüfung ist „sehr gut" abgelegt, wenn die Gesamtnotensumme nicht mehr als 9 beträgt. Sie ist bis zur Gesamtnotensumme 15 einschließlich als „gut“ und im übrigen, soweit der Prüfling noch bestanden hat, als „mittelmäßig“ abgelegt zu erklären.

§ 24. Das Staatsministerium der Justiz teilt die Notenverzeichnisse den Prüfungsausschüssen mit. Die Vorsitzenden der Prüfungsausschüsse haben den Bewerbern, die in ihrem Bezirke die Prüfung abgelegt und bestanden haben, die Prüfungszeugnisse nach dem Muster der Anlage 2 auszustellen.

Die Vorsitzenden der Prüfungsausschüsse haben auch den Bewerbern, welche die Prüfung nicht bestanden haben, von dem Ergebnis der Prüfung Kenntnis zu geben.

§ 25. Prüflinge, welche die Prüfung nicht bestanden haben, oder die ohne ausreichenden Grund nach Beginn der Prüfung zurückgetreten sind, werden nur noch einmal zur Prüfung zugelassen werden.

Anlage 1.

Prüfungsort:
München, Schwurgerichtssaal.

Niederschrift
über die Verteilung der Arbeitsplätze an die zur Bearbeitung der ersten Aufgabe erschienenen Prüflinge.

Der Vorsitzende des Prüfungsausschusses für die Gerichtsvollzieheramtsprüfung legte die mit den Nummern der Arbeitsplätze versehenen Lose in die Urne ein. Sodann zogen die Prüflinge die Lose. Es erhielten

1. Franz Obermeier, Kanzleiassistent am Amtsgerichte München (Kennwort: Isar) die Platznummer 7,
2. Hans Lechner, Justizassistent am Landgerichte München I (Kennwort: Oberbayern) die Platznummer 13,
3. Michael Bauer, Kanzleiassistent der Staatsanwaltschaft bei dem Landgerichte München II (Kennwort: Pasing) die Platznummer 10

usw.

....

....

Die Mitglieder des Prüfungsausschusses für die Gerichtsvollzieheramtsprüfung haben sich davon überzeugt, daß die Prüflinge die ihnen zugewiesenen Arbeitsplätze eingenommen haben.

München, den .... 19..

Anlage 2.

Prüfungszeugnis.

Im Auftrage des Staatsministeriums der Justiz wird Ihnen eröffnet, daß Sie die im Jahre 1925 abgehaltene Prüfung für das Gerichtsvollzieheramt mit der Gesamtnotensumme 13 (gut) bestanden haben.

Sie nehmen unter den 100 Prüflingen den 21. Platz ein.

München, den.....................

Der Vorsitzende des Prüfungsausschusses.

(Siegel.)

An

den.....................

....

....

6. Bekanntmachung über die Gebühren und Auslagen der Gerichtsvollzieher.

Vom 31. Dezember 1931.

(JMBl. n. F. Bd. III S. 861.)

A. Grundsätze von allgemeiner Bedeutung.

§ 1. Für erfolglos versuchte Amtshandlungen darf der Gerichtsvollzieher eine Gebühr nur ansetzen, wenn eine solche besonders bestimmt ist; anderenfalls dürfen nur die baren Auslagen berechnet werden.

§ 2. [I] Im Falle der gleichzeitigen Erledigung mehrerer Vollstreckungsaufträge eines oder mehrerer Gläubiger gegen denselben Schuldner sind die Gebühren und Auslagen nur einmal anzusetzen. (Wegen der Reisekosten vgl. § 52.) Dieser Grundsatz findet Anwendung:

1. wenn auf Grund mehrerer Schuldtitel gegen denselben Schuldner gleichzeitig gepfändet oder eine Pfändung erfolglos versucht wird oder eine Vollstreckungshandlung, nachdem sich der Gerichtsvollzieher an Ort und Stelle begeben hat, gemäß § 6 Abs. 2, § 11 Abs. 2 der Reichsgebührenordnung für Gerichtsvollzieher (RGebO.) unterbleibt,
2. wenn die auf Grund mehrerer Schuldtitel bei demselben Schuldner gemeinsam gepfändeten Sachen gleichzeitig zur Beitreibung mehrerer Forderungen versteigert werden.

[II] Im Falle der Versteigerung der für mehrere Gläubiger bei demselben Schuldner in verschiedenen Vollstreckungssachen gepfändeten Gegenstände am gleichen Tage liegt eine gleichzeitige Erledigung nicht vor, da das Ausgebot der verschiedenen Gegenstände und ihr Erlös auseinandergehalten werden müssen und daher, auch wenn eine Verbindung der verschiedenen Versteigerungen durch Anberaumung des gleichen Termins stattgefunden hat, rechtlich doch für jeden Gläubiger eine besondere Versteigerung erfolgt.

[III] Die nach Abs. 1 zu erhebenden Gebühren sind im Falle 1 bei gleichzeitiger Pfändung nach dem Gesamtbetrage der beizutreibenden Forderungen, im Falle 2 nach dem Gesamterlöse zu berechnen.

[IV] Die einheitlich berechneten Gebühren sind auf die einzelnen Aufträge nach dem Verhältnis der ihnen zugrundeliegenden Forderungen zu verteilen. Das gleiche gilt mit Ausnahme der Reisekosten für die entstandenen baren Auslagen, sofern sie nicht durch das besondere Verlangen eines Auftraggebers entstanden und demgemäß ihm allein in Rechnung zu stellen sind; wegen der Reisekosten s. § 52 Abs. 1.

§ 3. Sind in den Fällen des § 2 die Vollstreckungsaufträge zum Teil im Verfahren zur Beitreibung von Geldstrafen und Kosten (§ 254 der Dienstanweisung für die Gerichtsvollzieher — DA. —), zum Teil nach den Vorschriften über sonstige Zwangsvollstreckungen zu erledigen, so sind die Gebühren für jedes Verfahren gesondert zu berechnen. Ist die Summe der in dieser Weise berechneten Gebühren höher als derjenige Betrag, den der Gerichtsvollzieher bei einer unter Anwendung der Reichsgebührenordnung vorgenommenen einheitlichen Berechnung nach dem Gesamtbetrage der Forderungen usw. erhalten haben würde, so ist nur der letztere Betrag in Ansatz zu bringen und es sind die für jedes Verfahren gesondert berechneten Gebühren nach Verhältnis ihres Betrags zu kürzen. Für die baren Auslagen mit Ausnahme der Reisekosten gilt das zu § 2 Abs. 4 Gesagte. Reisekostenanteile dürfen den Aufträgen zur Beitreibung von Geldstrafen und Kosten nicht aufgerechnet werden (vgl. § 254 Abs. 4 DA.).

§ 4. Wird der Gerichtsvollzieher mit der Vollstreckung einer Gesamtschuld gegen mehrere Gesamtschuldner in der Weise beauftragt, daß von jedem Schuldner, soweit erforderlich, das Ganze beizutreiben, die Vollstreckung aber einzustellen ist, sobald die bei einem oder mehreren Schuldnern gepfändeten Gegenstände zusammengenommen zur Deckung der Gesamtschuld ausreichen, so liegt nur ein einheitlicher Vollstreckungsauftrag vor und es sind die Gebühren der §§ 3, 6, 8 und 11 RGebO. nur einmal zum Ansatz zu bringen, und zwar so, als ob die Vollstreckung sich gegen einen einzelnen Schuldner richtete. Ist indessen der Auftrag zur Vollstreckung gegen mehrere Gesamtschuldner in der Weise erteilt, daß bei jedem einzelnen der Gesamtschuldner die Vollstreckung in voller Höhe der Forderung bewirkt werden soll, so ist die Gebühr für jeden gegen einen der Schuldner gerichteten Vollstreckungsakt besonders in Ansatz zu bringen. Wird jedoch gegen die mehreren Gesamtschuldner nur ein und derselbe Gegenstand gepfändet oder die Erfolglosigkeit der Vollstreckung gegen die mehreren Gesamtschuldner gemeinsam in einer Niederschrift beurkundet, so liegt nur ein Vollstreckungsakt vor; in diesen Fällen sind daher die Gebühren nur einmal anzusetzen. Wegen der Berechnung der Reisekosten vgl. §§ 50, 52.

§ 5. I Wird ein Vollstreckungsauftrag in der Weise erledigt, daß mehrere Gebührenvorschriften nebeneinander zur Anwendung kommen, so darf der Gesamtbetrag der Gebühren denjenigen Betrag nicht übersteigen, der sich bei Berechnung einer einheitlichen Gebühr nach dem Gesamtwert oder der Gesamtdauer ergeben würde; bei dieser Berechnung ist, sofern die Sätze der mehreren Gebührenvorschriften verschieden hoch sind, der höchste Satz zugrunde zu legen. Trifft die Gebühr des § 7 Abs. 1 RGebO. mit der des § 7 Abs. 3 RGebO. zusammen, so ist bei Berechnung der einheitlichen Gebühren nach dem Gesamtwerte dem Betrage des Versteigerungserlöses der Wert der nicht versteigerten Sachen hinzuzurechnen.

II Die vorstehenden Grundsätze finden entsprechende Anwendung, falls auf mehrere Vollstreckungsaufträge, deren Erledigung nach den Grundsätzen des § 2 nur eine einmalige Gebühr begründen würde, mehrere Gebührenvorschriften nebeneinander anzuwenden sind.

§ 6. Die Einziehung der durch die Vollstreckungstätigkeit des Gerichtsvollziehers erwachsenden Kosten begründet den Ansatz besonderer Gebühren nur dann, wenn zum Zwecke ihrer Beitreibung besondere Vollstreckungsmaßnahmen stattgefunden haben. Bei der Berechnung der Gebühren der §§ 3, 4, 6 RGebO. wird der Betrag dieser Kosten dem beizutreibenden Betrage nicht hinzugerechnet.

§ 7. Nach Art. II Nr. 12 der Fünften Verordnung über die Gebühren der Gerichtsvollzieher vom 13. Dezember 1923 (RGBl. I S. 1189) sind nicht durch 5 teilbare Gebührenbeträge auf volle 5 Reichspfennig aufzurunden. Die Aufrundung hat bei jeder einzelnen in Ansatz kommenden Gebühr zu erfolgen. Auslagenbeträge, insbesondere auch die Beträge für Auslagen für Vordrucke, dürfen nicht aufgerundet werden.

B. Grundsätze, die nur für einzelne Gebührenvorschriften von Bedeutung sind.

I. Zur Reichsgebührenordnung für Gerichtsvollzieher.

1. Zu § 2 RGebO.

§ 8. I Die Zustellungsgebühr gemäß § 2 RGebO. wird nur bei Zustellungen auf Betreiben der Parteien, nicht bei Zustellungen von Amts wegen erhoben (vgl. § 10 GVO., § 82 DA.).

II Bei der Zustellung durch Aufgabe zur Post ist die Zustellung mit der Übergabe der Sendung an die Post bewirkt; bei dem an die Post gerichteten Ersuchen um Bewirkung einer Zustellung ist die gebührenpflichtige Tätigkeit des Gerichtsvollziehers bereits mit dieser Übergabe beendet. Demgemäß steht dem Gerichtsvollzieher, wenn die Post den ihr mit dem Ersuchen um Zustellung übergebenen Brief als unbestellbar zurückgibt, die unverkürzte Gebühr zu.

§ 9. Unter einer „im Auftrag eines Anwalts an den Gegenanwalt bewirkten Zustellung“ im Sinne des § 2 Abs. 1 RGebO. kann nur eine solche verstanden werden, welche in der erleichterten Form des § 198 Abs. 2 ZPO. ausgeführt worden ist (vgl. § 74 DA.).

§ 10. Ist einem Gerichtsvollzieher oder einer Gerichtsvollzieherei die Besorgung der Gerichtsvollziehergeschäfte in mehreren Amtsgerichtsbezirken übertragen worden (vgl. § 1 Abs. 2 GVO.), so ist für die Berechnung des Zuschlags nach § 2 Abs. 2 RGebO. der Dienstsitz des Gerichtsvollziehers oder der Gerichtsvollzieherei maßgebend.

§ 11. Zu den Postgebühren, um die sich nach § 2 Abs. 2 RGebO. die Gebühr bei der persönlichen Zustellung erhöht, sind die Kosten der Postvordrucke (Postzustellungsurkunde) nicht zu rechnen; wegen der Berechnung der bei der persönlichen Zustellung für Zustellungsurkunden entstehenden Kosten als barer Auslagen s. § 16 RGebO. in der Fassung nach Art. II Nr. 10 der V. vom 13. Dezember 1923 (RGBl. I S. 1189).

§ 12. I § 2 Abs. 4 RGebO. gilt für alle Fälle, in denen die Zustellung unterblieben ist, weil der Empfänger unter der angegebenen Anschrift nicht zu ermitteln war oder sein Ableben festgestellt wurde.

II Gebühr im Sinne des § 2 Abs. 4 RGebO. ist die erhöhte Gebühr des § 2 Abs. 2, gegebenenfalls einschließlich der Zusatzgebühr des § 2 Abs. 3 RGebO.

§ 13. Dem Gerichtsvollzieher steht in den Fällen, in denen der Auftrag zur Zustellung und gleichzeitig zur Vornahme der Zwangsvollstreckung deshalb nicht ausgeführt werden kann, weil die Wohnung des Schuldners nicht zu ermitteln war, sowohl die Gebühr des § 2 Abs. 4 RGebO. für die versuchte Zustellung als auch die Gebühr des § 6 Abs. 2 Satz 2 RGebO. für die versuchte Pfändung zu (vgl. § 25 Abs. 2).

§ 14. Ist vor Beginn der Zwangsvollstreckung außer dem vollstreckbaren Titel ein Hinterlegungsschein über geleistete Sicherheit (§ 751 Abs. 2 ZPO.) oder eine Urkunde, auf Grund deren die Vollstreckungsklausel erteilt ist, (§ 750 Abs. 2 ZPO.) zuzustellen, so ist, falls die beiden Urkunden zusammen übergeben werden, die Zustellung beider Urkunden gebührenrechtlich als eine einheitliche zu behandeln und die Gebühr demgemäß nur einmal zu erheben.

§ 15. Wird dasselbe Schriftstück im Auftrag desselben Auftraggebers mehreren Personen zugestellt, so ist die Gebühr für jede Zustellung besonders zu erheben, auch wenn die Beurkundung der Zustellungen in einer Zustellungsurkunde erfolgt (vgl. § 63 DA.).

§ 16. Die Gebühr des § 2 Abs. 5 RGebO. steht dem Gerichtsvollzieher nur für die Beglaubigung der ihm zum Zwecke der Zustellung übergebenen Schriftstücke, nicht auch für die Beglaubigung von ihm gefertigter Abschriften neben der Schreibgebühr zu.

2. Zu § 3 RGebO.

§ 17. Wird der Pfändungsauftrag auf einen Teil der Forderung begrenzt, so ist für den Wertansatz lediglich dieser Teil maßgebend; beschränkt sich dagegen der Auftrag — ohne Beschränkung der Forderung — auf einen bestimmten Pfandgegenstand, so bleibt für die Berechnung der Pfändungsgebühr des § 3 Abs. 1 RGebO. der Betrag der ganzen Forderung maßgebend.

§ 18. Bei der Berechnung des Zeitaufwandes einer Pfändung (§ 3 Abs. 3 RGebO.) ist auch die Zeit für die Aufnahme des Pfändungsprotokolls, für die Zuziehung von Zeugen oder Handwerkern oder für die Herbeiholung polizeilicher Unterstützung mit einzurechnen; dagegen darf weder die Reisezeit noch die Zeit, die zur Herbeischaffung der Transportmittel vor der Pfändung oder zum Transporte der gepfändeten Sachen nach der Inbesitznahme verwendet worden ist, in die Dauer der Pfändung mit eingerechnet werden (vgl. aber § 21 Abs. 1 Satz 2).

§ 19. Wird eine Pfändung unterbrochen und demnächst fortgesetzt, so ist die Gebühr des § 3 RGebO. nur einmal nach dem Gesamtzeitaufwande zu berechnen. Dagegen sind besondere Gebühren zu berechnen, wenn nach Erledigung eines Pfändungsauftrages ein neuer Auftrag zur Pfändung erteilt wird.

§ 20. Für eine Anschlußpfändung ist dieselbe Gebühr zu erheben wie für eine Erstpfändung. Durch die Gebühr wird auch die Zustellung des Pfändungsprotokolls durch den nachpfändenden an den erstpfändenden Gerichtsvollzieher (§ 826 Abs. 2 ZPO., § 184 Abs. 1 Satz 4 DA.) mit abgegolten.

§ 21. [1] Ist auf Grund des Vollstreckungsauftrags eines Gläubigers wegen derselben Forderung bei demselben Schuldner an verschiedenen Orten gepfändet worden, so ist die Gebühr des § 3 RGebO. nur einmal zu erheben; vgl. auch § 50. Erfolgt die Vollstreckung an mehreren Orten unmittelbar hintereinander, so ist die Zeitdauer für die Zurücklegung der

Wege von einem Pfändungsort zum anderen bei der Berechnung des Zeitaufwandes mit einzurechnen.

II Dasselbe gilt, wenn der Auftrag auf Pfändung gegen mehrere Gesamtschuldner in der Weise gerichtet ist, daß insgesamt nur bis zur Höhe der Gesamtschuld gepfändet werden soll (vgl. § 4 Satz 1).

3. Zu § 4 RGebO.

§ 22. I Der Ansatz der Übernahmegebühr ist nur dann begründet, wenn die Übernahme beweglicher Sachen zur Fortsetzung der Vollstreckung geboten ist.

II Die Übernahmegebühr wegen Ausscheidens des Gerichtsvollziehers kann nur dann in Ansatz gebracht werden, wenn der mit der Sache zuerst befaßte Gerichtsvollzieher endgültig ausscheidet und der in die Zwangsvollstreckung eintretende Gerichtsvollzieher von den Sachen vor ihrer Verwertung Besitz ergreift und den Hergang der Übernahme gesondert beurkundet. Der Fall des endgültigen Ausscheidens liegt insbesondere vor bei Fortzug des Schuldners unter Mitnahme der Pfandstücke aus dem Amtsgerichtsbezirk. Dagegen ist der Ansatz der Gebühr des § 4 RGebO. nicht gerechtfertigt, wenn in der Besetzung der Gerichtsvollzieherstelle ein dauernder oder vorübergehender Wechsel eintritt.

4. Zu § 5 RGebO.

§ 23. I Die Wegschaffungsgebühr des § 5 RGebO. ist ohne Rücksicht auf Zahl und Wert der aus dem Gewahrsam des Schuldners entfernten Pfandstücke zu erheben. Sie ist auch dann anzusetzen, wenn der Gerichtsvollzieher bei der Wegschaffung Hilfskräfte beizieht, nicht dagegen dann, wenn die Verbringung der Sachen nach dem Versteigerungs- oder Verwahrungsraum ohne tätige Mitwirkung des Gerichtsvollziehers von dem bisherigen Gewahrsamsinhaber (Schuldner oder Dritten) besorgt wird.

II Werden die gepfändeten Sachen nicht im Gewahrsam des Schuldners belassen, sondern im unmittelbaren Anschluß an die Pfändung mitgenommen, so ist die Gebühr des § 5 RGebO. nicht begründet.

III Bei Berechnung der Zeitdauer darf weder die Reisezeit noch die Zeit, die zur Herbeischaffung der Transportmittel zwecks Entfernung der im Gewahrsam des Schuldners belassenen Pfandstücke verwendet worden ist, eingerechnet werden. Es ist vielmehr nur die Zeit zu berücksichtigen, die erforderlich ist, um die Sachen von ihrem bisherigen Standort nach dem neuen Standort zu schaffen.

5. Zu § 6 RGebO.

§ 24. Die Gebühr des § 6 Abs. 1 RGebO. ist auch dann zu erheben, wenn der Gerichtsvollzieher entsprechend der Anweisung des Gläubigers von Vollstreckungsmaßnahmen deshalb absieht, weil der Schuldner innerhalb der letzten Monate fruchtlos gepfändet worden ist oder den Offenbarungseid geleistet hat oder weil dem Gerichtsvollzieher bekannt ist, daß der Schuldner pfändbare Gegenstände nicht besitzt oder daß bei dem Schuldner innerhalb der letzten Monate nur solche Sachen gepfändet wurden, die von Dritten mit Erfolg für sich in Anspruch genommen worden sind. Das gleiche gilt für den Fall des § 189 DA., wenn der Gläubiger nicht auf der Ausführung des Vollstreckungsauftrags besteht und der Gerichtsvollzieher die Pfändung daher endgültig unterläßt.

§ 25. I Die Vorschrift des § 6 Abs. 2 Satz 2 RGebO. gilt für alle Fälle, in denen die Vollstreckungshandlung deshalb unterblieben ist, weil der Schuldner oder der Dritte verstorben ist oder seine Wohnung an der von dem Auftraggeber bezeichneten Stelle nicht zu ermitteln war. Als Wohnung gilt in diesem Sinne jede Örtlichkeit, die für die Vornahme der Vollstreckungshandlung von dem Auftraggeber bezeichnet ist.

II Wegen des Gebührenansatzes für die erfolglose Erledigung eines Auftrags zur Zustellung und gleichzeitig zur Zwangsvollstreckung vgl. § 13.

§ 26. Unter der höchsten zum Ansatz kommenden Gebühr im Sinne des § 6 Abs. 3 Satz 2 RGebO. ist nicht etwa eine der Gebühren der §§ 2 bis 5 RGebO., sondern die Gebühr des § 6 RGebO. zu verstehen.

6. Zu § 7 RGebO.

§ 27. Die Bestimmungen des § 7 RGebO. finden auch auf eine durch einstweilige Verfügung — z. B. gemäß § 489 BGB. — angeordnete Versteigerung entsprechende Anwendung.

§ 28. I § 7 Abs. 2 und 4 RGebO. finden auch Anwendung beim Ausbleiben von Bietern.

II Unterbleibt die Versteigerung eines Teiles der gepfändeten Sachen, weil nach teilweiser Verwertung der Auftraggeber für den Rest Stundung erteilt oder weil infolge einer gerichtlichen Anordnung ein Teil der Pfandstücke vorerst von der Versteigerung ausgeschlossen bleiben muß, und wird der nicht versteigerte Teil später gesondert versteigert, so ist der Ansatz der Gebühr des § 7 RGebO. für jede Versteigerung zulässig.

§ 29. Die Gebühr für die versuchte Abholung aus dem Gewahrsam des Schuldners (§ 5, § 6 Abs. 2 RGebO.) schließt die Gebühr für die unterbliebene Versteigerung (§ 7 Abs. 3 RGebO.) aus.

§ 30. Die Gebühr für die auf Antrag erfolgende Anberaumung jedes neuen Versteigerungstermins — § 7 Abs. 4 RGebO. — ist ohne Rücksicht auf die Zahl der zu benachrichtigenden Beteiligten für jede Vollstreckungssache von jedem Gläubiger zu erheben, auf dessen Antrag der neue Versteigerungstermin anberaumt wird.

7. Zu § 8 RGebO.

§ 31. Die Vorschriften des § 8 RGebO. finden auch Anwendung, wenn in einer Strafsache auf Einziehung von Sachen erkannt ist.

§ 32. Für die Berechnung des Zeitaufwandes ist § 23 Abs. 3 entsprechend anzuwenden.

§ 33. Die Erhebung der Gebühr des § 8 Abs. 3 RGebO. ist nur dann gerechtfertigt, wenn sämtliche herauszugebenden Sachen nicht aufzufinden waren; neben einer für teilweise Wegnahme aus § 8 Abs. 1 und 2 RGebO. angesetzten Gebühr darf sie nicht erhoben werden.

8. Zu § 9 RGebO.

§ 34. Die Gebühr ist für jede weggenommene Person zu berechnen.

9. Zu §§ 10, 11 RGebO.

§ 35. Die Vorschrift des § 10 Abs. 1 Nr. 1 RGebO. gilt auch für den Fall, daß der Schuldner die Wohnung bereits geräumt hat und der Gerichtsvollzieher den Schuldner nur noch formell aus dem Besitz der Wohnung entsetzt und den anwesenden Gläubiger in den Besitz der Wohnung einweist. Die Gebühr des § 11 Abs. 2 RGebO. ist zu erheben, wenn der Schuldner die Wohnung bereits geräumt hat und der Gerichtsvollzieher ohne Einweisung des Gläubigers sich auf die formelle Besitzentsetzung des Schuldners beschränkt.

10. Zu § 12 RGebO.

§ 36. Die Vorschriften des § 12 RGebO. finden nur Anwendung, soweit die Zuständigkeit des Gerichtsvollziehers zur Verhaftung auf gesetzlicher Grundlage beruht. Sie finden keine Anwendung auf Verhaftungen oder Vorführungen in Strafsachen, die dem Gerichtsvollzieher nach § 4 Nr. 3 GVO. übertragen werden. Bei Vorführungen und Inhaftnahmen in Angelegenheiten der freiwilligen Gerichtsbarkeit (Art. 130 AGBGB., § 248 DA.) berechnet sich die Gebühr nach § 7 der Landesgebührenordnung für die Gerichtsvollzieher (LGebO.).

§ 37. Wird der Schuldner bei der versuchten Erledigung des Auftrags in der Wohnung, an der Arbeitsstätte usw. nicht angetroffen, so ist diese versuchte Verhaftung kein gebührenpflichtiges Geschäft. Stellt der Gerichtsvollzieher dagegen fest, daß der Schuldner verstorben oder unter der angegebenen Anschrift nicht zu ermitteln ist, so ist die Gebühr des § 12 Abs. 3 RGebO. von 2 *RM* begründet; das gleiche gilt, wenn festgestellt wird, daß der Schuldner die angegebene Wohnung auf längere Zeit verlassen hat (vgl. § 227 DA.).

§ 38. Werden mehrere Verhaftungsaufträge verschiedener Gläubiger gegen denselben Schuldner gemeinsam erledigt, so ist für den Vollzug eines Auftrags die volle Gebühr von 10 *RM* und für den Vollzug der übrigen Aufträge die Gebühr für eine Nachverhaftung mit je 2 *RM* anzusetzen. Die sämtlichen Gebühren sind zusammenzurechnen und anteilig auf die Auftraggeber zu verteilen. Im Falle des § 12 Abs. 2 RGebO. ist die Gebühr von 3 *RM* nur einmal anzusetzen und anteilig auf die Auftraggeber zu verteilen. In den Fällen des § 12 Abs. 3 RGebO. sind die Gebühren von 1 *RM* und 2 *RM* für jeden Auftrag in Ansatz zu bringen.

11. Zu § 13 RGebO.

§ 39. I Für die Rückerhebung und Auszahlung hinterlegter Beträge ist die Ansetzung der Gebühr des § 13 RGebO. nicht zulässig. Dagegen ist die Gebühr des § 13 RGebO. neben der Gebühr des § 6 Abs. 2 RGebO. anzusetzen, wenn der Schuldner dem Gerichtsvollzieher in den Fällen, in denen die Vollstreckung durch Hinterlegung eines Geldbetrags abgewendet werden kann (§ 713 Abs. 2, § 923 ZPO.), den Geldbetrag zur Hinterlegung übergibt (vgl. § 238 DA.).

II Die Gebühr des § 13 RGebO. ist auch für die Kosten der vorangegangenen Zwangsvollstreckung anzusetzen. Bei der Berechnung der Gebühr darf die Gebühr selbst in den zugrunde zu legenden Betrag nicht eingerechnet werden.

§ 40. Ist der Gerichtsvollzieher mit der Beitreibung einer Forderung beauftragt, jedoch ermächtigt, im Falle der Leistung von Abschlagszahlungen Stundung wegen des Restes zu gewähren, so steht ihm neben der von dem gezahlten Betrage zu berechnenden Gebühr des § 13 RGebO. die Gebühr des § 6 Abs. 2 RGebO. von dem gestundeten und dem gezahlten Betrage zu, wenn die Zahlung und Stundung erfolgt, nachdem er sich zum Zwecke der Beitreibung an Ort und Stelle begeben hatte.

§ 41. I Für jede Teilzahlung ist die Gebühr (gegebenenfalls auch die Mindestgebühr) besonders anzusetzen.

II Werden mehrere Vollstreckungsaufträge gegen denselben Schuldner ganz oder teilweise durch Zahlung an den Gerichtsvollzieher erledigt, so ist die Gebühr des § 13 RGebO. in jeder Sache aus dem auf diese Sache entfallenden Betrag gesondert zu berechnen. Dies gilt insbesondere dann, wenn nach vorausgegangener gleichzeitiger Pfändung eine Zahlung geleistet wird, die zur Tilgung sämtlicher Forderungen nicht ausreicht, und daher der gezahlte Betrag auf die einzelnen Forderungen anteilsmäßig zu verteilen ist.

12. Zu §§ 2, 3, 4, 6, 13 RGebO.

§ 42. Wegen des Betrages der Zusatzgebühr des § 2 Abs. 3 RGebO., des Betrages der Mindestgebühr in den Fällen des § 3 Abs. 4, § 4, § 6 Abs. 1, 2 und § 13 RGebO. und des Betrages der Höchstgebühr in den Fällen des § 6 Abs. 1, 2 RGebO. wird auf § 14 Nr. 1—5 des Kap. I des Sechsten Teils der Dritten Verordnung des Reichspräsidenten zur Sicherung von Wirtschaft und Finanzen und zur Bekämpfung politischer Ausschreitungen vom 6. Oktober 1931 (RGBl. I S. 537) verwiesen.

13. Zu § 14 RGebO.

§ 43. I Die Zustellung des vollstreckbaren Schuldtitels gehört nicht zu den Vollstreckungshandlungen. Für sie ist daher die Gebühr des § 2 RGebO. auch dann anzusetzen, wenn sie gleichzeitig mit dem Beginn der Zwangsvollstreckung erfolgt (vgl. § 13). Reisekosten sind indessen nach § 20 Abs. 2 RGebO. nur einmal zu berechnen.

II Dagegen darf für die nach § 763 Abs. 2 oder § 826 Abs. 2 ZPO. bewirkte Zustellung einer Abschrift des Pfändungsprotokolls eine Zustellungsgebühr nicht berechnet werden.

III Für die Mitwirkung des Gerichtsvollziehers bei einer vom Vollstreckungsgerichte gemäß § 825 ZPO. angeordneten besonderen Art der Verwertung einer gepfändeten Sache ist durch § 14 Nr. 6 des Kap. I des Sechsten Teils der Dritten Verordnung des Reichspräsidenten zur Sicherung von Wirtschaft und Finanzen und zur Bekämpfung politischer Ausschreitungen vom 6. Oktober 1931 (RGBl. I S. 537) eine besondere Gebühr eingeführt worden.

14. Zu § 15 RGebO.

§ 44. I Die Verdoppelung der Gebühren im Falle einer zur Nachtzeit oder an einem Sonn- oder Feiertage vorgenommenen oder versuchten Zustellung erstreckt sich auch auf die erhöhte Gebühr des § 2 Abs. 2 und 3 RGebO.

II Fällt ein Teil der Amtshandlung in die Nachtzeit oder auf einen Sonn- oder Feiertag, der andere aber nicht, so tritt eine Verdoppelung nur für den Teil der Gebühren ein, der auf die Amtshandlung während der Nachtzeit, des Sonn- oder Feiertags entfällt. Liegt eine einheitliche Amtshandlung vor, die in nicht voneinander trennbare Einzelhandlungen zerfällt, so ist die erhöhte Gebühr in vollem Umfang fällig.

15. Zu § 16 RGebO.

§ 45. I Post-, Telegraphen- und Fernsprechgebühren sowie die Kosten für Postvordrucke dürfen nur in Höhe der wirklich erwachsenen tarifmäßigen Beträge angesetzt werden. Dasselbe gilt für die Auslagen des Gerichtsvollziehers im Postscheckverkehr. Die Kosten für Postzustellungsurkunden dürfen nur dann angesetzt werden, wenn die Zustellung durch die Post bewirkt wird (vgl. § 11).

II Als Vordrucke aller Art im Sinne der Vorschrift in Art. II Nr. 10 der V. vom 13. Dezember 1923 (RGBl. I S. 1189) gelten die durch Druck oder Umdruck hergestellten Formblätter, nicht dagegen stempelmäßig hergestellte Aufdrucke.

III Nach § 14 Nr. 7 des Kap. I des Sechsten Teils der Dritten Verordnung des Reichspräsidenten zur Sicherung von Wirtschaft und Finanzen und zur Bekämpfung politischer Ausschreitungen vom 6. Oktober 1931 (RGBl. I S. 537) gehören zu den nach § 16 RGebO. dem Gerichtsvollzieher zu vergütenden baren Auslagen auch in angemessenen Grenzen die Kosten für unbedingt notwendige Arbeitshilfe und für notwendige und verkehrsübliche Benutzung von eigenen Beförderungsmitteln zum Transport von Sachen und Personen.

16. Zu § 17 RGebO.

§ 46. I Schreibgebühren sind nur in den im § 17 RGebO. bestimmten Fällen anzusetzen. Für die Ausfüllung der Aufschriften der Zustellungsurkunden, für Anschriften auf Briefumschlägen, für die Reinschrift einer Versteigerungsbekanntmachung sowie für den gesamten durch die Dienstgeschäfte veranlaßten Schriftwechsel stehen dem Gerichtsvollzieher Schreibgebühren nicht zu.

II Schuldner der Schreibgebühren für die auf Antrag erteilten Abschriften ist der Antragsteller. Als Antragsteller ist der Gläubiger auch wegen der Schreibgebühren für die Erteilung einer Protokollabschrift anzusehen, die nach § 760 ZPO. dem Schuldner auf Verlangen zu erteilen ist.

III Für die Aufnahme von Erklärungen des Drittschuldners in die Zustellungsurkunde gemäß § 840 Abs. 3 ZPO. sind Schreibgebühren nicht zu berechnen. Hierunter fallen alle dem Gerichtsvollzieher aus Anlaß der Zustellung an Ort und Stelle abgegebenen Erklärungen.

IV Wegen der Wechsel- und Scheckproteste s. § 59.

17. Zu § 20 RGebO.

§ 47. Für die Berechnung der Reisekosten ist der kürzeste fahrbare Land-, Schienen- oder Wasserweg maßgebend. Ist tatsächlich eine längere Wegstrecke benutzt worden, so kann sie nur dann der Berechnung zugrunde gelegt werden, wenn die Benutzung des kürzeren Weges nach Lage der Verhältnisse nicht möglich war oder auch die Benutzung eines öffentlichen

Verkehrsmittels auf der längeren Strecke üblich ist; ist die Benutzung der längeren Wegstrecke dadurch veranlaßt worden, daß auf derselben Reise noch andere Geschäfte erledigt sind, so können die Reisekosten nur nach der kürzeren Wegstrecke berechnet werden.

§ 48. I Als Ausgangspunkt der Reise gilt der Ort, an dem der Gerichtsvollzieher seinen dienstlichen Wohnsitz hat.

II Für die Feststellung der Entfernungen sind in der Regel die amtlichen Ortsentfernungstabellen maßgebend. Eine Entfernung, die den Ansatz von Reisekosten rechtfertigt, liegt nur vor, wenn sowohl der Hinweg als auch der Rückweg je mindestens 2 km beträgt. Im übrigen wird für die Berechnung der Reisekosten der Hinweg und der Rückweg gesondert auf volle Kilometer aufgerundet.

§ 49. Bei einer persönlichen Zustellung dürfen Reisekosten nur dann erhoben werden, wenn der Auftraggeber die persönliche Zustellung ausdrücklich verlangt hat oder wenn eine Zustellung durch die Post überhaupt nicht (vgl. § 40 DA.) oder in dringlichen Fällen nicht mehr rechtzeitig erfolgen kann.

§ 50. Ist zur Erledigung eines Auftrags eine Tätigkeit an verschiedenen Orten erforderlich, z. B. bei Pfändung in der Wohnung und auf dem Felde des Schuldners, so sind für die fortgesetzte Reise die Reisekosten nur einmal für die gesamte Reisestrecke zu berechnen (vgl. auch § 21).

§ 51. Neben den Reisekosten dürfen bare Auslagen, insbesondere Auslagen für ein Nachtquartier, Fähr- und Brückengelder, nicht in Rechnung gestellt werden.

§ 52. I Nach § 20 Abs. 2 RGebO. erhält der Gerichtsvollzieher grundsätzlich für jedes auf derselben Reise vorgenommene Geschäft die volle Reiseentschädigung. Jedoch steht ihm bei Vornahme mehrerer Geschäfte auf derselben Reise nur die einmalige Entschädigung zu, wenn die Geschäfte

1. für denselben Auftraggeber gegen mehrere Schuldner an demselben Ort erfolgen und sich auf dieselbe Rechtsangelegenheit beziehen oder
2. für einen oder mehrere Auftraggeber kraft eines oder mehrerer Schuldtitel gegen denselben Schuldner gleichzeitig erfolgen.

Die Reisekosten sind in diesen Fällen auf die mehreren Aufträge nach ihrer Zahl gleichmäßig zu verteilen.

II Für die Frage, ob „dieselbe Rechtsangelegenheit" vorliegt, kommt es nur auf die vom Gericht gewählte Bearbeitung der Rechtsangelegenheit, nicht aber darauf an, ob der Schuldner in allen Angelegenheiten derselbe ist oder ob die Vollstreckungsaufträge gleichzeitig erteilt sind.

§ 53. Für die Bemessung der Reisekostenentschädigung für Wege innerhalb einzelner Ortschaften oder Gruppen benachbarter Ortschaften gilt die Bek. über Reisekosten der Gerichtsvollzieher vom 11. Juni 1930 (JMBl. n. F. Bd. III S. 422).[1])

18. Zu §§ 22, 23 RGebO.

§ 54. I Auftraggeber im Sinne des § 22 RGebO. ist die Partei, für die das Geschäft vorgenommen wird. Der Prozeßbevollmächtigte oder

[1]) Abgedruckt unter Nr. 7.

sonstige Vertreter einer Partei haftet nur, wenn er sich zur Zahlung verpflichtet hat. Besteht die auftraggebende Partei aus mehreren Personen, so haften diese als Gesamtschuldner.

II Unter Erledigung des Auftrages im Sinne des § 23 RGebO. ist die Erledigung eines jeden gebührenpflichtigen Geschäftes zu verstehen.

III Der Gerichtsvollzieher darf die Rückgabe der von dem Auftraggeber übergebenen Schriftstücke nicht von der Zahlung der Kosten abhängig machen.

II. Zur Landesgebührenordnung für die Gerichtsvollzieher.

1. Zu § 5 LGebO.

§ 55. Die Gebühr des § 5 Abs. 3 LGebO. ist auch dann anzusetzen, wenn die Versteigerung infolge Ausbleibens von Bietern unterblieben ist.

2. Zu § 9 LGebO.

§ 56. Bei gleichzeitiger Protestierung mehrerer Wechsel oder Schecks sind die Gebühren und Reisekosten für jeden Wechsel oder Scheck besonders zu erheben. Wird derselbe Wechsel gegen mehrere Personen in einer Urkunde protestiert, so ist die Protestgebühr nur einmal anzusetzen.

3. Zu § 13 LGebO.

§ 57. Schuldner der Lagerkosten ist der Auftraggeber (vgl. § 54 Abs. 1). Die Haftung des Auftraggebers erstreckt sich auch auf die nach dem Wegfall des Verwahrungsgrundes, insbesondere nach der Aufhebung der Pfändung, entstehenden Lagerkosten; dies gilt auch dann, wenn der Empfangsberechtigte trotz Aufforderung die Abholung unterläßt oder wegen unbekannten Aufenthaltes zur Abholung nicht aufgefordert werden kann.

§ 58. Die in § 13 Abs. 4 LGebO. vorgesehene Herabsetzung der Gebühr für die Verwahrung von Gegenständen von verhältnismäßig hohem Wert und geringem Raumbedürfnis ist nicht von einem Antrage des Schuldners abhängig. Ist der Gerichtsvollzieher der Ansicht, daß die Voraussetzungen für die Ermäßigung der Gebühr gegeben sind, so hat er durch Vermittlung des rechnungsführenden Beamten dem Amtsgerichtsvorstand zu berichten. Der rechnungsführende Beamte hat auf dem Berichte zu vermerken, ob er die Ansicht des Gerichtsvollziehers teilt. Das Schriftstück, auf dem der Amtsgerichtsvorstand seine Verfügung trifft, ist zu den Akten des Gerichtsvollziehers zu nehmen. In der Spalte 30 des Dienstregisters (§ 354 DA.) ist auf die Verfügung des Amtsgerichtsvorstandes zu verweisen.

4. Zu § 14 LGebO.

§ 59. Für die beglaubigte Abschrift des Wechsel- oder Scheckprotestes (Art. 90 Abs. 2 WO., § 30 Abs. 2 ScheckG.) sind Schreibgebühren nach § 17 RGebO. anzusetzen.

7. Bekanntmachung über Reisekosten der Gerichtsvollzieher.

Vom 11. Juni 1930.

(JMBl. n. F. Bd. III S. 422.)

1. Auf Grund des § 20 Abs. 3 der Gebührenordnung für Gerichtsvollzieher in der Fassung des Gesetzes vom 14. Juli 1928 (RGBl. I S. 197) werden die Präsidenten der Oberlandesgerichte mit Wirkung vom 1. Oktober 1930 an für den Bereich ihres Bezirks ermächtigt, für Großstädte, für andere räumlich ausgedehnte Ortschaften, insbesondere solche, die sich durch Eingemeindung vergrößert haben, und für benachbarte Ortschaften, die durch öffentliche Verkehrsmittel miteinander verbunden sind und sich wirtschaftlich als eine einheitliche Ortschaft darstellen, unter der Voraussetzung, daß die Benützung öffentlicher Verkehrsmittel als verkehrsüblich anzusehen ist, zu bestimmen, daß die Auslagen für Wege, die der Gerichtsvollzieher zur Vornahme einer Amtshandlung innerhalb dieser Ortschaften oder außerhalb derselben in einem Umkreis von weniger als zwei Kilometer zurücklegen muß, als Reisekosten zu erstatten sind.

Anordnungen dieser Art sind nur zu erlassen, wenn sie notwendig sind, um unbillige Härten zu vermeiden. Die Verfügungen sind in Abschrift vorzulegen.

2. Wird von der Ermächtigung nach Nr. 1 Gebrauch gemacht, so erstreckt sich die Erstattungspflicht auch auf Reiseauslagen für Amtshandlungen, die dem Gerichtsvollzieher in der Landesgebührenordnung für Gerichtsvollzieher vom 18. Februar 1924 (GVBl. S. 58) zugewiesen sind. Im übrigen hat der Gerichtsvollzieher nach folgenden Grundsätzen zu verfahren:

Die Reisekosten sind zu erstatten in der Höhe des Fahrpreises für das verkehrsübliche öffentliche Verkehrsmittel. Das gleiche gilt, wenn der Gerichtsvollzieher bei Zurücklegung des Weges statt eines verkehrsüblichen öffentlichen Verkehrsmittels ein eigenes Beförderungsmittel benützt. Für Wege, die zu Fuß zurückgelegt werden, dürfen Reisekosten nicht verrechnet werden. Die für Einzel- und Sonderfahrten bestimmten öffentlichen Verkehrsmittel (z. B. Mietautos) dürfen nur in besonderen Ausnahmefällen mit Genehmigung des Gerichtsvorstands benützt werden; in diesen Fällen sind die wirklichen Auslagen in Ansatz zu bringen. Dient die Benützung des öffentlichen Verkehrsmittels der Erledigung mehrerer Geschäfte, so sind die Reisekosten gleichmäßig zu verteilen.

3. In Städten mit mehr als 50000 Einwohnern dürfen den Gerichtsvollziehern auch weiterhin Straßenbahnfahrkarten und Fahrscheinhefte für Autobuslinien auf Staatskosten zur Verfügung gestellt werden. In diesen Fällen erstreckt sich die Erstattungspflicht der Parteien auf einen angemessenen Anteil an den Beschaffungskosten.

4. Die Gerichtsvollzieher haben die hiernach zu erhebenden Reisekosten im Dienstregister einzutragen. Soweit diese Kosten Anteile an den Beschaffungskosten der auf Staatskosten zur Verfügung gestellten Fahrkarten und Fahrscheinhefte darstellen, ist den Einträgen der Zusatz: „StK."

(= Straßenbahnfahrkarte) oder „FH." (= Fahrscheinheft für eine Autobuslinie) in der Pfennigspalte anzufügen; die Gerichtsvollzieher haben für diese Fälle Verzeichnisse zu führen, aus denen sich für jeden Tag die Verrechnung der Anteile an den Fahrkarten- und Fahrschein-Beschaffungskosten auf die einzelnen, durch Angabe der Dienstregisternummer zu bezeichnenden Amtsgeschäfte ergibt.

Bei der Zusammenzählung der Reisekosten sind die Summen der Anteile an den Fahrkarten- und Fahrschein-Beschaffungskosten und die Summen der übrigen den Gerichtsvollziehern zu erstattenden Beträge gesondert festzustellen.

Bei der Gerichtsvollzieherei des Amtsgerichts München hat es bei dem bisherigen Verfahren sein Verbleiben.

Die Gerichtsvorstände haben die Art der Fahrtkostenverrechnung fortlaufend zu überwachen.

8. Bekanntmachung zum Vollzuge des Reichs-Gerichtskostengesetzes (Auszug).

Vom 25. Dezember 1899.

(JMBl. n. F. Bd. I S. 349.)

§ 61. Die Dienstregister der Gerichtsvollzieher sind mit den erforderlichen Beilagen und der im § 334 der Dienstanweisung für die Gerichtsvollzieher (JMBl. n. F. Bd. III S. 581) angeordneten Hauptübersicht nach Ablauf des im § 334 der Dienstanweisung für die Gerichtsvollzieher bestimmten Abrechnungstermins von dem Finanzamte der Landesfinanzamtszweigstelle zur Verrechnungseinweisung gesondert vorzulegen.

Zur Verrechnung werden nur die wirklich eingegangenen Beträge eingewiesen; Rückstände und Nachlässe haben in den Rechnungen nicht zu erscheinen.

Das über die Revision[1]) der Dienstregister aufgenommene Protokoll wird an den rechnungsführenden Beamten, dem die Besorgung des Kostenwesens der Gerichtsvollzieher obliegt, unmittelbar zur Beantwortung hinausgegeben und nach erfolgter Beantwortung der Landesfinanzamtszweigstelle wieder vorgelegt.

§ 62. Außer der Revision der Dienstregister findet jährlich wenigstens einmal auch noch eine Prüfung der Richtigkeit und Vollständigkeit des Ansatzes und der Sollstellung der Gebühren und Auslagen der Gerichtsvollzieher in den Amtsräumen der Amtsgerichte durch Kommissäre der Landesfinanzamtszweigstelle statt[2]).

---

[1]) Vgl. hierzu Nr. 63 der Bek. vom 20. Juni 1915 zum Vollzuge des GKG. und des KG. (GVBl. S. 156).

[2]) Vgl. hierzu § 34 der Dienstanweisung für die Gerichtsvollzieher (JMBl. n. F. Bd. III S. 581), abgedr. unter Nr. 2.

Der abgeordnete Kommissär hat sich von dem rechnungsführenden Beamten die Dienstregister der Gerichtsvollzieher behändigen zu lassen und sodann zu prüfen, ob die angefallenen Gebühren und Auslagen richtig in das Dienstregister übertragen worden sind und ob die Ansätze den Amtshandlungen der Gerichtsvollzieher entsprechen.

Die Prüfung des Ansatzes und der Sollstellung der Kosten der Gerichtsvollziehereien und der Gerichtsvollzieher hat an der Hand des Dienstregisters sowie der vorhandenen Akten zu erfolgen. Sie hat sich auf den Ansatz aller Gebühren und Auslagen zu erstrecken, die der Gerichtsvollzieher auf Grund der Gesetze und Verordnungen zu beanspruchen hat und die nach § 15 der Gerichtsvollzieherordnung (JMBl. n. F. Bd. III S. 569) für die Staatskasse erhoben werden. Auch ist eine Kontrolle darüber zu üben, ob die am Schlusse des Monats, in welchem die Dienstregister der Landesfinanzamtszweigstelle zur Verrechnungseinweisung vorzulegen sind (§ 61), noch bestehenden Rückstände an Gebühren und Auslagen vollständig in das Dienstregister des nächsten Vierteljahres übertragen worden sind, ebenso darüber, ob für die in den Dienstregistern als uneinbringlich ausgewiesenen Gebühren und Auslagen die Uneinbringlichkeit entsprechend nachgewiesen ist.

Sollte die Behandlung des Kostenwesens bei einer Gerichtsvollzieherei oder einem Gerichtsvollzieher zu erheblichen Bedenken Anlaß geben, so kann die Prüfung sämtlicher gebührenpflichtiger Amtshandlungen eines gewissen Zeitraumes angeordnet werden.

Über die Prüfung ist ein besonderes Protokoll von dem Kommissär in der bisherigen Form der Revisionsprotokolle zu führen, welches die Überschrift zu erhalten hat:

„Protokoll über die örtliche Revision bei dem ....
für die Zeit vom .... bis ...."

Dieses Protokoll ist womöglich am Schlusse jedes Tages dem rechnungsführenden Beamten, der sich sofort eine Abschrift davon zu nehmen hat, zur Beantwortung zu geben, so daß am Schlusse der Prüfungsverhandlungen die Beantwortung erfolgt sein kann. Das Protokoll ist so zu fassen, daß dessen Bescheidung in der Regel ohne Einsichtnahme der bezüglichen Aktenstücke erfolgen kann. Ist jedoch eine solche nicht zu vermeiden, so sind die nötigen Aktenstücke in Urschrift oder, wenn dies als untunlich erscheint, in Abschrift beizulegen. Hierbei wird jedoch bemerkt, daß solche Abschriften nur ganz ausnahmsweise und in besonders wichtigen Fällen zu erholen sind.

Das Revisionsprotokoll ist der Landesfinanzamtszweigstelle zur Bescheidung vorzulegen, welche hierauf die weiteren Verfügungen unter Mitteilung des Protokolls an das Finanzamt zu erlassen hat. Letzteres hat sich von dem Protokolle, soweit erforderlich, Abschrift zu seinen Akten zu nehmen und von den ergangenen Bescheiden dem rechnungsführenden Beamten Mitteilung zu machen.

§ 63. Neben den örtlichen Revisionen bei den Gerichtsvollziehereien und Gerichtsvollziehern finden kursorische Inspektionen des Kostenwesens durch die zuständigen Referenten der Landesfinanzamtszweigstellen statt[3]).

---

[3]) Vgl. hierzu Nr. 65 der Bek. vom 20. Juni 1915 zum Vollzuge des GKG. und KG. (GVBl. S. 156).

9. Bekanntmachung über den Geschäftsgang der Arbeitsgerichtsbehörden.

Vom 15. Juni 1927.

(JMBl. n. F. Bd. II S. 818.)

(Auszug.)

IV. Zustellungen.

§ 19. Für die Zustellungen gelten die Vorschriften entsprechend, die für die Gerichte und die Gerichtsvollzieher erlassen sind[1]). In welchen Fällen die Zustellungen von Amts wegen erfolgen, ergibt sich aus den Bestimmungen des Arbeitsgerichtsgesetzes und der Zivilprozeßordnung. Es empfiehlt sich, Urteile der Arbeitsgerichte, die einen Streitgegenstand betreffen, dessen Wert die Revisionsgrenze[2]) übersteigt, wegen der Zulässigkeit der Sprungrevision nicht in abgekürzter Ausfertigung zuzustellen.

V. Zwangsvollstreckung.

§ 20. Vollstreckungsgericht ist das Amtsgericht. Die Arbeitsgerichtsbehörde ist nur zuständig, soweit im Vollstreckungsverfahren das Prozeßgericht anzurufen ist. Soll die Zwangsvollstreckung im Bezirke des Arbeitsgerichts stattfinden, so gibt der Beamte der Geschäftsstelle den Auftrag unmittelbar an den Gerichtsvollzieher weiter (vgl. § 126 Abs. 1 Satz 2 der Geschäftsanweisung für die Geschäftsstellen der Amtsgerichte; JMBl. a. F. 1910 S. 253, s. auch Anl. z. EinfBek.). Soll die Zwangsvollstreckung außerhalb des Bezirkes des Arbeitsgerichts ausgeführt werden, so ersucht der Beamte der Geschäftsstelle die Geschäftsstelle des Amtsgerichts um Beauftragung eines Gerichtsvollziehers (§ 161 GVG.).

Ist dem Gläubiger das Armenrecht bewilligt, so ist dies zu bemerken.

---

10. Bekanntmachung über die Vornahme von Zustellungen in den Wohnungen von Personen, die von der inländischen Gerichtsbarkeit befreit sind.

Vom 5. April 1893.

(JMBl. n. F. Bd. I S. 153.)

An Personen, die nach §§ 18, 19 GVG. von der inländischen Gerichtsbarkeit befreit sind, können Zustellungen in gerichtlichen Angelegenheiten nur im diplomatischen Wege erfolgen. Auch dürfen in den Wohnungen dieser Personen ohne ihre Zustimmung keinerlei Handlungen vorgenommen werden, die eine Ausübung der Gerichtsbarkeit enthalten. Ihrer Zustimmung bedarf es daher auch dann, wenn in ihrer Wohnung an Per-

---

[1]) Siehe auch die Bek. über die Ersatzzustellung nach § 183 Abs. 2 ZPO. vom 19. September 1929, abgedr. unter Nr. 11.

[2]) 6000 Reichsmark (V. vom 8. Februar 1929, RGBl. I S. 19).

sonen, die von der inländischen Gerichtsbarkeit nicht befreit sind, Zustellungen bewirkt werden sollen.

Demgemäß werden für die Vornahme solcher Zustellungen die folgenden Bestimmungen[1]) getroffen:

1. Die Wohnungen von Personen, die nach §§ 18, 19 GVG. von der inländischen Gerichtsbarkeit befreit sind, dürfen zum Zwecke einer Zustellung in Rechtsangelegenheiten irgendwelcher Art nur dann betreten werden, wenn der Inhaber der Wohnung seine Zustimmung dazu erteilt hat.
2. Die Einholung der Zustimmung ist auf dem vorgeschriebenen Dienstwege bei dem Staatsministerium der Justiz, in besonders eiligen Fällen bei dem Staatsministerium des Äußern, zu beantragen.
3. Der Zustellungsbeamte darf die Wohnung einer der in Nr. 1 erwähnten Personen zum Zwecke der Zustellung nur dann betreten und eine Zustellung in der Wohnung einer dieser Personen durch Aufgabe zur Post nur dann bewirken, wenn ihm die Zustimmung des Inhabers der Wohnung schriftlich vorgelegt wird.
4. Die Post darf von dem Gerichtsvollzieher und von dem Urkundsbeamten der Geschäftsstelle um Bewirkung einer Zustellung in der Wohnung einer der in Nr. 1 erwähnten Personen nur dann ersucht werden, wenn die Zustimmung des Inhabers der Wohnung schriftlich vorliegt. Das gleiche gilt im Falle der Beauftragung des Gerichtswachtmeisters mit der Zustellung.
5. Wird dem Gerichtsvollzieher oder dem Urkundsbeamten der Geschäftsstelle die erforderliche Zustimmung nicht vorgelegt, so hat er, so bald ihm erkennbar wird, daß die Zustellung nicht vorgenommen werden darf, von derselben Abstand zu nehmen und den Auftrag oder das Ersuchen dem Amtsgerichte, bei welchem er angestellt ist, vorzulegen. Dieses hat alsdann die Einholung der Zustimmung von Amts wegen zu beantragen. Wird die Zustimmung verweigert, so ist nach § 203 Abs. 3 ZPO. zu verfahren.

---

11. Bekanntmachung über die Ersatzzustellung nach § 183 Abs. 2 der Zivilprozeßordnung.

Vom 19. September 1929.

(JMBl. n. F. Bd. III S. 328.)

Auf den nachstehend auszugsweise abgedruckten Beschluß des Reichsarbeitsgerichts vom 9. März 1929 — B 10/1929 —, der zu der Frage Stellung nimmt, ob die Bestimmung des § 183 Abs. 2 ZPO. über die

[1]) S. auch § 20 Abs. 3 der Geschäftsanweisung für die Geschäftsstellen der Amtsgerichte in bürgerlichen Rechtsstreitigkeiten und in Konkursen vom 2. März 1910 (JMBl. a. F. S. 253, s. auch Anl. z. EinfBek.) und § 11 Abs. 2 Nr. 7 der Bek. über die Ausführung der Zustellungen von Amts wegen vom 2. März 1910 (JMBl. n. F. Bd. I S. 767).

Ersatzzustellung an einen Rechtsanwalt auf Mitglieder und Angestellte wirtschaftlicher Vereinigungen, die nach § 11 ArbGG. vor Gericht auftreten können, anwendbar ist, wird aufmerksam gemacht.

Aus den Gründen:

„. . . Es kann unentschieden bleiben, ob im Falle des § 11 Abs. 2 (ArbGG.) die Einschaltung des Verbandsvertreters in das grundsätzlich mit Anwaltszwang ausgestattete Verfahren vor dem Landesarbeitsgericht „an Stelle" der Rechtsanwälte dazu führen kann, ihre verfahrensrechtliche Stellung und ihre Befugnisse im Verfahren denen der Rechtsanwälte anzugleichen. . . . Keinen Anhalt gibt das Gesetz aber dafür, daß den Verbandsvertretern die Stellung von Rechtsanwälten allgemein, insbesondere auch für das arbeitsgerichtliche Verfahren hat zugestanden werden sollen. Ihre Sonderstellung in diesem Verfahren besteht nur darin, daß sie zugelassen sind, während Rechtsanwälte und Personen, die das Verhandeln vor Gericht geschäftsmäßig betreiben, ausgeschlossen werden. Diese vorzugsweise Zulassung war schon im gewerbegerichtlichen Verfahren erstrebt und umstritten. Nach § 31 des Gewerbegerichtsgesetzes, der Rechtsanwälte und geschäftsmäßig verhandelnde Personen von der Vertretung vor dem Gewerbegericht ausschloß, war die Unmittelbarkeit des Verfahrens ohne Lücke durchgeführt. Wenn das Arbeitsgerichtsgesetz diesen Grundsatz annahm, ihn aber zugunsten der Verbandsvertreter durchbrach, so lag es besonders fern, daß die Verbandsvertreter in die Stellung einrücken sollten, die der Rechtsanwalt als berufsmäßiger und anerkannter Mittler zwischen Gericht und Partei im ordentlichen Prozeß einnimmt. Fehlt es danach schon an einer allgemeinen Richtung des Arbeitsgerichtsgesetzes, die Verbandsvertreter allgemein mit anwaltlicher Befugnis auszustatten, so bestehen auch besondere Bedenken, die Vorschrift des § 183 Abs. 2 über Ersatzzustellung für den Verbandsvertreter so gelten zu lassen, als wenn er Rechtsanwalt wäre. Die Rechtsprechung des Reichsgerichts hat die Ersatzzustellung an einen Anwaltsgehilfen im Geschäftslokal nach § 183 Abs. 2 ZPO. nur anerkannt, wenn der Gehilfe Angestellter gerade des Anwalts war, dem zugestellt werden sollte. Die Gehilfen und Schreiber in den Geschäftslokalen des Verbandes werden aber regelmäßig Angestellte des Verbandsvertreters nicht sein."

---

12. Bekanntmachung über das Mindestgebot bei der Versteigerung gepfändeter Sachen.

Vom 8. Oktober 1914.

(RGBl. S. 427.)

§ 1. Soweit eine Zwangsvollstreckung in körperlichen Sachen nach den Vorschriften der Zivilprozeßordnung stattfindet, ist der gewöhnliche Verkaufswert der gepfändeten Sachen vor der Versteigerung zu schätzen.

Die Schätzung erfolgt durch den Gerichtsvollzieher. Ist gemäß § 813 der Zivilprozeßordnung zur Pfändung ein Sachverständiger zugezogen, so hat dieser die Schätzung vorzunehmen. Mit der Schätzung gepfändeter

Wertpapiere, die einen Börsen- oder Marktpreis nicht haben, hat der Gerichtsvollzieher einen kaufmännischen Sachverständigen zu beauftragen; [bei der Schätzung darf der gewöhnliche Verkaufswert solcher Wertpapiere, die in der letzten Woche vor dem 31. Juli 1914 noch einen Börsen- oder Marktpreis hatten, nicht unter dem letzten in dieser Woche amtlich notierten Markt- oder Börsenpreis festgestellt werden]. In anderen Fällen kann der Gerichtsvollzieher einen Sachverständigen mit der Schätzung beauftragen.

Die Schätzung soll tunlichst bei der Pfändung erfolgen. In diesem Falle ist ihr Ergebnis in das Protokoll aufzunehmen.

Für Kostbarkeiten bewendet es bei der Vorschrift im § 814 der Zivilprozeßordnung.

§ 2. Das Vollstreckungsgericht kann auf Antrag des Gläubigers oder des Schuldners die Schätzung durch einen Sachverständigen anordnen.

§ 3. Bei der Versteigerung der gepfändeten Sachen darf unbeschadet der Vorschrift im § 820 der Zivilprozeßordnung der Zuschlag nur auf ein Gebot erteilt werden, das mindestens die Hälfte des gewöhnlichen Verkaufswerts erreicht (Mindestgebot).

[Bei Wertpapieren, die von den auf Grund des Darlehnskassengesetzes vom 4. August 1914 (RGBl. S. 340) errichteten Darlehnskassen beliehen werden, darf das Mindestgebot nicht hinter dem Betrage zurückbleiben, zu dem die Darlehnskassen Wertpapiere dieser Art beleihen.]

Der gewöhnliche Verkaufswert und das Mindestgebot sind bei dem Ausbieten bekannt zu geben.

§ 4. Wird der Zuschlag nicht erteilt, weil ein das Mindestgebot erreichendes Gebot nicht abgegeben ist, so bleibt das Pfandrecht des Gläubigers bestehen. Er kann jederzeit die Anberaumung eines neuen Versteigerungstermins oder die Anordnung anderweitiger Verwertung der gepfändeten Sachen gemäß § 825 der Zivilprozeßordnung beantragen. Wird die anderweitige Verwertung angeordnet, so gilt § 3 entsprechend.

§ 5. Diese Verordnung tritt nach Ablauf einer Woche seit dem Tage der Verkündung in Kraft. Den Zeitpunkt des Außerkrafttretens bestimmt der Reichskanzler[1]).

---

13. Bekanntmachung zur Entlastung der Gerichte

vom 9. September 1915

in der Fassung der Bek. v. 13. Mai 1924 (RGBl. I S. 552) und der VO.en v. 11. Dez. 1924 und 19. Juni 1925 (RGBl. 1924 I S. 772; 1925 I S. 88).

(Auszug.)

Urteil und Zwangsvollstreckung.

§ 9. In Urteilen, Zahlungsbefehlen, Vergleichen und vollstreckbaren Urkunden (§ 794 Nr. 5 der Zivilprozeßordnung) kann die Höhe einer zu zahlenden Geldsumme auch in solchen Umlaufmitteln bestimmt werden, die, ohne gesetzliches Zahlungsmittel zu sein, von den öffentlichen Kassen in Zahlung genommen werden. Die Höhe der Geldsumme kann ferner, soweit nicht die Reichsregierung mit Zustimmung des Reichsrats etwas

[1]) Jetzt: Reichsminister der Justiz (§ 5 des Übergangsgesetzes vom 4. März 1919, RGBl. S. 285; Art. 179 d. Reichsverfassung vom 11. Aug. 1919, RGBl. S. 1383).

anderes bestimmt, auch nach Maßgabe einer amtlichen Teuerungszahl festgesetzt werden. Die Reichsregierung wird ermächtigt, mit Zustimmung des Reichsrats daneben noch andere Werteinheiten, über die amtliche Feststellungen ergehen, als Maßstab zuzulassen[1]).

---

[1]) Vgl. die hierzu ergangene Zweite Verordnung zur Durchführung der Verordnung zur Beschleunigung des Verfahrens in bürgerlichen Rechtsstreitigkeiten vom 27. Juni 1924 (RGBl. I S. 660):

Art. I. In wertbeständigen Schuldtiteln (§ 9 der Bekanntmachung zur Entlastung der Gerichte) kann die Höhe der zu zahlenden Geldsumme auch bestimmt werden:

1. in Goldmark, und zwar
   a) — (gegenstandslos geworden)
   oder
   b) in der Weise, daß als Goldmark der Wert von $^{10}/_{42}$ des nordamerikanischen Dollars bezeichnet wird; die Umrechnung der Goldmark in Reichswährung erfolgt nach dem Mittelkurse, der auf Grund der amtlichen Berliner Notierung des dem Tage der Zahlung vorhergehenden Börsentags für Auszahlung New York errechnet wird,
   oder
   c) in der Weise, daß als Goldmark der amtlich festgestellte Preis von $^{1}/_{2790}$ Kilogramm Feingold (§ 2 Satz 1 der Verordnung zur Durchführung des Gesetzes über wertbeständige Hypotheken vom 29. Juni 1923 — Reichsgesetzbl. I S. 482 —) bezeichnet wird; die Umrechnung der Goldmark in Reichswährung erfolgt nach dem Mittelkurse, der auf Grund der amtlichen Berliner Notierung des dem Tage der Zahlung vorhergehenden Börsentags für Auszahlung London errechnet wird,
2. durch die für eine wertbeständige Hypothek, Grundschuld oder Rentenschuld in dem Gesetz über wertbeständige Hypotheken vom 23. Juni 1923 (RGBl. I S. 407) oder den Durchführungsverordnungen außer der Goldmark nach Nr. 1 c zugelassenen Maßstäbe.

Ist in dem wertbeständigen Schuldtitel die Goldmark nicht nach Maßgabe des Abs. 1 Nr. 1 näher bestimmt, so ist für die Umrechnung in Reichswährung der für Reichssteuern geltende Goldumrechnungssatz (Abs. 1 Nr. 1 a) maßgebend.

Art. II. Für eine nach Artikel I Nr. 1 a, b bestimmte Forderung kann eine Sicherungshypothek (§§ 866 bis 868 der Zivilprozeßordnung) als Feingoldhypothek (Goldmarkhypothek) nach Maßgabe der fünften Verordnung zur Durchführung des Gesetzes über wertbeständige Hypotheken vom 17. April 1924 (RGBl. I S. 415) eingetragen werden; dabei findet § 866 Abs. 3 der Zivilprozeßordnung keine Anwendung. Die Sicherungshypothek ist als Höchstbetragshypothek einzutragen. Höchstbetrag ist der Betrag, der sich bei Umrechnung der zu zahlenden Geldsumme in Feingoldmark ergibt. Die Umrechnung erfolgt nach Maßgabe der Vorschriften im Artikel I Nr. 1 a, b, c dieser Verordnung unter Zugrundelegung der letzten vor dem Eingang des Eintragungsantrags bei dem Grundbuchamte veröffentlichten amtlichen Feststellungen.

In dem Schuldtitel (wertbeständiger Schuldtitel) ist die Werteinheit sowie die nähere Art und Weise, in welcher sie als Maßstab dienen soll, genau zu bezeichnen. Ungenauigkeiten in der Bezeichnung können bei Urteilen und Zahlungsbefehlen unter entsprechender Anwendung des § 319 der Zivilprozeßordnung beseitigt werden.

Die Vorschriften der Abs. 1, 2 finden auch im Urkundenprozeß Anwendung.

§ 10. Die vollstreckbare Ausfertigung eines wertbeständigen Schuldtitels wird erteilt, ohne daß es der ziffermäßigen Berechnung der Schuldsumme in gesetzlichen Zahlungsmitteln bedarf. Für die Durchführung der Zwangsvollstreckung gelten die Vorschriften der §§ 11—17.

§ 11. Bei der Zwangsvollstreckung in bewegliche Sachen berechnet der Gerichtsvollzieher die beizutreibende Geldsumme. Während der Durchführung der Vollstreckung eintretende Veränderungen der maßgebenden Wertverhältnisse sind zu berücksichtigen.

Wird gepfändetes Geld oder der Versteigerungserlös hinterlegt, so erfolgt die endgültige Berechnung durch das Vollstreckungsgericht, und zwar, soweit ein Verteilungsverfahren stattfindet, in diesem Verfahren bei der Aufstellung des Teilungsplans, im übrigen auf Antrag des Gläubigers, des Schuldners oder eines an der Hinterlegung beteiligten Dritten durch besonderen Beschluß. In letzterem Falle ist bei einer nachträglichen Änderung der maßgebenden Wertverhältnisse der Beschluß auch nach Eintritt der Rechtskraft bis zur Auszahlung des hinterlegten Betrags auf Antrag zu ändern.

§ 12. Soll eine Forderung oder ein anderes Vermögensrecht gepfändet werden, so berechnet das Vollstreckungsgericht die beizutreibende Geldsumme in dem Pfändungsbeschlusse. Der Gläubiger hat dem Antrag eine Berechnung beizufügen. Ändern sich nach der Pfändung die maßgebenden Wertverhältnisse, so bleibt das Recht des Gläubigers auf Vornahme weiterer Vollstreckungsmaßregeln unberührt; Einwendungen des Schuldners sind ausschließlich gemäß § 766 der Zivilprozeßordnung zu erledigen.

§ 13. Bei der Pfändung eines Anspruchs auf Übertragung des Eigentums an einer unbeweglichen Sache entsteht die Sicherungshypothek (§ 848 Abs. 2 der Zivilprozeßordnung) als Höchstbetragshypothek (§ 1190 des Bürgerlichen Gesetzbuchs); Höchstbetrag ist der nach § 12 berechnete Betrag.

Ist die zu vollstreckende Forderung in der Art bestimmt, daß für sie eine wertbeständige Hypothek eingetragen werden kann, so findet § 12 keine Anwendung. Die Sicherungshypothek entsteht als wertbeständige Hypothek.

§ 14. Soll für die Forderung des Gläubigers eine Sicherungshypothek eingetragen werden (§§ 866—868 der Zivilprozeßordnung), und ist die Forderung in der Art bestimmt, daß für sie eine wertbeständige Hypothek eingetragen werden kann, so ist die Sicherungshypothek als wertbeständige einzutragen; dabei findet § 866 Abs. 3 der Zivilprozeßordnung keine Anwendung. Ist die Forderung nicht in dieser Art bestimmt, so ist die Sicherungshypothek als Höchstbetragshypothek einzutragen; Höchstbetrag ist die

Geldsumme, die sich aus der letzten vor dem Eingang des Eintragungsantrags bei dem Grundbuchamte veröffentlichten amtlichen Feststellung ergibt.

§ 15. In der Zwangsversteigerung wird die beizutreibende Geldsumme durch das Vollstreckungsgericht in dem Teilungsplane berechnet. Nachträgliche Änderungen der maßgebenden Verhältnisse bleiben für das weitere Verfahren, unbeschadet der Vorschrift des Abs. 2, außer Betracht.

Soweit in Ausführung des Teilungsplans auf den Gläubiger eine Forderung gegen den Ersteher übertragen wird, ist sie in derselben Weise wertbeständig zu bestimmen, in der die Forderung des Gläubigers bestimmt war. Ist die Forderung des Gläubigers in der Art bestimmt, daß für sie eine wertbeständige Hypothek eingetragen werden kann, so ist die Sicherungshypothek für die übertragene Forderung (§ 128 des Gesetzes über die Zwangsversteigerung und die Zwangsverwaltung) als wertbeständige einzutragen. Andernfalls ist die Sicherungshypothek als Höchstbetragshypothek einzutragen; Höchstbetrag ist die Geldsumme, die sich aus der letzten vor dem Eingang des Ersuchens um Eintragung der Sicherungshypothek bei dem Grundbuchamte veröffentlichten amtlichen Feststellung ergibt.

§ 16. In der Zwangsverwaltung wird die Forderung aus einem wertbeständigen Schuldtitel in den Teilungsplan ohne Berechnung der beizutreibenden Geldsumme aufgenommen. Der Zwangsverwalter berechnet die Summe, wenn er auf die Forderung eine Zahlung bewirkt.

§ 17. Soweit nach den Vorschriften der §§ 11—16 eine Berechnung der beizutreibenden Geldsumme vor der Beendigung der Vollstreckung erfolgt, nach dem Inhalt des Schuldtitels für die Berechnung der Schuldsumme jedoch ein späterer Zeitpunkt maßgebend sein soll, entscheidet sich die Frage, inwieweit der Gläubiger durch die Vollstreckung befriedigt ist, nach dem späteren Zeitpunkt.

In allen Fällen, in denen eine wertbeständige Forderung teilweise beigetrieben wird, ist in dem auf der vollstreckbaren Ausfertigung zu machenden Vermerk anzugeben, wann die Beitreibung erfolgt und auf welchen Betrag die Schuldsumme in diesem Zeitpunkt berechnet worden ist. In Streitfällen hat das Vollstreckungsgericht auf Antrag eines Beteiligten durch Beschluß festzustellen, bis zu welchem Teile die Forderung aus dem wertbeständigen Schuldtitel getilgt ist.

---

14. Bekanntmachung über die Pfändung von Postsendungen.

Vom 3. Mai 1923.

(JMBl. n. F. Bd. II S. 198.)

Die nachstehende Verfügung des Herrn Reichspostministers (Amtsblatt des Reichspostministeriums 1922 S. 233) wird zur Kenntnis der Justizbehörden gebracht.

Verfügung des Reichspostministers vom 14. August 1922 über die Pfändung von Postsendungen.

In bürgerlichen Rechtsstreitigkeiten sind Ausnahmen vom Postgeheimnis nicht vorgesehen. Daher sind Pfändungen von Postsendungen sowie von Ansprüchen des Absenders einer Postsendung aus dem Postsendungsverkehr, insbesondere auf Zahlung von Geld aus dem Postanweisungs-, Zahlkarten-, Postauftrags- oder Nachnahmeverkehr, unzulässig. Dagegen kann der Empfänger eines Postauftrags oder einer Nachnahmesendung nach Einlösung des Auftrags oder der Nachnahme den Anspruch des Absenders dieser Auftrags- oder Nachnahmesendung auf Auszahlung des eingezogenen Betrags pfänden. Pfändungsbeschlüsse oder Vorpfändungen (§ 845 ZPO.), die sich auf Postauftrags- und Nachnahmebeträge beziehen, können außer der Oberpostdirektion des Aufgabeorts der Postauftrags- und Nachnahmesendung auch der Postanstalt zugestellt werden, welche die Geldbeträge vom Empfänger der Aufträge und Sendungen einzieht.

Ergehen Pfändungsbeschlüsse oder Vorpfändungen, die hiernach unzulässig sind, so hat die Oberpostdirektion dem Pfändungsgläubiger zu erklären, daß der Pfändung keine Folge gegeben werden kann, weil sie gegen das Postgeheimnis verstößt und unwirksam ist. Auch kann in einzelnen Fällen in Betracht kommen, gemäß § 766 ZPO. mit der gleichen Begründung gegen die Pfändung Erinnerung einzulegen. Gehen unzulässige Pfändungsbeschlüsse oder Vorpfändungen den Postanstalten zu, so sind sie der vorgesetzten Oberpoststelle vorzulegen, die nach obigen Richtlinien zu verfahren hat.

---

15. Bekanntmachung über die Durchführung des Steuerabzugs bei Arbeitslohnforderungen.

Vom 16. September 1927.

(JMBl. n. F. Bd. II S. 867.)

Bei der Durchführung des Steuerabzugs vom Arbeitslohn haben sich Schwierigkeiten ergeben, wenn Arbeitslohnforderungen im Wege der Zwangsvollstreckung durch die Gerichtsvollzieher beigetrieben oder zur Abwendung der Vollstreckung an sie gezahlt werden. Zur erleichterten Durchführung des Steuerabzugs wird deshalb im Einvernehmen mit dem Herrn Reichsminister der Finanzen folgendes bestimmt:

1. Um den Gerichtsvollziehern die Prüfung, ob es sich um die Vollstreckung einer Arbeitslohnforderung handelt, zu erleichtern, wird den Gerichten empfohlen, in allen Rechtsstreitigkeiten, in denen unzweifelhaft eine dem Steuerabzug unterliegende Arbeitslohnforderung in Frage kommt, dies durch geeignete Ausfüllung der Bezeichnung des Streitgegenstandes im Urteile („wegen .....") kenntlich zu machen.

2. Die Gerichtsvollzieher haben in allen Fällen, in denen die Bezeichnung des Streitgegenstands im Urteil oder der sonstige Inhalt eines vollstreckbaren Titels erkennen läßt, daß es sich um die Beitreibung einer

Arbeitslohnforderung handelt, das für den Vollstreckungsort zuständige Finanzamt durch Brief unter Benutzung der von der Reichsfinanzverwaltung gelieferten Vordrucke nach dem nachstehend abgedruckten Muster portofrei zu benachrichtigen. Die Mitteilung ist jedoch nur dann nötig, wenn der an den Gläubiger abzuführende Betrag die Summe von 1000 Reichsmark übersteigt. Die weiteren Besteuerungsmaßnahmen liegen dem Finanzamt ob. Vordrucke für die Benachrichtigungsschreiben werden den Gerichtsvollziehern durch die örtlich zuständigen Finanzämter kostenlos geliefert. Der erste ungefähre Bedarf ist dem zuständigen Finanzamt alsbald anzugeben; in der Folgezeit ist jeweilig rechtzeitig um Übersendung weiterer Vordrucke zu ersuchen. Die erfolgte Benachrichtigung des Finanzamts ist in den Vollstreckungsakten zu vermerken. Schreibgebühren dürfen für die Benachrichtigungen gemäß § 14 Nr. 2, § 17 GebOGerVollz. nicht berechnet werden. Die Portoauslagen sind als Auslagen zu behandeln, die der Staatskasse zur Last fallen, ohne daß die Parteien zu ihrer Erstattung verpflichtet sind.

Muster für das Benachrichtigungsschreiben.

DR. Nr. ...., den .... 19...

An

das Finanzamt

in

....

Auf Grund des .... Vollstreckungstitels des .....gerichts in .... vom .... — Nr. ...... (Aktenzeichen) — wegen Arbeitslohn habe ich am .... 19... bei dem .... in ....straße Nr. ...... für den .... in ....straße Nr. ...... auf die Forderung von .... *RM* einen Betrag von..... .... *RM* beigetrieben¹) und dem Gläubiger am .... 19.. übersandt. Der Schuldner hat die Vornahme des Steuerabzugs von dem Betrag — nicht — nachgewiesen

Der Gerichtsvollzieher

....

---

¹) Darunter sind auch Zahlungen zu verstehen, die an den Gerichtsvollzieher zur Abwendung der Vollstreckung geleistet werden.

16. Bekanntmachung über das Verfahren der Gerichtsvollzieher bei der Pfändung von Kohlensäureflaschen und ähnlichen Packgefäßen.

Vom 12. November 1928.

(JMBl. n. F. Bd. III S. 243.)

Bei allen Pfändungen von eisernen oder stählernen Kohlensäure-, Sauerstoff-, Wasserstoff- und Azetylenflaschen und ähnlichen Packgefäßen, die nach dem Geschäftsgebrauche den Abnehmern von den liefernden Werken nur leihweise überlassen werden, haben die Gerichtsvollzieher die Frage, ob der Schuldner Eigentümer der Gefäße ist, sorgfältig zu prüfen und, falls eine Pfändung erfolgt, von dieser und von der bevorstehenden Versteigerung rechtzeitig demjenigen Werke eine portopflichtige Nachricht zu geben, das möglicherweise Eigentümer der Gefäße sein kann. Ein zuverlässiger Anhaltspunkt hierfür ergibt sich daraus, daß die Gefäße mit der Firma des betreffenden Werkes nach Maßgabe der nachstehend abgedruckten Listen[1]) und mit einer bestimmten Nummer versehen sind.

---

17. Bekanntmachung über die Pflichten der Gerichtsvollzieher nach dem Schußwaffengesetz.

Vom 6. Mai 1929.

(JMBl. n. F. Bd. III S. 301.)

In der Ablieferung einer versteigerten und zugeschlagenen Schußwaffe an den Meistbietenden durch den Gerichtsvollzieher ist ein Überlassen der Schußwaffe im Sinne des § 10 Abs. 1 des Schußwaffengesetzes vom 12. April 1928 (RGBl. I S. 143) zu sehen, da hierdurch das Eigentum an der Schußwaffe übertragen wird. Der Gerichtsvollzieher darf also die zugeschlagene Schußwaffe und Munition nur gegen Aushändigung eines Erwerbscheins (§ 10 Abs. 1) oder gegen Vorlegung eines zum Erwerbe berechtigenden Waffenscheins (§ 12) oder Jahresjagdscheins (§ 21 Abs. 1) oder einer Bescheinigung gemäß § 19 Abs. 2 ausfolgen. Der Gerichtsvollzieher hat hierbei wie jeder Überlasser nach § 14 der Ausführungsverordnung vom 13. Juli 1928 (RGBl. I S. 198) zu verfahren. Ausnahmen hiervon gelten nur, soweit die Überlassung erwerbscheinfrei erfolgen darf, nämlich nach der persönlichen Seite für die im § 11 des Gesetzes bezeichneten Behörden und Personen, nach der sachlichen Seite für die von dem Erwerbscheinzwange durch § 1, § 12 Abs. 2 Satz 2 der Ausführungsverordnung freigestellten Schußwaffen und Munition. Der Gerichtsvollzieher, der den Vorschriften des Gesetzes zuwider Schußwaffen oder Munition überläßt, setzt sich der Gefahr einer Bestrafung nach § 25 Abs. 1 Nr. 1 des Gesetzes aus. Auch wird durch die verbotswidrig erfolgte Überlassung der zugeschlagenen Schußwaffe und Munition der Eigentumserwerb des Erstehers in Frage gestellt.

---

[1]) Der Abdruck ist aus Gründen der Raumersparnis unterblieben.

Dagegen sind die Gerichtsvollzieher zur Führung von Waffenbüchern nicht verpflichtet; die Voraussetzungen, die für die Führung von Waffenbüchern und Waffenhandelsbüchern in den §§ 7ff. der Ausführungsverordnung zum Schußwaffengesetz aufgestellt sind, liegen bei den Gerichtsvollziehern nicht vor.

18. Bekanntmachung über das Verfahren der Gerichtsvollzieher bei der Pfändung von Einrichtungen für den Telegraphen- und Fernsprechverkehr.

Vom 23. Januar 1930.

(JMBl. n. F. Bd. III S. 351.)

Will der Gerichtsvollzieher Einrichtungen für den Telegraphen- oder Fernsprechverkehr (z. B. Tisch-, Wandapparate, Klappenschränke) pfänden, so hat er ohne Rücksicht auf die etwa vom Schuldner oder dessen Angehörigen gemachten Mitteilungen über die Eigentumsverhältnisse sich zuvor bei der nächsten in Betracht kommenden Dienststelle der Reichspost (Fernsprechamt) zu erkundigen, wem das Eigentum an den Einrichtungen zusteht. Zu dieser Erkundigung kann gegebenenfalls der beim Schuldner etwa vorhandene Fernsprecher benutzt werden. Die Auskunft der zuständigen Dienststelle ist für die Entscheidung des Gerichtsvollziehers, ob er eine Pfändung vornehmen soll, maßgebend. Sollte aus besonderen Gründen die Anfrage nicht sofort erfolgen können, so hat der Gerichtsvollzieher sich auf die Pfändung zu beschränken und die zuständige Dienststelle der Reichspost alsbald zu benachrichtigen. Zu einer Entfernung von Einrichtungen, die mit einer Leitungsanlage der Reichspost in Verbindung stehen, bedarf es insbesondere im Hinblick auf die Sicherheit des öffentlichen Fernmeldeverkehrs stets der vorherigen Zustimmung der Dienststelle der Deutschen Reichspost.

19. Bekanntmachung über die Pflichten der Gerichtsvollzieher nach den Reichssteuergesetzen und dem bayerischen Stempelgesetze.

Vom 23. Juli 1930.

(JMBl. n. F. Bd. III S. 426.)

I. Die einzelnen Steuergesetze.

1. Umsatzsteuer.

§ 1. I Lieferungen auf Grund einer Versteigerung unterliegen nach § 1 Nr. 3 des Umsatzsteuergesetzes (UStG.) vom 30. Januar 1932 (RGBl. I S. 39) der Umsatzsteuer.

II Umsatzsteuerfrei sind jedoch:

1. Versteigerungen im Wege der Zwangsvollstreckung. Als solche gelten nur die Versteigerungen, die nach den Vorschriften der Zivilprozeß-

ordnung auf Grund eines vollstreckbaren Titels oder in Verwaltungs- und Verwaltungsrechtssachen oder im Auftrage des Gerichts zur Beitreibung von Geldstrafen und Kosten vorgenommen werden, einschließlich der Versteigerungen auf Grund eines Arrests oder einer einstweiligen Verfügung. Dagegen sind Versteigerungen, die ein Konkursverwalter nach § 117 KO. zur Verwertung der Masse vornehmen läßt, umsatzsteuerpflichtig.

2. Versteigerungen unter Miterben zur Teilung eines Nachlasses. Hierzu gehören nur die Versteigerungen, zu denen ausschließlich Miterben zugelassen werden. Dagegen tritt Steuerpflicht ein, sobald andere Personen zugezogen werden. Ob diese Personen tatsächlich mitbieten oder ob ihnen nur die Teilnahme an der Versteigerung offensteht, ist belanglos.

3. Versteigerungen, für welche die allgemeinen Befreiungsgründe der §§ 2, 3 und 7 UStG. gelten. Die persönlichen Befreiungsgründe des § 3 UStG. — für den Gerichtsvollzieher kommen vornehmlich Aufträge von Künstlern in Frage — müssen in der Regel in der Person des Auftraggebers des Gerichtsvollziehers erfüllt sein.

III Alle Lieferungen auf Grund sonstiger Versteigerungen, also insbesondere auf Grund einer freiwilligen Versteigerung oder eines Pfandverkaufs oder einer Versteigerung kraft gesetzlicher Ermächtigung, sind umsatzsteuerpflichtig. § 1 Nr. 3 UStG. gilt indessen nur für Lieferungen, nicht für Leistungen. Nimmt der Gerichtsvollzieher eine öffentliche Verpachtung oder Vermietung an den Meistbietenden von Grundstücken oder von Berechtigungen vor, auf welche die Vorschriften des bürgerlichen Rechts über Grundstücke Anwendung finden, so ist er für den für den Empfangsberechtigten vereinnahmten Pacht- oder Mietzins nicht umsatzsteuerpflichtig.

§ 2. Die Entrichtung der Steuer obliegt dem Gerichtsvollzieher, der sich bei seinem Auftraggeber für die entrichteten Steuerbeträge schadlos halten darf (§ 11 Abs. 2 UStG.). Innerhalb eines Monats nach jeder Versteigerung hat er dem zuständigen Finanzamt eine Steuererklärung nach Muster 1 D der Ausführungsbestimmungen zum Umsatzsteuergesetz vom 25. Juni 1926 (RMBl. S. 623) unter gleichzeitiger Entrichtung der Steuer einzureichen. Wird bei Versteigerungen der Erlös nicht sofort entrichtet, so läuft die einmonatige Frist vom Tage der Zahlung oder Anzahlung ab. Die Steuererklärung hat die Gesamtheit der in der Versteigerung vereinnahmten Entgelte zu enthalten. Deshalb dürfen z. B. die Gebühren der Gerichtsvollzieher nicht vor der Berechnung der Umsatzsteuer von dem Versteigerungserlös abgesetzt werden. Die Zahlungsfrist gilt auch dann, wenn die Steuererklärung nicht rechtzeitig abgegeben wird. Das Finanzamt kann dem Gerichtsvollzieher auf seinen Antrag die Versteuerung nach dem für ihn maßgebenden Steuerabschnitt gestatten (§ 17 der Ausführungsbestimmungen zum Umsatzsteuergesetz).

2. Börsenumsatzsteuer.

§ 3. Die Börsenumsatzsteuer ist in dem Kapitalverkehrsteuergesetz (KapVerkStG.) vom 22. Mai 1931 (RGBl. I S. 241) geregelt. Ihr unterliegen Anschaffungsgeschäfte, die sich beziehen auf

1. Reichsbankanteile, Anteile an inländischen Kolonialgesellschaften, Aktien inländischer Gesellschaften, Aktienanteile, Anteile an Gesellschaften mit beschränkter Haftung, Anteile an bergrechtlichen Gewerkschaften und anderen inländischen Kapitalgesellschaften, Aktien ausländischer Gesellschaften, Zertifikate über Shares und Anteile an ausländischen Gesellschaften, die den Kapitalgesellschaften im Sinne des § 3 KapVerkStG. entsprechen, Genußscheine sowie Bezugsrechte über Aktien und Anteile der genannten Art,
2. verzinsliche Schuld- und Rentenverschreibungen inländischer und ausländischer Schuldner, falls sie
   a) auf den Inhaber lauten oder
   b) durch Indossament übertragbar sind oder
   c) in Teilabschnitten ausgefertigt sind, und zwar auch dann, wenn sie nicht ausdrücklich als Teilschuldverschreibungen oder Teilrentenverschreibungen bezeichnet sind oder
   d) mit Zinsscheinen oder Rentenscheinen oder solchen Scheinen versehen sind, die den Schuldner berechtigen, an den Inhaber der Scheine Zinsen oder Renten zu zahlen.

§ 4. I Bringt der Gerichtsvollzieher unter § 3 fallende Wertpapiere oder Anteile an Gesellschaften im Wege der Zwangsvollstreckung oder außerhalb der Zwangsvollstreckung zur Versteigerung, so hat er bei Bekanntgabe der Versteigerungsbedingungen mitzuteilen, daß der Erwerber für die Börsenumsatzsteuer hafte und daß das Finanzamt die Steuer von dem Erwerber einziehen werde. In dem Versteigerungsprotokoll ist daher die Person und die Anschrift des Erwerbers auf Grund eines von diesem vorzulegenden Ausweises genau zu bezeichnen; von der Vorlegung eines Ausweises kann abgesehen werden, wenn die Person des Erwerbers dem Gerichtsvollzieher bekannt ist. Ferner hat der Gerichtsvollzieher binnen einer Woche nach dem Tage der Versteigerung dem mit der Verwaltung der Börsenumsatzsteuer befaßten Finanzamt eine beglaubigte Abschrift des Versteigerungsprotokolls zu übersenden (§ 93 der Ausführungs- und Durchführungsbestimmungen zum Kapitalverkehrsteuergesetz — KVAB. — vom 22. Juli 1927, RMBl. S. 233). Im übrigen hat der Gerichtsvollzieher den Versteigerungsauftrag ohne Rücksicht auf das Steuerfestsetzungsverfahren zu erledigen.

II Veräußert der Gerichtsvollzieher Wertpapiere der im § 3 genannten Art freihändig durch Vermittlung einer Bank mit Händlereigenschaft (§ 46 KapVerkStG.), so hat er darauf zu achten, daß die Bank ihm binnen einer Woche nach dem Tage des Geschäftsabschlusses schriftlich den Betrag der Börsenumsatzsteuer mitteilt und anzeigt, sie habe die Steuer in ihren Geschäftsbüchern mit dem Finanzamt verrechnet. Geht dem Gerichtsvollzieher eine Verrechnungsanzeige nicht zu, so hat er nach Abs. 3 zu verfahren (§ 87 KVAB.).

III Veräußert der Gerichtsvollzieher Wertpapiere der im § 3 genannten Art freihändig ohne Vermittlung einer Bank mit Händlereigenschaft, so hat er binnen einer Woche nach dem Tage des Geschäftsabschlusses eine Schlußnote auszustellen, zu ihr die erforderlichen Börsenumsatzsteuermarken zu verwenden und eine mit einer Markenhälfte versehene Schlußnotenhälfte an den anderen Vertragsteil (Erwerber) abzusenden (§ 88 KVAB.).

IV Die Verrechnungsanzeige (Abs. 2) und die Schlußnotenhälfte (Abs. 3) hat der Gerichtsvollzieher nach der Zeitfolge numeriert fünf Jahre gesondert aufzubewahren (§ 91 KVAB.).

V Veräußert der Gerichtsvollzieher einen Anteil an einer Gesellschaft mit beschränkter Haftung freihändig durch einen in notarieller Form geschlossenen Vertrag, so hat der Notar dem mit der Verwaltung der Börsenumsatzsteuer befaßten Finanzamt eine beglaubigte Abschrift der Urkunde zu übersenden. Der Gerichtsvollzieher ist in diesem Falle zu einer Benachrichtigung des Finanzamts nicht verpflichtet; den ihm erteilten Auftrag hat er ohne Rücksicht auf das Steuerfestsetzungsverfahren zu erledigen.

VI Hat der Gerichtsvollzieher wegen der Versteuerung Zweifel, so hat er sich an das mit der Verwaltung der Börsenumsatzsteuer befaßte Finanzamt zu wenden. Hierzu wird bemerkt, daß das mit der Verwaltung der Börsenumsatzsteuer befaßte Finanzamt bezüglich dieses Abgabenzweiges vielfach für mehrere Finanzamtsbezirke örtlich zuständig ist (Finanzamt mit erweiterter Zuständigkeit).

3. Wechselsteuer.

§ 5. Nach dem Wechselsteuergesetz (WStG.) vom 12. Juli 1930 (RGBl. I S. 219) unterliegen der Wechselsteuer gezogene und eigene Wechsel sowie Schecks. Schecks sind indessen von der Wechselsteuer dann befreit, wenn sie den §§ 1, 2, 7, 25, 26 des Scheckgesetzes vom 11. März 1908 (RGBl. S. 71) entsprechen und nicht mit einer Annahmeerklärung versehen sind, der rechtliche Wirkung zukommt (§ 4 WStG.).

§ 6. I Der Gerichtsvollzieher hat von Amts wegen zu prüfen, ob für die bei ihm vorkommenden Wechsel und Schecks die Wechselsteuer ordnungsmäßig entrichtet ist (§ 18 Abs. 1 WStG.). Wegen der Anzeigepflicht vgl. § 13.

II Der Gerichtsvollzieher hat auf der von ihm nach den Vorschriften der Wechselordnung und des Scheckgesetzes zurückzubehaltenden Abschrift des Protestes zu vermerken, welche Wechselsteuer für die protestierte Urkunde entrichtet oder daß für sie keine Wechselsteuer entrichtet ist (§ 18 Abs. 2 WStG.). Den gleichen Vermerk hat er auch auf jeder von ihm zu fertigenden Abschrift eines Wechsels oder Schecks und in jedem Protokolle, das er über die Erledigung eines Protestauftrags ohne Protesterhebung aufnimmt, anzubringen.

III Wegen des Stempels für die Protesturkunde siehe § 12.

4. Verbrauchssteuern (Tabak-, Bier-, Essigsäure-, Schaumwein-, Mineralöl-, Mineralwasser-, Zucker-, Zündwaren-, Leuchtmittel-, Spielkarten-, Süßstoffsteuer) und Branntweinmonopol.

§ 7. I Will der Gerichtsvollzieher Rohstoffe und Halberzeugnisse der Tabakverarbeitung, Tabakerzeugnisse (Zigarren, Zigaretten, feingeschnittenen Rauchtabak, Pfeifentabak, Kautabak, Schnupftabak), Zigarettenpapier, Bier, Branntwein (unverarbeiteten Branntwein und Trinkbranntweinerzeugnisse), Essigsäure, Schaumwein (einschließlich der schaumweinähnlichen Getränke), Mineralöle, insbesondere Erdöl (Petroleum), Braunkohlenteeröl, Torföl, Schieferöl, Öl aus dem Teer der Boghead- oder

Kännelkohle, Steinkohlenteeröle, Asphaltnaphtha und sogen. Kohlenwasserstoff, natürliche und künstliche Mineralwässer, Limonaden und andere künstlich bereitete Getränke, konzentrierte Kunstlimonaden und Grundstoffe zur Herstellung konzentrierter Kunstlimonaden in verschlossenen Gefäßen[1]) versteigern oder freihändig veräußern, so hat er die Anberaumung des Versteigerungstermins oder die Veräußerungsabsicht dem Zollamt, in dessen Bezirk die Ware lagert, rechtzeitig anzuzeigen. Wird, nachdem eine solche Anzeige erfolgt ist, der Versteigerungstermin aufgehoben oder die Veräußerungsabsicht aufgegeben, so hat er hiervon ebenfalls dem Zollamt Nachricht zu geben. In der Anzeige ist die Ware ihrer Menge nach (Kilogramm, Stück, Liter, Flaschen) und, soweit möglich, auch ihrer Beschaffenheit nach näher zu bezeichnen. Bei Branntwein- und Trinkbranntweinerzeugnissen ist auch der Weingeistgehalt in Raumhundertteilen anzugeben, falls sich dieser aus Rechnungen usw. oder bei Flaschen aus der Etikette ersehen läßt. Gegebenenfalls ist das Zollamt um Feststellung des Weingeistgehalts zu ersuchen.

II Befinden sich die genannten Waren in einem Herstellungsbetriebe oder in einem Steuerlager, so ist die Wegschaffung dem Gerichtsvollzieher verboten, es sei denn, daß sie unter Steueraufsicht in einen unter Steuerverschluß stehenden Raum erfolgt. Erscheint im Einzelfalle die Zwangsvollstreckung in die genannten Waren gefährdet und ist es nicht möglich, die Pfandstücke sofort unter Steueraufsicht in einen unter Steuerverschluß stehenden Raum wegzuschaffen, so hat der Gerichtsvollzieher sie einstweilen innerhalb des Herstellungsbetriebs oder Steuerlagers besonders zu sichern, z. B. durch Verbringen in einen von ihm zu verschließenden Raum des Herstellungsbetriebs oder Steuerlagers oder durch Bestellung eines Hüters.

III Kommen die Waren zur Versteigerung oder freihändigen Veräußerung, so hat der Gerichtsvollzieher auf Ersuchen des Zollamts in die Versteigerungs- oder Veräußerungsbedingungen aufzunehmen, daß die Ware für einen vom Zollamte dem Gerichtsvollzieher anzugebenden Steuer- oder Abgabenbetrag haftet und der Erwerber über die Ware erst verfügen darf, wenn die auf der Ware ruhende Steuer oder Abgabe entrichtet ist oder das Zollamt sich mit der Verfügung einverstanden erklärt hat.

§ 8. I Nach § 106 Abs. 3 des Gesetzes über das Branntweinmonopol darf Branntwein (unverarbeiteter Branntwein und Trinkbranntweinerzeugnisse) nicht zu einem Preise angeboten, gehandelt oder erworben

---

[1]) Das Mineralwassersteuergesetz vom 15. April 1930 (RGBl. I S. 139) ist für die Zeit vom 1. Januar 1932 bis zum 31. Dezember 1933 außer Kraft gesetzt, soweit nicht Steuerrückstände vorliegen (Kap. III des Vierten Teils der Vierten VO. des Reichspr. zur Sicherung von Wirtschaft und Finanzen usw. vom 8. Dezember 1931, RGBl. I S. 699). Für die Dauer dieser Außerkraftsetzung finden sonach die Vorschriften des § 7 auf natürliche und künstliche Mineralwässer sowie auf Limonaden oder andere künstlich bereitete Getränke, konzentrierte Kunstlimonaden und Grundstoffe zur Herstellung konzentrierter Kunstlimonaden keine Anwendung, sofern nicht die Steuerschuld bereits vor dem 1. Januar 1932 entstanden ist.

werden, der niedriger ist als der von der Reichsmonopolverwaltung bekannt gemachte, gegebenenfalls auch bei dem Hauptzollamt zu erfragende regelmäßige Verkaufspreis. Für den Geschäftsbereich der Gerichtsvollzieher hat jedoch die Reichsmonopolverwaltung aus Zweckmäßigkeitsgründen auf Grund des § 131 c der Branntweinverwertungsordnung allgemein zugelassen, daß bei den im Wege der Zwangsvollstreckung durch die Gerichtsvollzieher persönlich erfolgenden Veräußerungen von der Beachtung der gemäß § 131 b Abs. 1 und 2 der Branntweinverwertungsordnung errechneten Preise abgesehen wird mit der Maßgabe, daß der regelmäßige Verkaufspreis der Reichsmonopolverwaltung für Monopolsprit — dieser beträgt z. Zt. 6 Reichsmark [1]) je Liter Weingeist — nicht unterschritten wird. Der hiernach im Einzelfall maßgebliche Mindestpreis wird dem Gerichtsvollzieher in der Regel von dem zuständigen Hauptzollamt mitgeteilt. Erfolgt eine solche Mitteilung nicht, so kann der Gerichtsvollzieher ihn selbständig errechnen, indem er die in den einzelnen Gebinden enthaltene Weingeistmenge mit dem Preise für 1 Liter Weingeist vervielfältigt. Die Weingeistmenge selbst errechnet sich nach der Formel:

$$\text{Weingeistmenge} = \frac{\text{Raumhundertteile mal Raummenge i. Liter}}{100}.$$

Bei einer $^7/_{10}$ Flasche Likör mit 30 Raumhundertteilen Weingeist würde sich z. B. die Rechnung nach dem z. Zt. geltenden regelmäßigen Verkaufspreis für Monopolsprit wie folgt stellen:

$$\frac{6 \text{ mal } 30 \text{ mal } 0{,}7}{100} = 1{,}26 \text{ RM.}$$ [2])

Bestehen wegen der Berechnung des Mindestpreises Bedenken, so hat sich der Gerichtsvollzieher an das zuständige Hauptzollamt zu wenden.

II Ist dem Gerichtsvollzieher auch zu den so errechneten Mindestpreisen eine Verwertung der Pfandstücke (z. B. wegen Minderwertigkeit) nicht möglich, so hat er sich an das zuständige Hauptzollamt zu wenden, das nach § 131 c der Branntweinverwertungsordnung von der Reichsmonopolverwaltung allgemein ermächtigt ist, ausnahmsweise eine Verwertung auch unter dem obenbezeichneten Mindestpreise (Weingeistmenge mal regelmäßiger Verkaufspreis der Reichsmonopolverwaltung für Monopolsprit) zuzulassen.

III In den Fällen der öffentlichen Versteigerung und des freihändigen Verkaufs außerhalb der Zwangsvollstreckung und der Verwertung von Pfandstücken durch eine andere Person als den Gerichtsvollzieher (§ 825 ZPO.) ist zur Unterschreitung der nach § 131 b Abs. 1 und 2 der Branntweinverwertungsordnung zu errechnenden Preise die Genehmigung der Reichsmonopolverwaltung einzuholen.

IV Im übrigen bleiben die Vorschriften der Bek. über das Mindestgebot bei der Versteigerung gepfändeter Sachen vom 8. Oktober 1914 (RGBl S. 427)[3]) unberührt.

---

[1]) Jetzt 4 RM (vgl. PreußJMBl. 1933 S. 21).

[2]) Nunmehr (vgl. Anm. 1) lautet die Rechnung:

$$\frac{4 \text{ mal } 30 \text{ mal } 0{,}7}{100} = 0{,}84 \text{ RM.}$$

[3]) Abgedr. unter Nr. 12.

§ 9. [I]Will der Gerichtsvollzieher Zucker (einschließlich des Stärkezuckers, der Zuckerabläufe und der Rübensäfte), Zündwaren (Zündhölzer, Zündspänchen, Zündstäbchen aus Strohhalmen, Pappe oder sonstigen Stoffen, Zündkerzen aus Stearin, Wachs oder ähnlichen Stoffen), Leuchtmittel (elektrische Glühlampen, Brenner zu Nernstlampen, Quecksilberdampf- und ähnliche Lampen, Brennstifte zu elektrischen Bogenlampen, Glühkörper zur Erhöhung der Leuchtkraft von Flammen), Spielkarten oder Süßstoff versteigern oder freihändig veräußern und befinden sich diese Waren noch im Herstellungsbetriebe oder in einem Steuerlager, so hat er die gleiche Anzeigepflicht wie nach § 7.

[II]Die Wegschaffung der Waren aus dem Herstellungsbetriebe oder dem Steuerlager ist ihm verboten, es sei denn, daß die Wegschaffung unter Steueraufsicht in einen unter Steuerverschluß stehenden Raum erfolgt. Im übrigen findet § 7 Abs. 2 Satz 2 entsprechende Anwendung.

[III]In die Versteigerungs- oder Veräußerungsbedingungen hat der Gerichtsvollzieher aufzunehmen, daß der Erwerber die mit der Überführung der Ware in den freien Verkehr entstehende Steuerschuld zu tragen hat.

§ 10. [I]Unbearbeitete oder bearbeitete Tabakblätter, Tabakrippen, Tabakstengel, Tabakabfälle, Tabakhalberzeugnisse oder Zigarettenpapier (ausgenommen unverarbeiteter Rohtabak, Karotten und Zigarettenpapier, die sich bereits im Kleinhandel befinden) dürfen bei der Versteigerung nur zugeschlagen, bei der freihändigen Veräußerung nur veräußert werden an

1. angemeldete Händler (§§ 29 und 48 des Tabaksteuergesetzes) oder
2. angemeldete Verarbeiter (§ 35 des Tabaksteuergesetzes),

die sich als solche durch eine vom zuständigen Zollamt ausgestellte Anmeldebescheinigung ausweisen.

[II]Unverarbeiteter Rohtabak und Karotten dürfen an Kleinhändler zur unmittelbaren Abgabe an Verbraucher mit Zustimmung des örtlich zuständigen Zollamts nach Entrichtung des von diesen dem Gerichtsvollzieher anzugebenden Steuerbetrages abgegeben werden.

§ 11. Sind Zigarrenmaschinen, Zigarrenwickelmaschinen, Zigarettenmaschinen, Zigarettenhülsenstopfmaschinen oder Zigarettenhülsenmaschinen, ferner Brauereigeräte oder Brennvorrichtungen, die zur Erzeugung oder Reinigung von Branntwein geeignet sind, versteigert oder freihändig veräußert worden, so hat der Gerichtsvollzieher dem örtlich zuständigen Zollamt Namen, Wohnort und Wohnung des Erwerbers unverzüglich anzuzeigen. Die Person des Erwerbers ist nach der Vorschrift des § 4 Abs. 1 Satz 2 festzustellen.

5. Stempel.

§ 12. [I]Nach dem in der Folgezeit mehrfach geänderten bayerischen Stempelgesetz vom 16. Februar 1921 (GVBl. S. 182) unterliegen folgende Beurkundungen der Gerichtsvollzieher dem Stempel:

1. Wechsel- und Scheckproteste nach Tarifstelle 29 des Stempelgesetzes. Der Stempel beträgt 1 v. Tausend der Gegenstandssumme, mindestens aber 1 Reichsmark. Hierzu tritt nach dem Gesetze vom 24. Juni 1930 (GVBl. S. 203) über die Erhebung eines Zuschlags zu den Gebühren und Stempeln nach dem Kosten- und dem Stempelgesetze — s. auch die Vollzugsbek. vom 28. Juni 1930 (GVBl.

S. 203) — bis zum Inkrafttreten eines Gesetzes über die Neuregelung des Kosten- und Stempelwesens ein Zuschlag von 20 v. H. Zinsen, Kosten und sonstige Nebenforderungen sind in die Gegenstandssumme nicht mit einzurechnen.

Werden mehrere Wechsel oder Schecks in einer Urkunde protestiert, so berechnet sich der Stempel nach dem Nennwerte jedes einzelnen Wechsels oder Schecks.

Der Stempel ist auch dann zu erheben, wenn nach dem Beginne des Protestaktes der Schuldner freiwillig Zahlung leistet oder eine Quittung über die erfolgte Zahlung der Wechsel- oder Schecksumme vorlegt.

2. Öffentliche Versteigerungen von beweglichen Sachen und von Nutzungen, die nicht im Wege der Zwangsvollstreckung erfolgen (vgl. § 1 Abs. 2), nach Tarifstelle 38 des Stempelgesetzes. Der Stempel beträgt 1 v. H. des erzielten Gesamterlöses. Auch hierzu tritt nach dem Gesetze über die Erhebung eines Zuschlags zu den Gebühren und Stempeln nach dem Kosten- und dem Stempelgesetze ein Zuschlag von 20 v. H. Einer vorherigen Anzeige der Versteigerung bei der Steuerstelle bedarf es nicht. Der Gerichtsvollzieher hat jedoch binnen längstens einer Woche nach Beendigung der Versteigerung der zuständigen Steuerstelle von der Versteigerung unter Vorlegung einer Abschrift des Versteigerungsprotokolls Anzeige zu erstatten.

3. Zustellungsurkunden über Zustellungen von Willenserklärungen außerhalb eines Rechtsstreits (§ 132 BGB.) nach Tarifstelle 43 des Stempelgesetzes. Die Stempelabgabe wird auch erhoben, wenn die Zustellung durch die Post erfolgt. Der Stempel beträgt 1 Reichsmark Grundbetrag und 20 Reichspfennig Zuschlag. Für jede Beglaubigung der Abschrift eines zuzustellenden Schriftstücks durch den Gerichtsvollzieher wird außerdem ein Stempel von 50 Reichspfennig Grundbetrag und 10 Reichspfennig Zuschlag erhoben. Die Zustellung des nach §§ 4, 11 Abs. 4 des Anfechtungsgesetzes in der Fassung vom 20. Mai 1898 (RGBl. S. 709) zur Wahrung des Anfechtungsrechts zuzustellenden Schriftsatzes und der nach § 845 ZPO. zuzustellenden Benachrichtigung von dem Bevorstehen der Pfändung fällt nicht unter die Tarifstelle 43.

II Der Ansatz, die Erhebung und die Beitreibung des Stempels erfolgt bei den stempelpflichtigen Urkunden der Gerichtsvollzieher in gleicher Weise wie der Ansatz, die Erhebung und die Beitreibung sonstiger Kosten (Gebühren und Auslagen) der Gerichtsvollzieher nach den Bestimmungen der Dienstanweisung für die Gerichtsvollzieher vom 31. Dezember 1931, JMBl. n. F. Bd. III S. 581 (vgl. Art. 15 Abs. 1 Nr. 2, Art. 50 des Stempelgesetzes, § 7 der V. zum Vollzuge des Stempelgesetzes vom 28. Dezember 1914, GVBl. S. 684).

III Nach Art. 28 des Stempelgesetzes sind die Gerichtsvollzieher ferner verpflichtet, hinsichtlich der ihnen amtlich zu Handen kommenden privatschriftlichen Urkunden auf die Erfüllung der Stempelpflicht zu achten. Sie haben insbesondere zu prüfen, ob der nach der Tarifstelle 40 des Stempelgesetzes geschuldete Vollmachtstempel ordnungsgemäß entrichtet ist. Dabei sind die Bek. vom 17. Dezember 1929 (JMBl. n. F. Bd. III S. 240) und vom 11. Februar 1930 (JMBl. n. F. Bd. III S. 253) über den Vollmachtstempel zu beachten. Wird dem Gerichtsvollzieher zur Ausführung eines Auftrages eine stempelpflichtige Vollmacht übergeben, die nicht oder nicht ausreichend versteuert ist, so hat der rechnungsführende Urkundsbeamte der Geschäftsstelle den Stempel für die Vollmacht anzusetzen und zu erheben (Nr. 19 b der Bek. zum Vollzuge des Stempelgesetzes vom 20. Juni 1915, GVBl. S. 317). Die zwangsweise Beitreibung des Vollmachtstempels obliegt jedoch nach Art. 50 Abs. 2 des Stempelgesetzes der zuständigen Steuerstelle.

II. Steuerzuwiderhandlungen.

§ 13. Der Gerichtsvollzieher ist verpflichtet, jede Steuerzuwiderhandlung, die er dienstlich erfährt, dem für die Strafverfolgung zuständigen Finanzamt oder Hauptzollamt mitzuteilen (§ 189 der Reichsabgabenordnung, Art. 28 des Stempelgesetzes). Handelt es sich um eine Zuwiderhandlung gegen das Wechselsteuergesetz, so hat er der Anzeige, wenn er die Urschrift der in Betracht kommenden Urkunde nicht beizufügen vermag, eine Abschrift der Urkunde, insbesondere des Wechsels oder Schecks, mit allen darauf befindlichen Indossamenten und Bemerkungen beizufügen.

III. Aktenvermerk. Kosten.

§ 14. I Der Gerichtsvollzieher hat die Erledigung der ihm nach den vorstehenden Bestimmungen obliegenden Benachrichtigungen und sonstigen Verpflichtungen in den Akten zu vermerken.

II Schreibgebühren dürfen für die Benachrichtigungen gemäß § 14 Nr. 2, § 17 der Reichsgebührenordnung für Gerichtsvollzieher[1]) nicht berechnet werden. Die Auslagen für Postgebühren sind als Auslagen zu behandeln, die der Staatskasse zur Last fallen, ohne daß die Parteien zu ihrer Erstattung verpflichtet sind.

IV. Aufhebung und Aufrechterhaltung von Bestimmungen.

§ 15. I Die Bek. vom 12. Dezember 1922 über die Versteigerung von steuerpflichtigen Waren durch die Gerichtsvollzieher (StAnz. Nr. 289) wird aufgehoben.

II Wegen der Verpflichtung des Gerichtsvollziehers zur Benachrichtigung des Finanzamtes bei der Beitreibung von Arbeitslohnforderungen wird auf die Bek. vom 16. September 1927 über die Durchführung des Steuerabzugs bei Arbeitslohnforderungen (JMBl. n. F. Bd. II S. 867)[2]) verwiesen.

---

[1]) Abgedr. unter Nr. 3.
[2]) Abgedr. unter Nr. 15.

E.

Anhang.

I. Auszüge aus Reichs- und Landesgesetzen.

20. Auszug aus dem Gerichtsverfassungsgesetze.

(RGBl. 1924 I S. 299, 775; 1926 I S. 99, 190, 507; 1927 I S. 139, 175; 1930 I S. 96/99, 517/604; 1931 I S. 537/563).

Zwölfter Titel.

Zustellungs- und Vollstreckungsbeamte[1]).

§ 154 (155)[2]). Die Dienst- und Geschäftsverhältnisse der mit den Zustellungen, Ladungen und Vollstreckungen zu betrauenden Beamten (Gerichtsvollzieher) werden bei dem Reichsgerichte durch den Reichsminister der Justiz, bei den Landesgerichten durch die Landesjustizverwaltung bestimmt.

§ 155 (156)[2]). Der Gerichtsvollzieher ist von der Ausübung seines Amts kraft Gesetzes ausgeschlossen:

I. in bürgerlichen Rechtsstreitigkeiten:

1. wenn er selbst Partei oder gesetzlicher Vertreter einer Partei ist, oder zu einer Partei in dem Verhältnis eines Mitberechtigten, Mitverpflichteten oder Schadensersatzpflichtigen steht;
2. wenn sein Ehegatte Partei ist, auch wenn die Ehe nicht mehr besteht;
3. wenn eine Person Partei ist, mit welcher er in gerader Linie verwandt, verschwägert oder durch Annahme an Kindes Statt verbunden, in der Seitenlinie bis zum dritten Grade verwandt oder bis zum zweiten Grade verschwägert ist, auch wenn die Ehe, durch welche die Schwägerschaft begründet ist, nicht mehr besteht;

II. in Strafsachen:

1. wenn er selbst durch die strafbare Handlung verletzt ist;
2. wenn er der Ehegatte des Beschuldigten oder Verletzten ist oder gewesen ist;
3. wenn er mit dem Beschuldigten oder Verletzten in dem vorstehend unter Nr. I 3 bezeichneten Verwandtschafts- oder Schwägerschaftsverhältnisse steht.

---

[1]) Vgl. § 9 Abs. 1 des Arbeitsgerichtsgesetzes vom 23. Dezember 1926 (RGBl. I S. 507).

[2]) Frühere Numerierung.

21. Auszug aus dem Ausführungsgesetze zum Gerichtsverfassungsgesetz.

(GVBl. 1879 S. 273, Beilage zum GVBl. 1899 Nr. 28 S. 1, 67.)

Elfter Titel.

Gerichtsvollzieher.

Art. 65. Die Regelung der Dienst- und Geschäftsverhältnisse der Gerichtsvollzieher bleibt den auf dem Verordnungswege zu erlassenden Dienstvorschriften und den zur Durchführung derselben vom Staatsministerium der Justiz zu erlassenden Anordnungen vorbehalten.

Art. 66. Zur Zuständigkeit der Gerichtsvollzieher gehören neben den ihnen in anderen Gesetzen zugewiesenen Geschäften:

1. die Aufnahme von Wechselprotesten,
2. in den Fällen der §§ 122 und 123 der Reichskonkursordnung die Vornahme von Siegelungen und Entsiegelungen sowie die Vornahme der Verrichtungen einer Urkundsperson.

Art. 67. Die Bestimmungen des § 156[1]) des Reichs-Gerichtsverfassungsgesetzes finden in den durch die Reichs-Prozeßordnungen nicht betroffenen Angelegenheiten entsprechende Anwendung.

---

22. Auszug aus dem Gesetze, die Scheckproteste betreffend,

vom 16. Juni 1908.

(GVBl. S. 311.)

Art. 1. Die Gerichtsvollzieher sind zuständig Scheckproteste zu erheben.

---

23. Auszug aus dem Kostengesetze

vom 16. Februar 1921.

(GVBl. S. 133.)

I. Abteilung.

Einleitende Bestimmungen.

Art. 5.[2]) Die Gebühren, die von den Beteiligten außer den für die Staatskasse zu verrechnenden Gebühren wegen der Bemühung einzelner Personen bei der Erledigung der Geschäfte zu entrichten sind, insbesondere Vorlade- und Zustellgebühren, Gebühren der Zeugen und Sachverstän-

---

[1]) § 155 der jetzigen Fassung.

[2]) Entspricht dem Art. 5 des inzwischen außer Kraft gesetzten Gebührengesetzes. Vgl. Art. 1 des Gesetzes über Änderungen im Gebührenwesen vom 21. August 1914 (GVBl. S. 437).

digen, Tagegelder und Reisekosten der Kommissäre, Gebühren der Amtsärzte, Rechtsanwälte, Notare und Urkundsbeamten der Geschäftsstelle, Gebühren der Gerichtsvollzieher und sonstiger Vollstreckungsorgane, werden, soweit diese nicht bereits reichsgesetzlich geregelt sind, durch Verordnung bestimmt.

II. Die einfachsten Begriffe des Wechsel- und Scheckrechts.

A. Wechselrecht.

Die Vorschriften über den Wechselverkehr sind in der Wechselordnung[1]) enthalten.

Die Wechselordnung kennt verschiedene Formen von Wechseln; die im Verkehr häufigste Form ist der „gezogene Wechsel" (auch „Tratte", „trassierter Wechsel" genannt).

1. Der gezogene Wechsel.

Der gezogene Wechsel ist eine Urkunde, in der eine Person — der Aussteller — einer zweiten Person — dem Bezogenen — aufträgt, eine bestimmte Geldsumme an eine dritte Person — den Remittenten — zu zahlen, und sich dafür haftbar erklärt, daß die Zahlung durch den Bezogenen auch wirklich erfolgen werde.

Der gezogene Wechsel hat regelmäßig folgende Form:

PRIMA-WECHSEL.	*München, den 5. Januar 1932.* *Für RM. 1000.* *Am 1. April 1932 zahlen Sie gegen diesen Prima-Wechsel an Herrn Sebastian Huber eintausend Reichsmark.* *Herrn Karl Roth in Freising.* *Eugen Schwarz.*

Eugen Schwarz ist der **Aussteller** (auch Trassant genannt), **Karl Roth** der **Bezogene** (auch Trassat genannt), **Sebastian Huber** ist der **Remittent.**

Vorstehender Wechsel schafft zunächst nur eine wechselrechtliche Beziehung zwischen **Schwarz** und **Huber**; eine solche zwischen **Roth** und **Huber** tritt erst ein, wenn **Roth** den Wechsel **annimmt, akzeptiert,** d. h. sich zur Zahlung der Wechselsumme verpflichtet; in diesem Falle wird Roth **Akzeptant.** Diese Annahme erfolgt dadurch, daß Roth seinen Namen oder seine

---

[1]) In der Fassung der Bek. v. 3. Juni 1908 (RGBl. S. 326f.).

Firma auf die Vorderseite des Wechsels schreibt, sei es nun mit oder ohne einen weiteren Beisatz.

Weigert sich der Bezogene, den Wechsel zu akzeptieren, so kann gegen ihn der Protest mangels Annahme erhoben werden (§ 305 Nr. 2, § 306 Abs. 2 DA.).

Hat der Bezogene den Wechsel angenommen, so ist er in gewissen Fällen dem Wechselgläubiger zur Sicherheitsleistung verpflichtet. Kommt er dieser Verpflichtung nicht nach, so kann der Protest mangels Sicherheitsleistung gegen ihn erhoben werden (§ 305 Nr. 3, § 306 Abs. 3 DA.).

Bezogener und Akzeptant werden, wie sich aus Vorstehendem ergibt, regelmäßig eine und dieselbe Person sein. Notwendig ist dies aber nicht, es kann auch ein anderer als der Bezogene den Wechsel annehmen: Ehrenakzept. Der Wechsel würde in diesem Falle folgende Gestalt haben:

PRIMA-WECHSEL.

München, den 5. Januar 1932.

Für RM. 1000.

Am 1. April 1932 zahlen Sie gegen diesen Prima-Wechsel an Herrn Sebastian Huber eintausend Reichsmark.

Herrn Karl Roth in Freising.

Angenommen: Eduard Weiß.

Eugen Schwarz.

Eduard Weiß ist in diesem Fall **Ehrenakzeptant** (§ 307 DA.).

Ist der Wechsel fällig, erfolgt aber keine Zahlung, so ist gegen den Bezogenen (der auch Akzeptant sein kann, aber, wie erörtert, nicht notwendig sein muß), Protest mangels Zahlung zu erheben. Der Aussteller des Wechsels kann durch einen Vermerk auf dem Wechsel dafür sorgen, daß der Wechsel auch noch anderen Personen als dem Bezogenen zur Zahlung vorgelegt werde: er kann eine Notadresse auf den Wechsel setzen. Es geschieht dies meistens durch Beifügung eines Namens oder einer Firma mit dem Zusatz „im Falle".

PRIMA-WECHSEL.

München, den 5. Januar 1932.

Für RM. 1000.

Am 1. April 1932 zahlen Sie gegen diesen Prima-Wechsel an Herrn Sebastian Huber eintausend Reichsmark.

Herrn Karl Roth in Freising.

Im Falle bei Herrn Maier.

Eugen Schwarz.

Maier ist hier **Notadressat.** Über die Form des Protestes in diesem Falle s. § 307 DA.

Zuweilen ist durch einen Vermerk im Wechsel vorgesehen, daß die Zahlung an einem anderen Orte, als an dem Wohnorte des Bezogenen erfolgen solle: eigentlicher Domizilwechsel (§ 306 Abs. 1 DA.). Der Domizilwechsel hat zwei Unterarten.

a) Es kann eine vom Bezogenen verschiedene Person als Zahler benannt sein, der Domiziliat genannt wird. In diesem Fall ist der Protest mangels Zahlung gegen diese Person zu erheben.

PRIMA-WECHSEL.	*München, den 5. Januar 1932.* *Für RM. 1000.* *Am 1. April 1932 zahlen Sie gegen diesen Prima-Wechsel an Herrn Sebastian Huber eintausend Reichsmark.* *Herrn Karl Roth in Freising.* *zahlbar bei Herrn Grün in Moosburg.* *Eugen Schwarz.*

Grün ist hier **Domiziliat.** Es ist gegen **ihn** in **Moosburg** zu protestieren.

b) Ist keine vom Bezogenen verschiedene Person als Zahler benannt, so wird angenommen, der Bezogene selbst wolle die Zahlung an dem angegebenen Orte, also nicht an seinem Wohnorte leisten.

PRIMA-WECHSEL.	*München, den 5. Januar 1932.* *Für RM. 1000.* *Am 1. April 1932 zahlen Sie gegen diesen Prima-Wechsel an Herrn Sebastian Huber eintausend Reichsmark.* *Herrn Karl Roth in Freising.* *Zahlbar in Moosburg.* *Eugen Schwarz.*

In diesem Falle ist gegen **Roth** in **Moosburg** zu protestieren.

Wegen des sogen. Zahlstellenwechsels s. § 306 Abs. 1 DA.

Der gezogene Wechsel hat zwei Unterarten. Deren eine ist der „Wechsel an eigene Order", eine sehr häufig vorkommende Wechselform. Beim Wechsel an eigene Order sind Aussteller und Remittent eine und dieselbe Person.

PRIMA-WECHSEL.

München, den 5. Januar 1932.

Für RM. 1000.

Am 1. April 1932 zahlen Sie gegen diesen Prima-Wechsel an die Order meine eigene eintausend Reichsmark.

Herrn Karl Roth in Freising.

Eugen Schwarz.

Eugen Schwarz ist hier **zugleich Aussteller** (Trassant) und **Remittent.** Für die Erhebung des Wechselprotestes gelten beim Wechsel an eigene Order keine besonderen Vorschriften.

Die zweite, weniger häufige Unterart des gezogenen Wechsels ist der sogenannte „trassierte Eigenwechsel" (eigentrassierte Wechsel). Hier sind Aussteller und Bezogener eine und dieselbe Person, es wird aber ein vom Orte der Ausstellung des Wechsels verschiedener Zahlungsort angegeben.

PRIMA-WECHSEL.

München, den 5. Januar 1932.

Für RM. 1000.

Am 1. April 1932 zahlen Sie gegen diesen Prima-Wechsel an Herrn Sebastian Huber eintausend Reichsmark.

Herrn Eugen Schwarz in Augsburg.

Eugen Schwarz.

Hier ist **Schwarz** zugleich **Aussteller** (Trassant) und **Bezogener** (Trassat). Der Wechsel ist in einem solchen Falle gegen **Schwarz** in **Augsburg** zu protestieren.

2. Der eigene Wechsel.

Die zweite Hauptform des Wechsels ist der „eigene Wechsel", auch „Solawechsel", „trockener Wechsel" genannt. Im eigenen Wechsel kommen nur zwei Personen vor: der **Aussteller** und der **Wechselgläubiger.** Ersterer verpflichtet sich zur Zahlung einer Summe an den letzteren.

SOLA-WECHSEL.

München, den 5. Januar 1932.

Für RM. 1000.

Am 1. April 1932 zahle ich gegen diesen Wechsel an Herrn Sebastian Huber eintausend Reichsmark.

Eugen Schwarz.

Schwarz ist hier **Aussteller, Huber Wechselgläubiger.**

Als Wohnort des Ausstellers und als Zahlungsort gilt der Ort der Ausstellung des Wechsels, also **München** (s. § 309 Abs. 2 DA.). Der Wechsel wäre im vorliegenden Falle mangels Zahlung gegen **Schwarz** in **München** zu protestieren. Auch der eigene Wechsel kann domiziliert sein und zwar, wie der gezogene Wechsel, in doppelter Form. Es kann ein Domiziliat, d. h. eine vom Aussteller verschiedene Person benannt sein, durch die an einem anderen Orte als dem Orte der Ausstellung Zahlung zu leisten ist, oder es kann lediglich der Vermerk auf den Wechsel gesetzt werden, daß an einem anderen Ort als dem Orte der Ausstellung Zahlung zu leisten sei.

Würde z. B. der obige Wechsel den Vermerk tragen:

„**zahlbar bei Herrn Grau in Augsburg**"

so wäre **Grau Domiziliat** und es wäre mangels Zahlung gegen **Grau** in **Augsburg** zu protestieren.

Würde dagegen der Vermerk nur lauten:

„**zahlbar in Augsburg**"

so wäre anzunehmen, daß **Schwarz** selbst in Augsburg Zahlung zu leisten habe und es wäre gegen **Schwarz** in **Augsburg** zu protestieren.

3. Aval.

Der Kreis der in einer Wechselurkunde vorkommenden Personen vergrößert sich zuweilen dadurch, daß eine Person eine auf den Wechsel gesetzte Erklärung mitunterzeichnet in der Absicht, sich für einen der zunächst Beteiligten zu verbürgen und die von diesem übernommene Haftung auch auf sich zu erstrecken. Man nennt eine solche Unterschrift „Aval", den Unterzeichnenden den „Avalisten".

PRIMA-WECHSEL.

Angenommen: Karl Roth
Ernst Grün.

München, den 5. Januar 1932.

Für RM. 1000.

Am 1. April 1932 zahlen Sie gegen diesen Prima-Wechsel an Herrn Sebastian Huber eintausend Reichsmark.

Herrn Karl Roth in Freising.

Eugen Schwarz.

Ernst Grün ist hier **Avalist**, er hat die von **Karl Roth** abgegebene Annahmeerklärung mitunterzeichnet. Die Vorschriften über die Erhebung des Protestes ändern sich bei Vorhandensein eines Avals nicht. Der Wechsel wäre z. B. mangels Zahlung gegen **Roth** in **Freising** zu protestieren.

4. Indossament.

Der Wechsel kann aus der Hand des ursprünglichen Erwerbers an eine Menge von Personen weiterbegeben werden und zwar durch das sogenannte „Indossament" oder „Giro". Unter „Indossament" oder „Giro" ist also eine Übertragung der Ansprüche aus dem Wechsel zu verstehen. Den Übertragenden nennt man „Indossanten", den neuen Empfänger des Wechsels den „Indossatar".

Die Weiterbegebung erfolgt in der Regel durch einen Vermerk auf der Rückseite des Wechsels. Wird das zuletzt angeführte Formular zugrunde gelegt, in dem **Sebastian Huber** als **Remittent** der erste Wechselempfänger ist, so würde die Rückseite etwa folgende Form haben:

Für mich an Herrn Ernst Grün
Sebastian Huber.

Hier ist **Sebastian Huber** der **Indossant, Ernst Grün** der **Indossatar.**

Auf diese Weise kann der Wechsel beliebig oft weiterbegeben werden, z. B.

Für mich an Herrn Ernst Grün
Sebastian Huber.

Für mich an Herrn Gabriel Weiss
Ernst Grün.

Für mich an Balthasar Grau
Gabriel Weiss.

Das Indossament kann auch in der Form vorkommen, daß derjenige, der den Wechsel weiter begibt, **nur seinen Namen** auf den Wechsel setzt und diesen einem andern aushändigt, der dann das Indossament auf seinen Namen ausfüllen oder den Wechsel einfach weiter indossieren kann. Diese Form des Indossaments heißt Blanko-Indossament; z. B.

Sebastian Huber.
Für mich an Herrn Gabriel Weiss
Ernst Grün.

In diesem Falle hat **Grün** den Wechsel von **Huber** durch **Blankoindossament** erworben. **Grün** hat ihn auf die gewöhnliche Art an **Weiß** weitergegeben.

Eine Protesterhebung gegen den Indossanten als solchen kommt nicht vor.

B. Scheckrecht.

Die Vorschriften über den Scheckverkehr sind in dem Scheckgesetz[1]) enthalten.

Der Scheck ist wie der gezogene Wechsel eine Urkunde, in der eine Person — der Aussteller — einer zweiten Person — dem Bezogenen — aufträgt, eine bestimmte Geldsumme an eine dritte Person zu zahlen, und sich dadurch für haftbar erklärt, daß die Zahlung durch den Bezogenen auch wirklich erfolgen werde.

Er unterscheidet sich aber von dem gezogenen Wechsel hauptsächlich in folgenden Punkten:

Der Scheck ist nicht wie der Wechsel Kreditmittel, sondern allein Zahlungsmittel. Während beim Wechsel der Tag, an dem die Zahlung zu leisten ist, meist mehr oder minder weit hinausgeschoben wird, ist der Scheck stets bei Sicht zahlbar.

Als Bezogene sollen beim Scheck nur Bankhäuser (einschließlich der Sparkassen) bezeichnet werden. Die Verletzung dieser Regel macht den Scheck zwar nicht ungültig, entzieht ihm aber die Freiheit von der Wechselstempelsteuer.

Als Zahlungsempfänger braucht beim Scheck nicht wie beim Wechsel eine bestimmte Person bezeichnet zu werden. Weitaus am häufigsten ist vielmehr der sogen. Inhaberscheck. Als Zahlungsempfänger kann nämlich

---

[1]) Vom 11. März 1908 (RGBl. S. 71), geändert durch Gesetz vom 28. März 1930 (RGBl. I S. 107).

der „Inhaber" des Schecks angegeben werden. Oder es kann zwar ein bestimmter Zahlungsempfänger bezeichnet, dieser Bezeichnung aber der Vermerk „oder Überbringer" oder ein gleichbedeutender Zusatz beigefügt werden. Oder es kann schließlich der Scheck überhaupt keine Angabe darüber enthalten, an wen zu zahlen ist. In allen diesen Fällen stehen die Scheckrechte dem durch den Besitz des Schecks zur Rechtsausübung legitimierten Scheckinhaber zu.

Indossamente spielen beim Scheck nur eine geringe Rolle; angenommen (akzeptiert) kann der Scheck überhaupt nicht werden.

Muster eines Schecks:

München, den 5. Januar 1932.

RM. 1000.

Die Bayerische Landwirtschaftsbank in München wolle zahlen gegen diesen Scheck aus meinem Guthaben an mich selbst oder Überbringer eintausend Reichsmark.

Eugen Schwarz.

Der Scheck ist regelmäßig (s. § 319 Abs. 3 DA.) binnen zehn Tagen nach der Ausstellung dem Bezogenen (in vorstehendem Beispiel: der Bayerischen Landwirtschaftsbank in München) zur Zahlung vorzulegen. Der Aussteller (in vorstehendem Beispiel: Eugen Schwarz) und die etwaigen Indossanten haften dem Inhaber des Schecks dafür, daß der Scheck eingelöst wird. Erfolgt also keine Zahlung, so kann der Scheckinhaber gegen den Aussteller und die Indossanten „Regreß" nehmen. Zur Ausübung dieses Regreßrechts muß nachgewiesen werden, daß der Scheck rechtzeitig zur Zahlung vorgelegt und nicht eingelöst oder daß die Vorlegung vergeblich versucht worden ist. Dieser Nachweis kann geführt werden entweder durch eine auf den Scheck gesetzte Bescheinigung des Bezogenen oder einer Abrechnungsstelle, bei der der Bezogene vertreten ist, oder durch einen Protest. Andere Proteste als Proteste mangels Zahlung kommen beim Scheck nicht vor.

Wegen des vordatierten Schecks s. § 319 Abs. 5, wegen des sogen. Verrechnungsschecks s. § 319 Abs. 6 DA.

III. Gegenüberstellung der bisherigen mit den neuen Vorschriften.

1. Gegenüberstellung der Gerichtsvollzieherordnung von 1899 mit der Gerichtsvollzieherordnung von 1931.

GVO. v. 1899 §	GVO. v. 1931 §	GVO. v. 1899 §	GVO. v. 1931 §
1 Abs. 1	1 Abs. 1 Satz 1	20	15
„ 2	fehlt	21	16
„ 3	11 Abs. 1	22 Abs. 1	17 Abs. 1 Satz 1
2 Abs. 1	1 Abs. 1 Satz 2, Abs. 2	„ 2	„ 1 „ 2
„ 2	fehlt	„ 3	„ 2
3 Abs. 1, 2	3 Abs. 1	23	18
„ 3	„ 2	24	19
4	7	25	21
5 Abs. 1	9	26	20
„ 2, 3	fehlen	27	22
6	2	28	23
7 (aufgehoben)	—	29 (aufgehoben)	—
8	fehlt	30	24
9 Abs. 1	8	31	25
„ 2	fehlt	32	s. 27
10 Nr. 1	4 Nr. 3	33	28
„ 2	s. 4 Nr. 2	34	s. 27
„ 3	s. 10 Abs. 1	35, 36	fehlen
11 Nr. 1	4 Nr. 1	37	26
„ 2	fehlt	38	29
12	5	39	fehlt
13	10	40	30
14	6 Abs. 1	41	31
15	s. 7	42	32
16	13	43	s. 29—32
17 Abs. 1	14 Abs. 1 Halbsatz 1, Abs. 2	44	33
		45	s. 36
„ 2	14 Abs. 1 Halbsatz 2	46	34
„ 3, 4	„ 3, 4	47—54	fehlen
18	fehlt	55	35
19	12		

2. Gegenüberstellung der Dienstvorschriften für die Gerichtsvollzieher von 1899 und der Geschäftsanweisung für die Gerichtsvollzieher von 1900 mit der Dienstanweisung für die Gerichtsvollzieher.

1. Dienstvorschriften für die Gerichtsvollzieher.

DV. §	DA. §	DV. §	DA. §
1—25 (aufgehob.)	—	32 Abs. 1, 2	23
27—31	fehlen	„ 3, 4	fehlen

DV. §	DA. §
33	22
34 Abs. 1—3	24 Abs. 1
„ 4	„ 2
35 Abs. 1, 2	25 Abs. 1
„ 3	„ 2
„ 4	„ 5
„ 5	„ 6
36	26
37	3
38	4
39 Abs. 1, 2	5 Abs. 1
„ 3, 4	„ 2
40	6
41	5 Abs. 3, 15
42	fehlt
43	7
44	8
45	9
46	10
47	11 Abs. 2 GBO.
48	fehlt
49	11 Abs. 1
50	12
51	13
52 Abs. 1, 2	21 Abs. 1
„ 3	„ 2
53	15
54	fehlt
55	321
56 Abs. 1	s. 322 Abs. 1
„ 2	322 Abs. 2
57	323
58	s. 322
59	324
60	325
61	326
62 a—d	327 Abs. 1—4
e	331 Abs. 1
f	327 Abs. 5
63 a—d	328 Abs. 1—4
e	fehlt
f, g	328 Abs. 5, 6
h	fehlt
64	vgl. 321
65	vgl. 329
66	vgl. 28
67	330 Abs. 1
68	330 Abs. 2
69	s. 332 Abs. 1
70	332 Abs. 2
71	fehlt
72	332 Abs. 4
73	336
74	337 Abs. 1
75	337 Abs. 2
76 Abs. 1	fehlt
„ 2	338 Abs. 1
77	338 Abs. 2
78	339
79—84	fehlen
85 Abs. 1	341 Abs. 1
„ 2, 3	„ 2
„ 4, 5	fehlen
86	s. 340
87	342 Abs. 1
88	s. 342 Abs. 3
89	343 Satz 2, 3
90	343 Satz 1
91	fehlt
92	344
93	345
94	346
95 Abs. 1—3	347 Abs. 1
„ 4	„ 4
„ 5, 6	„ 2
„ 7	fehlt
„ 8	347 Abs. 3
„ 9	fehlt
96	348
97	s. 342 Abs. 3
98	350 Abs. 1 Satz 1
99	350 Abs. 2
100	350 Abs. 1 Satz 2
101 Abs. 1	vgl. 351
„ 2	350 Abs. 3
102	vgl. 351
103	s. 356 Abs. 2 Satz 1
104 Abs. 1	354 Abs. 1
„ 2	„ 2 Satz 2
„ 3	fehlt
„ 4, 5	354 Abs. 3, 4
105	s. 340 Abs. 1
106	vgl. 341 Abs. 1, 2
107	341 Abs. 3
108	s. 342 Abs. 3
109	vgl. 342 Abs. 1

DV. §	DA. §
110	vgl. 343 Satz 1
111, 112	fehlen
113	s. 344, 345
114	vgl. 347, 348
115	fehlt
116	vgl. 351
117	fehlt
118 Abs. 1	vgl. 352
„ 2, 3	s. 342 Abs. 3
119	s. 353 Abs. 2
120	s. 353 Abs. 3, 4
121 Abs. 1	s. 353 Abs. 5
„ 2	fehlt
122	s. 353 Abs. 5
123 Abs. 1	s. 354 Abs. 1
„ 2	s. 354 Abs. 2
124	357 Abs. 1, 2
125 Abs. 1	357 Abs. 3 Satz 2, 358 Abs. 1
„ 2	357 Abs. 3 Satz 1
126	s. 358 Abs. 6
127	358 Abs. 2
128 Abs. 1	358 Abs. 3
„ 2	„ 4
„ 3	s. 358 Abs. 5
129	vgl. 359 Abs. 1
130	359 Abs. 2
131	359 Abs. 3
132	360 Abs. 1
133	360 Abs. 2
134	fehlt
135	360 Abs. 3
136	360 Abs. 4
137	s. 353 Abs. 2, 361 Abs. 1 Satz 1
138 Abs. 1	vgl. 353 Abs. 1, 361 Abs. 1 Satz 2
„ 2	361 Abs. 1 Satz 3, 4
139	s. 353 Abs. 4, 361 Abs. 2
140	s. 353 Abs. 5, 361 Abs. 3
141	361 Abs. 1 Satz 5
142	s. 361 Abs. 2
143	s. 361 Abs. 3
144	363
145	vgl. 361 Abs. 3
146 Abs. 1	362 Satz 1

DV. §	DA. §
146 Abs. 2	fehlt
„ 3	362 Satz 2
147 Abs. 1	s. 304, 320 Abs. 1
„ 2, 3	320 Abs. 2, 3
148	320 Abs. 4
149	364
150	s. 356
151, 152	fehlen
153	366
154	367
155	368
156	369 Abs. 1—3
157	369 Abs. 4
158	370 Abs. 1
159	370 Abs. 2
160 Abs. 1	371 Satz 1
„ 2	fehlt
161	s. 372
162 Abs. 1	374 Abs. 1 Satz 1
„ 2	374 Abs. 1 Satz 2, 4, Abs. 2
163	375 Satz 1
164	371 Satz 3
165	s. 372
166	fehlt
167	375 Satz 2
168	fehlt
169 Abs. 1	376 Satz 1
„ 2	„ 3
170	s. 14
171	s. 14 Abs. 3, 4 GBO., 5, 9 DA.
172—175	fehlen
176 Abs. 1, 2	16 Abs. 1
„ 3, 4	„ 2, 3
177	18 Abs. 1, 2
178	s. 17
179	19
180, 181	fehlen
182	s. 373 Satz 1
183 Abs. 1	s. 373 Satz 1
„ 2	373 Satz 2
184—187	fehlen
188	s. 16—20, 373
189	s. 6 Abs. 2 GBO.
190	s. 14 Abs. 2
191—193	fehlen
194	s. 14 Abs. 4 GBO.

DV. §	DA. §	DV. §	DA. §
195—198	fehlen	209	31
199	s. 14 Abs. 4 GVO., 14 Abs. 2 DA.	210	32
		211	33
200	fehlt	212	34
201	s. 20	213	vgl. 378
202	fehlt	214	vgl. 379, 380
203	29	215—217	fehlen
204	fehlt	218	381
205	30 Abs. 1	219, 220	fehlen
206	30 Abs. 2	221	382 Abs. 2
207	30 Abs. 3	222, 223	fehlen
208	fehlt		

2. Geschäftsanweisung für die Gerichtsvollzieher.

GA. §	DA. §
1	35 Abs. 1 Nr. 1—3
2	36 Abs. 1
3	38
4	39
5	40
6	41
7	43
8	44
9 Abs. 1	45
„ 2	fehlt
10	46
11	47 Abs. 1, 2
12	48
13 Abs. 1, 2	50
„ 3	55 Abs. 1
14	51
15	52
16	53 Abs. 1
17	54
18	55 Abs. 2
19	57
20	58 Abs. 1—5
21	59
22	fehlt
23	37 Abs. 2, 3
24	60
25	61
26	62
27	63
28	64

GA. §	DA. §
29	65
30	66
31	67
32 Abs. 1	68
„ 2	fehlt
33	70
34	71
35	72
36	73
37	74
38	75
39	76
40	77
41 Abs. 1—3	78 Abs. 1—3
„ 4	„ 5
„ 5, 6	79
42	81
43	82
44	83 Abs. 1
45	84
46	85
47	86
48	87
49	88
50	89
51	90 Abs. 1—3
52 Abs. 1	fehlt
„ 2	92 Abs. 1 Nr. 1
„ 3	„ 1 „ 2—5, 7
„ 4 Nr. 7, 8	„ 2 „ 1, 2
„ 4 „ 9, 10	247 Abs. 1 Nr. 1, 2

GA. §	DA. §	GA. §	DA. §
52 Abs. 4 Nr. 11	92 Abs. 2 Nr. 3—5	79	120
bis 13		80	121
„ 4 Nr. 13a	„ 4 Satz 3	81	122 Abs. 1
„ 5	fehlt	82	123
„ 6	92 Abs. 3	83 Abs. 1, 2	124 Abs. 1, 2
„ 7	„ 4 Satz 1, 2, 4	„ 3	„ 5, 6
„ 8	fehlt	„ 4	125 Abs. 1 Satz 1
„ 9	92 Abs. 7	84	s. 126
53	93	85	125 Abs. 1 Satz 2, s.
54 Abs. 1—3	94 Abs. 1—3		126
„ 4, 5	„ 5, 6	86	127 Abs. 1
„ 6	„ 4	87	„ 2
55 Abs. 1—4	95 Abs. 1—4	88	128 Abs. 1
„ 5	fehlt	89	129
56	96	90	130
57	97	91 Abs. 1	188 Abs. 1
58	98	„ 2	fehlt
59 Abs. 1, 2	100 Abs. 1	„ 3	188 Abs. 2—5
„ 3	„ 2, 3	92	131 Abs. 1
60	101 Abs. 1, 2	93	150 Abs. 1, 2
61	s. 102	94	140 Abs. 1—3
62	103 Abs. 2—4	95 Abs. 1 Nr. 1-13	134 Abs. 1
63	104	„ 1 „ 14-16	135 Abs. 1
64	105	„ 2	139
65	106	96 Abs. 1	136
66	vgl. 107	„ 2	189
67 Abs. 1	vgl. 103 Abs. 1	97	s. 141
„ 2	108	98	142
68 Abs. 1	109 Abs. 2	99	143
„ 2	s. 109 Abs. 3	100	144
69	110 Abs. 1—3	101	145
70 Abs. 1, 2	113 Abs. 1	102 Abs. 1	148 Abs. 1 Satz 1
„ 3	„ 2	„ 2	„ 1 „ 2
71 Abs. 1	114 Satz 1—3	„ 3	„ 2 „ 3—5
„ 2	115 Abs. 1	„ 4—6	„ 3—5
„ 3	116 Abs. 1 Satz 1	103	s. 20
„ 4	114 Satz 4, 5	104	150 Abs. 3
72 Abs. 1, 2	116 Abs. 1 Satz 2	105	151
„ 3	„ 2	106 Abs. 1	152 Abs. 1
„ 4	„ 1 Satz 3—5	„ 2	s. 188 Abs. 2
73	117	„ 3	152 Abs. 3
74 Abs. 1	109 Abs. 1	107	153
„ 2	s. 109 Abs. 3	108 Abs. 1, 2	154
75	118	„ 3	148 Abs. 2 Satz 1, 2
76 Abs. 1	s. 25 Abs. 1—3	109 Abs. 1	155 Abs. 1
„ 2	s. 25 Abs. 5	„ 2	s. 155 Abs. 3
77	119	110 Abs. 1	156
78	115 Abs. 2	„ 2	155 Abs. 2

GA. §	DA. §	GA. §	DA. §
111	157	149 Abs. 2	193 Abs. 2 Satz 1, 194 Satz 1
112	158	„ 3	193 Abs. 2 Satz 2 s. 107
113 Abs. 1, 2	159 Abs. 1, 2	150 Abs. 1	193 Abs. 3, 194 Satz 2—7
„ 3, 4	„ 4, 5	„ 2	196
114	160	151	195
115	fehlt	152	198
116	161	153—156	vgl. 199
117	162	157	200
118	163	158 Abs. 1	203
119	164	„ 2	204 Abs. 2
120	166	159	„ 1
121	fehlt	160	205
122	167	161	201
123	s. 155 Abs. 3	162	202
124	168	163	206
125	169	164	207
126	171	165	208
127 Abs. 1, 2	vgl. 173 Abs. 1, 2	166	209
„ 3	173 Abs. 4	167 Abs. 1	211 Abs. 1 Satz 1, Abs. 2
128 Abs. 1	172 Abs. 1	„ 2	211 Abs. 1 Satz 2
„ 2	172 Abs. 2 Satz 1, Abs. 3 Satz 1	168 Abs. 1	212 Abs. 1
„ 3	172 Abs. 2 Satz 2	„ 2	„ 2 Satz 2
„ 4	s. 172 Abs. 3	169	213
129	175	170	212 Abs. 2 Satz 1
130	176	171 Abs. 1	214 Abs. 1
131	177	„ 2	214 Abs. 2, Abs. 3 Satz 1
132	178	172	215
133	fehlt	173	216
134	138	174	217
135	fehlt	175	219
136	179	176	220
137	180	177 Abs. 1	221 Abs. 1
138	181	„ 2	221 Abs. 2, 222 Absatz 1 Satz 1
139	182	178 Abs. 1	222 Abs. 1 Satz 2, 3
140	183	„ 2, 3	222 Abs. 2, 3
141	184	179 Abs. 1	223 Abs. 1 Satz 1—3
142	185	„ 2	223 Abs. 1 Satz 4
143	186	180	224
144	vgl. 187	181	225
145	190	182	226
146 Abs. 1	191 Abs. 4 Satz 1	183 Abs. 1	228 Abs. 1, 2
„ 2	191 Abs. 1 Satz 1—3 Abs. 4 Satz 2, Abs. 5	„ 2	„ 3
147	191 Abs. 2		
148	192 Abs. 1		
149 Abs. 1	193 Abs. 1		

GA. §	DA. §	GA. §	DA. §
184 Abs. 1, 2	229 Abs. 1, 2	221	268
„ 3	s. 231	222	269
185—187	fehlt	223	270
188 Abs. 1—5	232 Abs. 1—5	224 Abs. 1—3	271 Abs. 1
„ 6	fehlt	„ 4	„ 2
„ 7	232 Abs. 6	225	272
189 Abs. 1	s. 233	226 Abs. 1	273 Abs. 1
„ 2	s. 237 Abs. 1 Satz 1	„ 2—4	„ 3
190	234	„ 5	„ 2
191 Abs. 1	235	227 Abs. 1—3	274 Abs. 1
„ 2	236 Abs. 1	„ 4	„ 2, 3
„ 3	s. 27	228	275
192	238	229	276
193	s. 237 Abs. 1	230	266 Abs. 1
194 Abs. 1, 2	s. 237 Abs. 1	231	277
„ 3—5	237 Abs. 2	232	s. 265
195	241	233	278
196 Abs. 1	s. 233	234	279 Abs. 1
„ 2	242 Abs. 1	235	279 Abs. 2
197	243	236	280
198 Abs. 1	242 Abs. 2	237	281
„ 2	s. 230 Abs. 1	238 Abs. 1, 2	282 Abs. 1, 2
199 Abs. 1	244 Abs. 1	„ 3—7	„ 4—8
„ 2	245	„ 8	s. 265
200	246	239	283
201	248	240	285
202	249	241	286
203	250	242	287
204	251	243	288
205	vgl. 252 Abs. 1, 2	244	289
206 Abs. 1	s. 332 Abs. 1	245	290
„ 2	332 Abs. 3	246	s. 265
207	vgl. 254	247	292 Abs. 1
208	255	248	293
209	256	249	294
210	257 Abs. 1—3	250	295
211	258	251	296
212	259	252	vgl. 292 Abs. 2
213	260	253	297
214	261	254	298
215	262	255	299
216	263 Abs. 1	256	s. 300
217	263 Abs. 2	257	301
218	264	258	302
219 Abs. 1	266 Abs. 1 Satz 1	259	305
„ 2—4	„ 2—4	260 Abs. 1	306 Abs. 2
„ 5	fehlt	„ 2	„ 3
220	267	„ 3	„ 1

GA. §	DA. §	GA. §	DA. §
260 Abs. 4	306 Abs. 4	271	315
261	307	272	316
262	308	273	317
263	309 Abs. 1, 2	274	318
264 Abs. 1—4	310	275	s. 320
„ 5	309 Abs. 3	276 Abs. 1	319 Abs. 1
265	311	„ 2	s. 319 Abs. 7 Satz 1
267	s. 304	„ 3	s. 300
268 Abs. 1	312 Abs. 1 Satz 1	277 Abs. 1	319 Abs. 2
„ 2, 3	„ 4	„ 2	„ 3
„ 4	s. 312 Abs. 1	„ 3	„ 4
„ 5	312 Abs. 2	„ 4	s. 319 Abs. 7
„ 6	312 Abs. 3 Satz 1—4	„ 5	319 Abs. 6
„ 7	312 Abs. 3 Satz 5	„ 6	s. 304
269	313 Abs. 1—7	„ 7	s. 319 Abs. 7 Satz 1
270	314	„ 8	s. 320.

F. Nachtrag.

Das landwirtschaftliche Zwangsvollstreckungsnotrecht[1]).

A. Maßgebend sind folgende Vorschriften:

1. Die auf Grund der VO. des Reichspräsidenten über den landwirtschaftlichen Vollstreckungsschutz vom 14. Februar 1933 (RGBl. I S. 63) erlassene AusfVO. vom gleichen Tage (RGBl. 1933 I S. 64)[2]), welche die §§ 18 bis 19a der 4. NotVO. vom 8. Dezember 1931, Dritter Teil, in der Fassung der NotVO.en vom 27. September 1932 und 17. Januar 1933 (RGBl. 1931 I S. 699, 710; 1932 I S. 473; 1933 I S. 19) ersetzt hat, und die Zweite AusfVO. vom 14. März 1933 (RGBl. I S. 104).
2. Die §§ 11 ff. der VO. des Reichspräsidenten über landwirtschaftliches Vermittlungsverfahren, Vollstreckungsschutz und Pächterschutz vom 27. September 1932 (RGBl. I S. 473) in der Fassung nach Art. 2 der VO. vom 14. Februar 1933 (RGBl. I S. 63).
3. Die VO. zur Durchführung des Entschuldungsverfahrens in den östlichen Gebieten Bayerns vom 5. Januar 1933 (RGBl. I S. 13), deren Geltungsbereich beschränkt ist auf die im bayerischen Ostgilfegebiet (§ 1 der VO. vom 16. Juli 1932, RGBl. I S. 357, 389) gelegenen landwirtschaftlichen, forstwirtschaftlichen und gärtnerischen Betriebe, über die ein Entschuldungsverfahren anhängig ist.

B. Für die **Anwendung** ist **grundsätzlich** zu beachten, daß die Vorschrift gilt, die im Einzelfalle den weitestgehenden Schutz gewährt.

---

[1]) Die Vorschriften konnten bei der Dienstanweisung teilweise aus technischen Gründen nicht mehr berücksichtigt werden. Die folgende Zusammenstellung gibt einen Überblick über die derzeitige Rechtslage nach dem Stande vom 15. März 1933 und einige Winke für die praktische Anwendung.

[2]) In Kraft getreten am 16. Febr. 1933.

Es ist daher, wenn die ZwVollstr. nach den in A 1 bezeichneten Vorschriften zulässig ist, zu prüfen, ob die Unzulässigkeit sich nicht etwa aus der VO. unter A 2 ergibt und, verneinendenfalls, ob nicht — beim Vorliegen eines entsprechenden Antrags — die Voraussetzungen für die Aufhebung nach der VO. unter A 3 gegeben sind. Die letztere VO. wird praktisch im allgemeinen keine große Bedeutung mehr haben, da ihre Vorschriften zum größten Teile wohl durch die Ausf.-VO.en unter A 1 überholt sind. Selbstverständlich gelten die allgemeinen Vollstreckungsschutzbestimmungen (z. B. § 811, § 865 Abs. 2 ZPO.) nach wie vor weiter.

C. Wesentlicher Inhalt der Vorschriften.

I. Die AusfVO.en vom 14. Februar und 14. März 1933 (RGBl. I S. 64, 104).

Grundsatz: Bis zum 31. Oktober 1933 ist die ZwVollstr. wegen Geldforderungen[1]) in bewegliche Sachen[2]), die zu einem landwirtschaftlichen[3]), forstwirtschaftlichen oder gärtnerischen Betriebe[4]) oder einem damit verbundenen Nebenbetriebe[5]) oder zum Hausrat des Betriebsinhabers und seiner Familie[6]) gehören[7]), mit Ausnahme

---

[1]) Vgl. oben S. 71 Anm. 4. Nicht geschützt sind demnach ZwVollstr.en zur Erwirkung der Herausgabe von Sachen (§§ 211 ff. DA.) usw. Jedoch darf gegen einen Siedler, der eine Siedlerstelle im Sinne des Reichssiedlungsgesetzes vom 11. Aug. 1919 (RGBl. S. 1429) innehat, ohne bisher das Eigentum erworben zu haben (d. h. ohne im Grundbuch eingetragen zu sein), ein Urteil auf Räumung der Siedlerstelle in der Zeit bis zum 31. Okt. 1933 nur vollstreckt werden, wenn das VollstrG. die ZwVollstr. zugelassen hat (§ 13 der AusfVO. vom 14. Febr. 1933).

[2]) Bewegliche körperliche Gegenstände im Sinne des § 90 BGB. Bei Betrieben der Binnen- und Küstenfischerei stehen ihnen Fische gleich (§ 4 der AusfVO. vom 14. März 1933).

[3]) Vgl. § 134 Abs. 2 zu Nr. 4 DA., oben S. 121.

[4]) Gilt entsprechend für Betriebe der Binnen- und Küstenfischerei (§ 4 der AusfVO. vom 14. März 1933).

[5]) Z. B. Ziegelei, Brennerei, Sägewerk.

[6]) Vgl. § 134 Abs. 2 zu Nr. 2 DA., oben S. 121.

[7]) Abgesehen vom Hausrat handelt es sich in der Hauptsache um das Inventar und die Erzeugnisse, wobei es nicht darauf ankommt, ob die Sachen Zubehöreigenschaft (vgl. § 138 DA., oben S. 126) haben oder nicht, soferne sie nur zum Betrieb eine Beziehung haben. Das ist z. B. auch der Fall, wenn die Sachen zum Verkaufe bereitgestellt sind. Nicht hierher gehören z. B. zum persönlichen Gebrauch bestimmte Sachen oder Vorräte für den Haushalt; sie sind, soweit nicht § 811 ZPO. eingreift (vgl. § 134 DA., oben S. 119), ohne weiteres pfändbar.

von Luxusgegenständen[1]), unzulässig[2]) (§ 7 Abs. 1 Satz 1 der Ausf.-VO. vom 14. Febr. 1933). Das gleiche gilt von der ZwVollstr. in Forderungen[3]), die dem Schuldner aus der Veräußerung der in seinem Betriebe gewonnenen Erzeugnisse zustehen, sowie in Barmittel und Guthaben[4]), soweit sie der Schuldner zur ordnungsmäßigen Fortführung seines Betriebes oder zur Erfüllung der auf seinem Grundstück lastenden Verbindlichkeiten oder seiner Pachtzinsverpflichtungen braucht (§ 7 Abs. 1 Satz 2 dieser AusfVO.).

Ausnahmen:

1. Der Grundsatz wird zunächst durchbrochen zugunsten von zwei Gruppen von Forderungen[5]):
   a) solcher, für die die ZwVollstr. ohne jede Beschränkung durch die AusfVO.en[6]) erfolgen darf, nämlich (§ 8 der AusfVO. vom 14. Febr. 1933)

---

[1]) Z. B. wertvolle Teppiche, Gemälde usw.

[2]) Der GVollz. hat auf Grund selbständiger Prüfung (§ 137 Abs. 1 DA., oben S. 126) von der Pfändung solcher Sachen, wenn nicht eine der im folgenden unter 1 a) angeführten Ausnahmen vorliegt, abzusehen. Sind solche Sachen vor dem Inkrafttreten der AusfVO. (16. Febr. 1933) bereits gepfändet, so ist die Pfändung, wenn nicht eine der erwähnten Ausnahmen zutrifft, mit dem Inkrafttreten unzulässig geworden. In gleicher Weise findet § 9 der AusfVO. (s. unten 1 b) auf anhängige ZwVollstr.en Anwendung (§ 7 der AusfVO. vom 14. März 1933). Zur eigenmächtigen Aufhebung der unzulässig erfolgten oder gewordenen Pfändung ist der GVollz. nicht befugt (§ 137 Abs. 2 DA., oben S. 126). Es ist vielmehr Sache des Schuldners, die Unzulässigkeit im Wege der Erinnerung nach § 766 ZPO. geltend zu machen, wenn der Gl. nicht von sich aus freigibt (vgl. § 90 Abs. 2 DA., oben S. 74). Wegen der Aufhebung in den Fällen des § 9 s. unten S. 368 Anm. 7.

[3]) Bei Betrieben der Binnen- und Küstenfischerei stehen diesen die Forderungen aus der Veräußerung von Fischen gleich (§ 4 der VO. v. 14. März 1933).

[4]) Vgl. § 201 DA., oben S. 171.

[5]) Der GVollz. muß also, wenngleich sonst die Voraussetzungen für die Zulässigkeit der ZwVollstr. (§ 91 DA., oben S. 75) vorliegen, noch besonders prüfen, welchen Charakter die Forderung hat, die dem Vollstr.-Titel zugrunde liegt. Handelt es sich nicht um eine i. S. des Folgenden privilegierte Forderung, so ist die ZwVollstr. in die oben bezeichneten Sachen schlechthin unzulässig. Handelt es sich aber um eine privilegierte Forderung in diesem Sinne, so darf der GVollz., wenn nicht sonstige Hinderungsgründe (§ 811, § 865 Abs. 2 ZPO. usw.) entgegenstehen, die ZwVollstr. auch in diese Sachen vornehmen.

[6]) Zu beachten sind aber etwa in Betracht kommende allgemeine Pfändungsbeschränkungen (vgl. §§ 134 ff. DA., oben S. 119 ff.), oder solche, die sich aus anderen besonderen Regelungen ergeben (vgl. z. B. § 111 DA. und oben S. 99 Anm. 2 dazu).

α) die gesetzlichen Unterhaltsansprüche[1]), die nach dem 31. Dezember 1932 fällig geworden sind,

β) Ansprüche auf Lohn, Kostgeld oder andere Dienstbezüge der Personen, die im Haushalt oder im Wirtschaftsbetriebe des Schuldners oder einem dazu gehörigen Nebenbetriebe in einem Dienst- oder Arbeitsverhältnis stehen oder gestanden haben[2]),

γ) Ansprüche aus Versicherungsverträgen auf Zahlung der nach dem Inkrafttreten[3]) der AusfVO. vom 14. Febr. 1933 fällig gewordenen[4]) Prämien, soweit es sich um die Versicherung des Grundstücks und der zu dem Betriebe[5]) und dem Hausrat gehörenden beweglichen Sachen handelt[6]),

δ) Ansprüche gemäß § 1 der NotVO. zur Sicherung der Frühjahrsdüngung und Saatgutversorgung vom 23. Januar 1932 (RGBl. I S. 32) und § 1 der NotVO. zur Sicherung der Düngemittel- und Saatgutversorgung vom 19. Januar 1933 (RGBl. I S. 23),

ferner (§ 5 der AusfVO. vom 14. März 1933)

ε) die nach dem 31. Dez. 1932 fällig gewordenen Altenteilsansprüche, soweit sie einem kraft Gesetzes Unterhaltsberechtigten zustehen und den gesetzlichen Unterhaltsanspruch nicht übersteigen,

b) solcher, für die gleichfalls in die oben bezeichneten Sachen ohne Beschränkung durch die AusfVO.en vollstreckt werden darf, bei denen aber die Aufhebung[7]) der ZwVollstr. verlangt wer-

---

[1]) D. s. die unmittelbar im Gesetz begründeten (im Gegensatz zu den auf Vertrag beruhenden) Unterhaltsansprüche. Hierher gehören z. B. die gesetzlichen Unterhaltsansprüche der Ehegatten (§§ 1351, 1360, 1361, 1578 ff., 1586 BGB.), der Verwandten (§§ 1601 ff. BGB.), der unehelichen Kinder (§§ 1708 ff. BGB.).

[2]) Gleichgültig, aus welcher Zeit sie stammen.

[3]) 16. Febr. 1933.

[4]) Wegen der für die Zeit vor dem Inkrafttreten, aber nach dem 31. Dez. 1931 geschuldeten Prämien und Nachschüsse s. § 6 der AusfVO. vom 14. März 1933 (unten b δ).

[5]) Oder zum Nebenbetriebe.

[6]) Also nur für die Prämienansprüche aus der Immobiliar- oder Mobiliarschadensversicherung, nicht z. B. einer von dem Inhaber des Betriebs geschlossenen Lebens- oder Haftpflichtversicherung.

[7]) Auch der GVollz. kann solchenfalls aufheben, wenn das Verlangen an ihn gerichtet ist. Lehnt er die Aufhebung ab, so kann nach § 766 ZPO. Erinnerung an das VollstrG. erhoben werden. Das VollstrG. kann auch gleich angegangen werden; s. aber E. d. StMin. d. Inn. v. 6. März 1933 (StAnz. Nr. 56).

den kann, wenn eine Bescheinigung[1]) der unteren Verwaltungsbehörde[2]) darüber vorgelegt wird, daß dem Schuldner durch die ZwVollstr. Mittel entzogen würden, die er zur ordnungsmäßigen Fortführung der Wirtschaft bis zur Ernte 1933 nicht entbehren kann, und er eine Gewähr dafür bietet, daß er diese Mittel zur ordnungsmäßigen Fortführung der Wirtschaft verwenden wird[3]) (§ 9 Abs. 2 der AusfVO. vom 14. Febr. 1933); es sind das (§ 9 Abs. 1 das.):

α) Steuern und andere öffentliche Abgaben einschließlich der Beiträge und sonstigen Leistungen zur Sozialversicherung einschließlich der Arbeitslosenversicherung, soweit diese Beträge für die Zeit nach dem 31. März 1932 geschuldet werden,

β) die nach dem Inkrafttreten[4]) der AusfVO. vom 14. Febr. 1933 fällig gewordenen wiederkehrenden Leistungen[5]) von Rechten der im § 2 Abs. 1 der AusfVO. bezeichneten Art[6]) [7]),

---

[1]) Nur ob eine solche Bescheinigung vorliegt, ist zu prüfen, nicht aber, ob die sachlichen Voraussetzungen für ihre Erteilung gegeben sind.

[2]) Bezirksverwaltungsbehörde. Wird die ZwVollstr. gegen einen Siedler betrieben, der eine Siedlungsstelle im Sinne des Reichssiedlungsgesetzes vom 11. Aug. 1919 (RGBl. S. 1429) innehat, so ist eine Bescheinigung der unteren Siedlungsbehörde vorzulegen (§ 12 Nr. 2 Satz 2 der AusfVO. vom 14. Febr. 1933).

[3]) Das VollstrG. — nicht der GVollz., falls er selbst aufhebt —, das entweder infolge Erinnerung des Schuldners gegen die Pfändung oder gegen die Ablehnung ihrer Aufhebung oder des Gläubigers gegen die Aufhebung mit der Entscheidung darüber befaßt werden kann, kann die Aufhebung davon abhängig machen, daß sich der Schuldner einer mit dem 31. Okt. 1933 endigenden Aufsicht unterstellt.

[4]) 16. Febr. 1933.

[5]) Zinsen, Tilgungsraten und Verwaltungskostenbeiträge.

[6]) D. s. Hypotheken, Grundschulden oder sonstige dingliche Rechte, die an erster Stelle stehen oder einer Landschaft, Hypothekenbank, öffentlichen Sparkasse oder einem anderen Institut zustehen, das sich nach gesetzlicher Vorschrift oder nach der mit Genehmigung der Staatsaufsichtsbehörde erlassenen Satzung mit der Gewährung langfristiger Kredite befaßt.

[7]) Wird die ZwVollstr. gegen einen Siedler betrieben, der eine Siedlerstelle i. S. des Reichssiedlungsgesetzes vom 11. Aug. 1919 (RGBl. S. 1429) innehat, so genießen die bezeichneten wiederkehrenden Leistungen das Privileg nur in Höhe der Hälfte der einzelnen Rate (§ 12 Nr. 3 Satz 1 der AusfVO.). Ferner stehen solchenfalls den hier bezeichneten wiederkehrenden Leistungen die wiederkehrenden Leistungen gleich, die ein Siedler, der das Eigentum an der Siedlerstelle noch nicht erworben hat (d. h. noch nicht im Grundbuch eingetragen ist), aus dem Kaufvertrag über die Siedlerstelle nach dem Inkrafttreten der AusfVO. zu entrichten hat (§ 12 Nr. 3 Satz 2 der AusfVO.).

γ) Forderungen aus Krediten, die zur Deckung der Betriebsausgaben für die Zeit nach dem 30. Juni 1931 gewährt sind, oder aus Lieferungen oder sonstigen Leistungen, die für den Betrieb nach dem 30. Juni 1931 bewirkt sind, soweit diese Forderungen nicht zu den im § 8 Nr. 4 der AusfVO. vom 14. Febr. 1933 bezeichneten[1]) gehören,

ferner (§ 6 der AusfVO. vom 14. März 1933)

δ) die Ansprüche aus Versicherungsverträgen auf Zahlung der für die Zeit nach dem 31. Dez. 1931 geschuldeten Prämien und Nachschüsse, soweit es sich um die Versicherung des Grundstücks und der zu dem Betrieb und dem Hausrat gehörenden beweglichen Sachen handelt.[2])

2. Durch die Vorschriften der AusfVO.en wird die Befugnis des Gläubigers, wegen einer Forderung, für die ihm ein Pfandrecht[3]) an einer beweglichen Sache oder an einem Recht zusteht, die ZwVollstr. in den Gegenstand zu betreiben[4]), nicht berührt (§ 10 Satz 1 der AusfVO. vom 14. Febr. 1933). Das gleiche gilt für die Befriedigung[4]) aus Gegenständen, die dem Gläubiger zur Sicherheit übereignet sind oder an denen er ein Zurückbehaltungsrecht[5]) hat.

II. Wegen des Inhalts der VO. des Reichspräsidenten über landwirtschaftliches Vermittlungsverfahren usw. (oben A 2) vgl. oben S. 99 Anm. 2.

III. VO. zur Durchführung des Entschuldungsverfahrens in den östlichen Gebieten Bayerns vom 5. Januar 1933[6]).

---

[1]) S. oben a, δ.

[2]) S. oben S. 368 Anm. 6. — Das weitergehende Recht aus § 8 Nr. 3 der AusfVO. vom 14. Febr. 1933 (oben a γ) wird dadurch nicht berührt.

[3]) Durch Rechtsgeschäft bestelltes oder kraft Gesetzes entstandenes, nicht aber ein Pfändungspfandrecht.

[4]) Es handelt sich jeweils um den Fall, daß der Gläubiger auf Grund eines bloßen Zahlungstitels in den Gegenstand vollstreckt, der für die Forderung verpfändet oder zu ihrer Sicherung übereignet ist oder an dem wegen der Forderung ein Zurückbehaltungsrecht besteht.

[5]) Vgl. §§ 273, 1000 BGB., §§ 369ff. HGB.

[6]) Wie schon oben unter B bemerkt, wird die VO. in der praktischen Anwendung keine große Bedeutung mehr haben, da sie durch die AusfVO.en vom 14. Febr. und 14. März 1933 (A 1) im wesentlichen überholt ist. Immerhin decken sich die Vorschriften nicht völlig (z. B. nicht hinsichtlich des dem VollstrSchutz unterstellten Vermögens). Ihr Inhalt wird daher kurz behandelt.

Grundsatz: Wird gegen den Inhaber eines im bayerischen Osthilfegebiet (§ 1 der NotVO. vom 16. Juli 1932, RGBl. I S. 357, 389) gelegenen landwirtschaftlichen, forstwirtschaftlichen oder gärtnerischen Betriebs, über den ein Entschuldungsverfahren anhängig ist, in der Zeit bis zum 30. September 1933 die ZwVollstr. wegen einer Geldforderung[1]) in Gegenstände des beweglichen Vermögens[2]) betrieben[3]), so ist auf seinen Antrag die ZwVollstr. aufzuheben[4]), wenn die Entschuldungsstelle[5]) bescheinigt[6]), daß nach der bisherigen Prüfung Aussicht auf eine erfolgreiche Durchführung des Entschuldungsverfahrens besteht und diese durch die ZwVollstr. gefährdet werden würde. § 775 Nr. 1 und § 776 ZPO. gelten sinngemäß (Art. I § 1 Abs. 1 der VO.). Als ZwVollstr. gilt auch die Vollstr. eines Arrestes oder einer einstweiligen Verfügung (Abs. 2 das.).

Ausnahmen: Eine Aufhebung der ZwVollstr. findet nicht statt, wenn sie zugunsten der folgenden Forderungen betrieben wird[7]) (Art. I § 2 der VO.):

---

[1]) S. oben S. 71 Anm. 4.

[2]) Schlechthin, also alle körperlichen Sachen und die Rechte, insbesondere Forderungen, soweit sie nicht nach § 865 ZPO. der Mobiliarvollstreckung entzogen sind.

[3]) Findet auch auf ZwVollstr.en Anwendung, die z. Zt. des Inkrafttretens der VO. (15. Jan. 1933) anhängig sind (Art. II).

[4]) Der GVollz. hat also zunächst, soweit nicht die ZwVollstr. aus anderen Gründen (z. B. nach den AusfVO.en vom 14. Febr. und 14. März 1933 — s. oben Nr. I —) unzulässig ist oder die Gegenstände etwa nach § 811 Nr. 4 oder § 865 Abs. 2 ZPO. unpfändbar sind (vgl. §§ 134, 138 DA., oben S. 119, 126), die Pfändung vorzunehmen. Wird ihm die im folgenden bezeichnete Bescheinigung vorgelegt, so hat er nach § 123 Abs. 2 Nr. 1, Abs. 3, § 124 Abs. 1, 2, § 125 Abs. 1 DA. (s. oben S. 111 ff.) zu verfahren. Lehnt der GVollz. die Aufhebung ab, so kann der Schuldner Erinnerung nach § 766 ZPO. beim VollstrG. erheben; er kann das aber auch von vorneherein tun, ohne zunächst vom GVollz. die Aufhebung zu verlangen.

[5]) D. i. die Bezirksverwaltungsbehörde (Bek. d. StMin. d. Innern vom 30. Jan. 1933, StAnz. Nr. 26).

[6]) Die Aufhebung ist lediglich formell an die Bescheinigung geknüpft. Ob die sachlichen Voraussetzungen für die Erteilung der Bescheinigung vorliegen, haben nicht die VollstrOrgane, sondern hat nur die untere Verwaltungsbehörde zu prüfen. Eine Nachprüfung durch die VollstrOrgane (auch das VollstrG.) ist ausgeschlossen.

[7]) Der GVollz. hat hiernach selbständig zu prüfen, welchen Charakter die dem VollstrTitel zugrunde liegende Forderung hat. Gehört sie zu den im folgenden aufgezählten Forderungen, so hat er die ZwVollstr., soferne kein sonstiges Hindernis entgegensteht, weiterzubetreiben und die Aufhebung der bereits erfolgten VollstrMaßregeln abzulehnen, wenngleich ihm die oben bezeichnete Bescheinigung vorgelegt wird.

1. Gesetzliche Unterhaltsansprüche[1]), die nach dem 30. September 1932 fällig geworden sind[2]);
2. die Ansprüche der zur Bewirtschaftung des Betriebes oder eines mit dem Betriebe verbundenen Nebengewerbes angenommenen, in einem Dienst- oder Arbeitsverhältnis stehenden Personen auf Lohn, Kostgeld oder andere Dienstbezüge[3]);
3. Steuern und andere öffentliche Abgaben einschließlich der Beiträge und sonstigen Leistungen zur Sozialversicherung einschließlich der Arbeitslosenversicherung, soweit diese Beträge nach dem 31. März 1932 fällig geworden sind[4]);
4. die nach dem 20. Mai 1932 fällig gewordenen Zinsen einschließlich der Verwaltungskostenbeiträge und der als Zuschläge zu den Zinsen zu entrichtenden Tilgungsbeträge von Hypothekenforderungen, Grundschulden und sonstigen dinglichen Rechten, wenn diese Rechte an erster Rangstelle stehen oder Landschaften, Hypothekenbanken oder anderen Instituten zustehen, die sich nach gesetzlicher Vorschrift mit der Gewährung langfristiger Kredite befassen[5]);
5. Forderungen aus gegenseitigen Verträgen und aus Krediten, soweit die Leistungen des Gläubigers der laufenden Fortführung des Betriebes vom 1. April 1932 ab gedient haben oder dienen[6]);
6. Forderungen, für die ein Früchtepfandrecht gemäß der VO. des Reichspräsidenten zur Sicherung der Frühjahrsdüngung und Saatgutsversorgung vom 23. Januar 1932 (RGBl. I S. 32) besteht.

[1]) S. oben S. 368 Anm. 1.

[2]) Nach § 8 der AusfVO. vom 14. Febr. 1933 ist die ZwVollstr. zugunsten der hier bezeichneten Unterhaltsforderungen unzulässig, soweit sie vor dem 1. Jan. 1933 fällig geworden sind und es sich um die Vollstr. in die im § 7 das. sowie im § 4 der AusfVO. vom 14. März 1933 bezeichneten Sachen handelt.

[3]) Die Vorschrift ist zwar dem Wortlaute nach enger als § 8 Nr. 2 der AusfVO. vom 14. Febr. 1933, dem Sinne nach deckt sie sich aber damit. Vgl. oben I 1 a β.

[4]) Vgl. § 9 Abs. 1 Nr. 1 der AusfVO. vom 14. Febr. 1933 (s. oben I 1 b α). Wenn die im § 9 Abs. 2 das. vorgesehene Bescheinigung der unteren Verwaltungsbehörde vorgelegt wird, kann die Aufhebung der Zw.-Vollstr. verlangt werden.

[5]) Vgl. § 9 Abs. 1 Nr. 2 der AusfVO. vom 14. Febr. 1933 (s. oben I 1 b β).

[6]) Vgl. § 9 Abs. 1 Nr. 3 der AusfVO. vom 14. Febr. 1933 (s. oben I 1 b γ).

Sachverzeichnis.

(Die Zahlen bedeuten die Seiten.)

A.

B.

D.

E.

Q.

R.

T.

Aus „Schweitzers braunen Handausgaben“:

Ausführungsgesetz, Bayer., zum Bürgerl. Gesetzbuch. Mit den einschlägigen Verordnungen. Erl. von Landger.-Dir. **H. Steinert**, Kempten. (216 S.) 1930. geb. 7.90

Fischereigesetz, Bayer., vom 15. VIII. 08 mit der Landesfischereiordg. v. 23. III. 09 und allen Vollz.-Vorschr. von **J. Bleyer**, Staatsrat im Bayer. Staatsmin. des Äuß. 3. Aufl. (310 S.) 1925. geb. 10.80

Gerichtsbarkeit, Gesetz über freiw. Erl. v. OberstLGR. **F. Keidel.** 3. Aufl. (491 S.) 1925. geb. 10.—

Jagdgesetz, Bayer. Mit allen einschl. Best. Erl. v. Landger.-Dir. Dr. **A. Behr.** 2. Aufl. (526 S.) 1928. geb. 10.—

Jugendwohlfahrtsgesetz u. d. **Bayer. Jugendamtsgesetz** mit den Vollz.-Best. u. ergänz. Gesetzen und Verw.VO. Erl. v. Sen.-Präs. **J. Schiedermair**, München. (468 S.) 1926. Mit Nachtrag 1933. geb. 12.—

Konkursordnung mit den einschlägigen Gesetzen. 3. Aufl. bearb. von Staatsrat **J. Bleyer** im bayer. Staatsmin. d. Äuß. (655 S.) 1928. geb. 18.90

Polizeistrafgesetzbuch, Bayer. u. d. Übertretungsabschnitt des StGB. Mit den Vollzugsvorschr. Erl. v. Sen.-Präs. **J. Schiedermair.** 2. Aufl. (382 S.) 1931. geb. 10.80

Scheckgesetz, v. 11. März 1908. Erl. v. Dr. **H. Lessing,** Bankdirektor, Berlin. 2. Aufl. (574 S.) 1926. geb. 14.—

Vergleichsordnung vom 5. Juli 1927. Erl. v. Geh. JR. Dr. **H. Cahn** I, Nürnberg (502 S.) 1927. Mit Nachtrag 1930. (Konkursantragspflichtgesetz). geb. 13.—, Nachtrag allein —.90

J. Schweitzer Verlag (Arth. Sellier) München/Berlin/Leipzig

Aus „Schweitzers blauen Textausgaben":

Bürgerl. Gesetzbuch nebst Einführungsgesetz mit Abdruck der zitierten Gesetzesstellen. 3. Aufl. 1926. geb. 3.50

Gewerbeordnung mit Nebenges. u. Ausführungsbest. Mit Anm. u. ausf. Sachreg. v. ObRegRat Dr. **F. Steinbach.** 3. Aufl. 1930. geb. 12.10

Handelsgesetzbuch mit Seerecht. Mit Einl. u. Reg. 2. Aufl. 1927. geb. 2.—

Jugendgerichtsgesetz vom 16. II. 1923 nebst Jugendwohlfahrtsges. u. den Vollzugsvorschr. Preußens u. Bayerns. Erl. von Amtsrichter Dr. **R. Messerer.** München 1926. geb. 3.60

Konkursordnung, Anfechtungsges., GeschäftsaufsichtsVO. u. Zwangsversteigerungsges. Mit 28 Nebenges. 2. Aufl. TA. mit Verweisgn. u. ausführl. Sachreg. bearb. v. Sen.-Präs. **J. Schiedermair,** München. 1924. geb. 2.70

Strafgesetzbuch für das Deutsche Reich nebst Einführungsgesetz u. ergänzenden Gesetzen. TA. mit Anm. u. Sachreg. Hrsg. von Dr. **Fr. Doerr,** OLGR., Professor in München. 4. Aufl. 1927. geb. 4.—

Strafprozeßordnung und Gerichtsverfassungsgesetz. Mit Verweisungen. Von Oberstaatsanwalt **R. Kallenbach.** 1924. geb. 2.70

Zivilprozeßordnung mit 62 Ergänzungsges. 4. Aufl. Von Sen.-Präsident **J. Schiedermair.** 1929. geb. 4.50

J. Schweitzer Verlag (Arth. Sellier) München/Berlin/Leipzig

FSC
www.fsc.org
MIX
Papier | Fördert gute Waldnutzung
FSC® C083411

Kolibri 360 GmbH
Ferdinand-Jühlke-Straße 7
99095 Erfurt, Deutschland
produktsicherheit@kolibri360.de